旅游引导 的 新型城镇化

Tourism–oriented New-type Urbanization

北京绿维创景规划设计院课题组 著

课题负责人 林 峰

旅游地产 旅游城市 城市群休闲卫星城 旅游小城镇 旅游综合体 新型农村社区

中国旅游出版社

责任编辑：董 昱 张珊珊
装帧设计：杨 楠 梁 威

图书在版编目（CIP）数据

旅游引导的新型城镇化 / 北京绿维创景规划设计院

课题组著. -- 北京：中国旅游出版社，2013.6 （2016.9重印）

ISBN 978-7-5032-4748-4

Ⅰ．①旅… Ⅱ．①北… Ⅲ．①城市化－研究－中国

Ⅳ．①F299.21

中国版本图书馆CIP数据核字(2013)第117633号

书　　名：旅游引导的新型城镇化

著　　者：北京绿维创景规划设计院课题组

出版发行：中国旅游出版社

　　　　　（北京建国门内大街甲9号　邮编：100005）

　　　　　http://www.cttp.net.cn E-mail: cttp@cnta.gov.cn

　　　　　发行部电话：010-85166503

排　　版：北京绿维创景规划设计院有限公司

经　　销：全国各地新华书店

印　　刷：北京博海升彩色印刷有限公司

版　　次：2013年6月第1版　2016年9月第2次印刷

开　　本：787毫米×1092毫米　1/16

印　　张：28

字　　数：530千

定　　价：98.00元

ＩＳＢＮ 978-7-5032-4748-4

我们致力于

为客户创造价值

为公众创造休闲方式

同时我们也享受着这一创意的过程！

苗头宴舞——黄果树瀑布旁的休闲综合体

这是我们设计的一个集民族文化与现代艺术于一体的创意建筑，位于黄果树瀑布景区旁。项目取名为"苗头宴舞"，是以苗族歌舞宴为核心吸引力的民族文化体验式休闲综合体。这里有苗族银冠的化身，有展翅欲飞的凤凰，有蜡染般柔美的景观飘带，有溪瀑飞跌的精品酒店，有让人连连叫绝的创意工坊。穿梭于如诗如画的叠瀑中，或在山顶享受一回苗歌宴舞，感受餐饮与演艺、现代与传统的激情碰撞，或窝在酒店中消遣娱乐，体验休闲生活与民俗文化的水乳交融，或徜徉于原生态的多样化商业中，亲手制作一个满载民俗风情的纪念品，或者就那么漫无目的地走着，倾听缓缓流淌的溪流诉说着安顺源远流长、多民族融合的故事。

我们在追求"创意经典"，我们的作品实现了"落地运营"，我们享受着创意生活。案例详见186页。

撰 稿 人

林 峰　罗红宝　范娟娟　陈 静　陈伟凤　黄 坚

贾雅慧　罗晓楠　潘要忠　王 君　杨 尚　施予真

何 叶　刘 祎　宫 磊　薛 贵　夏红春　谢婧昊

高 莹　李宇凡　罗东波　赵丽丽　唐 军　周 波

冯 雪　高玉健　李晓飞　冯巧玲　周冬青　刘卫东

柳新华　王严峻　郝宏倩 等

（另外，参与相关案例的人员均对本书有所贡献）

统稿编辑人员

林 峰　贾雅慧　罗晓楠　高 莹　谢婧昊　李宇凡　文佳丽

建设路径：产城一体化

城镇化的内容及要求

典型特征：城镇体系结构合理化

新型城镇化的提出

本质要求：环境资源集约化

新型城镇化发展体系

城镇化与新型城镇化

最终目标：社会和谐发展

旅游与城镇化的关系

旅游如何引导城镇化的形成

旅游引导的新型城镇化"四大模式"

旅游引导的新型城镇"七大体系"

旅游引导的新型城镇化模式及体系

旅游引导的大型城市群建设

案例：昆玉旅游文化产业经济带新型城镇化

城市旅游化与新型城镇化

城市旅游化的"六大模式"

城市旅游化提升的"三层体系"

城市旅游化——城市升级之路

案例：普洱、义乌、张家口

小城镇与旅游小城镇

新型城镇化背景下的旅游小城镇

旅游小城镇——特色城镇发展之路

旅游小城镇开发"两大模式"

案例：朱家角古镇、密云北庄、西盟佤族自治县、安宁温泉小镇

产业支撑：泛旅游产业的整合

旅游综合体是未来发展主流模式

动力机制：休闲化消费的聚集

旅游综合体是非建制就地城镇化的典范

基础依托：设施和配套的配置

居住配套：市民与社区的形成

新型城镇化下的旅游综合体打造模式

旅游综合体——创新的小型城镇化模式

相关保障：服务和管理的创新

案例：思拉堡温泉小镇、隆中旅游文化产业园、高陵城乡统筹示范区、贵州黄果树假度小镇

乡村社区与新型农村社区

旅游产业引导的新型农村社区模式

旅游新型农村社区——农村城镇化新路

案例：鄯善蒲昌村、洪洞农业示范园

旅游引导的
新型城镇化模式

组成要素、主要特征、具体分类

关键问题、开发维护、开发意义、发展趋势

旅游地产解构

土地一级开发

旅游公共设施建设

旅游休闲项目建设

旅游地产与新型城镇化

旅游地产产品开发

案例：郑州丰庆国际广场、盐城金大洋城市生活广场、南通寺街及西南营

休闲商业地产

案例：秦岭度假城

休闲居住(第二居所)地产

案例：海南棋子湾度假区

度假居住(第三居所)地产

案例：七仙瑶池温泉度假酒店

酒店地产

案例：鄢陵养老示范基地

养老居住地产

泛旅游地产产品开发

案例：热贡艺术文化产业园

文化创意地产

案例：栖霞葡萄酒庄园文化产业城

庄园地产

案例：鞍山瑜航休闲农业产业示范园

新型农村社区旅游地产

新型城镇化与
旅游地产开发

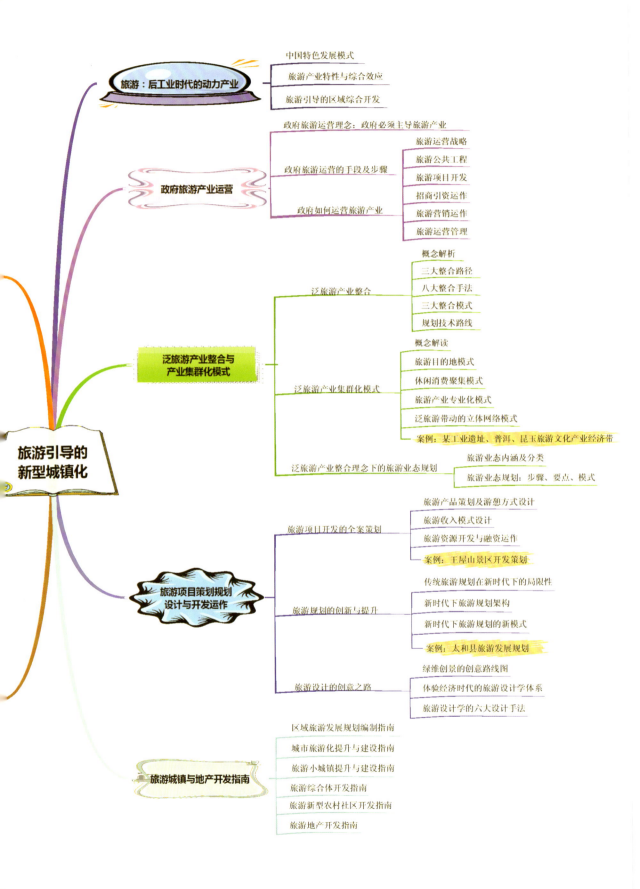

旅游引导的新型城镇化

旅游：后工业时代的动力产业
- 中国特色发展模式
- 旅游产业特性与综合效应
- 旅游引导的区域综合开发

政府旅游产业运营
- 政府旅游运营理念：政府必须主导旅游产业
- 政府旅游运营的手段及步骤
  - 旅游运营战略
  - 旅游公共工程
  - 旅游项目开发
  - 招商引资运作
  - 旅游营销运作
  - 旅游运营管理
- 政府如何运营旅游产业

泛旅游产业整合与产业集群化模式
- 泛旅游产业整合
  - 概念解析
  - 三大整合路径
  - 八大整合手法
  - 三大整合模式
  - 规划技术路线
- 泛旅游产业集群化模式
  - 概念解读
  - 旅游目的地模式
  - 休闲消费聚集模式
  - 旅游产业专业化模式
  - 泛旅游带动的立体网络模式
  - 案例：某工业遗址、普洱、昆玉旅游文化产业经济带
- 泛旅游产业整合理念下的旅游业态规划
  - 旅游业态内涵及分类
  - 旅游业态规划：步骤、要点、模式

旅游项目策划规划设计与开发运作
- 旅游项目开发的全案策划
  - 旅游产品策划及游憩方式设计
  - 旅游收入模式设计
  - 旅游资源开发与融资运作
  - 案例：王屋山景区开发策划
- 旅游规划的创新与提升
  - 传统旅游规划在新时代下的局限性
  - 新时代下旅游规划架构
  - 新时代下旅游规划的新模式
  - 案例：太和县旅游发展规划
- 旅游设计的创意之路
  - 绿维创景的创意路线图
  - 体验经济时代的旅游设计学体系
  - 旅游设计学的六大设计手法

旅游城镇与地产开发指南
- 区域旅游发展规划编制指南
- 城市旅游化提升与建设指南
- 旅游小城镇提升与建设指南
- 旅游综合体开发指南
- 旅游新型农村社区开发指南
- 旅游地产开发指南

目 录

案例索引

案例及其中的规划、建筑设计、景观设计等图件均为北京绿维创景规划设计院原创

4

以旅游为引擎，推进新型城镇化

　　依靠什么动力，才能保持中国经济持续高速增长，不仅仅是党中央国务院考虑的大事，也是我们每一个人都要面对的问题。绿维创景认为，**中国在逐步丧失以廉价劳动力为代表的"人口红利"之时，实际上却获得了巨大的消费"人口红利"**——13亿人口大比例跨入中等收入阶层而引起的爆发性消费增长，是我国乃至世界发展的最大动力。这样的消费"人口红利"是大家都能看得到的，但要让其真正聚积、释放，并有效推动经济社会发展，却不是一个简单的问题。

　　新型城镇化建设，正是在如何释放消费动力的社会经济方案中，与党和国家追求为全体人民谋福利的政治诉求集合后形成的。我们认为，"新型城镇化"将是中国未来5~10年综合发展结构中顶层设计的核心主题与整合构架。这个核心主题，是一个火车头，是带动内需的主要动力，是保持未来中

国持续增长的关键架构。

　　100多年来中国在不断地进行城镇化，改革开放后，以工业为核心的新型城镇化速度是最快的。其中，第一阶段是以轻工业为核心的城镇化，电器、轻纺、服装、机械等劳动密集型工业，带动了大量的农民工进城。第二阶段，我们称之为重化工业带动下的城镇化。这10年是中国城镇化快速发展的主要阶段，大量农村居民进入城市，形成城市人口增加、城市规模扩张、城镇化率上升，但我们也因此付出了沉重的代价。

　　一方面，以重化工业为基础，大规模城镇化带来了严重的环境污染问题。另一方面，大量农民工聚集到城市，但没有转变为真正的城市居民——没有城市户口，没有基本的社会保障，子女享受不到城市的教育资源等，其基本社会保障体制与城市居民之间存在着较大的差距。这种资源配置不公平、

1

不均衡引发了许多社会问题。

由此，我们认为新型城镇化建设不是一个概念或一件事，也不仅仅是城镇化率这个简单的数字，而是一个包括了产业开发与社会发展的系统工程，是经济社会发展的纲。纲举目张，行行业业都在这个构架之中。

基于消费能力释放与新型城镇化的主流发展脉络，我们认为，研究旅游消费与经济综合发展之间的关系，是旅游界参与国家大发展结构的重要理论工作。

从旅游消费到区域综合发展的主要路径，就是沿着旅游消费、旅游产业、旅游产业集群、旅游带动城镇化这条线索去探索发展的规律，并将这种规律落实到政府、企业及民众的旅游运营及投资中，理清"通过产业整合与产业带动，深度参与城镇化主题，并有效带动区域经济综合发展"的路线图。

旅游消费在高速增长，"十一五"期间，国内旅游人数年均增长12％，入境过境旅游人数年均增长3.5％，出境旅游人数年均增长19％，全国旅游业总收入年均增长15％。"十二五"规划的目标，是全国旅游业总收入年均增长10％。而实际2012年度全国旅游业保持了高速发展态势，旅游业总收入约2.57万亿元，同比增长14％，超过"十二五"规划目标的40%以上。

目前，我国国内旅游人数已经突破30亿人次，平均每人每年旅游2.3次。美国在2002年为平均每人每年旅游4次。未来5~10年，中国旅游人次的增长率应该是可以保持在年均10%以上的，那么，旅游总收入的增长，就绝不仅仅是10%，而应该达到年均15%以上，因为人均消费的增长（基于人均收入加速增长）在今后5~10年中，比人数增长还要快。实际上，2010、2011两年居民国内旅游消费同比增长都达到23%以上。

笔者把旅游休闲消费的巨大增长，看作深受人口过多拖累之后的"旅游红利"，是人口消费红利中最大的蛋糕。

旅游经济的本质，是以**"游客搬运"**为前提，形成游客在异地进行规模消费，从而实现**"消费搬运"**的效应。这一搬运，是旅游跨越区域，带动目的地发展的最好手段。旅游产业是一种引擎产业，带动了一系列相关产业的发展，形成了区域发展的综合效应。我们把旅游引导下的产业发展模式，概括为泛旅游产业集群化模式。而旅游界最为重要的工作，就是要主动把控泛旅游产业整合理念，全力推进泛旅游产业集群化进程，使旅游产业在推动区域经济发展中，发挥超越单一产业的主导型作用。

旅游不仅仅是产业或产业集群，旅游直接面向生活，是城镇生活品质提升的最重要内容。泛旅游产业的构建，直接推进高质量的城镇化建设，与"新型城镇化"的思维天然融洽。旅游城市、休闲卫星城、旅游小城镇、旅游综合体、民俗民族新型农村社区等大量的城镇建设实践，为新型城镇化以及旅游地产的大规模探索，提供了丰富的研究素材。

经过研究，我们的结论是：泛旅游产业，依托"消费聚集、产业发展、生态提升、配套优化、土地升值、地产回报"六要素，是带动区域社会经济综合发展的高效良性产业群，作用巨大。

基于泛旅游产业在区域产业集群化与新型城镇化发展中的引领作用与优势地位，我们认为，未来的10~20年，旅游将会成为产城一体化发展的最优选择之一，成为中国经济社会保持高速增长最大的动力源之一。

我们的责任，就是运用创新理念，把握时代机遇，跳出传统旅游，促进旅游产业创新发展，并探索旅游带动区域综合发展的有效模式。

因此，绿维创景全面开展了"旅游引导的产业集群化与新型城镇化模式"这一课题研究，希望站在面向未来，融入中国经济社会发展主流的高度上，结合理论，从实践经验与教训中形成模式，总结出便于运用的路径与工具。望能抛砖引玉，引发广泛的研究与参与。

林峰

二〇一三年三月十日

第一章

旅游：后工业时代的动力产业

◎ 随着我国城镇化的发展，旅游成为提升城镇化质量的重要因素，是城镇化中具有产业、居住支持双重价值的要素，为其发展提供了产业支撑。中国的旅游开发已经与区域发展和城镇化进程全面结合，并在产业上趋于融合，形成了旅游产业导向下泛旅游产业聚合的区域经济与城镇化综合开发模式。绿维创景称这一模式为"旅游引导的区域综合开发模式"（Tourism-oriented Regional Integrated Development Model，TORD）。

◎ 产业聚集与聚合，是区域经济发展的主体模式。在后现代社会，现代服务产业和高技术产业的聚集与聚合已经成为区域经济升级的标志。依托于现代服务产业的城镇化代表了世界发展的潮流与方向。在中国，以旅游产业为引擎的泛旅游产业集群发展代表了未来城镇产业发展的方向。

◎ 政府和投资商基于各自的需要，形成了旅游与地产的对接模式：政府匹配土地，出让土地一级开发的利润，引导和要求投资商在进行地产开发的同时打造旅游设施与旅游服务。这种旅游开发模式不同于传统的旅游开发，呈现出投资大、档次高、综合性强的特征，形成了养生社区、度假社区、养老社区、文化小镇、生态商务新城、会展新城等新模式，这实际上就是旅游城镇化的模式。而政府进行旅游综合开发运营，就是在进行城镇化开发运营。

◎ 在内需消费产业作为拉动经济的主要方向下，以旅游产业为战略主导，形成的旅游城市、旅游小城镇、旅游区、旅游综合体、旅游新型农村社区，将大大推进中国休闲度假时代城镇化的进程。

第一节
后工业时代与中国发展模式

一、后工业时代的中国困境

绿维创景认为，中国经过加工工业的高度发展、重化工业的大规模发展、信息技术的广泛普及与应用后，已经进入了"后工业时代"。

后工业时代的发展动力、发展机制，与以往相比呈现出了不同的特征。这个阶段，不是说不再发展加工工业、重化工业，而是要实现进一步的升级发展。制造业永远是国家产业发展的根本。但现实是，受劳动成本制约，加工工业在逐年下降；受大规模污染影响，以污染为代价的小型企业以及以高成本治理污染为前提的重化工业，受到了限制，加之中国原材料缺口大，材料与能源价格的飞涨，同样制约了一般重化工业的发展。由此，信息技术、生物技术、清洁能源技术、材料技术，成为后工业社会以科技创新推进制造业升级的主要支撑。

因此，我们认为，中国进入后工业社会后，将更加依赖科技进步来解决产业效率提升，特别是解决环境污染、资源约束及能源约束问题。

但在后工业时代的城镇化进程中，还有4亿人口要进城，3亿多农民工要成为市民。中国需要更多的就业机会，需要更大的社会保障财力。

仅仅依靠科学技术，在中国目前的现实条件下，是不可能形成就业条件和财富支撑的。而恰恰相反，提高生产效率，取缔和严惩污染企业，会导致资源、能源、工业三方面价格上涨，从而带来就业、劳动产出、利润、财富积累等的全面下降。

由此可以看出，中国已经出现了成长的困境：第一，低廉劳动力已经不可持续，甚至可以说已经不存在，相反，劳动者收入保持高速增长成为基本要求。第二，以污染为代价的中小企业和重化工大型企业受到制约，付出巨大成本进行治理污染的同时，大量企业有可能要关停改造。第三，资源价格、能源价格、劳动成本的上涨，使劳动密集型、资本密集型产业受到阻碍，影响就业和财富聚集。第四，依靠科技提升竞争力，在一定程度上可能会降低就业。第五，汽车等大宗消费已经到了污染和交通无法承载的阶段。第六，房价高涨，已成为重大社会问题和经济问题。

那么，靠什么推动中国经济的持续增长？靠什么扩大就业，推动城市化的发展进程？靠什么进一步提高劳动者的收入水平？靠什么既能主动治理污染，实现美丽中国，又可扩大生产？靠什么既可促进城市化，又不会带来房价大幅提升等社会问题？

二、中国的房地产与财富效应

我国GDP增长迅速，制造业和基础设施建设所贡献的增加值并不是一切，最大的一个财富增长是土地和房价持续上涨所带来的财富效应。

2013年3月，国务院发展研究中心研究员吴敬琏在中国经济高层论坛上指出，旧型城镇化是由赚取土地差价推动的。过去几十年来，一些部门在这一造城运动中获取的土地收益保守估计在30万亿元左右。

我国的土地拍卖，特别是实现了招拍挂后，价格持续上涨，带来了财富的巨大升值效应。城市新区征地的成本很低，一般2万元/亩、3万元/亩或8万元/亩不等，即使包含拆迁费用之后也会控制在40万元/亩以内，但是城市土地的拍卖价格却一般会高达200~400万元/亩。因此，实际上我国50%以上的财富升值，来自土地升值和房产升值。经济增长不仅仅是工业增加值，它同样得益于财富增值。换句话说，由于土地在涨、房价在涨，只要拥有不动产，就会不断升值，这就意味着，任何结合不动产的资产构

架，都可以产生巨大的升值空间并兑现为利润空间。这个利润空间，为中国经济的良性增长提供了最大的保障，为企业、个人、政府三者的财富积累提供了根本的支撑。

不动产增值形成的资产升值效应和财富效应，在未来20~30年间，仍将是中国发展的基本保障。现在的土地制度以及土地升值结构会不会打破？我们认为，土地升值利益各方共享，应是未来的改革方向。中央政府控制住了土地，也就控制住了中国经济增长的核心价值结构。土地升值效应带来财富效应，带动中国整个溢出价值，进而带动我国的基础设施建设。

试图通过一步到位的土地市场化和房产市场化改革，实现完全市场条件下的土地开发与房地产开发，中国的经济发展必将陷入死胡同。但是，如果还是粗放式地利用土地升值效应和房产升值效应，社会矛盾将会加深，市场化与行政管理、有产与无产阶层的冲突将会进一步扩大。

房地产调控的关键是民生与土地升值、房产升值之间的矛盾。解决方法只有一种，就是市场化的房地产与居者有其屋的民生解决方案，两者实行双轨并行，有条件合龙的模式。一方面保障房体制必须上升为全面居住保障制度，即应该给予所有公民居者有其屋的权利。通过保障房条件的放宽、货币化设计与市场流通条件设计，形成针对所有公民的基础保障，低收入阶层的使用保障，公民收入提升后的回收循环使用，持续使用者入市流通的公共利益回馈等，从而最终实现保障性住房制度的全民

化、实用化、持续价值及循环利用。另一方面，市场化房地产，应该定义为基本保障之后的高级改善型及投资投机型不动产，不仅有使用功能，而且具备完全市场化的资产价值。在双轨并行的基础上，增加双轨合龙的条件，促进财富升值与资产配置的优化效应，带动经济良性成长，形成社会公平下的增量支撑。

因此，我们认为，土地与房产增值效应及房地产双轨制度建设，已经并且将会进一步发挥财富效应。

新型城镇化，离不开这一财富效应。在未来20~30年的时间里，在中国城镇化的主要阶段中，土地和房价持续上涨所带来的财富效应仍将是中国经济持续发展的最关键要素及核心增长机理。有效利用好这一效应，中国必将保持良性高速增长，依靠增量，优化社会经济结构与管理。一旦丧失这一财富效应，比如放开土地市场供给，形成真正的过度供给，制造人为的"房地产泡沫破灭"，那将会是中国社会经济的灭顶之灾。

以日本为例，我们认为，其经济停滞的主要原因不仅仅是广场协议导致日元升值，进而形成了出口抑制效应，更大的问题在于房地产泡沫破灭后的资产降值与财富贬值效应的恶性循环。

因此，中国的新型城镇化，必须保持土地升值效应及房地产的财富效应，只要保持20年以上，保持改革不放松，财富积累下的改革红利就足以支持一个科技型、效率型的作为新经济龙头的强盛中国的实现。相反，如果没有这一财富效应，任何改革都会举步维艰，欧元区根深蒂固的困境将在中国出现。

三、中国特色的发展模式

在中国高速发展的社会经济结构中，任何行业或产业的发展机理与价值，都不会仅仅局限于市场本身，而是在一个政治、经济、文化、社会四方面因素互相穿插、连接互动的"政经文社混合模式"架构中，选择其现实的路径，体现出相应的价值。

这种"政经文社混合模式"，是中国特色的发展道路，其优势与问题并存，但在解决中国快速发展的问题上，充分显示了国家的动员能力和整体效率。

政治与经济合一的治理结构，是中国发展的主导结构。党和政府基于社会持续发展的目标，要求宏观稳定并协调；在国家层面上，人事与决策上的集中调度与精英协商、地方发展的一把手控制，形成了我国在国家与大区域发展上宏观调控水平高、系统协调性好、集中攻坚能力强的特点；在市县主体发展上，每一个城市都像一个综合运营的企业集团一样，市县书记和市县长就是这个企业集团的首席执行官（Chief Executive Officer，CEO），城市之间的竞争促成了区域发展的综合规划能力与及时行动能力。这种基于市县区域发展的竞争集合体非常具有活力，是世界上独一无二的。

文化镶嵌在政经与社会结构中，无法分离。中国文化，既是5000年历史的积淀，不能抛弃，又是在现实发展中不断吸收国际舶来品、不断创新、与时俱进的结合体。各种文化经过改革开放后30多年来的文明传承、国际开放与创新发展，已经与政经结合，成为中国特色发展模式的重要内容，深刻影响着每一个区域的发展，形成了历史文化、共产主义信仰、国家与民族文化、民俗与地域文化、国际潮流与时尚创意文化等多元化混合，并自主地生长出区域文化的发展脉络。我国在向国际先进文化学习的进程中，经历了从盲目到主动的选择，已逐步构成了国际文化在中国适者生存的格局，文化创新发展迅速，中国特色文化逐渐成熟。

我国的现实社会系统十分复杂，是一个基于政治、经济、文化的综合结构，解决问题的方案，需要以增量经济为前提，实现经济带动下的政治、社会一体化。作为一个复合的系统结构，尤其在网络时代，实体社会的制度建设与虚拟社会的高速运转互动发展。我国现实的社会问题，主要是在城市化中长期积累下来的分配制度不合理、城乡二元化、居民公共资源分享不均衡、社会机会不公平等。这些问题与政治、经济、法制、文化等，都关联在一起。从某种意义上说，社会问题就是政治问题，也是经济问题，已经成为经济发展的制约。而社会问题的解决，依赖于政治与政府的改革，更基于经济的持续快速增长。增量解决法，是最好、最有效的模式。

在这一模式下，中国的产业发展与城镇化都必然基于一种政经文社综合结构的互动与影响，并在国家、省、地方三个层次上形成整体化运行机理。而依托市县域发展的新型城镇化建设浪潮，作为中国未来20年发展主线，将是政经文社混合模式下，由政府主导、企业主体、市场实现的发展过程。围绕这条主线，一切机构与个人，都将面对中国特色社会主义市场经济的环境与架构、产业发展与企业成长的独特逻辑，获得发展机遇。

第二节
旅游产业特性与旅游经济的综合效应

一、旅游已成为主流产业和社会民生

就全国经济产业而言，2002年的旅游产业还属于边缘性产业，之后几乎每两年一个变化。到2008年，基于奥运会的成功举办，旅游产业已引起方方面面的关注。

2009年年底，国务院《关于加快发展旅游业的意见》中把旅游业定为战略性支柱产业。从这时起，旅游产业在整个国家产业结构中的地位完全不一样了，成为主流产业。之后，旅游产业不仅仅实现了自身发展，还与农业、文化、体育、养生、养老等产业实现了深度融合。旅游地产的爆发式增长、旅游与城市建设的互动发展，使旅游成为区域发展的引擎。

2013年年初，关乎国民生活质量持续升级的国家规范——《国民旅游休闲纲要》（以下简称《纲要》）发布，旅游的民生地位确定，旅游休闲的社会定位全面升级。未来的生活中，旅游休闲不再是有钱有闲阶层的专享，而将成为国民大众生活的必需品，是幸福美丽中国的基本民生要素。旅游休闲既是产业，又是民生基础。作为民生，旅游休闲涉及社会、经济、政治、文化等各个方面，具备社会系统性和复杂性；作为经济行为，旅游休闲基本与每个行业都有交叉，是社会消费量最大，涉及面最广的内容。《纲要》实际上是旅游休闲领域第一部纲领性的公共政策纲要，代表着国家对旅游休闲的重视程度大大提升，上升到了社会系统领域，因此，具有划时代的意义。

2011年绿维创景承接张家口市旅游规划时，张家口市提出"旅游产业是张家口发展的第一主导产业"，这个提法当时在全国很新颖，但非常明确和实际。两年来的实践证明，这个战略非常成功，对张家口市的发展起到了高效的导向型作用。这个典型的案例说明：今天的旅游产业在中国整个经济结构中的地位完全不可同日而语了。那么，为什么旅游产业能起到如此作用？引导整个经济结构的机理究竟是什么？

二、旅游产业的特性

（一）吸引力和吸引核

任何一个旅游产品或一个区域的旅游发展

都离不开吸引力和吸引核。5A级旅游景区或核心旅游景区中，能构成吸引力的核心产品或者在核心产品中最具有吸引力的内容我们称之为吸引核。例如，九寨沟的奇幻水景、桂林的漓江峰从地貌等独特的大自然景观，迪士尼、欢乐谷等人造主题乐园，这些都具有吸引力。没有吸引力，不打造吸引核，就形不成旅游的基础，所以做旅游首先要形成吸引力和吸引核。

（二）消费搬运

有学者把旅游称为以空间位移为基础的出游活动，绿维创景则将其叫做"大搬运"，旅游的功能就是把游客从客源地搬运到目的地。这种搬运原来主要依靠旅行社，现在更多的是自驾或自助，通过交通工具和各种组织方式，把游客从客源地带到目的地进行消费。

有效地把游客运送到目的地区域，对于整个目的地区域的发展（特别是一些落后和非中心城市区域的发展）而言，意义重大。它不仅是人员的流入，更是市场消费的流入。旅游的搬运，对目的地而言，是搬运来了消费和市场。

（三）预卖产品

旅游消费，不是到了目的地才发生的消费，而是必须在客源地预先进行购买的消费。一个旅游服务产品，例如"华东五日游"，是先卖给游客，然后再进行消费的。要把"华东五日游"卖给北京人，就必须通过广告、电视、网络等手段，让北京人对大上海、周庄古

镇、苏州园林、太湖、中山陵等旅游吸引物产生强烈的向往，做出购买决策，进而购买旅游产品。真正的消费，是旅游启动之后才发生；最大的消费，则发生在目的地。

这种旅游服务产品销售方式，我们称之为预卖。除此之外，旅游还是一种服务性消费产品，它不仅仅是吸引力和吸引核本身，更包含了服务过程。服务性消费的特点决定了其复杂性，人为性因素和环节非常多，因此旅游市场很难把握。

（四）市场终端

旅游消费是最终端的一个消费结构。这决定了游客每一分钱的花销，都会带来前端生产及过程服务的积累。故产业带动链很长。

作为终端消费，旅游消费包括了食、住、行、游、购、娱等几乎所有的生活内容。人在旅途，非理性消费很多。中国游客在国际旅游消费中的突出表现，使他们已经成为世界各国争相吸引的市场之一。

（五）战略性

2009年12月，国务院发布的《关于加快发展旅游业的意见》，首次提出"旅游业是战略性产业，资源消耗低，带动系数大，就业机会多，综合效益好"。这表明，旅游产业已经得到明确的提升与鼓励，其战略作用得到了高度重视。

旅游的战略性，就在于其"引擎作用"。旅游产业的实质，是以"游客搬运"为前提，

产生游客在异地（非生活区域）进行消费的经济效果。这一搬运，把"市场"搬运到了目的地，搬运到了景区，搬运到了休闲度假区，搬运到了郊区，搬运到了乡村。旅游的"引擎"价值，就是游客的"市场消费能力"。旅游的"引擎作用"，就是"搬运市场"的客观能力。

因此，文化找到旅游，建设文化旅游园区，把抽象的文化落实到旅游商品及游览结构中，利用游客消费，实现文化产业的落地；农业找到旅游，形成休闲农业与乡村旅游，把新农村的民居变成农家客栈，把草莓卖到100元/斤，把游客消费市场直接引入农家，吃完后还要购买，没有中间商，农民得到了全部的市场收益并实现了服务收益；房地产找到了旅游，把风景资源纳入房地产增值结构，以旅游人气带动度假房产升值；商业找到了旅游，把附近或郊区的居民全部变成休闲商业区的逛街游客与休闲购买客，形成大型休闲商业地产的基础。

越来越多的泛旅游发展，都是借旅游的引擎，来发挥自己的产业与商务价值的。

三、旅游市场的变化与趋势

旅游产业是中国市场化最早的产业之一，但直到现在仍然处于半市场化半政府控制状态，资源的社会控制性及规划的政府控制性非常强，而旅游消费的市场化特性却非常明显。主要体现在以下几个方面：

（一）季节性

任何一个旅游项目（特别是北方的旅游项目）季节性都非常明显，绿维创景规划的京北第一草原——坝上草原项目，季节性差异就非常大，每年只有6月18日~10月7日之间可供旅游。这么短的旅游时间意味着所有投资的利用率还不到40%，对投资商的回报率影响巨大。

投资商洽谈旅游项目时，谈到的第一个问题往往就是：能不能让投资四季都能创造收益，变成四季旅游。四季旅游意味着逆自然而行，而这就要付出能量和投资的代价。现实是，搞冬季旅游代价太大，以至于还不如关门了事。但是一关门，服务人员不稳定、服务提升不了、产品做不足，很多问题接踵而至。可见季节性涉及的是投资、人员、服务水平、产品类型等一系列问题，对于旅游来说影响重大。

（二）工作日和节假日

节假日旅游出行的暴涨带动旅游发展。自从实行了双休制度及节假日改革后，周末郊野休闲和长假外出度假已经成为各地旅游发展的促进器。但是节假日只有那几天，周一到周五怎么办？旅游市场以前的做法是聚焦高端的政务会议、商务休闲。但随着十八大后，政府和企事业单位改变文风、会风、工作作风精神的全面贯彻，政务会议和商务休闲市场锐减。

绿维创景认为，我国政界作风的转变符合社会发展进程，短期内不会逆转，并最终将逐步趋于务实，回落到一个相对正常的水平。从这个角度出发，高端商务休闲产品的经营需要进行全面调整，未来以企业为主导的纯商务型休闲将取代政务及官员招待消费，占据高端休闲市场；企业与家庭混合式产品消费，将成为市场转换的主流。因此，从传统政务接待的奢华型、虚夸型接待模式，向生态型、自主享受型休闲生活方式以及效率型、经济型、市场型、务实型消费模式转变，调整产品模式，适应商务与家庭组合结构，将成为周一到周五休闲市场最重要的发展方向。

（三）以家庭为单位的休闲市场常态化

随着中国经济的飞速发展、交通状况的持续改善、中等收入人群规模的形成、私家车的普及、带薪休假制度的强制执行，大众休闲市场持续提升。利用周末、节假日，逃离城市污染与喧嚣，到大自然中享受休闲生活、放松身心、进行亲子教育、享受家庭亲情，成为大城市很多家庭一种常态化的生活方式。因此，短时可达的、以家庭为单位的周末及短假日的郊野休闲成为常态需求，尤其是在经济发达的城市群边缘，郊野休闲项目已经成为引爆市场的利器。

同时，郊野休闲市场的产品，进入了多元化、特色化阶段，特色美食、文化娱乐、运动保健、郊野游乐、体验购物等综合型休闲模式成为主流。

（四）休闲升级，养生养老主导中高端市场

随着国人健康意识的增强，以追求生态、健康为目标的养生型市场，已经成为休闲度假的主导方向，未来潜力巨大。另外，我国快速的老龄化趋势催生了养老产业的发展，就发达

地区来说，大规模的以追求生态自然、健康保健、修身养性为目的的养老度假群体已经形成，未来还将呈现增长趋势。养生养老度假将成为未来非常重要的中高端度假市场。

四、旅游经济综合效应

旅游不仅仅是一种单一业态，也不单单是一个行业，而是一种社会经济系统，即旅游经济。中国的旅游发展，不是景区与市场对接这么简单，而是政府高度重视，驾驭区域整体协调规划发展，并结合企业市场化运营的结果。可以说，领导不重视，政府不作为，政经文社不协调整合，旅游很难获得持续高速发展。旅游将继续深深打上政经文社混合模式的烙印。

我国的旅游产业起于政府接待，在之后的发展中，市场的作用越来越大。而政府对旅游的扶持，也从政治角度，转变为区域经济发展、"三农"问题解决、城市名片与城市美化需求等，旅游发展所表现出的价值已经远远超越了简单的市场关系，而与政治、文化、教育、医疗、保障等不同领域，与居民、市民、农民等不同身份，与城、镇、乡村发展等全部交织起来了。

旅游在区域经济社会发展中，形成了超越一般行业的特殊效应，特别是对区域运营中的产业集群化及新型城镇化发展形成了巨大的推动作用。绿维创景在多年研究旅游的经济社会效应后，将其简单地概括为"旅游七大效应"，即三大动力效应与四大社会效应。

（一）旅游的三大动力效应

旅游产业的经济本质，是以"游客搬运"为前提，产生游客在异地（或异住宅生活区域）进行终端消费的经济效果。这一搬运，把"市场"搬运到了目的地，游客在此，不仅要进行旅游观光等消费，还涉及交通、饮食、娱乐、游乐、运动、购物等，进一步可能涉及医疗、保健、美容、养生、养老、会议、展览、祈福、培训等非旅游休闲的延伸性消费。通过游客的消费，目的地的消费经济及相关产业链发展就被带动起来了。

1. 直接消费动力

旅游的直接消费，包括交通、餐饮、住宿、门票、娱乐、购物、休闲等，成长极快。中国是人口大国，在人均GDP超5000美元、进入中等收入国家后，旅游消费支出能力与意愿增强，旅游人口大幅度增长，这是世界旅游史上最大规模和最快增长的市场。旅游的直接消费，带动相关产品供给，形成"出游型消费经

济"，带来巨大拉动效应，对经济、就业、税收等有很大的贡献。

据统计，近20年来，我国国内旅游消费及旅游业总收入的增长速度基本高于居民消费支出和国内生产总值增长。2012年，我国居民国内旅游消费达到了22706.20亿元，占整个居民消费支出总额的11%；旅游总收入为2.57万亿元，实现14%的快速增长，占GDP的比重上升到了4.95%。

另外，旅游通过搬运将市场需求与市场供给做了很好的匹配，因此在一些偏远地区，旅游业的经济功能得到了更多的体现，在消除贫困、平衡经济发展方面作出了积极贡献。

与此同时，旅游业属于劳动密集型行业，就业层次多、涉及面广、市场广阔，对整个社会就业具有很大的带动作用。目前，我国旅游业直接从业人数已超过1350万人，与旅游相关的就业人数约8000万人，占全国就业总人数的10.5%（旅游发达国家均在10%以上）。据预测，2015年这一领域就业人数将达到1亿人。旅

表1-1 2007~2012年我国居民国内旅游消费占总消费的比重

单位：万亿元

年份	居民消费支出	同比增长率	居民国内旅游消费	同比增长率	旅游消费所占比重
2012	20.72	14.3%	2.27	17.6%	11.0%
2011	16.49	23.7%	1.93	23.6%	11.7%
2010	13.33	10.0%	1.26	23.5%	9.4%
2009	12.11	9.5%	1.02	16.4%	8.4%
2008	11.06	16.2%	0.87	12.6%	7.9%
2007	9.56	16.5%	0.78	24.7%	8.1%

资料来源：中国国家统计局及中国国家旅游局网站

表1-2 2007~2012年中国旅游业总收入占GDP的比重

单位：万亿元

年份	国内生产总值	同比增长率	旅游业总收入	同比增长率	旅游业所占比重
2012	51.93	7.8%	2.57	14.0%	4.95%
2011	47.31	9.3%	2.25	20.1%	4.76%
2010	40.12	10.4%	1.57	21.7%	3.91%
2009	34.09	9.2%	1.29	11.3%	3.78%
2008	31.40	9.6%	1.16	5.8%	3.69%
2007	26.58	14.2%	1.10	22.6%	4.14%

资料来源：中国国家统计局及中国国家旅游局网站

游业还特别在解决少数民族地区居民、妇女、农民工、下岗职工、大学毕业生首次就业者等特定人群就业方面发挥了重要作用。

2. 产业发展动力

旅游业不同于其他产业，综合性强、关联度大、产业链长，能够产生更加深远的带动作用。这主要是因为其产业要素为复合型架构，包括了交通、餐饮、娱乐、游乐、观光、购物等服务性以及旅行车船、旅行装备、旅行服装、旅游酒店配套用品、旅游纪念品制造等生产性两种不同性质的产业类别及多种要素。每一要素都能单独构成一个很长的产业链，在泛旅游产业整合的架构下，形成产业集群化发展。据联合国统计署的具体测定：旅游业拉动的相关行业达110个，旅游业对各行各业的贡献率可以量化，对住宿业的贡献率超过90%，对民航和客运的贡献率超过80%，对文化娱乐产业的贡献率达50%，对餐饮业和商品零售业的贡献率超过40%。

旅游引导的产业集群，最重要的特征是能够形成本地化产业的集聚。例如，茶叶、竹笋、奇石、饰品等作为旅游特产，基本都依托于旅游的带动，形成优势化的集群产业。可以预测，进入"十二五"后，中国旅游产业的集群化发展将成为不可阻挡的趋势，成就一方经济。

3. 城镇化动力

以旅游为主导，整合农业、商业、文化、运动、会议、康疗、养老等相关产业所形成的泛旅游产业结构，为城镇化的发展提供了产业基础，而旅游带来的消费，直接推动了城镇化的发展。

（1）旅游要实现市场搬运，除了核心吸引物的开发外，同样需要交通、医疗、安全、行政管理等完善的基础设施及服务配套。

（2）旅游的产业化发展，必须为滞留游客提供大量的休闲项目，例如温泉泡浴、游乐场、酒吧、餐饮、购物，从而在核心吸引物周边形成休闲集聚区。

（3）旅游者要过夜，就会带来以度假酒店（公寓）、周末休闲的第二居所住宅区、避寒避暑养生养老的度假住宅区（第三居所）等为主的土地开发。另外，还要为旅游从业者提供住宿、为拆迁居民提供安置社区等，由此形成了居住社区的配套开发。

可见，旅游产业的发展已经形成了土地开发、基础设施开发、公共配套开发、居住开发，从而与区域发展和城镇化全面结合，形成了一个"旅游核心吸引区+休闲聚集区+综合居住区+配套服务"的非建制的城镇结构。

（二）旅游的四大社会效应

1. 价值提升效应

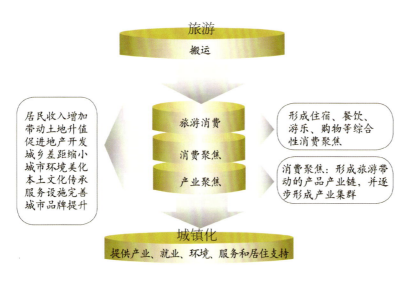

图1-1 旅游与城镇化的关系

旅游能够提升产品的价值。一方面，旅游将消费者带到原产地，使得产品的销售直接面向市场，省略了中间流通环节上的费用，能够

按照市场终端价格卖出，从而获得了比批发价出售更高的价值。我们称这一部分价值为终端消费带来的价值提升。另一方面，游客在进行旅游消费的同时，还能够享受到不同于一般购物过程的新型体验和服务，使得产品的最终价格高于一般市场上的价格。我们将高出的这部分价值称作体验性消费带来的附加价值提升。

2. 品牌效应

旅游的品牌效应，基本上反映为对城市品牌的宣传与提升作用。城市品牌是一个城市在推广自身形象过程中传递给社会大众的一个核心概念，期望得到社会的认知和认同，即所谓的品牌知名度和美誉度。其中，文化是一个城市或区域发展的根基，是区别于其他城市的差异所在，是城市品牌形象的灵魂。旅游作为一种体验性活动，能够将一个城市的文化遗存、非物质文化遗产、民俗风情转变为吸引物，使游客感受、体验，并迅速地传播出去，形成目的地品牌形象，吸引社会大众前来，进行消费、留下记忆。

所以，从某种程度上讲，旅游形象和城市形象有着共同的目标群体和发展目的。绿维创景认为，旅游业可以最大化地释放一个城市或区域的吸引力，并使游客产生感应或共鸣。另外，旅游的外向性和美好性，也能提升城市品牌的知名度和美誉度，从而带动整个城市或区域的品牌价值提升，并最终使得城市里的人、商品、资产等的价值得到提升。

例如，乌镇与凤凰古城在发展旅游之前，都是普通的小镇。那里的人们过着跟其他地方居民一样的生活，没有人会刻意去关注那里，也没有人从四面八方去那里度假。但当旅游承载起当地文化并展示给世人的同时，这些小镇就声名鹊起了，鲜明的城市形象反过来又促进了旅游的发展。

3. 生态效应

党的十八大将生态文明建设放在了突出的地位，融入经济建设、政治建设、文化建设、社会建设各方面和全过程，形成"五位一体"，纳入了党章，并提出要努力建设美丽中国，实现中华民族的永续发展。可以预见，今后我国将转变经济发展方式，着力推进绿色发展、循环发展、保护环境的产业结构和生产方式。这对旅游业来说是一个难得的机遇，大有可为。

旅游就是一种审美活动，想要发展旅游业就必须保护环境、美化环境、提升环境，否则皮之不存，毛将焉附？另外，旅游本身恰恰是一个资源消耗低、综合效益好的产业。在党的十八大高度重视生态文明建设之后，旅游的生态效应将得到最大化的释放。

（1）旅游产业污染低。旅游发展大多依托可持续利用的自然资源或文化资源，能耗主要集中于旅游交通、旅游住宿餐饮及其他旅游活动方面，通过国内外学者的研究，其能耗比重远小于工业、建筑业、交通运输业等，是低耗能产业。世界旅游组织2008年出版的《气候变化与旅游业：应对全球挑战》研究报告显示，以2005年为例，整个旅游发展中的二氧化碳排放量占所有二氧化碳排放量的4.9%。2009年5月世界经济论坛发布的"走向低碳的旅行及旅游业"报告显示，旅游业（包括与旅游业相关的运输业）碳排放占世界总量的5%。石培华、吴普在《中国旅游业能源消耗与二氧化碳排放量的初步估算》中研究得出，2008年我国旅游业能耗总量和二氧化碳排放量分别为428.30PJ和51.34MJ，分别占我国能源总耗量的0.51%和0.86%。另外，他们还估算出，单位旅游业增加值能耗为0.202，约为全国单位GDP能耗的1/6和单位工业增加值能耗的1/11。

（2）保护环境是旅游发展的前提。生态环境是旅游赖以发展的基础和内在动力，良好的自然环境是吸引旅游者前来的主要因素之一，也是旅游业可持续发展的基本条件。反之，生态环境的恶化将使旅游者无法获得高质量的旅游体验，最终旅游也就不存在了。因此，要想发展旅游业首先就要保护环境。

（3）旅游促进生态环境美化。游客对目的地景观、环境具有很高的要求，因此发展旅游不仅会促进当地生态环境的保护，还会美化环境，尤其是在我国处于产业转型的关键时期。焦作、栾川、伊春、迪庆等城市原来以煤矿业、林业为主导产业，转型发展旅游后，都取得了很好的环境效益和综合效益。以历史上曾以"煤城"著称的焦作为例，20世纪90年代，其煤炭资源开始枯竭——煤井关闭，经济下滑，工人下岗，污染严重，年均经济增速只有3.5%。形势所迫，产业结构到了不得不转型的关键时刻。1999年，焦作市做出了"把旅游业作为龙头产业进行培育"的重大决策，并以"焦作山水"为旅游定位，开始了轰轰烈烈的旅游发展，在短短的5年时间内，实现了由"黑色印象"向"绿色主题"的转型，"焦作山水"享誉海内外。2011年，焦作市共接待中外游客2281万人次，旅游景区门票收入7亿元，实现旅游综合收入172亿元，占全市GDP的11.8%。如今的焦作，正在依托"太极故里、山水焦作"整体品牌优势，进一步加快旅游业转型升级步伐，向着具有强劲感召力、吸引力和竞争力的国际知名旅游城市迈进。

4. 幸福价值效应

当我们抛弃了"唯生产力论"的思维方式，站在科学发展观立场，追求和谐社会发展的时候，我们不能不把旅游产业，纳入幸福导向型产业中去考虑。旅游产业，用最粗浅的话语概括，就是"吃喝玩乐"，不仅能增加目的地居民收入，还能给旅游者带来视野上的开阔、生活上的享受、精神上的愉悦，从而提高生活质量。2009年年底，国务院颁布的《关于加快旅游业发展的意见》中提出，要把旅游产业培育成为让"人民群众更加满意的现代服务业"，这具有里程碑式的意义。2012年，广东省在全国首个发布《培育幸福导向型产业体系行动计划》，并把"休闲旅游"纳入八大幸福导向型产业之一。可见，旅游的幸福效应已经开始慢慢被社会所认识，并在提升人民的幸福感上发挥着切切实实的作用。

综上，我们的结论是：旅游不仅仅是一种产业经济，一种城镇化促进经济，还是一种社会综合协调经济。第一，旅游产业具备带动区域经济社会综合发展的巨大作用。在未来的5~10年内，旅游将会成为中国经济社会保持中高速度增长的动力源之一。第二，旅游产业的带动价值不仅仅局限于动力源的经济带动，还以提升幸福指数、增加就业人口、改善生态环境、增加农村居民收入、保护与传承历史文化、提升城市文化品牌、促进城乡统筹等综合社会价值，成为中国未来发展中最具魅力的产业。

第三节
旅游引导的区域综合开发的动力特征

一、旅游与旅游地产

（一）观点转变

过去有一种观点认为，旅游产业是在做产业，是非常崇高的事业。在美丽景区修住宅，把公共资源私人化，是不道德的行为。特别是一些打着旅游开发的招牌变相做住宅的地产商，到旅游景区中划拨一块地，建成一排一排的房子，非常不协调。因此只要一提旅游地产，大家就反对，尤其是一些旅游系统的官员，对于在旅游区搞地产深恶痛绝。

2005年之后，这种观点有所改变，人们已经逐渐认识到旅游地产对旅游产业的带动作用。2009年后，变化更大，旅游地产已经成为一个产业发展的分支，获得多数部门的认可。绿维创景认为这种转变主要有以下四方面原因：第一，在旅游风景资源、文化资源、环境资源保护区内，任何破坏行为都是不可容忍的，这已经成为规范，并在大多数景区得到了落实。第二，旅游区域的公共服务型设施，以服务于公众为前提，私人项目不得侵犯，这也已成为社会共识，在规划中得到了较好规范。

因此，旅游保护区、公共服务区、延伸发展区形成了有效的划分，侵占旅游资源的现象得到了有效控制。第三，利用旅游聚集效应，推动区域开发，带动城市建设，是经济发展的必然趋势。第四，旅游地产本身有了大幅提升，在旅游区搞住宅已经不是旅游地产的主流，依托旅游进行城镇化建设和区域综合开发成为主导模式，掠夺性的"景区内住宅开发"已走向旅游引导的区域综合开发。可见，产业架构与理念已实现全面升级。

（二）旅游地产的无穷想象空间

1. 通胀压力致使城镇化成为中国发展第一引擎

2012年中央2台播出一期节目，题目叫"把印钞进行到底"。全世界央行都在大印钞票，这基本上成为这个时代无法阻止的趋势。在目前全球一体化条件下，无论从经济上还是政治上，紧缩性财政都不可能治理好一个国家的宏观结构失衡，这已经被欧盟实践证明。扩张性货币政策必然大行其道。因此大规模的通货膨胀时代已经来临，并将持续5年以上。对

15

于中国而言，无法替代的最大稀缺是什么？土地。对于13亿人口必然要富裕起来的趋势而言，自然资源、能源的稀缺，可以进口，但土地没办法进口，人口也不可能大规模移民。因此，房价上涨一时之间根本无法抑制。在全球性通胀的巨大压力下，中国保值增值的第一产品就是土地。基于通胀和成本提升，房地产同样具有了增值效应。而这一增值效应带动了中国财富效应的良性循环，推动了国家经济的持续发展。

因此，基于土地和房地产的财富效应，决定了无论中国如何强调工业发展和科技创新，在未来20年内，经济发展的基础和第一引擎，必然还是城镇化。

2. 旅游地产的想象空间——低价土地与高价房

旅游地产具有无穷的魅力，吸引着地产投资商。因为非城市化的旅游区，人气聚集，环境优美，土地价格很低。

在城市土地透明化、成本高启之时，旅游区的土地价格却非常低。征地成本一般在10万元/亩以内，而将生地变成熟地的成本约为10~30万元/亩，因此旅游区域的土地成本基本在40万元/亩以内。若按低密度住宅计算，楼面价为200~1000元/平方米，但出售价格却在6000元/平方米以上，甚至能达到60000元/平方米以上。这样的商业机会，对于投资商而言，诱惑巨大。但如何能在20万元/亩的土地上，卖出6000元/平方米以上的价格，这不仅是旅游地产的巨大魅力，也是一个巨大难题。

（三）旅游投资商的主体是地产投资商

现在旅游景区的投资商60%以上是房地产业投资商。投资界越来越清楚地认识到，单纯做旅游景区或旅游接待设施开发可能亏本，至少快速收回投资的可能性很小。但要卖房子，若没有旅游休闲支撑，根本不可能。因此，以房地产开发为目标，以旅游经营为基础和手段，成为近10年来旅游产业投资的主要方式。

可见，旅游地产已经成为带动旅游发展的根本引擎。换句话说，如果没有旅游地产，这些地产商是不愿意来投资旅游的，他们脑子里只想做地产，不想经营旅游。现在越来越多的投资商开始看到旅游的价值，愿意持有一部分旅游产品获取持续性盈利，但他们赚快钱和获取快速投资回报的手段，仍然盯在地产上。

（四）旅游和地产的关系

从简单地在景区做高级住宅，到现在旅游区域综合开发中的城市开发与房地产开发，旅游地产的理念已经完全不同了。旅游地产，是旅游引导的区域综合开发中的土地开发与房产开发，是产城一体化的房地产开发，包括休闲商业地产、养生养老地产、度假地产等多种形态。

旅游与旅游地产的关系，也已经从简单的分离关系，转化为区域综合发展模式下相互交织的复合关系。地产和旅游之间关系的深化，使得旅游地产成为旅游系统开发中最主要的组成部分。例如在海南，从省长到各地旅游局再到基层任何一个做旅游的人，他们的想法都是要围绕旅游地产。因为海南的生活就是度假生活，地产支撑着整个海南的发展，没有办法抛开旅游地产去构建旅游发展体系。

旅游地产能不能很好地与旅游互动，成为旅游产业发展的关键。把原来城市投资商粗放的旅游地产开发转化为真正能够提供养生、度假服务的旅游地产，是我们要努力实现的目标。

二、旅游是区域发展中最重要的新型动力

金融危机后，中国经济增长出现了困难，特别是2010年以来经济增长速度进入相对低速区域。随着劳动力成本和资源成本的大幅升高，中国人口红利与资源红利逐渐消失，中国经济还能保持7%~10%的中高速增长吗？还能持续多久呢？靠什么来带动这样的发展呢？

有的悲观学者认为，我国的人口红利、出口红利以及楼市红利正在消退或消失，三大引擎同时熄火的结果是中国经济可能进入"增长的黄昏"。以林毅夫为代表的乐观派则认为，依据日本、韩国、中国台湾等与中国有类似经验的经济体发展历程，中国很有可能在未来20年里保持8%的增长速度。无论是否还能保持现有增长速度，可以确定的是，我国面临着经济发展方式粗放、收入分配结构不合理、城乡二元化、东西发展不平衡、所有制结构束缚经济发展等问题，社会经济结构到了改革的重要时期。而通过社会经济结构全面转型，从而实现内需带动下的持续增长，是各方人士的共识。

党的十八大后，国务院领导提出"改革红

利"，可以说系统地概括了中国经济发展依靠结构调整带动速度提升的核心理念。同时明确提出：中国未来最大的发展潜力在城镇化。可以预测，未来几年，在总结30年快速城镇化问题的基础上，完善后的新型城镇化将成为我国社会经济发展的一个主要发动机。

新型城镇化的一个重要理念是要"协调"——工业化、信息化、农业现代化相协调；人口、经济、资源和环境相协调；大、中、小城市与小城镇相协调；人口积聚、"市民化"和公共服务相协调。靠什么来实现这四个协调发展呢？绿维创景认为，旅游强大的动力效应及区域综合发展协调能力，决定了其将在这一进程中扮演重要角色。

实际上，随着我国城镇化的发展，旅游成为提升城镇生活品质的重要因素，同时也是城镇化中具有产业、居住支持双重价值的要素，为其发展提供了产业支撑。中国的旅游开发已经与区域发展和城镇化进程全面结合，并在产业上趋于融合，形成了旅游产业导向下泛旅游产业聚合的区域经济与城镇化综合开发模式，绿维创景称之为"旅游引导的区域综合开发模式"（Tourism-oriented Regional Integrated Development Model，TORD）。

旅游具有引擎效应，能够推动服务产业进行聚集发展、全面提升新农村建设、带动土地升值、延伸商业地产及休闲度假地产等高利润项目，实现开发的快速回报。依托"服务产业聚集、土地升值、房地产高回报"三要素，旅游必将成为区域发展中最重要的新型动力。

（一）以旅游产业为引擎的泛旅游产业集群，是未来城市产业发展的重要基础

产业聚集与聚合，是区域经济发展的主体模式。在后现代社会，现代服务产业和高技术产业的聚集与聚合已经成为区域经济升级的标志。依托于现代服务产业的城镇化代表了世界发展的潮流与方向。在中国，以旅游产业为引擎的泛旅游产业集群发展代表了未来城镇产业发展的方向。例如，海南（博鳌、三亚、海口等）、青岛、大连、昆明、张家界的城镇化升级，充分体现了旅游产业带动下的城市新业态与新风貌的巨大效应。

（二）旅游与地产结合，成为城市运营的主要手段

在我国经济社会发展进程中，地方政府面临着产业转型升级的需求，旅游产业作为一种消费性服务产业，成为很多地方的首选。但对于要求高回报率的投资商来说，"高投资、低回报、长周期"的旅游服务与旅游设施开发项目并不适合投资。他们看重的是，旅游引发产业集聚后对周边地产价值的提升。高额的土地一级开发利润和旅游休闲度假房产利润，可以抵消旅游服务与旅游设施项目开发的高成本。有人估算，只需把旅游地产开发中盈利的50%用于开发旅游设施与旅游服务，就可实现盈亏平衡，并引导整个区域进入良性综合开发。

对于政府而言，拥有旅游资源或仅仅是较好生态的区域，只要开发旅游，土地就可获得

有效升值，农民参与旅游受益，区域经济获得全面发展，并形成旅游城镇化提升。

于是，政府和投资商基于各自的需要，形成了旅游与地产的对接模式：政府匹配土地，出让土地一级开发的利润，引导和要求投资商在进行地产开发的同时打造旅游设施与旅游服务。这种旅游开发模式不同于传统的旅游开发，呈现出投资大、档次高、综合性强的特征，形成了养生养老社区、度假社区、文化小镇、生态商务新城、会展新城等新模式，这实际上就是旅游城镇化的模式。而政府进行旅游综合开发运营，就是在进行城镇化开发运营。

（三）旅游是提升城镇化质量的重要因素

城镇化是以产业发展为前提的，而旅游休闲度假以及由旅游引导的泛旅游产业聚集（休闲农业、养老康疗、会议会展、创意文化等），是城市现代服务业发展的重要内容。发展旅游产业带来的景观环境改善、休闲服务提升、文化交融、居民幸福指数增强等，都是宜居城市的重要升级要素。在内需消费产业作为拉动经济的主要方向下，以旅游产业为战略主导，形成的旅游城市、旅游小城镇、旅游综合体、旅游新型农村社区，将大大推进中国休闲度假时代城镇化的进程。

三、解放思想，用旅游带动区域经济社会全面突破

对于生态屏障地区、偏远山区、无资源开

发优势又无人才聚集条件的欠发达地区，旅游一直是其区域发展的引擎产业。为使旅游有效地带动区域社会经济全面发展，需要跳出旅游看旅游，跳出传统旅游业态来做旅游。

绿维创景总结了中国旅游投资与区域开发的历史实践，通过数百个成功案例研究，提出了"旅游引导的产业集群化及新型城镇化模式"，希望能够帮助地方政府，充分运用旅游产业发展的契机，带动泛旅游产业全面发展，并借力土地开发，加速以现代服务产业为依托的城镇化进程，实现区域综合开发突破，达到区域经济社会高速和谐发展。这需要旅游规划行业及旅游开发投资商、政府的共同努力。

（一）创新是推动旅游业战略性作用发挥的重要因素

旅游是一个充满创造力的产业，创新是旅游发展的重要动力，也是旅游产业相比于其他产业的鲜明特质之一。因为旅游就是要追求个性化、特色化、独特化。旅游的价值，仅仅依靠自然资源是不够的，还要驾驭"游客的消费能力"，对人性进行深刻研究，创造出适应游客多种需求的吸引物、游憩方式、旅游产品。

旅游的创新包括产品创新与产业创新、政府管理创新与市场化创新、体制创新与机制创新等。绿维创景一直在追求产品的创新和方法的创新，除利用创意打造了大批旅游项目之外，还创新了大量新的方法与模式，包括政府主导下的旅游产业运营模式、泛旅游产业整合模式、旅游导向的区域综合开发

模式、旅游城镇化模式、旅游综合体开发模式、旅游引导的新型农村社区开发模式、旅游设计体系等。

举例来说，泛旅游产业概念的提出，就是一种理念与工具的创新。旅游是一个内涵不断发展、形态不断提升的产业，要想实现创新发展，首先要在产业理念上实现突破，因此，绿维创景提出了泛旅游产业的概念。我们发现，在很多方面用"泛旅游产业"代替"旅游产业"进行规划设计，产业链、产业群、产业聚集、产业集成、产业集群化等产业关系可以全部展开，视野开阔了，项目落地了，与实践有效地结合了。

实际上，泛旅游产业的整合与泛旅游产业集群化的模式设计，就是以旅游业原有的核心架构为基础，多种产业相结合而形成一种"旅游核"的创新与突破。恰恰是这样一种创新与突破，使一个中性理论概念，变成了政府与企业进行开发运营的指导模式，形成了非常有效的旅游开发运营手段。

绿维创景运用创新思维，整合了一些新的概念与模式，可能存在一些不够严谨、不够准确的地方。希望大家用创新的思路共同探讨，一起去丰富这个建设的过程。我们相信，创新的成果会在实践中获得不断的修正与进步。

（二）旅游开发投资商向区域运营商转变

旅游项目一般都是区域发展项目，而不仅仅是简单独立的单体项目。因此，合格的旅游投资商需要面向区域，实现社会经济的协调发

展。一个投资商投资区域旅游开发项目，与常规房地产项目不同，不能只建房子不搞产业与经营；与工业项目不同，不能只做生产，不管社会。而应面对一个区域从事综合开发，妥善安置农民，形成社会统筹发展。

基于此，我们把旅游综合开发投资商定位为区域运营商。所谓区域运营商，就是以区域经济社会统筹发展为己任，把产业发展、城镇建设、社会统筹结合起来，在政府的管理下，以主投资商的身份，在规划、土地一级开发、泛旅游产业项目开发、市政公用建设开发、商业地产开发、住宅和度假商业开发六个领域发挥作用，实现商业化良性运营，分阶段实现区域经济社会发展，实现企业在区域综合开发中的系统整合，实现企业基于10~30年在区域运营上的良性现金流和持续增值效应。

旅游综合开发模式，是一个经济社会发展的综合构架。其中，政府的规划、土地政策、财政税收政策、基础设施与公共服务设施配套，起着战略和基础作用。区域运营商应该全面介入政策管理，参与规划，参与基础设施建设的BOT（Build-Operate-Transfer，建设—经营—移交）、TOT（Transfer-Operate-Transfer，移交—经营—移交）、BT（Build-Transfer 建设—移交），参与一级土地开发，参与农民就业，参与社区产业发展等。

在旅游综合开发中，最关键的还是旅游产业要落地到具有核心吸引力的旅游产品开发上，要能够形成人气聚集能力和旅游吸引核，

并由此带动大量游客，形成消费市场，扩展出引擎效应。我们希望，大型投资企业可以有效把握时代脉搏，以区域综合开发运营为己任，借力旅游产业的引擎功能，实现区域运营商的宏伟发展，通过操盘旅游，实现区域经济的价值升级。

（三）政府实施"保、规、控、管"四字方针，引导旅游综合开发健康发展

以旅游为引擎的区域综合开发，是中国特色区域综合开发的有效模式，政企协调非常有效，发展状态基本健康，为旅游产业发展带来极大机遇。同时，政府必须进行"保、规、控、管"，杜绝一些投资商唯利是图的做法，确保旅游综合开发健康持续发展。

"保"：以生态环境、文物古迹、风景名胜、自然资源等的保护为前提。任何开发，决不能破坏环境、文物和资源。

"规"：必须规划先行。通过规划，有效把控旅游服务产品及旅游设施与旅游地产开发的比例与配套关系，保证旅游服务产业的主体地位与带动效应。

"控"：控制土地开发与产品开发的时间节奏，以旅游服务产品开发带动为先，旅游地产开发为后，形成多期开发，循环提升。

"管"：实施开发管理，对综合开发不仅仅考核开发量，还要考核旅游服务经营。旅游服务不能仅仅依靠硬件开发，还必须进行服务开发、服务经营和市场开发。

第二章

政府旅游产业运营

◎ 旅游产业运营已经成为区域经济运营的重要方面。旅游的区域系统性、资源的国有性、开发的外部性、游客的跨区域流动性，决定了旅游目的地必须由政府来主导运营，进行规划统筹、资源保护监管、公共工程投资、市场及营销管理。

◎ 地方政府是区域旅游发展的主导机构、整体运营机构和行业管理机构，且必须承担旅游产业发展的规划、系统协调、资源管理、资源保护、公共工程投资、市场管理、营销促进等多样职责。

◎ 政府的旅游产业运作和目的地运作，是一种区域社会经济的半商业化经营，是城市经营的一部分。这样的运作，不能像竞争性工业产业那样完全依靠市场的力量进行，而需要整合行政管理、公共工程、土地与资源、税费优惠、营销促进、招商引资等，以商业化的理念与手法，结合行政与商业，由政府实施综合经营。

第一节

政府与旅游的关系研究
——政府必须主导旅游产业并建立运营理念

政府与旅游产业的关系，一直是一个有争议的话题。绿维创景认为，政府可以也应该主导旅游产业的发展。政府与旅游产业的关系，可以从以下四个方面进行论述。

一、政府必须主导旅游产业

（一）旅游的区域系统性与政府的规划统筹职能

旅游，是由游客出行而构成的一种经济社会综合活动，包括了食、住、行、游、娱、购等多种要素，不可能由单一景区来支撑。因此旅游目的地往往有多个景区，有一批旅游产品，通过合理的游程配置，形成游线结构。

旅游是一种需要多家机构和多种职能配合的综合服务结构。对于区域而言，旅游产业是一个区域内旅游产品、旅游环境、旅游接待能力、旅游服务配套的总和。我们把这一特点称为旅游的区域系统性。

作为区域旅游产业系统，必须遵循科学规律，各个要素之间互相配合，各个环节之间相互衔接、互相影响，任何一个方面的缺失或障碍，都会影响整个系统的游客流量和旅游质量。

基于这一特点，区域旅游系统必须经过规划，按照科学的要素配置进行开发。各要素之间的关系，仅仅由市场这只看不见的手来调节，就会出现发展不平衡，以及由于布局错误而发生的重大投资失误等难以协调的问题，甚至造成对旅游资源的破坏。

因此，政府编制区域旅游发展规划是非常必要和重要的工作。规划要解决的核心问题，是旅游资源开发、旅游产品结构、要素配置、旅游整体布局、旅游交通、区域市场定位、跨区域合作、游线组织、总体营销、资源保护、人力资源开发等长期性、全局性、系统配套性的问题。

政府的统筹职能，是指对旅游相关要素开发与管理中的各个方面，进行协调与互动。包括开发中旅游资源管理、旅游交通建设、土地使用、规划审批、交通组织、工商管理、区域合作、跨区域营销等方面的沟通与协调。可以区分为政府间的协调、政府与企业的协调、企业与市场的协调三类。

（二）旅游资源属性与政府的资源保护管理职能

旅游资源，直到现在仍然缺少相关的法律规定，因此业界对于旅游资源概念的界定也比较模糊。通常认为，凡是具备观赏价值的自然风貌、历史文化景观、民俗活动、生活场景等，都可以称为旅游资源。旅游资源的主体是风景名胜区、文物保护区、自然保护区、国家森林公园、国家地质公园等。这些国家级或者省级的主体，其土地及相应的林产、风景旅游资源，基本上都是国有资产。从资源管理角度讲，地方政府拥有对资源的经营运作管理权。

旅游景观资源、生态环境、历史文化古迹及文物等，都是不可再生的资源，其保护问题应该高度被重视。由于开发与保护之间存在天然的冲突，对于如何在保护的基础上进行开发，必须进行专业的论证与规划，并在开发实施中保证对资源的保护。基于此，政府应对资源进行保护的监督与管理、开发的管理、经营权的管理，这些都是非常核心的职责。

（三）旅游开发的外部性与政府公共工程投资职能

旅游开发不仅仅是旅游区内的建设，旅游还必须具备可进入性和区域的要素配套。这种

旅游区之外的要素，往往会决定旅游区开发的成败。因此，我们称这一特性为旅游开发的外部性。它既不是由旅游区内部开发决定的，也不是由投资商自己决定的，但对旅游区开发具有实质性的影响。

旅游开发的外部性决定了旅游发展不能由单一投资商独自解决。其中，可进入性、基础设施、配套项目等，必须由政府的投资、规划来引导和协调。其中，公共工程是区域旅游发展中政府最重要的职能之一。

（四）游客的跨区域流动性与政府的市场管理及营销职能

旅游，是游客的搬运过程。其他商业消费，是将产品运输到消费市场，由游客购买消费。旅游则与此相反，是将顾客搬运到旅游地，在旅游地进行及时消费。因此，游客的跨区域流动，是旅游过程的必然构成。

跨区域的游客流动，涉及安全、交通安排、服务环节衔接、突发事件处理等众多问题。跨区域流动，需要跨区域的营销，以及跨区域的政府协调与合作。这就决定了政府必须对旅游市场进行监督管理，以保证市场秩序，保障游客安全。同时，区域游客的流动，是以区域旅游接待能力、区域旅游形象为依托的。政府作为区域管理机构，是整体营销不可缺少的角色。

由以上四个方面的分析，可以总结出政府与旅游的关系：地方政府是区域旅游发展的主导机构、整体运营机构和行业管理机构，必须

且能够承担旅游产业发展的规划、系统协调、资源管理、资源保护、公共工程投资、市场管理、营销促进等多样职责。

二、政府旅游运营的理念

加速发展旅游产业已经成为很多地方政府经济工作的重点，特别是旅游资源独特丰富的地区。这些地区具备形成旅游目的地的条件，政府对于旅游产业及目的地运作，非常重视。为此，地方政府和旅游主管机构推动制造了发展规划、总体规划等。

但是，绝大多数规划并不能达到政府希望的目的，所谓"规划规划、墙上挂挂"，这是旅游规划界的悲哀，也是旅游咨询业界必须突破的问题。

其实不是规划界不知道如何进行规划，也不是政府不该编制规划。问题的关键在于政府对成果的要求与规划院对成果的把握之间出现了质的差异。换句话说，政府要的是能够开展实际运作的系统方案，规划院提交的却是以20年为期限的目标构架。在这个结构中，最重要的是运作的理念——政府进行产业及区域开发运作的理念。

根据绿维创景8年来开展策划规划的实践经验，我们认为，政府最需要的是策划与规划相结合，整合了定位、功能布局、项目设计、游线安排、要素配置、公共工程、招商引资、营销促销、目的地及产业管理、3年执行计划十个方面内容，并且能够指导旅游产业及

旅游目的地实施战略经营的系统运作方案。

而要完成这样的策划规划相结合的项目，规划人员必须对市场细分、旅游项目策划设计、政府经营产业与经营城市的技巧、投资商投资理念、旅游促销技巧有非常深度的研究与丰富的经验，能够从政府运作的理念上进行策划，从社会投资人的角度设置项目，并善于制定公共工程、招商引资与促销的具体运作落实方案。我们称这样的策划为"政府旅游产业及目的地建设的运营策划"，它包括七部分内容，即市场深度调研、定位分析、游憩方式设计、旅游与地产产品策划、景观概念策划、商业模式设计、运营实施计划。

通过以上策划，可以形成区域5~10年的长远发展目标，同时制订出政府的3年运营计划，落实招商引资项目，形成品牌营销实施计划，落实旅游产业发展的机制改革与财税扶持措施，实现政府推进产业发展的实质性工作基础。

三、政府旅游运营的手段及步骤

（一）城市经济运营手段分析

改革开发以来，中国的经济体制已经发生了很大的变化，在打破集权结构后，地方政府逐步成为区域经济发展的主导力量。地方政府的权力，在财政、融资、税费优惠、土地出让、公共工程等方面形成了较大的推动运作能力，其职责也全面转向促进区域经济增长。

区域经济发展的模式，从与中央财政要

留成到转移支付大幅提升，是一条政府直接投资推动的线索；城市化进程加快后，土地运作的机制形成，把区域经济发展推上了"城市运营"的道路。区域经济运营，以城市运营（实际上应该叫"城市开发运营"）为核心，扩展到开发区运营等领域，已经成为政府执政的常规理念。

总结我国地方政府的区域经济运营模式，主要的推动手段大体上分为以下四方面：

1. 财政手段运用

财政来源于税费收入、政府借贷、上级专项资金和一般转移支付。改革开放以来，地方财政逐年扩大，地方政府运用财政资金开展经济建设的条件发生了变化，拥有了多种促进经济的财政手段：一是减免税费，包括后来的财政补偿（贴）；二是直接投资，形成投资环境与条件；三是资金扶持，给予一定的无偿或有偿支持；四是剥离消化负债与人员，为企业减负。

一般的财政手段，表现为地方政府制定的招商引资优惠政策上。

2. 公共工程建设

公共工程是对区域整体发展有益，而又无法实现直接盈利的建设项目。公共工程对于区域经济中的收益个体完全是不平衡的。一些个体收益很大，一些则关系不大，这就为一部分企业创造了巨大的商机。

道路建设是最大的公共工程投资项目。特别是非收费性的城市公路，对于土地价值的提升具有特别重要的作用。城市公共配套设施，包括供水、供气、供热、排污、医院、学校、商业等，是社区发展的核心要素。政府在城市扩展中的规划及配套工程建设速度，直接影响地产商的投资收益率及回收时间。

对于旅游产业而言，旅游资源可进入性是资源开发价值的最大影响元素。政府对旅游道路的投资是社会投资商介入旅游项目的主要评价前提。

政府可以投资的公共工程范围很广，种类很多，并不局限于纯公益性项目。对于区域经济发展有利的低收益、长期收益或风险收益项目，都是政府愿意投资的目标。

公共工程，对于地方经济发展作用显著，是政府最乐意投资的。但选择什么项目进行投资，效果完全不同。因此，每一任政府，每换一次领导，总会有较大的项目调整。

3. 土地运营

土地运营是政府最热衷的手法，也是政府资金最好的增量来源。土地一级市场利润丰厚，公共工程带动效应显著，形成了良性滚动结构，增长空间巨大。因此，新区开发、产业园区开发、旧城改造等，都可以形成巨大的商业机会。政府通过土地运营，形成城市面貌的巨大改变，是政绩的显性标志。城市化发展带动经济增长，是最直接的方法，远比发展工业迅速。

4. 国有资产运营

国有存量资产，是政府可以运营的一张重要王牌。随着国退民进战略的实施，国资退出竞争性领域，为政府运营经济提供了一个巨大的政策空间。国资退出后，良性运营的案例很多，其中大多依托于土地价值，以资产增值和房地产开发为主。宾馆、餐厅、景区民营化已经成为主流运营方式，社会资本介入后，效益明显改善。

国有资产运营的内容很多，不局限于企业资产，还包括资源开发，比如矿产资源（温泉等）、风景名胜资源、文物文化资源等。

（二）旅游产业运营步骤

一个地区的旅游产业，是一个有机的整体。要加快该地区旅游产业发展，必须从更大的区域环境、旅游发展状况、旅游目的地分布以及本区域能否成为旅游目的地等方面，进行系统研究。

区域旅游运营是地方政府发展旅游产业的总体理念。政府从全面启动与加快区域旅游经济发展的角度，需要找到实际的运作落地点，也就是我们平时说的抓手。换句话说，就是找到突破点。

区域旅游发展总体规划，是一种对旅游产业进行总体生产力布局的构架与战略。从政府运营旅游经济而言，一方面必须编制规划，或者遵循已有的发展规划；另一方面，应该做出3~5年的具体行动计划，落实运营的战略与步骤（图2-1）。

1. 目标制定

区域旅游发展的3~5年目标确定，是非常重要的前提。从一任政府领导政绩考核的角度讲，目标制定有六个要求：第一，可以量化为具体指标；第二，有实体项目支撑；第三，有区域名片等形象价值；第四，对GDP有较大贡献；第五，对税收财政有较大贡献；第六，对老百姓有明显的实惠。

区域旅游目标，需要落到具体的旅游产品结构上。例如，开发一个风景区、形成一个度假区、建立休闲区等。作为目标体系，应该由五个方面构成：第一，游客流量具体指标；第二，横向比较目标指标；第三，区域影响水平指标；第四，纵向增长目标指标；第五，产品

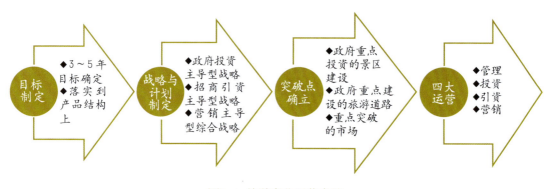

图2-1 旅游产业运营步骤

建设目标指标。

2. 战略与计划制定

旅游发展战略及运营计划的制定，是保证目标实现的前提。这里所说的战略是3年战略及3年计划，是完全可操作的。由于区域旅游经济是一个互相衔接的有机整体，因此，其发展战略与计划必须按照有机系统的整体模式进行构建。对于3年能够实现的旅游经济，应选择合适的项目及对应的市场目标，并以产品及市场为基础，配置完整的要素支撑，确定政府需要投入并解决的问题，确定社会资金及居民群众参与的程度与方式。项目的选择，以资源基础及其可进入性为前提。市场目标，则需要考虑交通、时间、区位、竞争关系等。

战略制定最重要的是实现目标路径的选择。按照实现目标的路径，可以把战略区分为三种类型：一是政府投资主导型战略——以政府投入为基础，形成核心景区，建立旅游发展的吸引核；二是招商引资主导型战略——以资源出让为前提，招商引资为手段，筑巢引凤，推动旅游经济发展；三是营销主导型综合运营战略——政府以营销为首务，同时建设基础设施和投资环境，推动已有景区发展，形成良性发展格局。

3. 突破点确立

要完成区域旅游经济发展的3年计划，最重要的是突破点的选择，以及对重点项目的实质性推动。突破点可以有三类，一类是政府重点投资的景区建设；一类是政府重点建设的旅游道路，形成资源开发的全新条件，达到招商

引资的目的；一类是重点突破的市场，通过政府的运营，实现核心市场的突破，带动整体运营的升级。

4. "管理、投资、引资、营销"四大运营

具体计划的实施，需要在运营管理、政府投资、招商引资、旅游营销四个方面互相配合，全面推进。政府旅游产业运营管理，不同于旅游行业管理，必须由党政一把手挂帅，否则无法保证资金、政策的落实。政府投资，可以靠自有财政，更重要的是通过各种渠道，申请各类扶持资金。其中，开发银行贷款、旅游国债、红色旅游资金、农业资金、生态建设资金、水利资金、旅游小城镇贷款等，是直接的扶持资金。

四、政府旅游运营的策划、规划、设计

策划先于规划，策划、规划、设计并重，是政府推动旅游产业发展的前提工作。

旅游策划：策划包括四个方面。第一，旅游产品策划，我们也称之为旅游项目策划，是旅游专业策划；第二，旅游项目投融资策划，是策划旅游的收入结构，对项目开发进行合理分期，设计投入产出模式，形成商业运作模式的基础；第三，旅游营销策划，是以旅游产品为销售对象，按照整合营销的模式，进行包装、品牌经营、销售、促销等策划；第四，旅游管理运营策划，是以旅游过程的流程再造及人力资源开发为核心，保证项目开发、营销、

服务接待、持续经营的高效率与持续发展。

旅游规划：总体规划是长期化的定位、战略、生产力布局与要素配置；详细规划则以土地利用与控制、资源利用与保护、交通道路、建筑景观、基础设施配置及游乐项目建设等为核心，形成建设开发的基础。

旅游设计：绿维创景认为，旅游项目必须进行专业设计，且主要包括以下五个方面：游憩方式设计、游乐设施设计、旅游景观设计、旅游建筑设计、旅游室内设计。（1）**游憩方式设计**：首先，要按照景点观赏、文化品味、风情感受、游乐参与等，对游憩过程进行设计；其次，要设计运输、住宿、饮食、购物等基础服务，并使其成为具有特色、风情、文化性及娱乐性的方式，体现处处都有旅途人生的异样特色；最后，进一步对全部游程进行合理化整合，形成全程结构的整体理念与效率优化。（2）**游乐设施设计**：游乐设施设计是一门综合性的技术，包括设备开发设计和设备运用设计。大多数旅游项目，是依据已有的设备设施，对其如何包装运用进行设计，实现旅游项目的落地。（3）**旅游景观设计**：旅游项目中的景观，应该具备独特性、唯一性。景观本身应成为吸引游客的因素，能够提升旅游区的整体吸引力，而不应仅仅满足基本功能和一般景观的要求。绿维创景提出的"创意景观设计主张"，要求景观设计具备"突破常规、张扬极致、激活人性"的特点，以达到与众不同又引人入胜的效果。（4）**旅游建筑设计**：是建筑设计中的一个专业化细分方向，其对游客中心、旅游接待酒店、标志性景观建筑等建筑类型如何有效结合旅游的吸引力功能、文化表现与标志性功能、接待功能、集散功能、休闲功能等，有特殊的要求。（5）**旅游室内设计**：主要包括旅游展览展示、旅游体验设计、旅游参与设计、旅游餐饮、旅游住所、旅游游乐、旅游娱乐演艺等，形成功能与文化表现。

第二节
地方政府如何运营旅游产业

政府的旅游产业运作和目的地运作，是一种区域社会经济的半商业化经营，是城市经营的一部分。这样的运作，不能像竞争性工业产业一样完全靠市场的力量进行，而需要整合行政管理、公共工程、土地与资源、税费优惠、营销促进、招商引资等，以商业化的理念与手法，结合行政与商业，由政府实施综合经营。运营理念，就是政府按照经济规律，结合长远发展目标，围绕综合效益最大化，开展政经结合的运作。

本节以绿维创景的一些经典案例为基础，为地方政府如何有效实施旅游产业运营和旅游目的地打造，提供思路与方法。

一、旅游运营之运营战略

（一）目的地系统整合理念

旅游目的地原本是一个区域概念，是指游客旅游的目标之地，但在旅游架构中，旅游目的地属于区域经济结构的概念。从旅游作为一个游憩及游憩接待系统而言，目的地概念包含了一种系统结构与系统工程的理念思路。因此，一个区域，要成为旅游目的地，仅仅有独特的景区是不够的，还需要具备一个完整的游憩构成（1~5 天的游憩内容及游程）、足够且合格的接待设施、方便的交通进入条件，以及复合多种需求的配套服务。其中，目的地核心吸引力是市场的吸引核，也是系统的核心要素。应围绕市场需求，形成完整游憩与接待的要素配置与配套，形成系统的功能构架。

（二）区域旅游及目的地核心吸引力打造

目的地的形成，需要有独特的、强大的旅游吸引力。无论是自然资源、人文资源，还是新的游乐景观创造，都必须具备对游客需求的高程度满足，才可能成为旅游的目标。从目的地运作策划的角度看，吸引核的确定、吸引内容的定位与吸引物的打造，是第一位的工作。

案例链接

阆中古城旅游吸引核

阆中古城位于四川南充阆中市，是中国保留最好的风水古城。据调查，游客来此旅游的目

集中在古城风貌的观赏上。可见目前的吸引力是"古城风貌",风水的观赏与体验基本上还没有体现出来。那么,要想打造旅游目的地,阆中古城的核心吸引力究竟该如何确定?

从阆中古城旅游资源的独特性来看,风水文化才是其世界级的独特性卖点,而古城风貌只具备"国内排行前十位的古城"这样一种吸引水平。因此,绿维创景提出,阆中古城品牌应改用"阆中风水古城",一级吸引核为其"风水文化"。

图2-2 阆中城南滨水古城景观　　　　图2-3 阆中古城使用"中国风水第一城"品牌

(三)游憩方式设计与旅游产品策划

旅游目的地要吸引游客不断到来,不仅仅吸引物本身要具有独特性,还必须形成最大限度满足游客游憩需要的具体的观赏、游乐、体验方式,即游憩方式。

游憩方式落实下来就是具体的项目设计和游线安排,可以实现目的地的内涵。

🔖 案例链接

阆中风水古城的游憩方式设计

风水文化是一种抽象的文化,怎样观赏、体验风水古城的风水文化呢?

绿维创景提出了风水游憩方式的"四步结构",即学习了解—观赏游览—研究体验—购物纪念。

学习了解,是开展风水旅游的必备前提。在游客购买阆中古城的旅游产品前,应该通过电视、报刊、书籍、网站、宣传资料、旅行社等,推广阆中古城的风水文化,从而产生游憩吸引,引导消费者购买阆中旅游产品。游客到达阆中的第一站为游客中心,可以在此系统展示风水文化,使游客学习之后带着疑问与兴奋,进入风水古城;观赏游览,是印证风水文化的游览过程,

是赏心悦目的游憩过程；研究体验，是游客购
买风水书刊画册，研究风水文化，并试图寻找
自己的命运及风水启示的过程；进一步形成购
买需求，包括买书、镇宅之宝、其他风水转运
器物等。

图2-4　阆中古城风水模型

有了以上的游憩方式，绿维创景设计出如
下旅游项目。恢复五吉关作为入口的作用，使
其成为风水古城的入口标志，形成含山藏水的
整体古城概念，并在此地建设游客中心；沿古
城外围，形成山
水文化观光带，
主要有五大景
区：锦屏山——
奎星阁、天门——
滕王阁、地户——大
象山、续龙桥、伏羲玉
台——三台山，彼此之间通过
水路连通。进而形成五大风水系列旅
游产品：风水山水，包括风水山、龙脉、天生

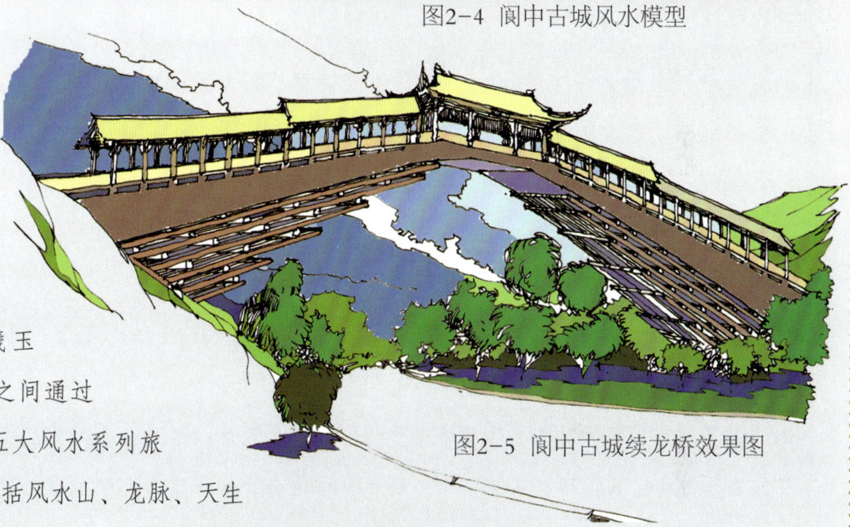

图2-5　阆中古城续龙桥效果图

八卦、九龙捧圣、伏羲
玉台；风水城区，包括
天心十道、风水楼、街
名文化、住宅风水；风
水文化展览，包括风水
文化博览馆、风水馆、
天文历算博览馆、风水
院落；风水小品；风水
旅游纪念品，包括镇宅
之宝、风水罗盘、五行
调运器物。

图2-6　阆中古城地户效果图

（四）区域旅游及目的地的要素配置与配套

一般而言，区域旅游及目的地的要素既可以按照"食住行游购娱"等要素进行配置，亦可以按游览项目与配套服务实施两个方面进行功能配置。功能配置结合空间结构，形成布局安排。

案例链接

石象湖生态人居综合示范区功能布局

石象湖生态风景区，是一个以浅丘疏林草坪为基底、中型水库为依托、郁金香花会为特色的生态型景区。根据委托方的要求，绿维创景策划了石象湖景区周边20平方公里区域的一个生态城市——石象湖生态人居综合示范区。

一、布局原则

示范区以旅游景区为依托，生态环境为基础，生态人居为核心理念，目标是成为中国新型的居住样板。

我们策划了以旅游休闲为主要产业支撑，以观光项目、休闲会议、度假别墅、庄园、中心镇等为要素配置的布局结构。该布局是以湖泊景观吸引核为基础，基础设施、社会服务机构、行政资源的集中配套与经济节约为前提，综合配置形成的。

（一）以湖泊景区吸引核为中心的集结原则

石象湖景区保留了景观吸引力，功能演变为会展休闲中心和度假小区，是整个项目最成熟的核心区。由于靠近高速入口，这一区域成为本项目的第一个聚集区，是一期项目的中枢，也是旅游地产的中枢。

天府花海景区，面积达3000亩，与生态休闲城、世界茶博园拥有共同的入口广场，形成了第二个集结点，是旅游地产的第二个聚集核。

图2-7 石象湖景区生态资源

（二）以行政资源定位为中心的基础设施、社会服务机构集结原则

从基础设施、社会服务机构配套的角度，以行政中心为依托，依靠政府力量发展配套，是必须遵行的规律。因此，将石象湖镇作为行政管理与服务、基础设施、社会服务机构集结的中心，成为区域开发的第三个聚集区。该聚集区同时引导商业化的教育、医疗、体育机构，是示范区的城市枢纽，成为一般住宅、商业地产及康疗、教育、体育房地产的核心，也是本示范区最大的房地产开发区域。

（三）线形集结原则

本项目跨越区域非常大，按照生态人居的理念，在总体上属于低密度居住区域。因此，空间布局上必须考虑基础设施的投资成本。根据区域为长条结构的现状，结合县城及高速公路的地理

图2-8　石象湖景区湖泊资源

位置，最经济的方案应该是线形集团分布。考虑到庄园、度假别墅、贵族学校、康疗医院、生态社区、养老社区等多种项目分布的需要，可以线形集结与组团集结相结合为原则，形成线形组团布局。

二、布局结构——三中心、六节点、线形集结、分区扩展

三中心——访客中心、管理中心、妙音广场中心。

六节点——访客中心、天府花海南门入口、妙音广场中心、管理中心、生态社区、交通枢纽广场中心。

线形集结——从蒲江县城到石象湖景区，沿着其周边可用土地修建两条公路，高新农业庄园及度假别墅区分布在公路两侧；从花海入口广场至生态社区的成雅高速北侧，分布高新农业庄园。

分区扩展——六个节点，三条交通线，形成项目网格状片区构造，分区域扩展的城市化结构。

图2-9 石象湖生态人居示范区项目分布图

（五）区域旅游及目的地运作战略

战略是目的地运作的纲领。好的战略，既保证了运作的方向，又提供了现实运作的路径选择。

旅游目的地运作战略与旅游产业运作战略有一定的差异。目的地运作战略是以目的地的合理建设、持续发展、有效营销为目标，形成目的地的高效率推进；旅游产业运作战略，不局限于目的地系统，还着眼于分行业的整合与发展，更加侧重旅游产业的带动及富民等效益的发挥。

运作战略的内容，包括目标定位、主题定位、市场定位、重点选择、路径选择、顺序选择以及配套构架。运作战略的核心，是发展路径的选择。总体规划中的发展战略，往往偏重

于定位与市场，对于通过何种途径实现目标，却没有进行深度的挖掘与策划，这是造成规划不实用的主要原因之一。

在商业策划中，最重要的一个工作就是找到实现目标的现实途径。对于旅游产业及旅游目的地来说，不可能一蹴而就，也不可能通过一两个项目的投资就达到长期目标。由此，必须找到一种"动力机制"和"带动机制"，通过"龙头突破"、"薄弱突破"、"联动互动"等方法，形成整合运作的动力链，实现整体目标。

二、旅游运营之旅游公共工程

在旅游公共工程手段运用中，一方面，应该充分考虑政府可运用哪些手段，比如行政手

段、财政手段、政府信用、转移拨付等。另一方面，要充分考虑资金来源及回报来源。

旅游目的地运作中，政府职能远远不局限于行业管理，更重要的是战略运用（策划、规划、计划等）、资源运用（旅游资源、土地等）、公共工程（基础设施、公共景观、游客中心等）、管理体制创新（整体、行业、景区）、招商引资（项目设计、政策、计划）、营销与促进（品牌、形象口号、政策、渠道、活动等）。

旅游目的地不是由景点、宾馆简单组合就可以建成的，还需要政府大量投资或者给予引资建设上的特殊政策。旅游公共工程，是政府进行旅游产业及旅游目的地商业化运作的投资内容，是落地点，非常重要。政府旅游产业运作，不仅需要行业管理与规划战略管理，还必须实施投资性开发。

但是政府不能与社会资金争夺盈利项目，而应该通过非直接盈利的公共工程投资，创造社会投资盈利的条件，形成旅游产业发展的基础，平衡配置要素，突破薄弱环节，达到整体快速发展的效果，这就是建设旅游公共工程的目的。也正因为如此，我们强调政府对于旅游产业的运作职能，强调整体的商业化经营理念。

旅游目的地的公共工程可划分为五类：基础设施建设工程，标识、信息咨询及游客中心等游客服务系统建设工程，公共景观与环境建设工程，社区教育与开发扶持工程和营销促销工程。

（一）基础设施建设工程

基础设施的作用毋庸赘述，包括道路交通、管网、能源等，根据发展战略及规划，结合招商引资的需要，可以形成一个开发计划。旅游专用的基础设施，主要包括以下五类：

1. 旅游交通运输设施

作为政府公共工程，旅游交通运输是最重要的内容。并非一切旅游交通都应该由政府来投资。一般来说，景区以外的交通，是公共工程，应该由政府投资。景区内部的交通，由景区投资商进行自主投资开发。现实中的情况是，政府为了招商引资，往往会把景区内部的主要交通设施完成，以便达到基本可进入目标，使招商引资更有吸引力。有时，政府会以景区经营权转让为砝码，要求社会投资商建设景区以外的旅游公路。

2. 旅游接待宾馆

旅游接待宾馆的床位数量是目的地接待容量的关键门槛。旅游接待宾馆一般由社会投资商进行投资。但为了打造旅游目的地，前期高星级酒店的建设，往往是由政府招待所改造形成的，以便尽快提升接待能力。政府也给予优惠政策，引资建设宾馆，增强接待能力。

3. 旅游路途中的休憩节点

到达目的地或景点之间的旅游路途，有时较长，需要设置休憩节点，包括旅游集散点。这些节点的选择与建设一般需要政府进行投资。

4. 旅游夜间娱乐环境工程

旅游目的地的停留时间一般超过2夜。因

此，夜间娱乐休闲是游线组合中非常重要的要素，也是旅游目的地吸引力的重要方面。

对于远离大型城市的旅游目的地而言，夜间游客的活动区域是非常有限的，因此，对于夜间娱乐打造，政府必须给予支持，进行系统规划开发。

5. 旅游餐饮与购物环境工程

旅游餐饮与旅游购物，大多是在当地居民自发推动下形成和发展的。政府有必要通过规划，引导餐饮与购物向集约化、特色化、休憩化发展。深度挖掘当地文化特色，打造集散节点休憩环境，实现购物餐饮街区化，是旅游目的地从观光型走向休闲度假型最重要的步骤。

（二）游客服务系统建设工程

游客服务系统包括四个方面：目的地道路与旅游设施标识系统，目的地电子信息系统，电子、电话及现场咨询与监督系统，目的地游客中心及集散节点等游客服务中心系统。

1. 目的地道路与旅游设施标识系统

目的地的标识系统，是游客获取目的地各类信息的渠道。标识不同于电子信息系统的远程信息传递，是现场信息的直接表现。对于自驾、自助旅游特别重要，对于目的地从观光旅游向休闲度假旅游发展也非常重要。

标识系统，包括语言（双语或多语）、图示、地图标识、路标、目的地指引等，如何才能达到简单、明确、系统完整、信息量大、有地方文化艺术特色，是系统升级的要点。

标识系统可以采用现代材料和艺术手段，

使效果更加突出。

2. 目的地电子信息系统

旅游目的地电子信息系统，是目的地最好的展示、咨询与营销平台。建议将政府的旅游目的地营销系统（Destination Marketing System，DMS），委托给当地旅行商来经营，将其功能向旅游电子商务方向转化。主要体现为对目的地旅游信息的细化、适时跟踪、实用化，推出细分市场的服务；开发深度旅游产品，提供个性化服务，成为服务平台。

3. 电子、电话及现场咨询与监督系统

作为旅游咨询与市场监管的系统，在目的地设置信息咨询与市场监管的服务，是政府应该开展的重要工作。这包括公告咨询与监督电话、提醒服务规范、现场咨询、后台值班等服务。

4. 目的地游客中心及集散节点等游客服务中心系统

旅游目的地必须建立一个游客中心，对刚刚进入目的地的游客，进行指导和其他服务。景区的游客中心不能代替整个目的地的游客中心。目的地游客中心应该建在游客进入目的地、开始全面游览之前的位置，可以是第一个景区，也可以是区域山门、住宿接待中心等节点上。

在目的地，应该与游客集散节点相结合，形成3~5个游客服务中心，专门为游客提供咨询、住宿安排、交通指引、导游服务等。

目的地游客中心与游客服务点，共同构成一个现场的政府服务系统。

（三）公共景观与环境建设工程

公共景观的打造，对旅游目的地而言，具有特别重要的意义。中国旅游正在从观光向休闲度假转化，公共景观是休闲度假目的地的必备条件，以自然景观为基础的建筑与人文景观、绿化园林景观、休闲广场、步行街区、度假村、旅游小镇、旅游城市等，都以出色的公共景观作为吸引游客的前提。

1. 目的地整体环境建设

旅游目的地环境，包括硬件、软件两方面。硬件建设，包括城市风貌、城市游憩中心、城市休憩节点（广场）、交通集散区接待环境、景区集散节点接待环境、旅游公路环境、游客聚居区环境等；软件建设，包括旅游服务规范、居民文明礼貌、语言沟通环境等。

2. 城市风貌建设

城市风貌，是旅游城市或旅游小镇的重要构成要素。随着旅游产业的快速发展，旅游城市和旅游小镇越来越多，以旅游为支柱产业的城市，都面临如何打造独特而又适宜游客游览度假的城市风貌问题。

城市或城镇，具有完善的社会生活支撑与系统服务功能。在观光旅游中，它们既是游览对象，又是接待中心。在休闲度假中，它们具有核心吸引力功能，是游客长时间居留的大本营，作用非常重大。其中，古城古镇旅游，是以古城镇风貌为吸引物的特种旅游；滨海城市和滨湖城市，是休闲度假的主要目的地；现代大都市，是商务旅游的中心；依托于自然山水

的旅游目的地，正在向休闲度假目的地转型，游客集散的城市或城镇是建设的重点，是形成休闲度假目的地的关键。

城镇风貌是由城镇景观视线、城镇建筑竖向景观、街道景观、铺面景观、节点广场景观等共同构成的。城镇风貌建设需要对已有的建筑景观进行调整，对新建区域进行系统规划。最为重要的是，以本土文化为灵魂，以文化显性表现为手段，着眼于自然环境基础和文化生态，对整个城镇景观进行定位、设计和系统打造，形成独特的风格。

3. 旅游道路与节点风貌建设

旅游道路建设是旅游项目可进入性的基础，是旅游舒适性和效率的支撑。系统完善的旅游道路，可以大大提升游客的旅游积极性。旅游节点，包括交通节点、景区出入口、游客居留区出入口和配套实施出入口。政府必须承担一定的职责，将其作为公共工程来建设，或者要求并鼓励经营单位进行建设。

（四）社区教育与开发扶持工程

旅游开发，不是政府或者几个投资商就能够全部完成的。社会资金的广泛参与、当地居民的深度参与，都是区域旅游发展的重要内容。旅游被看作最好的富民产业，就是基于其广泛参与性的特点。

社区教育与开发扶持工程，是政府促进社会资金、社区居民参与旅游产业建设的有效手段，是打造民俗文化、休闲环境、餐饮、购物、纪念品等最有力的工具。社会资金可投入

的项目很多，包括旅行社、民居宾馆、经济型酒店、餐饮、购物、土特产及工艺品加工、旅游运输、休闲服务等。一个旅游目的地，需要成千上万家小型投资的服务项目。

当地居民，是旅游服务的主体，是土特产生产加工、本地工艺品生产、民俗表演、文化深度挖掘与创新的关键。旅游服务环境、市场秩序、休闲氛围、参与性程度等旅游吸引要素，都来自于当地居民的旅游文化意识和深度开发行为。因此，政府通过定额财政支持下的专项扶持和深度的社区旅游教育，可以培育和激活民间旅游开发与服务的全面发展，是旅游目的地发展最重要的手段。

旅游目的地的扶持与社区旅游教育，应做好以下六个主要方面：

1. 城镇风貌改造与建设

城镇风貌是旅游目的地吸引游客的重要因素，其本身既是吸引物，又是环境。城镇风貌的改造与建设，是政府必须履行的职责，一般纳入城市规划的范围。但是，城市规划往往按照市民城市的发展模式进行规划，难以把握旅游城镇风貌建设的要求，使城镇风貌陷入千篇一律的境地，缺少本土文化的深度挖掘与特色风貌的持续追求。

2. 购物环境打造与特色商铺开发

旅游购物，不仅是游览区、度假区的必备要素，对于作为接待中心的城市而言，购物及特色商铺的建设也同样重要。购物休闲已经成为旅游不可缺少的部分。尤其是女性游客，对于购物环境、特色商品有着强烈的要求。

购物环境打造及特色商铺开发，需要政府在选址、拆迁、政策等方面进行规划和指导，将社会资金引导到有特色的、深度开发的投资上。政府同样可以依托国有企业（如城市投资公司等）开发特色购物街区。步行街、休闲购物街、仿古街、小商品市场等，都是这一开发模式的体现。

3. 文化与民俗休闲项目开发

文化休闲、民俗休闲的开发需要对本地文化进行深度挖掘，然后进行创新。这些项目非常有特色，但难度较大，需要政府对旅游社区居民进行扶持与引导。文化的挖掘与提升，仅仅依靠民间自发力量，很难达到目标。因此，政府应以社区旅游教育和资金政策扶持为手段，推动文化的挖掘与休憩方式的创新。

4. 旅游纪念品开发

旅游纪念品是附加价值极高的旅游收入项目，对于旅游经济具有重要的延伸作用。纪念品的核心特质是独特，手工艺品、特色土特产品等非大宗生产的商品，是旅游纪念品的核心。因此，政府应该制定相应的办法，鼓励特色纪念品的开发与生产，特别是传统工艺及手工艺产品的传承与开发。

5. 特色餐饮开发

餐饮的非标准化生产，是其独特魅力的基础。特色化的餐饮服务、与地方文化结合的餐饮，是旅游目的地应予以鼓励的方向。

6. 特色主题民俗酒店开发

对于大多数旅游休闲地，民俗酒店本身就是吸引物。如何把酒店的标准化管理与地方民俗及文化特色结合起来，需要政府鼓励、树立榜样、进行社区教育、开展专业培训。民俗酒店包括民俗村和农家乐的建设，北京和四川在这方面形成了一些很有价值的政府经验。其中，北京市精品民俗村的扶持计划，对于农民致富产生了较好的支持效果。

（五）营销促销工程

旅游产业及目的地推广，必须站在整合营销传播的高度，才能达到最佳的运作效果。绿维创景曾经提出了"旅游整合营销传播"的技术，并将这一技术运用于旅游目的地，达到了很好的效果。在围绕核心吸引力完成品牌提炼与打造的前提下，旅游营销的核心是品牌传播。对于景区而言，是核心吸引力的传播；对于目的地而言，是吸引核及整体旅游环境的传播。旅游界普遍认为，品牌传播的核心是旅游形象的传播。

营销渠道的构建，不是政府一方可以完成的，但政府可通过管理、联合、扶持、捆绑、规范等方法，促进渠道开发和高效运转。

促销是政府工作的重点。促销方式的选择、重点市场的筛选、销售渠道的配合跟进等应该细致而且有效。一些传统的促销方法已失去有效性，政府应该探索更加具有特色的、吸引眼球的方式。

绿维创景认为，政府应该站在整合营销的高度上，以品牌为核心，推动目的地旅游形象的有效传播。政府在目的地营销方面同样需要按照公共工程的项目计划理念，开展系统工作。

政府营销促销工程，包括：

1. 旅游目的地形象识别系统设计（Tourism Destination Identity System，TIS）。以视觉识别为核心，理念识别为方向，整合行为识别与文化识别的综合系统，需政府协调统一规范。

2. 目的地整体形象推广工程。主要包括广告发布、公关宣传、客源地推广三种方式，需政府之间相互合作。

3. 旅游线路管理与营销工程。需要进行跨地区的政府合作，并统筹考虑区域平衡、整体效益、鼓励因素等。有时，强制性的捆绑对于新项目的发展非常有利。

4. 区域联动工程。区域联动，是两个或两个以上的区域，开展联合营销或联合开发。联合营销，一般以游线的联合为基础，借助区域的要素差异，形成吸引力的互补和基础设施的互补。联合开发，则是对跨区域资源的共同开发，包括跨区域规划、分工合作、道路连通等。区域联合，包括无障碍旅游区的建设，主要是在市场统一与整合上，形成地接系统、信息系统、道路交通、导游服务等的联合。

5. 客源地开发工程。这是一个系统工程。对于目标客源地，政府需组织景区、酒店和旅行商等，共同开发客源市场。其中，广告、公关、销售渠道、交通运输等，需要政府间的协调，也需要政府对旅游机构进行全面协调。

政府应该制定3年旅游目的地营销策划，把旅游营销纳入专业策划与计划管理的轨道，以保证营销促销的科学性和持续性。

阆中风水古城目的地打造的公共工程

阆中古城面临很多地方政府经常会遇到的问题：（1）资源条件这么好，产品都做到了修规阶段，为什么还是招不到商？（2）通过招商已经发展出两三个知名景区，为什么整个区域的旅游产业增长反而停滞不前，如何发展？如何快速将其打造成旅游目的地？（3）财政资金就这么多，要发展旅游，还要快速打造，如何打破这种困境？针对这一症结，绿维创景提出了"6+10"公共工程，即六大基础设施工程和十大支助扶持工程，由政府出资，达到促进景观提升与文化挖掘的效果。

一、六大基础设施工程

古城拆迁工程，旅游交通工程；古城入口广场   游客接待中心工程；古城绿化休憩区工程；休闲码头工程；节点与标识小品工程。

一、十大支助扶持工程

1. 古城旧房改造修缮工程。对古城内高层楼房进行改造，对危房、旧房进行修缮，由政府、投资商、业主共同出资完成，形成支持奖励机制。

2. 古城特色街区工程。对六大街区进行主题规划，要求业主及经营者按照政府规划的要求进行改造和发展，政府给予适当的支持。

3. 卷帘门改造工程。

4. 民俗大院扶持工程。鼓励发展民俗大院，对于民俗大院的主题、装修、陈列展示内容、经营理念，政府邀请专家讲课辅导，给予经济上的扶持，形成100家各具特色的民俗大院宾馆、100家民俗休闲大院。对民俗宾馆评级定星，给予定价支持，对民俗休闲大院进行年度评比奖励。

5. 灯笼与灯会工程。鼓励民间制作各家不同的古街区小挂灯，形成独具阆中特色的灯笼文化和特色旅游商品，把阆中古城变成全国独一无二的灯笼之城、灯会之城。同时，各式各样的灯笼将成为最受欢迎的旅游纪念品，形成商业化和产业化的大发展。

6. 复古店铺奖励工程。

7. 盆景与天井绿化工程。

8. 招幌牌匾美化工程。

9. 街头民俗货车、货担项目。古城的市井气氛，仅仅通过店铺是不可能达到效果的。民俗货车、货担别具一格，能够活跃气氛，很受欢迎，可设计几种不同的民俗货车、货担，进行推广使用，还可以特批街头卖艺，按规划要求进行管理。

10. 游乐观光人力车项目。

在绿维创景提出以风水古城、山水古城、市井古城的三个圈层打造产品体系的思路清晰后，首先面对的是怎样吸引投资的问题。招商成功的前提是为投资商提供良好的盈利前景，而投资商第一头痛的是拆迁问题，除了资金的消耗，还要触及拆迁户及单位的各种琐碎利益，非政府主导难以完成；投资商第二头痛的是可进入性问题，没有良好的道路交通，意味着游客时间成本的增加，且这项公共工程在前期是很难获利的。因此，旅游公共工程中会包含古城拆迁、旅游交通这两项。

整个旅游目的地打造需要加快速度，单纯的几个景区很难支撑整个区域。因此，针对游客中心、整体景观风貌、绿化背景、引导及标识等具体事项，列出单项公共工程。

围绕城内"市井古城"的打造，绿维创景设计了"市井民俗旅游产品体系"，鉴于政府完成所有这些工程的资金有限，我们设计了支助扶持工程。采用奖励、补贴、竞赛评比等杠杆撬动手段，发动民间投资的积极性，在政府统一规划管理及少量投资引导下，打造整个古城的市井气氛。

因此，设计旅游公共工程系统时应充分考虑是否适合自身产业要素配置的均衡、需要打造的产品体系、突破点等内容。在旅游产业运营中，旅游公共工程手段可以很好地解决以下问题：第一，运用旅游公共工程，调整产业要素布局；第二，运用旅游公共工程，打造片区风貌；第三，运用旅游公共工程，统一旅游目的地形象。

三、旅游运营之旅游项目开发

旅游项目开发，是旅游运营的基础。有关项目策划规划设计及运营，将在第七章详细阐述。本节仅就项目开发的前期工作，作简单介绍。

项目设计，是目的地开发得以实际推进的关键。没有项目，就没有投资，就不可能形成商业运作。项目，是招商引资的基础，是社会资金参与的前提。

国内旅游产业面临的最大问题之一，是旅游产品的快速过时。一些旧的老景区在走下坡路，而新景区成长很快，受到游客的热烈欢迎。

提到产品过时，必然涉及游憩方式的更新换代。游憩方式在20世纪90年代以后更新迅速，目前正处在从传统观光型向休闲度假型过渡的中间阶段。人们对于好玩与不好玩、怎么个玩法、怎么个娱乐法、怎么个休闲法都有非常高的要求，他们的需求也是多样化的。

旅游界现在面临着一些难题：刚刚编制的旅游规划就过时了；现有的规划也常常落实不下去。这是因为在原有编制要求下产生的规划，有理念而没有产品，不能进行操作性运作。其核心，是游憩方式不明确、商业模式不成型。

所以，绿维创景提出了旅游的商业运作策划。结合旅游运作中的问题，进行目的地规划及旅游项目设计，只有这样才能满足旅游局、政府、旅游企业、旅游投资商的现实需求，形成旅游项目开发中的落地策划、落地设计。

（一）项目设计的思维特征与理念

项目设计过程有以下两个特点：

第一，四类思维过程的交织与整合。整个设计，是一个游憩主题与方式创意成型的过程，是一个景观创造与设计的过程，又是一个规划思路形成的过程，同时还是一个商业运作思路策划的过程。这四类完全不同的思维过程，在同一个项目的设计中交织展开，互补互联，最后通过整合形成一体化的内容。

第二，循环互动，交叉递进。项目设计虽然从资源调查和环境分析开始，但专家一旦启动项目，实际上对于资源、市场、环境、创意、产品、景观设计、营销、投资估算、收入模式设计等，就不是按部就班地推进，而是循环互动，交叉递进。创意往往会很快并大量地形成，但并不是所有的创意都具有可行性，有的达不到独特吸引力的要求，有的与方方面

面其他因素不能相互配合。因此要用试错的方法，以不同的主题进行整合，力求形成整体方案的突破。创意与整合的过程是一个非常艰难的过程，一旦突破，项目就有了灵魂，项目设计的技术性工作就简单了。

绿维创景总结形成了项目设计的八大理念：第一，在产业链联动中寻找解决方案；第二，用实证的科学手段，深度研究细分市场；第三，以人为本，设计游憩模式；第四，追求独创奇异，形成独特性卖点；第五，深度挖掘地脉、文脉、人脉，用情境化、体验化、娱乐化设计产品；第六，遵循"品牌整合营销传播技术"，创新旅游营销；第七，遵循产业特性，再造管理流程，实现效率提升；第八，以投资商和银行为导向，包装产品，实现融资。

（二）旅游项目开发的前期工作重点

旅游项目开发的前期工作，有几个重要环节：

第一，投资设想问题。当投资者对一个旅游项目或者一个景区资源开发感兴趣的时候，首先要对这个项目有一个构想，之后开始市场调研和分析，同时准备签订投资合同。

第二，产品策划与商业评估。前期要对项目做一个初步策划和项目的投资评价，这个阶段完成以后再编制项目建议书。可行性研究是另一回事，若没编制详细性规划，可行性报告是出不来的。所以绿维创景的一般做法是在旅游项目策划的基础上，编制旅游规划，并且制定相应的详细性规划，以详细性规划为

依据做可行性研究，这样才符合旅游投资的规律。因此，可行性研究报告应放在规划之后，或者可以在投资商投资前做一个预可行性研究报告，用于决策和立项。简言之，在制定详细性规划前，首先要制作一个项目策划，明确这个地方要做什么产品，明确其面对的市场以及产品的基本模式，继而形成基本的商业模式。

第三，合同问题。在整个前期工作中，最核心的就是投资合同的签订，这是一个关系到法律法规的重要问题。怎样来签这个合同？签什么样的合同？对投资商、政府都是非常重要的。投资商要把握住什么？控制什么样的资源，是土地资源、经营权、门票权还是开发招商呢？绿维创景帮助过多家投资商与政府签订合同，发现每一家都有差异，政府的想法也有差异。比如说权限问题，涉及经营管理权、招商开发权、门票收益权、行政管理权、规划参与权等多种类型，这些权益划分得非常细，并对建设周期、最后的投资成果等作了若干规定。但因缺少项目策划，投资商和政府不明确开发项目所需的资金量，投资商签订合同时就会非常茫然。因为到底什么资源是最重要的，应该控制什么才能把这个区域做好，这个关键把握不住。

第四，规划及审批落地。合同签订后，落实规划，包括土地及功能落地，从而实现用地审批，进行土地征用。

可见前期工作是比较虚的，是准备工作。整个前期目标是围绕着合同签下来，规划评

下来，可行性研究和用地批下来展开的；商业性结构，是围绕开发前提形成、开发产品明确展开的。这是第一个大阶段，又可以分成三个小阶段：以预可行性研究为前提的合同签订阶段；以立项为主的工作阶段；编制规划和可行性研究报告阶段。

（三）旅游项目开发的工作流程

根据旅游行业特点和项目开发建设的客观实际情况，可以把旅游项目开发建设过程划分为三阶段五期（表2-1）。

表2-1　旅游项目开发的工作流程

时间	工作内容
开工准备阶段	投资决策与合同签订
	管理架构与运作策划
	规划、设计与政府审批
工程建设阶段	资金运作与建设工程
开业运作阶段	开业准备与运作

1. 投资决策

投资决策过程中，最重要的是对旅游资源及项目开发价值的评价。投资商在与旅游资源控制方签订合同前，可以聘请旅游投资专家，通过资源、市场、交通、环境、政策的初步考察之后，提交《旅游项目投资预可行性研究报告》或《旅游项目投资价值评价报告》，作为决策依据。

2. 合同签订

旅游项目开发一般涉及风景名胜区、自

然保护区、重点文物保护单位、森林公园、地质公园，甚至世界自然与文化遗产。对于这些资源，都有一些不适应市场经济发展要求的、非产业化的法律法规，对旅游投资商十分不利。旅游特许经营权是投资商必须合法控制的核心，其中包括门票收益权、项目开发与招商权、核心土地购买权等几个方面。如何签订合同，并要求政府负责配套设施建设（特别是交通、水电等），是非常讲究经验和技术的。合同签订的同时，需划定红线，确定项目的开发用地和建设用地。

3. 架构管理

合同签订后，应立即着手组建开发管理团队，并建立开发运作的管理构架与管理制度。开发管理，应包括前期工作、建设管理、开业运营三方面。前期工作部：负责项目开工建设前的准备工作——委托旅游投资顾问公司进行市场调研；委托旅游产品策划机构进行产品策划；委托规划设计单位对工程项目进行规划设计；编撰文件向政府相关部门报批、向社会招商等。工程管理部：以项目经理为首，负责建设准备工作和工程施工期间的管理工作，保证工程按设计和合同要求完成。景区管理部：负责景区开业营销策划，办理开业手续，落实景区运营必备的人、财、物，提高景区的经济收益和社会影响力。

4. 产品策划（项目设计）及项目运作策划

项目设计不是旅游规划。项目设计及项目开发运作的策划，主要解决主题定位、市场

定位、游憩方式设计、收入模式、营销模式、运作模式、盈利估算、投资分期等问题。必须聘请专业的旅游项目开发咨询顾问公司，提供《旅游项目总体策划报告》及《旅游项目开发运作计划》。为了与国债申请、政府资金申请、银行融资、战略投资人及子项目投资人招商引资等方面的工作实现全面配合，应编制《旅游项目建设可行性研究报告》。

5. 规划、设计

产品策划完成后，或与此同步进行，应聘请专业机构编制旅游总体发展规划，或者直接编制控制性详细规划，除此之外，还应编制包含部分需要马上动工区域的修建性详细规划。同时对一期工程，应进行景观设计及建筑设计。规划、设计的基本程序为：勘察—规划—设计方案—初步设计—施工图设计。新建项目要先进行旅游规划、确定规划条件，到规划主管部门办理用地规划许可证后，方可委托专业机构进行建筑设计。

6. 政府审批

通过政府的各项审批非常重要。涉及发改委立项，可行性研究报告审批，规划评审，市级、省级、国家级重点扶持项目立项与申请，国债项目、农业项目、旅游项目等特殊扶持申请，规划委批准，土地规划审批，建设土地的招、拍、挂与征用，合同中政府承诺的落实，施工图的审查，建设准备与报建批复等程序，十分繁杂。

7. 资金运作与招商引资

项目建设资金不能全靠企业自有资金，应

积极进行融资和招商引资，用少量种子资金启动项目，利用项目融入建设资金。

8. 建设准备与工程建设

以项目经理为首协调各方，监督、控制工程进度与质量，保证工程按设计要求和合同要求完成。旅游项目中主要有基础设施建设、景观建设、接待设施建设、游乐项目建设四个方面。项目工程结束后，项目法人要组织验收工作。

9. 开业准备与运作

项目完成工程建设后，与开业运行还有较大的差距。开业需要人财物齐备，并且还要有切实可行的营销方案。景区开业需要全面配置大量服务人员，包括导游（讲解员）、技术维护人员、环卫人员、保安、营销人员等，需要建立完整的旅游标识系统、旅游卫生系统（厕所、垃圾箱、排污等）、旅游安全保障系统、游览服务系统、游客接待服务系统等。这些软件建设，必须通过规则、流程、培训等管理工作，才能运行到位。在市场上一炮打响，是开业营销的重点；建立营销队伍是基础；理清渠道、展开品牌推广、开展活动促销等是营销的主要工作。旅游景点在开业后的1~3个月进入正式运营阶段。正式开业营运1年以上的旅游景区（点），可以向当地旅游主管部门申请景区等级评定。

四、旅游运营之招商引资运作

政府运营旅游产业和打造旅游目的地时，

面临的一大任务就是招商引资。招商引资成功的关键是什么？怎样才能成功地招商引资？绿维创景的专家团队经过千余个大小项目的锤炼，从大型区域开发项目投资到单个景区运作开发，从政府委托方、投资商委托方不同的角度去参与招商引资的前期过程，在策划、规划、设计、投融资咨询以及自身的投资经验教训的基础上，对旅游招商引资形成了自己的一些看法。

（一）招商引资成功的四大指标

绿维创景认为政府旅游招商引资成功有四大指标：和投资商签订合同；投资商投资资金到位；投资商开始投资建设；投资项目运作良性。以上四个指标中，每个指标的完成都极为不易。

在达成签订合同之前，政府与投资商已经进行了多个来回的谈判、数十次的考察，用于引资的接待费用也耗费了不少，所以政府的招商引资业绩，从一定程度上来说以此为考核标准是合理的。

但是双方签订的合同一般是以后面几项内容为合同义务、权利正式启动的前提，因此第二个指标"投资商资金是否到位"成为招商业绩奖励执行的指标。

在招商引资前两点成功的"美满姻缘"中，很多投资商虽然按承诺打入了相应的资金到指定账户，但迟迟不进行开发建设，其他有意投资商又无法介入，政府碍于合同，又无法推动投资商的运营过程。

有时即使投资商进行了投资建设，还是有很多项目会陷入无法推进的境地。项目未形成良性现金流趋势，投入资金需求饥渴，项目的造血机能未形成，投资回报遥遥无期。政府和运营管理中的投资商都急于寻找新的投资商为项目注入新鲜血液。因此，招商引资工作修炼到四大指标成功完成的背后，是政府的选择判断、投资商的投资能力和运营能力、市场时机等所有条件的齐备。

（二）投资商的心态到底是怎样的

政府领导常常会有疑问，招商引来了那么多家投资商，如何辨别哪家是最合适的？或者应该在什么条件下投资商才会来当地投资呢？投资商的心态到底是怎样的？

投资商投资项目时，凭着灵敏的商业嗅觉，已经判断出资源中潜在的巨大价值，在选择项目时已经对区位、交通、地块、市场、竞争等进行了初步研究。但是若没有透析旅游运营、没有具有很强投融资理念的策划规划设计机构的专业判断、无法透视多种不可预测风险时，投资商很难做出决策签订协议。只有在投资商基本确定投资风险和收益的前提下，才会签订协议。

那么，什么时候投资商会着急签订协议呢？第一，如果不签订协议，资源将会被其他投资商抢走。第二，市场时机非常成熟，政府支持力度非常大，不立即进入投资开发，将意味着更大的损失。第三，自身招商及融资推进十分顺利，需签订协议锁定资源。

投资商久久未启动投资建设，也有比较复杂的心态在其中。有的投资商本意就是基于锁定项目资源中的高价值地块，比如出于"圈地"动机；有的投资商迟迟未能找出合适的产品和运营设计，对风险没有防控把握而迟迟不肯动手；有的投资商没有资金实力，过度倚重杠杆撬动，无法推进后续的招商引资……最后引发政府对投资商的三个怀疑：有没有钱？公司是不是有问题？投资方老板人品是不是有问题？这些是导致投资商不敢轻易启动投资建设的普遍心态。

（三）招商引资成功的关键

1. 政府主导作用

政府的主导作用应着重体现在以下五个方面：第一，吸引和选择合适的投资商是政府应该发挥的主导作用。第二，政府运用规划权，对资源进行统一规划控制，避免投资商过分以自身利益为导向，避免短视开发行为。第三，政府须明确自己有所为有所不为的界限，投资相应的旅游公共工程，打消投资商的风险疑虑，增加整个投资环境吸引力。第四，挑选适宜项目的投资商，充分调查其资信实力与地缘条件，综合考虑投资商的运营实力、资金实力、渠道资源等。第五，和投资商签订的协议应有相对应的制约和互动条款，充分考虑退出机制以及各种经营状况下的应对举措。

2. 市场引爆

市场引爆，对投资商的运作信心、银行及其他投资商的进入评估、整个旅游目的地的带动有着非常重要的作用。也就是我们所说的"赚钱示范效应"。引爆市场，不是一日之功，投资商要进行几次试错。很多景区在真正引爆市场前，做了多套策划规划方案，如四川某风景区，对可能开发的游乐、民俗、亲水休闲、山野运动等产品进行试错，最后才在"花会"模式中找到突破口，引爆市场进而得以扩大投资及顺利招商融资。

3. 投资商的运营能力

投资商的运营能力对招商引资成功极为重要。旅游产业运营对人力资源的专业性要求较高。

前期策划规划设计对投资商运营管理团队而言是一张旅行的地图，而在具体运营中，管理团队对各个细节必须要有很好地处理能力，按照图上的战略方向和示意，创造性地解决每个真实的问题。从前期投资论证，到策划、规划、设计、合同签订、报批、拆迁、产品、招商、营销、建设、融资、管理等各个环节，都需要有经验的专业人员把控。投资商的人力资源配置是第一位，管理构架设计是第二位，流程是第三位。

（四）招商引资模式选择

政府在主导旅游产业运营中，应有适合的招商引资模式。根据地域、资金实力、专业方向、渠道等多个要素，投资商可以细分为不同的类型。因此，对应整个区域的产品打造和运营模式打造，应设计出针对性的招商引资模式。

例如，绿维创景在《阆中古城旅游商业策划》中提出了"1+X+Y"的经典投资促进模式。所谓1，是指一家大型专业投资商，相对垄断核心资源；X，是多家独立项目投资商；Y，是广泛参与的社会投资者。1+X+Y，就是招商引入一家大型专业投资商为主体，进行总体目的地商业化运营；招商引资一批大中型投资企业，对更多的项目进行开发；发动广大中小投资人，最大限度地调动社会资金，进行民俗风情宾馆、民俗休闲大院及仿古商铺作坊的开发，形成三个层次全面推进的社会资金参与局面。

当然，在具体模式的设计中，还应充分考虑不同旅游目的地、不同运作主体的实际情况，而不是简单地套用"1+X+Y"投资促进模式。有的旅游目的地已经具备很好的市场基础或公共工程基础，或者已经形成了一个或多个运作实体，或者具有多种优势资源，开发条件良好。应针对具体情况，在搞清楚整个旅游目的地投融资运作的前提下，构架合适的招商和投资促进模式。

总而言之，旅游招商引资要真正成功，需要政府和投资商从市场运营的角度，以商业运作的理念去看待市场、资源、产品；由有商业策划技术的专业机构设计项目的游憩模式、收入模式、管理模式、营销模式、投融资模式，从而得出商业模式。投资商在此方向基础上，通过合理的人力资源构架来开发运营项目，在政府的合理主导下，真正实现投资的成功运作。

五、旅游运营之营销运作

旅游产业及目的地的推广，必须站在整合营销传播的高度，才能达到最佳的运作效果。

在现代营销理念中，品牌可以说是营销的核心和灵魂。品牌作为吸引消费者购买的重要因素之一，应该全面简洁地向消费者传递本身所代表的独特形象和旅游产品吸引力。品牌是产品和服务与消费者各种关系的总和。它既是某种标志、符号，又是消费者消费某种产品的体验和感受。

每个品牌的背后都有一种产品和服务支撑其形象和理念，但同时品牌又必须超越这种产品或服务，而相对独立地存在。旅游品牌整合营销在国际上有许多成功先例。例如，香港每过几年就推出一个主题，成功地吸引了大量旅游者。2001~2003年的"动感之都，就是香港"、随后的"香港，乐在此，爱在此"、"亚洲国际都会"等，既树立了自己的旅游形象，又张扬了城市个性。

旅游是一种预消费产品，不能像传统型消费活动那样，消费者可以直观地挑选商品并在付款后形成快速消费，因此购买过程中，旅游产品的

品牌对消费者购买决策的影响显得尤为重要。在当今激烈的旅游市场竞争中，形象塑造已成为旅游目的地占领市场制高点的关键。旅游产品的不可移动性，决定了旅游产品要靠形象传播，使其为潜在旅游者所认知，从而产生旅游动机，并最终实现出游计划。国外旅游研究表明，形象是吸引旅游者最关键的因素之一，它使旅游者产生一种追求感，进而驱动旅游者前往。因此，如何塑造旅游品牌和形象并向消费者充分有效地传播，成为目前旅游企业亟待解决的问题之一。

绿维创景在旅游策划实战和理论研究的基础上提出了旅游品牌整合营销传播系统的理论框架，将旅游品牌整合营销传播系统（Tourism Brand Integrated Marketing，TBIM），从实战的角度划分为品牌塑造、品牌包装、品牌传播、品牌管理四个步骤（图2-10），并围绕这四条主线进行了深度探

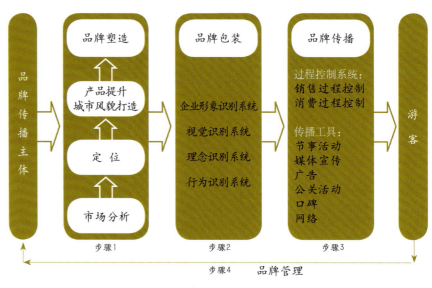

图2-10 品牌管理的四个步骤

索，希望把技术性的理论转化为具有可操作性的、深入浅出的实战方法。

（一）品牌塑造

1．市场分析

市场分析是塑造旅游品牌的第一步，方法是对客源地市场状况、当地历史文化、民俗、资源状况等进行深入研究，并对分析结果进行总结和提炼，为品牌定位做准备。

2．定位

品牌定位是塑造品牌过程中的关键步骤和难点所在，在市场分析的基础上通过使用定位方法提炼出特定旅游目的地的主题。主要的定位方法有如下几种：

（1）比附定位法。比附定位是一种"借光"定位方法。借用著名景区的市场影响来突出、抬高自己，例如把三亚誉为"东方夏威夷"。

（2）心理逆向定位。心理逆向定位打破消费者一般思维模式，以相反的内容和形式标新立异地塑造市场形象。例如，河南林州市林

滤山风景区以"暑天山上看冰堆，冬天峡谷观桃花"的奇特景观征服市场。

（3）狭缝市场定位。狭缝市场定位是不具有明显特色优势的旅游景区（点），利用被其他旅游景区（点）遗忘的旅游市场角落来塑造市场形象的一种定位方法。例如，绿维创景林峰院长在《德阳市2004~2007年营销策划方案》中，将原有四川娱乐城改造为童话乐园，以独特的童话主题公园的形式推出，就是将市场定位在儿童这一群体。

（4）变换市场定位。变换市场定位是一种不确定定位方法。它主要针对那些已经变化的旅游市场或者根本就是一个易变的市场而言的。市场发生变化，景区（点）的特色定位就要随之改变。

（5）差异、共生定位法。例如，绿维创景林峰院长在为柳州做旅游定位时，考虑到与桂林区位紧邻，因此，区别与桂林的山水定位，构建以风情为核心的差异定位，使两者优势互补，在桂北旅游大系统中共生共荣。

案例链接

柳州旅游营销——山水桂林，风情柳州

绿维创景林峰院长2004年主持了《广西柳州旅游营销策划》，提出了"风情柳州"的形象定位。经过8年的实践，证明该形象定位非常成功。以下，将详细介绍这一定位的产生过程。

柳州与广西龙头旅游品牌桂林毗邻，同属桂北旅游经济区，桂北旅游开发的主副两中心即"以桂林市为中心，以柳州市为副中心"；桂林旅游以山水甲天下，柳州旅游则以风情而卓越，两者可突出各自旅游特色，形成各自区域旅游环线，又优势互补，相连成网，如此方能共同构筑桂北旅游的大系统。

桂林和柳州旅游资源的核心竞争力差异明显。桂林旅游的独特资源是自然山水，桂林是中国美丽山水的代名词，漓江、阳朔引起的是感悟自然山水、闲适心情的心理诉求，给游客以视觉感观和心灵沉静的满足。而柳州则相反，它必须紧紧依托自身的不同于桂林的资源要素特点来做文章。这就必然要立足风情这个基本点，强调风情这个关键主题。

柳州旅游最独特的资源是风情，其中，全面生动的四民族原生态的生活方式及浓郁的民俗风情独树一帜：三江侗族建筑艺术（知名品牌程阳风雨桥、芭团风雨桥、马胖鼓楼）、大歌（多声部合唱艺术）、节庆民俗及侗寨美丽并且具有新鲜原生形态的独特魅力，金秀圣塘山万亩变色杜鹃美景（大瑶山）与世界知名的瑶族风情、融水元宝山美景（大苗山）与原生态苗寨风情、贝江水景及勾滩苗寨风情、刘三姐传歌成仙的动人传说与壮族对歌，都是别具魅力的民族风情，与周边地区相比有较强的竞争力，更是桂林民族风情所不能比拟的。

柳州的城市更具人文内涵。先进的现代工业、悠远深厚的古人类文化、独特的壶形城市线条、鲜活的市民歌艺文化、典雅的赏石文化、奇特的棺材文化层层叠加、纷繁交错，形成龙城独特的城市风情。游客在柳州可尽享桂林所不能完全提供的人文互动的心智体验。这些都从根本上决定了柳州将以其人文要素和现代要素的整合来与桂林形成互补和竞争。其竞争力的形成是显而易见的，而这种互补性的竞争既有利于两个城市的共同发展，也是柳州市旅游发展的必然过程。

鉴于桂林旅游品牌的强势影响，柳州开拓旅游市场必须依托于桂林，与桂林共生营销，捆绑销售。只有借助桂林山水品牌，把不利的紧邻地域条件变为可依靠和利用的伙伴关系，通过知名品牌带动，才能尽快增加柳州旅游的知名度，提升"柳州风情"的旅游品牌形象。

据此，柳州应充分发挥自己的风情优势，以风情感受为体验之源，以改善身心为基本诉求点，构建以风情为核心、以互动体验为主导的复合产品体系，促进柳州发展成为体验性、人文性的互动休闲型旅游目的地。通过深度挖掘独特卖点，同时有目的地打造这些独特卖点产品，实现与桂林旅游的差异定位，柳州才能与桂林优势互补、良性竞争，在桂北旅游大系统中相连成网，共生共荣。

3. 产品提升与风貌打造

（1）产品提升与打造。完成品牌定位后，对原有产品进行提升和打造，同样是品牌塑造过程中的重要环节。在阆中古城的营销方案中，绿维创景对古城进行了风水概念包装，形成了风水馆、风水山水、风水城市、风水纪念品等大量的支撑产品，使"风水古城"的营销，获得了实体产品的全力支撑。

（2）风貌（景观）的打造。围绕旅游目的地的定位对风貌（景观）进行打造，同样是品牌塑造过程中的重要工作。贴合主题定位的风貌打造就像舞台背景和氛围的制造，将更好地烘托主题。以鄯善蒲昌村为例，绿维创景以"古楼兰"文化为主题，以生土建筑为风格，将整个蒲昌村打造成为一个独具楼兰风情的生土风貌村。建成后，多家电视台进行报道，多部电视剧和纪录片进场拍摄，"中亚影视基地"也正式揭牌，这里成为一个影视拍摄基地。楼兰风情街区也深深吸引了游客，成为极具旅游价值的商业步行街。于是，一个旅游带动的新农村活脱脱跳了出来，改造后的蒲昌村成为以楼兰文化实施营销的典范。

图2-11　蒲昌村民居实景照

图2-12　蒲昌村成为影视基地

图2-13　楼兰特色风情街

（二）品牌包装

1. 企业形象识别系统（Corporate Identity System，CIS）

完成品牌塑造之后，就进入了第二个阶段——品牌包装，提到品牌包装就不能不联想到企业形象识别系统。在旅游界，成功导入企业形象识别系统的应首推广之旅国际旅行社有限公司（简称"广之旅"），正是企业品牌战略的成功运用，使广之旅从默默无闻的广州市旅游公司一跃成为全国旅行社十强之一。香港、杭州、大连、广州等城市，也都在树立自身品牌形象方面取得了成绩。其中香港的"亚洲国际会都"、杭州的"东方休闲之都"、大连的"浪漫之都"、广州的"南国风情，动感花都"等已有一定影响。由此可以看出企业形象识别系统已经由小企业形象识别系统发展到大企业形象识别系统，即把原来代表企业的C（Corporate）延伸为代表城镇的C（County或City）。CI形象已不仅是单个的企业或景区形象，而是演化为整合的区域形象了。

2. 视觉识别系统（Vision Identity System，VIS）

视觉识别系统是从视觉的角度对品牌进行包装，具体有代表品牌形象的LOGO、宣传海报、展板、宣传片、宣传册等。视觉识别系统设计应围绕品牌的主题定位进行，将品牌内涵的视觉化形象以造型、颜色、字体变形等手法表现出来。

在为河南省王屋山风景区设计LOGO时，绿维创景根据其历史文化及主题定位，设计了两个方案。第一个方案中，"中国王屋山"五字最直观地告知大众景区的名称；以道教的太极和自然山体为整体表现意向，体现出王屋山最核心的文化主题——道文化；阴阳鱼中包含愚公文化、黄帝文化，凸显王屋山的三大核心文化体系。第二个方案中，以王屋山的五行配色——黄色为底衬，代表中原的区位与文化含义；中间用意向的"道"字凸显王屋山最具代表性的道文化；而底部天坛顶的自然山体与"道"字的完美融合呈现了"道法自然"的形象意境。

图2-14 王屋山LOGO方案一

图2-15 王屋山LOGO方案二

3. 理念识别系统（Mind Identity System，MIS）和行为识别系统（Behaviour Identity System，BIS）

作为完整的企业形象识别系统，理念识别

系统和行为识别系统同样是不可缺少的重要组成部分。目前很多企业在进行企业形象识别系统设计的过程中，存在重视觉识别系统、轻理念识别系统和行为识别系统的现象。理念识别系统侧重品牌传播过程中企业精神和理念的传播，旅游目的地同样需要有自己的品牌理念。例如，德阳旅游的品牌就在传播生态、自然、活力、健康的理念，其核心品牌内涵就是倡导积极健康的休闲理念和生活方式。行为识别系统主要是以从业人员的接待行为标准化和市民为实现品牌内涵的行为自觉化，来诠释品牌的人文内涵。

（1）宣传口号。在品牌的传播过程中，好的宣传口号对旅游品牌的传播具有非常重要的意义。宣传口号的提炼通常是围绕品牌主题进行的，同时宣传口号的押韵和上口与否相当重要。例如，在《宜昌交运新型三峡游轮项目旅游营销策划》中，绿维创景提出"交运·两坝一峡　风光何止一轮！"的宣传口号。其中，"交运"，是一个转运的过程，是体验命运转换提升的过程。根据对两坝一峡产品核心体验的梳理，我们提炼出"登江、喊峡、揽坝"三个关键词。通过体验化，实现产品打造和游览过程中的互动；何止一轮，是"绝对不止"、"一轮又一轮"的意思，即风光美轮美奂，同时双关"长江三峡号系列游轮"。我们提供的不只是有档次、舒适、豪华的游轮，更是不一样的全方位旅游体验，并且后续还有更多艘游轮将投入运营。用惊叹号收尾，体现出我们对产品的自信，从正面给予充分肯定——

我们一定会给您带来一轮又一轮的精彩，从而促进购买决策。

（2）听觉包装。品牌听觉包装的常用手法就是"让旅游插上歌声的翅膀"。旅游业成功例子包括：由日本著名歌星演唱的《无锡旅情》，让成群结队的日本人按歌索景来到无锡；风靡一时的《太湖美》、《太阳岛上》、《请到天涯海角来》、《我想去桂林》等都是无意识创作出来的旅游歌曲佳作，而这些歌曲在客观上令其所涉及的景区获益匪浅，可谓"无心插柳柳成荫"了。随着旅游业的发展，旅游歌曲的这种作用逐渐显露出其市场价值，于是一些旅游景区、旅游企业纷纷出资请专业词曲作家为自己"量身定做"听觉标识，使旅游歌曲的创作开始进入了有意识的新时期。值得注意的是旅游歌曲必须情景交融，要把一定的理想、追求，或者是一种思想、情绪，结合在景观之中，这样才能感动人。

（3）味觉包装。味觉包装主要是对旅游六要素中的"食"加以品牌化包装，使之具有旅游目的地所独有的特点。例如，绿维创景在房山项目策划中设计的"圣字"系列旅游商品——圣水、圣茶、圣果、圣酒、圣米等，就是将旅游商品中的食品，进行了味觉化、品牌化包装。品牌味觉化包装在特定环境下可以构成影响游客购买决策的重要因素之一。

（4）意觉包装。意觉包装是指对品牌和产品进行情境化、体验式包装。通过营造一种环境、设计一种场景、完成一个过程等来实现，强调互动参与性与融入性，为旅游者建立一种个性化、值得记忆的联系，使旅游产品与旅游者之间建立起更加亲密的关系，并充分互动活化起来，实现一种精神层面的感情诉求与亲近。例如，在《湖北襄樊隆中旅游文化产业园策划规划》项目的核心旅游区打造中，绿维创景秉承互动体验的原则，运用诸葛亮生活场景化、诸葛亮故事情境化、诸葛亮文化祈福化、诸葛亮文化游乐化、诸葛亮文化博览化、诸葛亮文化创意与参与六大打造手法，还原诸葛亮的隆中生活场景及"三顾茅庐"情景，形成诸葛亮主题博览馆、中华智圣祈福朝拜、创意工坊与角色扮演（COSPLAY）等，实现诸葛亮文化的全面体验，使游客产生身临其境的感觉。

（三）品牌传播

品牌传播按照目标受众可以分为对内传播、对外传播两种。针对旅游目的地内部市民进行的传播活动称之为对内传播，目标主要是增强市民的认同感，提升市民的自豪感和参与感，促使市民与政府共同为建设旅游目的地品牌做出贡献。针对潜在市场和游客的传播活动称之为对外传播，目标则是使旅游者产生一种追求感和购买欲望，进而驱动旅游者前往该旅游目的地。

品牌传播方法可以说多种多样，以下将对品牌对外传播的过程控制系统（销售过程、消费过程）和传播工具（节事活动、媒体宣传、广告、公关活动、口碑、网络）进行系统分析：

1. 过程控制系统

（1）销售过程控制。由于在品牌塑造阶段已经对产品（Product）进行了提升和打造，品牌的销售过程控制将主要对营销要素中的另外三个要素：价格（Price）、渠道（Place）、促销（Promotion）进行整合。第一，价格（Price）。旅游营销实践中，价格对品牌的影响主要体现在旅游目的地对外销售的价格体系上，因此必须对景区、旅行社、供应商等影响价格因素的主体进行整合，避免价格战等造成价格体系混乱，影响目的地整体品牌形象。完整、统一的价格体系是旅游品牌内涵的重要支撑。在此过程中旅游局应充分发挥作为行业管理者的主导作用。第二，渠道（Place）。如何在营销渠道中充分体现旅游目的地品牌形象，同样是旅游品牌整合传播系统中的重要环节。这就需要营销机构严格按照品牌整体形象的要求，以统一的品牌形象出现，旅游目的地内的景区决不能各自为政，而是要在整体品牌形象下进行各自的渠道拓展工作。例如，参加各种旅游展会活动要有统一的品牌形象——工作人员的服装、介绍和解说内容、场地布置、宣传品等；要有统一的价格和返利系统——针对旅行社、旅行商、大客户、团体、淡季优惠等；要有统一的高质量服务保障体系。第三，促销（Promotion）。旅游促销手段通常包括：价格促销、捆绑优惠销售、活动促销等。促销活动同时又可以与品牌传播活动相结合，在有组织的前提下，特别是在旅游淡季进行价格促销活动。

（2）消费过程控制。品牌的消费过程控制主要是通过良好的服务，使游客在旅游过程中对品牌产生信赖感和较高的满意度，从而建立良好的品牌服务形象，进而形成良好的品牌宣传。消费从游客出发就开始了，以旅行团为例，可以设计以品牌宣传片为主题的有奖竞答活动。这样既解决了游客不知怎么打发旅途时间的问题，活跃了旅途气氛，又以游客参与互动的形式潜移默化地宣传了旅游品牌，同时又使游客对服务感到满意。总之，消费过程的控制就是对服务质量和游客品牌满意度的控制，其核心任务就是通过培训员工，使之充分认识到每个人都代表旅游品牌，倡导人人争做"品牌代言人"的服务意识。

2. 传播工具

（1）节事活动。旅游节事活动可以说是旅游品牌传播的利器，成功运用节事活动加速品牌传播、带动区域旅游发展的案例有很多，其中海南博鳌亚洲经济论坛、九寨天堂承办各类重要国际会议等可以说是成功运用眼球经济原理，带动旅游品牌传播和区域旅游发展的经典案例。但是，毕竟不是任何一个旅游目的地都有能力运用这样的方法。实际上只要有好的策划，啤酒节、旅游文化节等传统节事活动，加上娱乐化、互动式体验设计，同样可以达到良好的品牌传播效果。

（2）媒体宣传。在品牌传播过程中如何巧借亮点事件进行媒体软广告宣传，也是一种不可忽视的品牌传播技术手段。例如，在《宜昌交运新型三峡游轮项目旅游营销策划》中，

绿维创景充分调动人们对玛雅人预言"2012世界末日"的好奇，开展"挑衅2012——体验之旅"活动，进行品牌传播和炒作。

（3）广告。旅游广告一般具有多媒体共同参与、立体化广告宣传的特点。城市、重点景区一般注重品牌、形象的宣传，选择强势媒体，特别是视觉形象传播，效果会非常好。而一般客源地，则更多是选择促销性质的纸媒及网络广告，直接服务于销售。例如，绿维创景在《上海朱家角古镇旅游景区提升策划和5A创建计划》中，建议项目地制作宣传片，在上海卫视、江苏卫视、浙江卫视等客源地的强势媒体上，进行形象传播。而在河南省王屋山风景区营销方案设计中，绿维创景选择了以《大河报》、《河南日报》、《济源日报》等纸媒以及网站建设、搜索引擎收费推广、网站建设营销、与携程合作等网络媒体为主的营销方式，直指旅游者，对准旅游消费。

（4）公关活动。所有的广告宣传都是以媒体作为基础的，而公关活动是以影响或"游说"一小部分有影响力的目标群体为目的的，旅游业的多数公关工作往往是以获得媒体的关注为目标。其典型形式包括：新闻稿、新闻发布会、招待会、名人到场、产品参观等。例如，参加上海、杭州举办的旅交会就是通过与参会的旅行社和旅行商的交流，以达到拓展营销渠道、增加游客量、传播品牌的公关活动。

（5）口碑。口碑传播是游客在完成一项旅游活动后，对旅游产品和服务综合评价并向他人进行传播的过程。据相关市场调查结论，

口碑是大多数出游者获得旅游信息的主要途径，因此良好的口碑对任何旅游品牌都尤为重要。要想得到良好的口碑就应该从涉及游客旅游过程中的要素着手，努力营造游客满意而归的条件。另外，产品核心吸引力的打造、娱乐化、互动体验式的游憩方式、良好周到的服务等同样是创造游客良好口碑的重要因素。

（6）网络。在当今网络技术飞速发展的时代，品牌的网络传播因其快捷、不受时间空间限制等特点成为首位的传播手段和营销潮流。在各地的门户网站、旅游专业网站或博客、微博、微信加载特定旅游目的地的链接，使潜在游客在出游前能够快捷的收集信息、全面地了解旅游目的地的相关情况，从而帮助企业在激烈的旅游市场竞争中取得优势。

（四）品牌管理

旅游品牌整合营销传播系统的最后一个步骤，是在游客完成旅游过程后，及时处理其对品牌的改进建议和投诉，促进游客与品牌主体之间的互动。品牌主体在市场研究的基础上塑造品牌、包装品牌、传播品牌，反过来，游客对品牌的反馈信息又促使品牌主体对品牌再塑造、再包装和再传播，从而两者之间实现良性互动。因此应建立专门的品牌管理机制，针对游客、市场对品牌产品、服务的改进要求，完善和修订品牌的整合营销传播过程。

六、旅游运营之运营管理

旅游运营不同于行业管理，因此也不可能由行业管理部门（旅游局）完整实施，而必须由政府整体协调，形成常设与非常设机构，推进计划进程。

根据多年经验，绿维创景概括了一个旅游运营管理的组织机构图（表2-2）。同时在旅游目的地运作上，建立了一个分工图（表2-3）。

表2-2 旅游运营管理组织机构图

总体控制层	书记、市长（县长）
总体协调层	旅游工作领导小组
直接控制层	分管书记（或常委）、分管市长（县长）
直接操作层	相关局委办、区乡、管理局等
项目操作层	相关局委办、区乡、管理局等
运作实施秘书机构	旅游局
行业管理	旅游局
操作执行与配合层	景区、宾馆、旅行社等企事业机构

表2-3 旅游运营管理分工图

总体把控依据	策划、规划、发展战略研究
实际操作依据	政府旅游目的地运作商业策划
公共工程实施	发改、土地、建设、投资公司、旅游等部门
招商引资	招商、发改、土地、建设、旅游等部门
营销促销	旅游、宣传企事业机构等

第三章

泛旅游产业整合与
产业集群化模式

◎ 高速发展的旅游产业由于其高关联性和强带动性，成为政府积极鼓励发展的产业之一，在相当一部分区域被定位为主导或者支柱产业。我国的旅游开发已经与区域发展和城镇化进程全面结合，并在产业上趋于融合，形成"旅游引导的区域综合开发模式"。这一模式的核心基础，就是"泛旅游产业整合"。

◎ 要充分发挥旅游产业的带动作用，必须研究旅游产业与其相关产业的相互作用关系和机理，从而提出合理的产业运营模式。泛旅游产业整合理论，就是根据旅游促进区域经济发展的现实逻辑，实证研究了全国各地的旅游与区域经济运营实践后，形成的一套行之有效的产业运营模型。绿维创景将其定义为产业运营模型理论，以及旅游引导的区域综合发展的方法论。

◎ 泛旅游产业，是指超出观光、休闲、度假等传统旅游概念的更加泛化的旅游产业概念，是为人们提供具备趣味性、艺术性、知识性、刺激性等特性的体验消费的一系列产业的总称，其内容包括会展、运动、康体、娱乐等，产业链连接到餐饮、运输、酒店、商业、农业等。

第一节
泛旅游产业整合

高速发展的旅游产业由于其高关联性和强带动性，成为政府积极鼓励发展的产业之一，在相当一部分区域被定位为主导或者支柱产业。我国的旅游开发已经与区域发展和城镇化进程全面结合，并在产业上趋于融合，形成"旅游引导的区域综合开发模式"。这一模式的核心基础，就是"泛旅游产业整合"。

"食住行游购娱"等旅游消费活动的实现，涉及诸如传统旅游业、餐饮业、酒店业、零售业、交通业、文化娱乐业、体育运动业、房地产业等众多产业。要充分发挥旅游产业的带动作用，必须研究旅游产业与其相关产业的相互作用关系和机理，从而提出合理的产业运营模式。"泛旅游产业整合"理论，就是根据旅游促进区域经济发展的现实逻辑，实证研究了全国各地的旅游与区域经济运营实践后，形成的一套行之有效的产业运营模型。绿维创景将其定义为产业运营模型理论，以及旅游引导的区域综合发展的方法论。

一、"产业融合"与"泛旅游产业整合"概念比较

在旅游项目规划实践中，经常会遇到"旅游产业融合"的概念，而绿维创景则提出"旅游产业整合"，这两个概念有什么区别和联系呢？

（一）产业融合与旅游产业融合

20世纪70年代以来，高新技术的发展，使工业时代的产业边界逐渐模糊或消融，并在

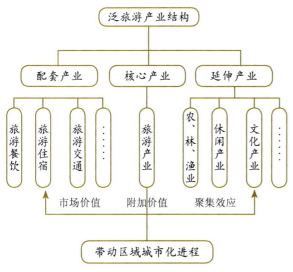

图3-1 泛旅游产业结构与城市化

原有的产业边界处融合发展成新的产业业态，成为价值的主要增长点和经济增长最具活力的源泉与动力。这一堪称"革命性"的产业创新形成了经济发展的新趋势，并带来社会经济的深刻变化。这一现象也使得建立在明确产业分工基础上的传统产业经济、企业管理理论以及公共政策面临新的挑战。产业融合作为产业发展中的一个嬗变过程，对产业的技术创新、市场结构、政府组织、企业管理等都将产生重要的影响。因此，各界纷纷关注相关理论及其应用，希望由此推进产业的发展，并形成政府与企业管理的有效升级。目前学者对产业融合的研究也主要集中在产业融合的概念、产业融合导致的产业演进、产业融合对企业管理影响、产业融合对政府管理影响等几个方面。

产业融合是指不同产业或者同一产业内，不同行业在技术融合的基础上相互交叉、相互渗透、逐渐融为一体，形成新的产业属性或产业形态的动态发展过程。可以看出，产业融合的本质是由于技术进步、管理创新等导致不同产业边界模糊或消失，使相关产业联系更为紧密，互相交叉和渗透，并逐步形成新的产业形态或经济增长点。

产业融合既是产业发展的结果，也是产业发展的过程。在这一过程中起决定性作用的不是产业属性，而是市场的需求，其结果是引导产业价值链的创造性重构。

产业融合作为一种过程，形成了一大批边缘性交叉产业，推动了大量新交叉业态的产生。而且，融合的范围不限于两个产业之间，还可能是多个产业互相交叉，形成多产业融合的交叉产业群。

Stieglitz将产业融合分为技术替代性融合、技术互补性融合、产品替代性融合和产品互补性融合四种基本类型，并运用演化经济学和产业生命周期理论构造了一个产业融合类型与产业动态演化的理论框架。很多学者丰富了产业融合模型化研究，主要集中于通信技术、媒体、互联网等领域。

根据以上概念，旅游产业融合就是旅游产业与其他产业或不同行业之间相互渗透、关联，最后形成新的产业。如旅游产业与医疗业融合成为医疗养生业等。旅游产业的融合，在国际国内都已经积累了一些研究，但尚无具有特别实际指导价值的模型结构。

旅游产业内部本来就有多个行业，依托于旅游过程，整合在一个产业链关系中，这是传统旅游产业已经形成的产业特征。在现代旅游发展中，原有的关联产业开始深度融合。例如，在传统旅游产业中，酒店、餐饮、车船是旅游过程中的服务配套，景区是旅游吸引核，他们之间形成了核心吸引物与服务配套之间的基础性产业关联关系。但旅游产业的深度融合发展，形成酒店吸引物（迪拜的帆船酒店）、餐饮吸引物（美食街）、车船吸引物（海上快艇），打破原有产业关系，形成了产业的升级发展。更重要的在于，农业、文化、养生、运动、养老等非配套性产业，都与旅游深度融合，形成了融合产业群体，包括休闲农业、旅游实景演艺、养老度假、医疗旅游、高尔夫旅游等，这些完全是新型产业业态。

基于技术的融合、产业链的融合、角色转化的融合、政策突破的融合，都可以形成旅游与不同产业的新融合。对这些融合模式需要进行深度的研究，尤其是在泛旅游产业集群的框架下，研究融合后的交叉产业及其新型业态，具有重要意义。

由此可见，产业融合是一种现象、一种结果、一个目标，是经济发展所追求的一种产业发展态势，它强调的是形成新产业。对旅游产业融合而言，就是希望通过产业之间的融合，形成新业态，从而形成新的经济增长点。

（二）泛旅游产业整合

整合，就是把一些零散的东西通过某种方式彼此衔接，从而实现信息系统的资源共享和协同工作。其主要精髓在于将零散的要素组合在一起，并最终形成一个有价值、有效率的整体。因此，如果说融合更强调一种结果，那么整合则是一种手段。

泛旅游产业整合，就是以旅游产业为核心，利用整合手段，使旅游产业及其他相关产业通过某种方式彼此衔接，打破各自为政的状态，构建一个有价值有效率的产业集群，实现产业联动，从而推动区域经济发展。

二、泛旅游产业整合的三大路径

泛旅游产业整合主要以产业链延伸、产业融合、消费与产业聚集为实现路径。

产业链延伸：围绕旅游要素，通过整合旅游资源、塑造旅游品牌、开拓旅游市场、升级旅游产品、配套旅游服务，完善并延伸旅游产业链，促进旅游产业转型升级，并拉动产业链上其他产业的发展。

产业融合：旅游产业与其他相关产业进行融合，形成新的产业或业态，拓展旅游产品和市场，形成旅游产业发展的新动力和新方向，同时也促进相关产业的发展。

消费与产业聚集：以旅游消费为核心，形成泛旅游产业聚集，从而形成产业聚集区。一方面，能带来良好的规模经济效应，具有显著的产业规模和发展潜力，成为区域经济发展的支柱或者主导产业；另一方面，产业聚集带动城市化发展，推动城市化进程，从而实现区域的综合发展。

三、泛旅游产业整合的八大手法

（一）技术整合

技术创新是产业和企业发展的重要力量，包括两方面内容：一是新技术的发明创造；二是新技术的引进和应用。旅游产业通过技术整合，引入其他产业的相关技术，促进自身发展。例如，旅游业引入信息技术和网络技术，引发了旅游战略、运营方式和产业格局的变革。

（二）资源整合

资源是产业发展的基础，产业间进行有

效的资源整合，可以实现资源有效利用和产品（业态）创新，从而带动产业发展。例如，旅游资源与农业和林业资源进行整合，可以形成休闲农业、休闲林业等旅游产品。

（三）产品整合

产品整合即将两个相关产业的产品进行合理整合，创新产品和产业形态。例如，旅游业与会议会展业相结合，形成会议旅游和会展旅游新产品，既丰富了旅游产品形式，又增加了会议会展业的福利性，还推动了旅游业和会议会展业的发展。

（四）市场整合

将两个产业的市场进行整合，挖掘市场

中存在共性或者能有效衔接的部分，使两个产业互相享有对方的部分市场，从而达到扩大市场、带动产业发展的效果。例如，旅游业挖掘教育培训业的市场需求，面向教育培训市场，推出修学旅游产品。

（五）经营方式整合

信息技术的发展为经营方式整合提供了可能，例如，携程等旅游专业服务公司，通过网络虚拟技术，把旅游链上各环节的经营方式进行整合，形成网络一站式购买的新经营方式，方便了游客，同时大大促进了相关产业的发展。

（六）组织管理整合

组织管理创新是业态创新的重要支撑，即

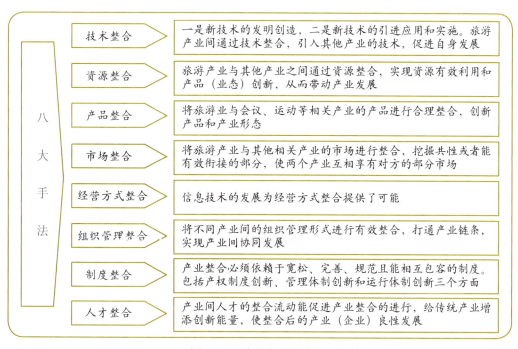

图3-2　泛旅游产业整合的八大手法

将不同产业间的组织管理形式进行有效整合，打通产业链条，实现产业间协同发展。例如，旅行社与景区、车船公司、购物点等进行组织管理整合，提供游客全程、良好的服务，实现企业和产业共赢。

（七）制度整合

制度整合虽然不能直接进行行业态创新，却是推动业态创新的重要因素。包括产权制度、管理体制和运行体制创新三方面。产业整合必须依赖于宽松、完善、规范且相互包容的制度，旅游业态的创新更是需要一个有利于自由潜力发挥、展现自身活力的环境。

（八）人才整合

产业的发展壮大离不开人才。在产业整合过程中，各种整合方式的良好进行都离不开人力。产业间人才的整合流动能促进产业整合的进行，为传统产业增添创新能量，使整合后的产业（企业）良性发展。

四、泛旅游产业整合的三大模式

根据旅游产业与泛旅游产业集群内其他产业的作用机制，绿维创景归纳出泛旅游产业整合的三种模式（图3-3）。

（一）反哺式

某些产业为旅游业提供了必不可少的资源或环境基础，但产业本身是公益性质，不具备盈利性，如环境保护业、文化遗产保护业等。旅游产业取得较大收益后，将部分收益直接投资于这些产业，使该产业发展的同时为旅游业自身的持续发展提供保证。

（二）拉动式

部分产业为旅游产业提供要素支撑或配套，他们本身并不和旅游业相融合产生新的旅游吸引物，旅游业规模的扩大直接拉动原产业的发展。例如，交通运输业、信息业、建筑建材业、金融业等。

（三）联动式

某些相关产业与旅游产业融合，形成新的产业形态和产品，丰富了旅游内容，提升了旅游产品，开拓了旅游新市场，业态的创新同时促进了该产业和旅游产业的发展。例如，农业与旅游业融合形成休闲农业，取得的收益可带动传统农业的发展。

图3-3 泛旅游产业整合的三大模式

表3-1　旅游与其他产业的关联发展机制

分　类	产业类别	与旅游产业的关系	旅游带动其他产业的整合发展模式
旅游支持产业	农业	为旅游业提供资源基础	联动式
	林业	为旅游业提供资源基础	联动式
	渔业	为旅游业提供资源基础	联动式
	交通运输业	为旅游业提供交通支持，解决"行"的问题	拉动式
	金融业	为旅游业提供金融支持	拉动式
	信息业	为旅游业提供信息支持	拉动式
	建筑建材业	为旅游业提供基础设施的建设支持	拉动式
	食品加工业	为旅游业提供餐饮支持，解决"食"的问题	拉动式
	房地产业	为旅游业提供住宿支持，解决"住"的问题	拉动式
	教育培训业	为旅游业提供人才培养支持	拉动式
	环境保护业	为旅游业提供环境基础	反哺式
	遗产保护业	为旅游业提供资源基础	反哺式
旅游核心产业	旅游业	旅游业本身	产业升级转型
旅游相关产业	文化业	为旅游业提供资源基础以及娱乐产品	联动式
	体育运动业	为旅游业提供体育运动类旅游产品	联动式
	商贸服务业	为旅游业提供商贸相关服务，丰富旅游产品，解决"购"的问题	联动式
	酒店住宿业	为旅游业提供酒店相关服务，丰富旅游产品，解决"住"的问题	联动式
	餐饮业	为旅游业提供餐饮服务，丰富旅游产品，解决"食"的问题	联动式
	会议会展业	为旅游业提供会议会展相关服务，丰富旅游产品	联动式
	医疗保健业	为旅游业提供医疗养生类旅游产品	联动式
	汽车服务业	为旅游业发展提供自驾旅游产品	联动式

五、泛旅游产业整合规划的技术路线

在新型城镇化发展进程中，要想发挥旅游产业强大的动力价值及协调能力，泛旅游产业整合就不能只停留在概念上，而应落实到实践中。如何去落实则需要规划来指导。绿维创景通过多年区域旅游发展规划实践，总结出泛旅游产业整合发展规划的五大步骤，如图3-4所示。

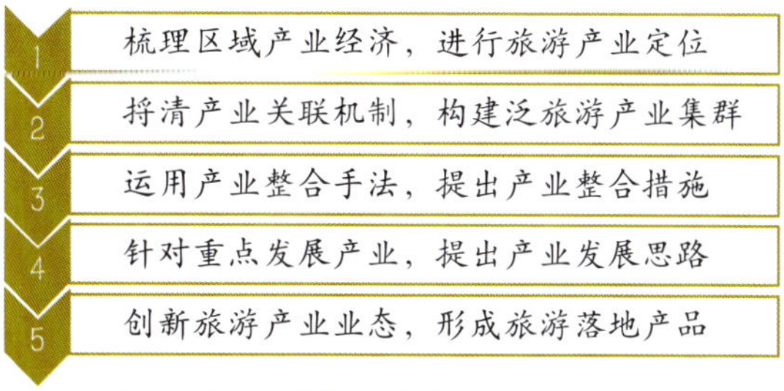

1　梳理区域产业经济，进行旅游产业定位
2　捋清产业关联机制，构建泛旅游产业集群
3　运用产业整合手法，提出产业整合措施
4　针对重点发展产业，提出产业发展思路
5　创新旅游产业业态，形成旅游落地产品

图3-4　泛旅游产业整合规划的技术路线

第二节
泛旅游产业集群化模式

一、泛旅游产业集群概念解读

（一）产业集群

产业集群（Industrial Cluster）是指在某一特定领域（通常以一个主导产业为主）中，大量产业联系密切的企业以及相关支撑机构在空间上集聚，并形成强劲、持续竞争优势的现象。例如影视产业集群，即与影视产业密切相关的，如影视拍摄、影视后期制作、影视产品营销、影视宣传等影视制作全过程中的各个环节，聚集一处形成完整的产业链。

因此，产业集群超越了一般产业范围，形成特定地理范围内多个产业相互融合、众多类型机构相互联结的共生体，构成这一区域特色的竞争优势。

产业集群发展状况已经成为考察一个经济体，或其中某个区域和地区发展水平的重要指标。

产业集群的核心是在一定空间范围内产业的高度集中，这有利于降低企业成本（包括生产成本、交换成本），提高规模经济效益和市场竞争力。同时，区域发展因为产业集群形成了区域竞争力和区域发展优势，从而奠定良性发展机制，形成人才、市场、资金、技术等的创新开发与聚集，推进产业可持续升级。

（二）泛旅游产业集群

产业集群是一种世界性的经济现象，是区域经济发展的必然结果和提高区域竞争力的一种有效组织形式。但在中国国情下，产业集群发展有其自身的特点。政经文社混合的综合运营架构已经成熟且会越发成熟，将成为中国特色的发展模式。在这样的总体模式背景下，产业集群化将成为中国经济社会发展的重要引擎之一，而泛旅游产业融合下的产业集群化由于旅游的独特拉动效应，将成为重中之重。

泛旅游产业集群，是指旅游及其带动的相关产业共同构成的产业集成结构。旅游引导的产业集群，最重要的特征是能够形成本地化产业的集聚。可以预测，进入"十二五"后，中国旅游产业的集群化发展将成为不可阻挡的趋势，成就一方经济。

旅游产业作为一种关联性极强、涵盖了第一、第二和第三产业等众多行业的产业群体，其本身就具备了产业集群的特征，而且产业内部各行业之间由于专业化的分工和协作，也使旅游产业较其他产业更易形成产业集群。目前旅游产业作为国家重点发展的新兴产业，在各地呈现出集聚发展的态势。

这个集群由旅游核心产业（旅游产业本身）、旅游相关产业（为旅游增加体验消费型产品，主要体现为横向联系的产业）和旅游支持产业（为旅游产业提供基础支持，主要体现为纵向联系的产业）三部分构成。旅游主导产业指传统的旅游产业；旅游相关产业是由传统旅游产业衍生出来的，在技术或市场上有互补关系，且超出传统旅游，为人们提供趣味性、艺术性、知识性、刺激性等特性体验消费的一系列产业，包括体育运动、医疗保健、养生养老、文化艺术、创意产业、教育培训、会议会展等；旅游支持产业是与旅游产业、旅游相关产业纵向联系的下游及相关联产业，如交通运输业、加工工业、高科技产业、建筑建材业、旅游地产等，如图3-5所示。

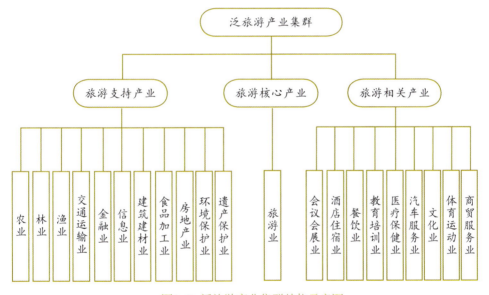

图3-5 泛旅游产业集群结构示意图

泛旅游产业集群是面向旅游消费者、符合旅游规律的产业整合的结果。泛旅游产业间通过整合，形成旅游产业新业态，这是与传统产业差异的核心。首先，形成旅游消费吸引物，形成创新旅游产品，是面向旅游消费者的产业融合；其次，旅游与传统产业的融合是符合旅游产业自身发展规律的；最后，依托于产业融合，是传统产业发展依托的契机和杠杆。这种产业融合，使各个产业旅游业态更加丰富，形成直接旅游消费和间接链式增长。

泛旅游产业集群是以旅游业为龙头，以旅游消费需求为驱动力形成的产业集群，是在旅游产业融合背景下，依托于旅游产业，并通过旅游产业的带动、延伸发展起来的产业群体，因此，泛旅游产业链是围绕旅游需求构建起来的一个复杂结构。其融合模式很多，绿维创景在对旅游产业集群化的发展特点进行深入分析后，创造性地提出了旅游目的地集群化、休闲消费聚集的集群化、专业化集群、泛旅游带动的立体网络集群化四种模式（图3-6）。

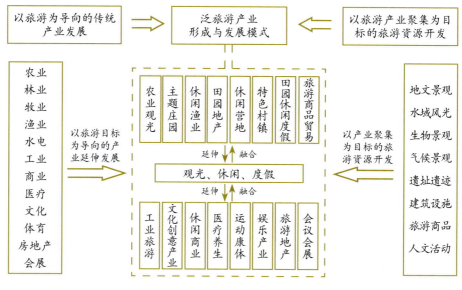

图3-6 泛旅游产业集群的形成与发展模式

二、旅游目的地系统集群化模式

（一）模式内涵

旅游目的地系统集群化模式主要以旅游目的地为核心，在一定区域范围内形成旅游目的地系统的聚集。

旅游目的地系统不是一个产业，是旅游产业聚集表现的一种形态和产业的系统关系，包括旅游吸引物系统、游程系统、接待配套系统、管理系统、服务系统、营销系统等，这些产业的系统关系形成聚集和集群化发展。

（二）整合机理与集群化发展

过去几十年，中国的旅游目的地建设经历了从无意识开发到自觉主动开发、从单纯的资源导向型开发到区域导向型的系统规划开发的转变，并延伸整合其他各类产业和社会资源，进入深度开发和系统提升阶段。

1. 整合机理

吸引核项目具有很强的吸引力，能够快速聚集人气，带动旅游发展，是旅游目的地吸引国内外游客的首要因素。吸引核项目的打造是目的地建设的关键。依托旅游目的地的旅游资源和深厚的文化基础，打造出具有市场影响力和吸引力的观光、文化体验、休闲、度假等各层级各方面的重点吸引核项目，丰富和完善旅游目的地旅游产品体系，提高目的地的市场影响力，通过吸引核项目的带动，推动旅游目的地的打造。发展食、住、行、游、购、娱等旅游要素，并进一步因地制宜地发展商（商务）、学（修学）、会（会议、会展）、体（体育）、农（休闲农业）等延伸产业，形成完善的、拓展的旅游产业链，构成目的地的完整体系。

2. 集群化发展过程

一是吸引核的形成。主要依托景区、度假区、城市、小镇、产业区、经济带等基础载体，通过升级和扩展，形成吸引核体系。这是旅游目的地系统集群化模式最重要、最根本的发展基础。

二是业态规模的壮大。基于吸引核所属业态的壮大与膨胀，辐射带动相关依附型业态的延伸发展，形成主次分明、底蕴夯实、业态丰富、规模较大的产业体系，包括休闲农业、旅游地产业等。

三是配套设施的跟进。在吸引核体系和产业体系架构的基础上，完善大量配套服务设施，包括交通服务、住宿接待、旅游集散、商品销售等。

四是管理营销的助推。产业化、规模化的发展需要管理服务和营销推广的升级，只有在管理服务机制和营销推广系统的助推下，该

集群化模式才能快速健康发展起来。

（三）集群构架

1. 旅游吸引物系统

旅游吸引物，是目的地形成的前提和关键，它同样是一个系统。由吸引核、其他吸引物、配套吸引物三方面构成。

吸引核对游客吸引力最大，是游客以此为出游目标的项目。顾名思义，吸引核是吸引物系统的核心，是建构吸引物系统的关键，是整合吸引物系统及目的地系统的原点。在一个目的地中，核心吸引物一般不超过3个。

其他吸引物，是在同一个区域中，具有一定游憩吸引力的自然或历史文化吸引物。这些吸引物一般与核心吸引物没有直接关系。

配套吸引物是以核心吸引物为基础开发形成的，加强或补充核心吸引力的吸引物，其作用是提升核心吸引力，形成完整的出游吸引，使目的地吸引力达到最大化。一般有补充型、配套型、增强型三类。

2. 游程系统

旅游目的地的游程，就是所谓的地接游程，一般以机场或火车接待站点为起点，由时间、地点、内容、线路安排等组成。

游线与游程安排是旅游产品最重要的环节之一，因为旅游过程是在游程系统中体现的。游程系统是对旅游要素的综合安排，是游客需求最大满足与旅游系统各方利益最大化之间的矛盾综合协调的结果。

目前我国旅游系统的游程安排形成了以旅

行社利润、导游利益、简单省事为标准的套路模式，已经成为游客投诉的重点。而真正符合游客需要，符合细分市场的个性化游客服务系统还没有建立起来，旅游产品的导向存在较大的问题。

3. 接待配套系统

接待配套系统，包括住宿、餐饮、购物、夜间娱乐、交通、信息咨询系统、标识引导系统等方面。既有基础设施，又有专门服务设施。配套的系统化和完善化是目的地发展的基本要求。

旅游目的地的接待配套系统是经过持续建设形成的，需要根据市场的发展不断完善和改进，不可能一蹴而就。

4. 管理系统

旅游目的地管理是对一个有机系统的管理，是对整个目的地整体旅游环境、旅游市场秩序、旅游要素配置、旅游规划与开发、旅游营销的全面管理，涉及内容非常复杂，是政府区域产业的系统管理。

目的地管理，必须站在整体系统配套的角度，进行综合协调与发展推进。一般来说，目的地管理，可以区分为目的地规划与开发管理、目的地市场与环境管理、目的地营销管理三个方面。

5. 服务系统

在游客眼中，旅游目的地系统是一个服务系统。因为旅游过程是一个服务的过程，整个目的地都是以服务连接起来的。其中，游客组织、导游、交通、标识、景区接待、住宿接待、娱乐活动、游程服务、购物服务等，购成了围绕全部游程的服务链条。任何一个环节上的服务问题，都会对游客的旅游过程产生较大影响，改变对目的地旅游的整体评价。

从服务方式讲，一方面，旅游目的地的每一个环节都必须要有规范标准进行管理，以保证服务的基本质量；另一方面，还要通过个性化服务、深度服务以及创造性体验式服务，来提升服务质量。

6. 营销系统

旅游目的地营销系统，包括四大要素：品牌及目的地旅游形象；游线产品开发；旅行社、网络、自助等渠道；公关广告活动促销。旅游目的地营销系统是一个虚实结合的系统，虚的方面是品牌、形象的宣传，实的方面则包括营销渠道、游线整合、客源地推广等。

（四）类型和特点

由于目的地吸引核的不同，旅游目的地系统集群呈现出城市核心型、景区主体型、区域复合型、产业聚集型等不同形式和特点，不同类型的旅游目的地，具有不同的结构和发展模式。

1. 城市核心型

城市核心型旅游目的地，以城市作为主要旅游吸引力，并在城市里实现旅游产业要素聚集，同时与其他产业形成联动、互补关系。在我国，城市核心型的旅游目的地以北京、上海、大连、杭州等为代表。

在城市核心型旅游目的地的构建中，要

处理好"旅游城市"和"城市旅游"的关系，不要让城市成为单纯的游客集散地，而应该充分挖掘旅游资源，打造城市本身的休闲旅游吸引力；同时，发挥城市在交通、住宿、会议、科研、政务等多方面的优势，打造旅游与其他产业交叉整合的产品，例如商务旅游、会展旅游、科教旅游、修学旅游等，丰富产品结构，形成城市旅游目的地的独有特征。

2. 景区主体型

景区主体型旅游目的地，是以某个或某几个著名旅游区为基础和核心形成的旅游产业聚集区，如黄山、九寨沟、峨眉山、神农架、千岛湖等。

我国较早形成的一批大型旅游区已经逐渐进入目的地系统打造的进程中，突显出了旅游业对地方经济和社会发展的引擎带动作用，并通过吸引力的聚合效益，增强了国际知名度和竞争力。

此类旅游目的地以大型旅游区为核心，围绕其形成交通、住宿、餐饮、购物、娱乐、旅行社、旅游管理等配套要素集群，甚至进一步整合周边文化、生态、城镇、温泉等资源，发展会议、度假、养生等旅游消费产品。景区主体型旅游区创建旅游目的地的关键在于，在增强核心吸引力的基础上，发展复合功能，形成产业聚集，并坚持可持续发展原则，形成个性鲜明的休闲生活方式。

3. 区域复合型

区域复合型旅游目的地是以一定空间内的旅游要素、游憩方式聚合为主发展成的旅游目的地，以旅游地市、旅游区县、旅游乡镇等为主要单元，是目前我国旅游目的地建设的主力军。

4. 产业聚集型

产业聚集型旅游目的地，是随着旅游业的发展而出现的一种新的旅游目的地形式，以某类旅游产品或某主题旅游产品的聚合为特征。例如，依托中关村、中国科学院、北京大学、清华大学、海淀园等诸多科教资源而形成的"中关村科教旅游区"，以某个大型中心城市为核心而形成的"环城市旅游度假带"，亦或以乡村旅游而著名的四川某地等。产业聚集型旅游目的地的关键在于"整合"，整合旅游资源、整合产业链、整合市场资源、整合其他产业、整合不同行政区间的利益关系，形成发展合力，共同打造一张目的地发展的"王牌"。

案例链接

张家口市旅游发展规划

张家口市旅游发展规划是城市型旅游目的地系统集群化模式运用的典范。在规划中，绿维创景认为张家口要想突破现有的发展瓶颈，必须站在区域经济及宏观产业的角度，从旅游吸引物、游程、接待配套、管理、服务、营销六大方面实现目的地系统构建；依托滑雪、温泉、草原、民俗、文化、特色农业产品、水体等优势资源，形成旅游主导下的体育休闲产业、商务会议休闲、创意文化产业等泛旅游产业的整合发展；借助崇礼滑雪场、蔚县民俗等有吸引力的景区，形成一批特色旅游度假小城镇，将旅游理念融入城市建设中。通过目的地系统建设，规划合理布局产业要素，推动张家口旅游城市建设和区域城市化发展。

案例链接

中关村科教旅游区

为将科教旅游打造成为北京特色的旅游精品，绿维创景在《北京中关村科教旅游区发展规划》中提出了"依托科教工贸的产业基础，以旅游休闲为引擎，政府主导，整合开发，带动现代服务产业整体发展与升级，从而延伸产业链，打造目的地系统，实施休闲升级"的总体战略。中关村科教旅游区是依托科教旅游产业聚集而形成的一种特色化旅游目的地，围绕科教旅游产业，聚集形成并打造科教风貌、科教购物、科教体验、科教商务、科教修学等一系列旅游产品，做大、做强、做响中关村科教旅游区，使科教旅游成为北京新的经济增长点。

（五）培育建议

区域旅游目的地打造，要在资源整合、形象塑造、产品组合、交通线路设计、市场营销等方面下大功夫，坚持政府主导和市场化运作相结合，形成拳头产品和品牌形象。

1. 深入挖掘旅游资源，形成核心吸引力，塑造形象品牌

随着旅游业的发展，旅游资源的范畴已经得到极大地扩展，构建旅游目的地，首先要挖掘各类有形的、无形的、可说的、可看的、可玩的旅游资源，按照情境化、体验化、游乐化等手法，创意性地设计游憩方式，形成旅游产品体系，并概括提升目的地主题形象，有机利用资源、产品、市场、品牌等各种维度，促进区域旅游发展。

2. 完善旅游产业链，实现与其他产业的整合联动

发展食、住、行、游、购、娱等旅游要素，并进一步因地制宜地发展体（体育）、疗（疗养）、学（修学）、养（养生、养老）等延伸产业，形成完善的旅游产业链，构成目的地的完整产业体系，并实现旅游产业的综合收益。同时，实现旅游业与工业、农业、商贸、

创意、文化等产业的联动整合，发挥旅游业的引擎带动、宣传教育等效应，促进目的地区域经济、社会的全面发展。

3. 高度重视市场营销，制定并实施系统的目的地营销计划

任何开发与建设，最终都要通过市场来检验。营销是旅游目的地建设和发展过程中的重要一环，开发者必须高度重视市场营销工作，组建专门机构，委派专门人员，制订科学完善、详细可行的营销计划，深入到重点市场进行扎实的营销宣传工作。广告营销、渠道营销、节事营销等是目的地营销策略中最为常用的方式。要针对细分市场的差异性，进行针对性的营销，"以销定产，产销结合"。

4. 实施可持续发展，创造良好的生态、社会、制度环境

旅游目的地构建是个系统工程，涉及面广，营销深远，必须坚持可持续发展原则，创造良好的发展环境，包括生态环境、社会环境、制度环境等综合环境。这是目的地发展的基础要素。

生态是旅游开发进行的基础和前提，所有的旅游活动必须以生态保护为第一原则。友好的社会环境也是旅游活动顺利进行的前提和促进剂。一个世界著名的旅游目的地必然是拥有极高的社区支持度、居民参与度，当地人民的友善和热情能够成为旅游者留下来的理由。制度环境包括目的地整体管理的制度化水平以及法律法规的完善程度，还包括旅游行业管理的力度，以形成良好的社会、经济、消费秩序。

5. 坚持政府主导型战略，规划先行，统筹协作

由于旅游目的地开发的综合性、复杂性、联动性，政府必须发挥主导性作用，建立综合性的旅游目的地开发管理机构，统一规划、统一管理、整体营销。同时，引入市场化运作，放开搞活，培育旅游企业，做大做强旅游产业，并利用就业、福利、舆论等手段，提高社会支持度，形成上下一体、管产结合的产业运作结构。

目的地是一个功能系统，必须进行系统整合，以便实现最优化的社会经济效益，形成系统功能的有效性与持续发展。在这个系统工程中，目的地的核心吸引力，是市场的吸引核，也是系统的核心要素。

在制定目的地发展的商业策划时，应围绕市场需求形成完整的游憩与接待的要素配置与配套，形成系统的功能构架，并力求使其成为可根据市场变化进行自动修正且可持续发展的自组织系统。

三、休闲消费聚集的集群化模式

（一）模式内涵

休闲消费聚集的集群化模式，是以休闲为核心，通过消费聚集，围绕某一个核心地区形成的各种消费产业的集群化发展。其表现形式主要有：休闲商业综合体、城市休闲聚集区、休闲部落、休闲街区、休闲古街、休闲小镇、休闲古城古镇等。

（二）整合机理与集群化发展

1. 整合机理

旅游是终端消费，涉及的消费需求是非常多样化的，远远超出了传统旅游目的地六要素的系统构架。游客除了对餐饮、住宿、购物、娱乐等基本需求外，还延伸出教育、祈福、宗教、文化、游乐、电信、金融、亲情交流、友情交流等多样化的服务需求，由此以休闲为核心，通过消费集聚，围绕一个核心地区，形成多样化、复合型的休闲消费结构，构成产业集群。

2. 集群化发展过程

第一，休闲环境聚集吸引人气，把游客留下来，形成休闲消费聚集，由此形成消费产业集成和扩张，从而进一步形成消费产业的集聚。游客在休闲过程中的消费心理、消费方式和消费逻辑与通常情况下有很大差异，通常会放大消费、非理性化消费，即时消费和消费能力更强。因此，休闲人群越多，带动消费的能力就越强，带动的消费模式就越多，从而对产业的聚集和带动效应就越强。

第二，休闲消费的模式整合，形成消费链与消费集合，构建出消费集群结构。

第三，专项消费的特色化发展，形成消费聚集与延伸。例如，餐饮街区的特色餐饮聚集与延伸，形成了特色餐饮集群，其中餐饮街、酒吧街是餐饮产业集群的成熟模式，重庆的泉水鸡一条街、桂林阳朔西街等都是很典型的案例。咸阳的洗脚产业集群、安徽马鞍山的洗浴产业集群、瑞丽腾冲等地形成的翡翠购买和加工产业集群等，也都是消费聚集的典范。

（三）集群特点

第一，消费聚集效应。多家聚集，不怕竞争，反而形成气候，产生总体吸引力和聚集力。

第二，消费配套效应。不同消费上下游聚集，形成吃喝、购物、娱乐的衔接，构筑休闲过程链，实现配套集合效应，产生总体吸引力和聚集力。

第三，特色放大效应。依托地域特点，通过放大品牌、规模、服务等的特色，形成消费聚集，实现价值放大，达到集群化的优势。

案例链接

江苏盐城金大洋城市生活广场初步方案设计

金大洋项目位于江苏盐城，是该城西南门户，具有重要的政治、经济、商业价值。绿维创景通过对项目背景、市场环境、资源优势等多方面的深入分析，以海洋文化主题构筑"金色港湾"，融入地中海风情及海洋文化，使商业建筑本身具有鲜活的生命力，此外还通过新型业态的配置培养出新型的消费意识，激发商业价值提升，带动商业文化的二次变革。该项目依托休闲消费的聚集，形成消费产业的集群化发展，并以"盐城的商业文化名片、城市文化名片"为打造目标，是典型的休闲消费聚集型产业集群模式。

图3-7 江苏盐城金大洋城市生活广场鸟瞰图

义乌国际商贸城

义乌国际商贸城经过多年发展，形成了以中国小商品城为核心，11个专业市场、14条专业街相支撑，运输、产权、劳动力等要素市场相配套的市场体系，是我国首个4A级国家购物旅游景区。每天有来自世界各地的20万客商和旅游观光客在这里云集，购物旅游、会展旅游特色鲜明，是长三角地区首选的假日旅游目的地。义乌国际商贸城以购物为核心吸引力，以消费聚集人气，发展成为一个集购物、旅游、休闲等于一体的规模化、产业化、品牌化国际性商业中心。

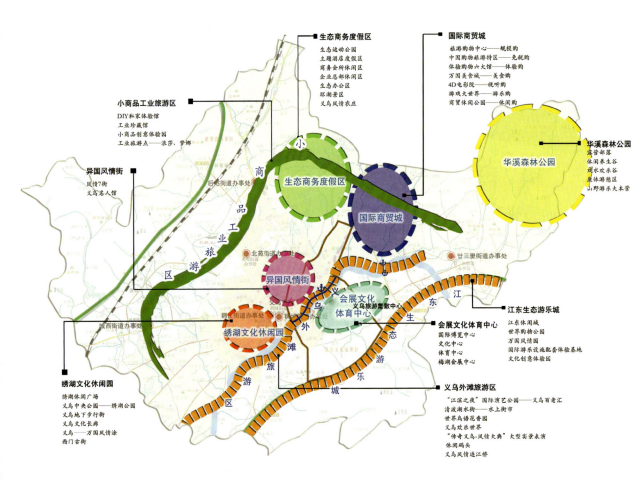

图3-8 义乌城市旅游规划项目布局图

（四）培育建议

1. 狠抓特色休闲产品和业态，丰富其他配套消费产品类型

集中精力、财力，狠抓特色消费产品和业态，打造核心消费吸引力，如特色美食街、特色购物街、特色酒吧街等，从而在自身发展壮大的同时，带动其他产品和业态的发展，进而构建产业化模式，形成产业集群。

2. 有针对性地拓展消费人群

在巩固已有基础市场的同时，必须开拓新市场，提升竞争力。根据所明确的产品和业态内容特点，有针对性地拓展消费目标群体，开发规模化的消费市场，从而支撑产业集群化健康快速发展。

3. 注重文化，锐意创新

精神享受是休闲度假的精髓，这一点人们已经达成共识。文化内涵不断深入的休闲活动在很大程度上可以满足人们身心的需求。因此，发展休闲经济、建设休闲消费聚集，特别要强调城市的传统文化和地域文化，用创新的理念、创新的手段与休闲元素结合，满足市民和旅游者的心理体验和精神需求。

4. 做活夜间休闲

一个休闲消费聚集区对丰富多彩的夜生活的要求是很高的，因此必须发展种类繁多的夜生活。例如，我国常见的酒吧、夜总会、桑拿按摩、网吧、影院、剧场、迪厅、交谊舞会、茶馆、通宵餐厅、夜间排档、夜市、夜船（车）游览等。

四、旅游产业专业化集群化模式

（一）模式内涵

旅游产业专业化集群化模式，强调的是业态的专业化，是以旅游产业链延伸的泛旅游产业中某一种业态为核心层，吸引多家直接相关企业形成规模，在地域上实现集中，进而带动间接相关企业以及专业人才、专业技术、专业配套的聚集，形成该类业态的规模化发展，从而围绕地域、要素形成主题化、专业化产业集群。

旅游产业的专业化集群较为常见的业态有高尔夫、温泉、滑雪、会议、养老、养生、葡萄酒、美容、花卉休闲、户外运动等。

（二）整合机理与集群化发展

专业化的集群化模式，是依托业态在某一地区的集中化发展与规模化发展形成的，有着其特有的动力机制和集群化过程。

1. 整合机理

该模式的整合机理和动力机制主要包含以下几个要点：

以**优势资源**为基础。形成专业化的旅游产业集群，必须有一定的资源优势，如云南高尔夫球场数量众多且相对集中，吸引了大量高尔夫旅游相关企业，包括高尔夫度假村开发企业、高尔夫运营管理机构、高尔夫培训企业等，形成了高尔夫产业集群。

以**市场需求**为导向。旅游产业集群的形成是为了满足游客在旅游活动中产生的各方面需

求，因此必须根据市场需求的趋势，来决定产业集群发展的类型。在资源优势的基础上，形成专业化的旅游核心吸引物，进而形成专项旅游市场的聚集。

以产业链为纽带。专业化的旅游企业、旅游项目、旅游产品和专项旅游市场的聚集，并不能真正形成旅游产业集群，必须通过该产业内部、不同阶段的企业之间，依托产业链，形成上、下游产业以及业态之间的互动与合作，打造有机的产业集群整体。

以政策为催化剂。政府的优惠政策对于专业化的旅游产业集群而言具有催化作用，有助于优化产业发展环境，吸引更多的旅游企业，推动旅游核心吸引物建设，促进专项市场开拓，构建完整产业链，实现旅游产业的专业化集群建设。

2. 集群化发展过程

第一，依托某一类优势资源在某一地区的富集，尤其是市场关注度、需求度高的资源，如高尔夫、温泉、冰雪、滨海、湖泊等形成旅游吸引核，带动相关企业及产业的规模化聚集。

第二，相关企业在该区域范围内，对该类型旅游资源进行集中式、连锁式、竞争化的开发和建设，形成基于这类旅游资源的专项产品供给和专项市场开拓。

第三，以规模化、品质化的专项产品吸引游客，形成游客在该区域的集中和聚集，形成旅游热点，带动区域旅游发展。

第四，依托旅游发展的品牌效应，吸引更多相关旅游企业，产业规模扩张，产业链延长，形成该类型产业横向、纵向的双向发展。

第五，优化产业发展环境，提高产业融合度，形成良性的发展结构及较强的整体联动性，实现专业化集群。

（三）集群架构

旅游产业专业化集群包括核心层、直接关联层、相关辅助层（图3-9）。

1. 核心层

依托某一种资源优势形成的旅游核心吸引物（如高尔夫球场、滑雪场、温泉等），成为吸引游客的首要因素，也是该类产业集群发展的中心。

2. 直接关联层

围绕核心层，形成相关要素的聚集，为核心层产业发展提供直接的发展动力、配套设施、产品供应以及发展环境。例如，高尔夫产业集群的直接关联层包括高尔夫度假产品、高尔夫用品供应企业、产业联盟组织、技术研发企业等。直接关联层可形成度假区、产业园区、技术研发中心等。

3. 相关辅助层

面向产业核心与直接关联层，形成间接的产业支撑，为产品供应企业、产业联盟、技术研发等提供辅助支持，其中包括人才支持、政策支持、资金支持、交通物流支持、社会服务支持等。

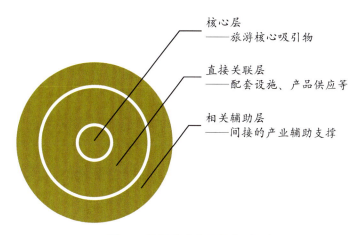

核心层
——旅游核心吸引物

直接关联层
——配套设施、产品供应等

相关辅助层
——间接的产业辅助支撑

图3-9　旅游产业专业化集群架构

（四）集群的特点

第一，以特色产业为依托，做强、做大、做深特色产业，形成专业化旅游品牌，打造区域旅游产业的龙头。

第二，专业化集群具有很强的聚集度，整个旅游产业集群围绕在核心资源或景区周围，产生规模经济效应。

第三，通过专业化产业集群发展，实现特色产业本身和旅游的双收益。

第四，专业化集群模式下，旅游产业集群不可避免要与其他产业形成关联，如"温泉+X"模式，带动其他相关产业发展，推动区域旅游整体提升。

🔲 案例链接

昆玉旅游文化产业经济带总体规划

昆玉旅游文化产业经济带，作为旅游引导的区域经济综合开发，是滇中城市群发展的重要核心内容。

绿维创景在《昆玉旅游文化产业经济带总体规划》中，充分运用了旅游产业集群理论和专业化集群模式，以泛旅游产业中的优势业态为基础，打造优势产业的集群化结构，特别是依托春城气候，充分利用高原湖泊美景，通过引导产业和业态发展，形成支持优势产业集群化发展的条件，提出在十年内建设高尔夫度假、冬季候鸟度假、休闲会议培训、养生度假、养老度假、民俗文化观光体验游乐、休闲创意文化产业、高原郊野运动休闲、温泉休闲度假、生态（及农业）观光休闲游乐十大产业集群。通过十大专业化产业集群的建设，引导昆玉旅游文化产业经济带实现泛旅游产业整合与产业集群化发展，带动区域旅游经济全面升级。

（五）培育建议

第一，要确保产业核心层的资源质量，避免因核心资源质量下降，使得产业集群对相关企业和机构的吸引力降低，产业规模减小，良性结构被破坏。

第二，培育核心企业，增强核心企业扩张力，聚集中小企业，做大做强产业集群。

第三，不断提升核心层旅游吸引物的品质，以其作为区域整体品牌形象，实现统一品牌、统一市场、统一运作，发挥专业化集群的规模经济效应和品牌效应。

第四，针对专业化旅游产业集群，可建立产业联盟，对产业集群的发展进行统一、有效的管理与监督。

五、泛旅游带动的立体网络集群化模式

（一）模式内涵

旅游产业因其独有的特性，实现了与其他产业之间的融合，形成了泛旅游产业的概念。即超出观光、休闲、度假等传统旅游概念的更加泛化的旅游产业，为人们提供具备趣味性、艺术性、知识性、刺激性等特性的体验消费的一系列产业总称，其内容包括会展、运动、康体、娱乐等，产业链连接到餐饮、运输、酒店、商业、农业、生产加工业等。

泛旅游带动的立体网络集群化模式，是在泛旅游产业理念下，依托旅游与其他产业的融合、聚集，超越传统旅游六要素的范畴，在更大范围内，形成以旅游产业带动其他产业发展的多产业、立体网络型产业集群。泛旅游带动的立体网络模式不是一种产业，不一定在某个地点形成聚集，而是多产业融合、多业态布局、多点支撑、立体网络化结构的旅游综合集群体。

在泛旅游带动的立体网络集群化模式下，可以形成旅游城市、国际化旅游综合体、旅游园区等集群结构。

（二）整合机理与集群化发展

1. 整合机理

以旅游发展带动其他与旅游相关的泛旅游产业的发展，形成产业的融合化（旅游与运动体育、医疗卫生、养生养老、文化艺术、创意产业、教育培训、会议会展、农林牧副渔、加工工业、高科技产业、建筑建材等产业之间深度融合）；在泛旅游产业融合的基础上，以旅游发展为核心，以游客、休闲客、度假客为目标，由游客聚集引导消费聚集，由消费聚集形成产业聚集；由产业聚集形成产业集群化发展，通过产业发展形成产业规模、产业优势、产业配套和产业效益，构建产业发展的良性结构（图3-10）。

2. 集群化发展过程

第一，形成集群中心。依托资源优势，以旅游产业为核心，形成具有很强旅游吸引力的产业聚集中心。

第二，打造聚集体。围绕集群中心，地理上相互接近的企业之间通过产品的交易、旅游项目的联合开发等，形成聚集体。

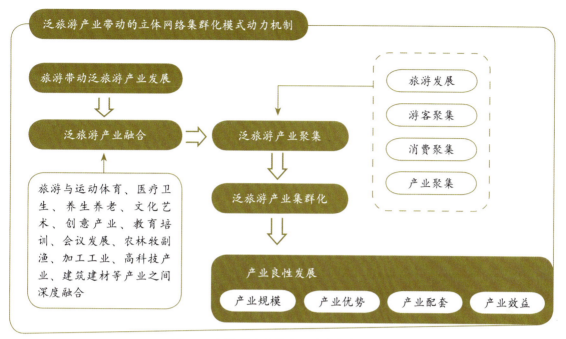

图3-10 泛旅游产业整合的动力机制分析图

第三，旅游聚集体的多元化培育。围绕集群中心，根据功能组合的需要，使不同功能的旅游聚集体在其周边不断发育壮大，最大限度发挥规模集聚效应，形成多元化旅游产品供给。

第四，产业集群的融合化提升。在"集群中心+多元化聚集体"架构的基础上，随着旅游产业的发展，交易网络与社会网络的融合，产业链的延伸，聚集体内部、聚集体之间以及集群中心与聚集体之间的融合加深，产业集群的稳定性将不断提升。

（三）集群架构

在泛旅游产业带动的立体网络集群架构中，"立体"体现在多层次的产业聚集

（图3-11）。

一是业态的聚集。业态聚集是立体网络架构中的最小聚集单元，以某一产业中的某一业态为形式，通过与此相关的企业、机构等经营单位，形成规模化，如酒店群、美食街等。

二是单一产业的聚集。旅游业或与旅游相关的其他某一产业，在某一区域内依托核心吸引物形成单一产业的聚集，形成诸如会展中心、温泉城、养生城、农业园等。

三是产业之间融合聚集。不同产业之间，通过产业链的延伸和交叉，相互之间进行融合，进而形成聚集。例如，温泉产业与会议产业融合形成温泉会都、酒店与高尔夫融合形成高尔夫度假区等。

四是泛旅游产业整合聚集。业态聚集、产

业聚集与产业融合等在不同领域、不同层次、不同阶段，以旅游为核心，通过泛旅游产业整合，形成综合型、立体网络化的产业聚集体。

（四）集群特点

泛旅游产业带动的立体网络集群，具有与其架构相对应的特点：

1. 多层次综合型

从业态到产业内部，到产业之间，再到泛旅游产业整合，泛旅游带动的产业集群是一个多层次的集群综合体，涉及多种业态、多种产业、多元形态的聚集。在聚集整体内有中型产业聚集体，中型聚集体内部还可能有小型业态聚集体等。

2. 产业规模化

泛旅游产业集群涉及面广，几乎涵盖旅游及所有相关产业的方方面面，因此这种模式下的产业集群规模是非常庞大的，超越了旅游目的地系统集群化模式。

3. 摆脱空间局限性

立体网络模式下的产业集群，涉及面广，聚集形式多样，其内部的中小型集群具有一定的分散性，摆脱了其他产业集群模式在空间上的聚集性，但分散的聚集单元仍可以通过产业链形成凝聚，产生集聚效应。

4. 较强的竞争力

一方面，立体式产业集群涉及多元化的集群体，资源组合度高，集群内部单元之间功能互补，能够满足游客的多样化旅游需求，集群风险较小。另一方面，产业集群内部分工明确，企业之间竞合协同效应好，彼此之间形成合力，使得集群体具有较强的竞争力。

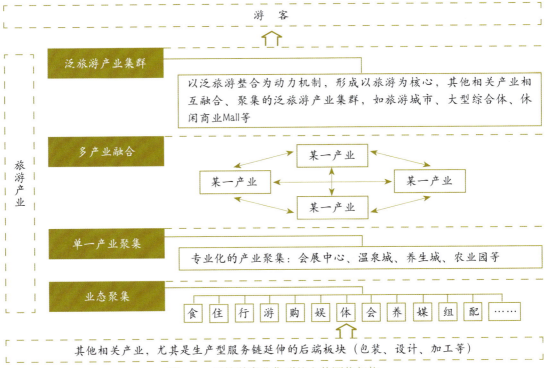

图3-11 泛旅游产业集群的立体网络架构

案例链接

杭州打造国际化泛旅游综合体实践评析

2008年，杭州首次提出要建设100个多功能城市综合体计划，其中国际旅游综合体或与旅游业相关联的综合体多达30余个，主要有南宋御街国际旅游综合体、湘湖国际旅游综合体、西溪国际旅游综合体、运河国际旅游综合体、杭州大厦商贸旅游综合体、杭氧杭锅国际旅游综合体、千岛湖国际旅游综合体、超山国际旅游综合体、西湖湖滨国际旅游综合体、海潮旅游综合体、建德黄饶旅游综合体、"大美丽洲"良渚文化旅游综合体、径山禅茶文化旅游综合体、杭州奥体博览城、龙坞旅游综合体、萧山中国水博览园综合体、千岛湖进贤湾国际旅游综合体、之江旅游度假区国际旅游综合体等。目前杭州市已累计投资500亿元用于杭州30多个国际旅游综合体的开发与发展。

杭州国际旅游综合体是一种典型的泛旅游产业集群，以具有比较优势的旅游资源为基础，以旅游景区、旅游饭店等旅游企业为主体，集观光、休闲、会展、美食、演艺、运动等于一体，拥有多种旅游功能和旅游设施，能够满足游客多种旅游需求，提供全方位的旅游综合服务。在该旅游综合体内部旅游产业与其他相关产业高度聚集，涉及除旅游业以外的酒店、商业、文化、房地产、会议等多个产业，泛旅游产业之间形成高度融合。

杭州国际旅游综合体的建设，形成了杭州参与国内外旅游竞争的主要阵地，树立起杭州西湖、西溪、千岛湖等一大批国际化旅游产业集群品牌，培育出高质量、高水平、多功能的旅游产业集群区。杭州国际旅游综合体的打造将加快杭州旅游产业的转型升级，带动杭州旅游业实现跨越式发展。

（五）培育建议

泛旅游产业集群的培育，一方面，应强化集群核心，避免产业核心吸引力减小，因此要不断创新，跟踪市场趋势，打造与时俱进的旅游产品。另一方面，在核心吸引力的强化下，加强泛旅游产业整合的动力机制，加强旅游与其他相关产业之间的融合发展，构建良性的产业集群发展结构。

案例 1　某钢铁工业遗址旅游发展总体规划

一、项目背景

某钢铁公司于2010年年底实现全面停产，留下了约8平方公里的用地，根据所属市的总体规划及此工业区改造规划的要求，此钢铁工业遗址及其协作发展区应作为城市西部的综合服务中心。在确定以旅游为主导产业的前提下，如何使其在"工业区改造"中发挥作用成为了一个难题。为此，市旅游局、区旅游局、钢铁公司联合进行国际招标。绿维创景通过两轮竞标，从6家单位中脱颖而出，获国际竞标第一名。

二、核心思路

绿维创景认为，本规划不是一个简单的旅游规划，更不是一个简单的工业遗址旅游规划，而是从旅游产业角度对现代服务业及城市建设与城市经营进行整合的产业发展规划。传统旅游业的打造手法根本无法解决上述问题。针对本项目，我们提出"泛旅游产业"、"都市休闲聚落"、"后现代主义"三个概念，并将其作为解决本钢铁遗址旅游发展规划核心问题的"三把钥匙"，形成泛旅游产业范畴下的旅游总体规划方案。产业发展上，依托工业遗址上的特有建筑物，利用旅游产业的引擎带动性，关联相关产业，从而为本钢铁工业改造区提供新的产业动力，填补工业停产搬迁后的"产业真空"。

总体上形成"一道一带六组团四区"的

泛旅游产业总体布局，以"购物休闲、工业观光、游乐体验、文化休闲"为主导产品，以"某钢工业遗址公园——国际后现代休闲产业

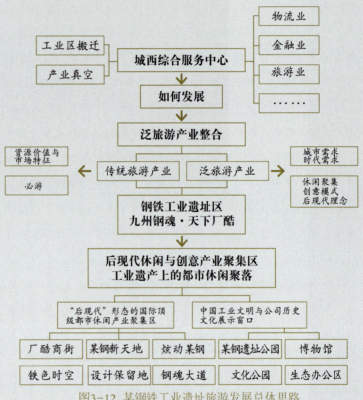

图3-12 某钢铁工业遗址旅游发展总体思路

图3-13 某钢铁工业遗址打造目标

聚集区"为品牌定位，以工业遗产的后现代改造为特色，将本项目建设成为世界工业遗产旅游开发典范，国际顶级休闲产业聚集区，特色化、创新化、艺术化、体验性的国际知名特色休闲旅游目的地。

按照规划方案，本工业遗址旅游开发将提供约2.5万个就业岗位，实现每年80～120亿元的产值，成为解决工业遗产保护保留与土地高商业开发价值之间矛盾和6.47万工人就业两大核心问题的重要途径和手段。

案例 2　以泛旅游产业带动普洱市域综合发展

我国的旅游开发，已经与区域发展和城镇化进程全面结合，并在产业上趋于融合，形成了旅游产业导向下基于泛旅游产业整合的区域经济与城镇化综合开发模式，即旅游引导的区域综合开发模式。普洱旅游总体规划，是绿维创景在泛旅游经济发展战略的指导下，以区域联动、产业互动为指导原则，为普洱在新的形势和机遇下寻找的新发展思路，也是城镇旅游与景区旅游同步发展模式的典范。

普洱市处于云南省的西南边陲，生态气候环境优越，在产业发展上，农业比重过高，第二产业发展滞后，第三产业发展具有相对优势。对于国民经济整体水平滞后的普洱来讲，在这种产业结构下，优先发展第三产业具有现实意义。基于此，绿维创景提出了泛旅游经济的发展战略，以自然生态和普洱茶文化为基底，以泛旅游产业整合为持续发展原动力，构建以旅游为引擎联动相关产业发展的机制，以此带动以第三产业为核心的后工业化社会经济发展。规划路径如下：

一、调整旅游资源评价体系

泛旅游产业体系中的资源突破了以观光价值为核心的单体资源，拓展到旅游产业链上的相关要素。基于此，本规划在《旅游资源分类、调查与评价》（GB/T18972-2003）基础上进行了创新，提出以资源组群为单位，在资源单体观光游憩价值之上考虑其在空间及产业关联上的组合度，同时结合资源可进入性等要素，对其开发潜力进行综合评价。

二、确立旅游综合价值目标体系

泛旅游经济发展目标强调旅游经济对国民经济增长的多重带动作用及对区域发展的综合

推动作用。在本次规划中，提出泛旅游经济发展的经济目标、产业带动目标、社会就业率目标以及城市进程的促进目标，以此综合价值目标体系考量泛旅游经济发展的作用。

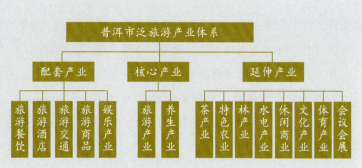

图3-14 普洱市泛旅游产业体系构成图

三、构建泛旅游产业体系

在普洱市旅游目的地构建中，绿维创景提出以旅游产业和养生产业为核心产业，以交通业、餐饮业、酒店业、娱乐产业、休闲商业及旅游地产为配套产业，以农业、茶产业、林产业、水电等传统产业及体育、会议会展、休闲商业等多个产业为延伸产业的产业体系。围绕旅游产业和养生产业进行配套设施建设，同时提出了旅游业与延伸产业之间互动发展模式及其旅游产品形式。

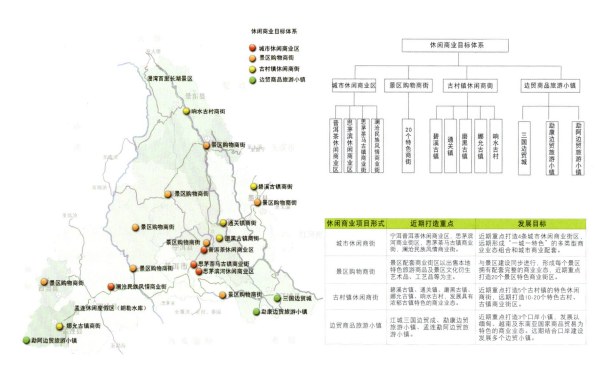

图3-15 普洱市休闲商业目标体系及重点项目图

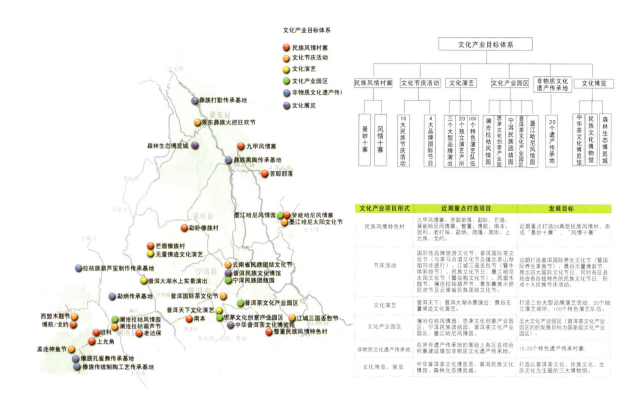

文化产业项目形式	近期重点打造项目	发展目标
民族风情特色村	九甲风情寨、苦聪部落、勐卧、芒翁、葵能哈尼风情寨、整董、博航、南本、班利、老打保、勐炳、爬曬、爬街、上允角、戈约。	近期重点打造20典型民族风情村，形成"曼妙十寨"，"风情十寨"。
节庆活动	国际性品牌旅游文化节：普洱国际茶文化节（与茶马古道文化节及镇沅茶祖节同步进行）、江城三国丢包节（暨牛体彩绘节）、民族文化节日：墨江哈尼太阳文化节（暨双胞文化节）、西盟木鼓节、澜沧拉祜葫芦节、景东彝族火把狂欢节及云南省民族团结文化节。	远期打造普洱国际养生文化节（暨国际美食节）、景谷无量佛诞节，结合各自独特色的民族文化节日，形成十大民族节庆活动。
文化演艺	普洱大湖水上实景演出；景谷无量佛迹文化演艺。	打造三台大型品牌演艺活动，20个独立演艺场所，100个特色演艺队伍。
文化产业园区	澜沧拉祜风情园、思茅文化创意产业园区、宁洱民族团结园、普洱茶文化产业园区、墨江哈尼风情园。	五大文化产业园区（普洱茶文化产业园区）的发展目标为国家级文化产业园区。
非物质文化遗产传承地	在原有遗产传承地的基础上各区县社合村寨建设增加非物质文化遗产传承地。	15-20个遗产传承村寨。
文化博览、展览	中华普洱茶文化博览苑、普洱民族文化博物馆、森林生态博览城。	打造以普洱茶文化、民族文化、生态文化为主题的三大博物馆。

图3-16　普洱市文化产业目标体系及重点项目图

四、构建旅游产品目标体系

普洱泛旅游产业体系的全面运作，需要实施政府主导与市场导向相结合的模式，引导传统农业向休闲农业发展，鼓励林业向森林休闲度假、商品贸易、立体林业经济发展，促进水电产业与湖泊休闲旅游融合发展，推动传统优势产业向泛旅游产业转型发展。由此，我们在优势产业与旅游产业互动发展的基础上，构建了普洱市旅游产品体系，并形成了基于多种产业的多层次产品目标体系（图3-15和图3-16）。

五、构建旅游产业空间体系

普洱市即将步入城市化快速增长的阶段，以旅游产业为主的服务业将带动多种产业向城市聚集，推动城市发展。泛旅游开发与城镇建设一体化，将实现旅游功能与城市功能的同步优化，推进城市各项经济、社会、文化活动和城市旅游服务配套发展。我们根据普洱市旅游资源及相关产业的发展基础，构建以中心城、旅游综合体、功能镇、特色村为基础的旅游地域系统发展格局。

六、创新泛旅游产业战略下的管理体制

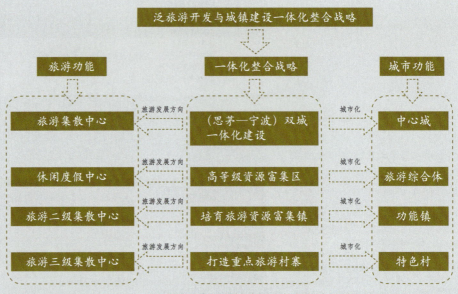

图3-17 泛旅游开发与城镇建设一体化整合战略

泛旅游产业涉及国民经济发展中的多种产业，未来的区域旅游规划将与区域发展战略及国民经济各产业之间结合得更加紧密，因此，应正确处理旅游业和相关产业的关系，促进文化、林业、农业、交通、水务、宗教等部门的旅游资源跨区域、跨部门整合，使各有关部门都围绕旅游发挥应有的作用，形成有力的泛旅游发展支持系统。

旅游概念，非常符合普洱市的实际情况。

绿维创景林峰院长在评审会后总结道："在我们编制本规划两年的过程中，普洱旅游发展神速，每年增长率达50%以上。可以说，我们是一边编制规划，一边参与普洱旅游实践。今天形成的规划成果，是我院、普洱市各级领导及旅游界同仁们、投资商们共同创造的成果，为普洱市的城市发展提供了最直接的支持。"

七、后期效果

2013年1月23日的评审会上，《普洱市旅游发展规划（修编）》得到了与会专家的认可。云南省旅游局朱飞云书记指出，绿维创景的规划修编，找到了普洱旅游破题的根源，尤其是提出的依托气候舒适度的度假休闲养生基地定位及泛

图3-18 《普洱市旅游发展规划（修编）》评审会现场

案例 3　旅游产业集群化模式研究
——云南昆玉旅游文化产业经济带总体规划探索

昆玉旅游文化产业经济带总体规划的实质，就是旅游引导的区域综合开发，是以旅游引导的产业集群化与新型城镇化模式为指导的一次创新型系统工程规划。该规划以旅游产业的发展为基础，全面引导区域产业结构调整、集群化发展及城镇化建设，对该区域新的经济增长点培育、产业结构调整、产业集群化发展、城市群建设、生态环境改善、城乡统筹发展等，具有重大的推动作用，并将加速云南省旅游产业跨越式发展，开创建设旅游经济强省的新局面。

一、旅游产业集群化理论

旅游具有引擎效应。旅游产业的实质，是以"游客搬运"为前提，产生游客在异地（非生活区域）进行终端消费的经济效果。这一搬运，把"市场"搬运到了目的地，搬运到了景区，搬运到了休闲度假区，搬运到了郊区，搬运到了乡村。游客在目的地不仅要进行旅游消费，还涉及饮食、娱乐、交通、购物，甚至养生、会议等消费，通过游客的消费，目的地的消费经济及相关产业链发展就被带动起来了，从而形成了以旅游产业为主导，其他产业融合发展的泛旅游产业结构。

本次规划，在总结中国改革开放30多年来

旅游引导区域综合开发的经验基础上，提出了旅游引导的产业集群化与泛旅游产业业态发展的模式，并以此指导昆玉旅游文化产业经济带的发展架构。

二、昆玉旅游产业集群化发展思路

旅游产业的集群化发展，形成了区域产业的整体结构升级与整合发展，是促进产业结构快速转型升级的理想途径。本项目针对昆玉的实际情况，以旅游产业带动效应为动力机制，通过泛旅游产业整合，形成泛旅游产业的融合化、聚集化、集群化发展。

依托旅游带动，实现泛旅游产业整合发展

※ 依托旅游带动，形成旅游与运动体育、医疗卫生、养生养老、文化艺术、创意产业、教育培训、会议会展、农林牧副渔、加工工业、高科技产业、建筑建材等产业之间深度融合，实现泛旅游产业整合发展

以休闲聚集为核心，形成聚集化发展结构

※ 以休闲聚集为核心，通过城市休闲聚落、商务休闲聚集中心、夜间休闲聚集区、休闲小镇聚集中心等模式的建设，打造以休闲吸引核为依托，以休闲消费聚集为主体的产业聚集化发展结构

以泛旅游产业中优势业态为基础，打造优势产业的集群结构

※ 以泛旅游产业中优势业态为基础，特别是依托昆明特色资源优势，形成支持优势产业集群化发展的条件，在十年内建设高尔夫度假、冬季候鸟度假、休闲会议培训、养生度假、养老度假等十大产业集群

图3-19 昆玉旅游产业集群化思路

三、昆玉旅游产业集群化模式

在本项目中，产业集群化发展分为四类模式：环湖泛旅游产业集群化、城市泛休闲产业集群化、带状产业集群化、专业业态产业集群化，这四类模式互为支撑、联动发展，整体推动昆玉地区泛旅游产业集群化的健康持续发展。

（一）环湖产业集群

五大湖泊是昆玉地区旅游发展的重要资源，以旅游业为核心的产业围绕湖泊聚集，成为产业集群化发展的重要趋势。考虑到湖泊资源的生态脆弱性，环湖产业集群发展要突出资源优势，体现生态理念，注重环境保护，实现产业集群的健康发展（图3-20）。

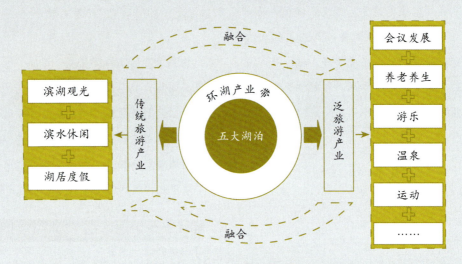

图3-20 昆玉环湖产业集群结构

（二）城市产业集群

昆玉旅游文化产业经济带中的"两心·十二城"，是昆玉旅游产业发展的重要支点。围绕城市，以旅游产业为核心，带动其他产业联动发展，

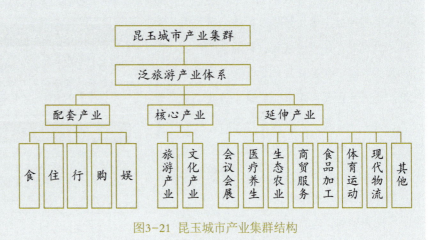

图3-21 昆玉城市产业集群结构

形成泛旅游产业在城市、小城镇范围内的聚集，推动城市、城镇地区的旅游发展和经济发展。

城市产业集群以城市、城镇及周边区域为范围，以旅游产业和文化产业为核心，大力发展"食、住、行、游、购、娱"旅游配套产业，为核心旅游产业及文化产业的发展奠定良好的基础。与此同时，充分利用城市资源及区位优势，发展延伸产业，如会议会展、医疗养生、生态农业、商贸服务、现代物流、体育运动等，构建泛旅游产业融合发展，推动城市经济提升（图3-21）。

（三）带状产业集群

带状产业集群主要指依托高速公路、城市快轨等形成的交通导向型产业发展形式。在昆玉旅游文化产业经济带同城化、一体化的推动下，城市之间、城镇之间、城镇与景区之间逐步形成以高速公路、城市快轨、快速通道等为主体的便捷交通网络。交通条件的改善有利于带动沿线及重要节点周边的产业聚集和发展，形成带状产业集群。

（四）专项产业集群——昆玉十大旅游产业集群

以泛旅游产业中的优势业态为基础，打造优势产业的集群化结构，特别是依托春城气候，充分利用高原湖泊美景，通过引导产业和

业态发展，形成支持优势产业集群化发展的条件，在十年内建设高尔夫度假、冬季候鸟度假、休闲会议培训、养生度假、养老度假、民俗文化、休闲创意文化、高原郊野运动休闲、温泉休闲度假、生态（及农业）旅游十大产业集群（图3-22）。

图3-22　昆玉十大旅游产业集群

以下将以"养生产业集群"为例，详细阐述其架构体系及布局结构。

昆玉具有绝佳的养生度假环境——气候、旅游资源、宜居环境，是国内打造养生产业集群化发展的最佳区域。

依托资源优势，以昆玉地区独具特色的养生环境为核心吸引力，配合旅游休闲、度假项目，将养生度假、养生休闲、养生旅游打造成为养生产业集群的主体。同时，配套建设养生产品加工、制作、销售企业，并培养专业化的养生人才，作为昆玉养生产业集群发展的支撑体系（图3-23）。

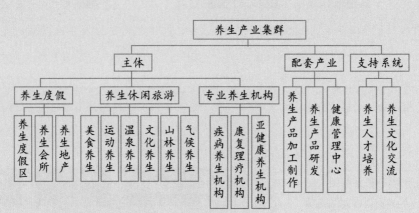

图3-23 养生产业集群架构

针对昆玉旅游文化产业经济带的具体情况，形成"养生中心城市+养生特色城镇+养生产业聚集区+养生基地+养生产业园+养生度假区"的养生产业布局结构：

养生中心城市：依托昆明的经济发展、交通优势和配套优势，打造养生产业聚集的中心城市。

养生特色城镇：以十二城为核心，依托资源、产业、环境、文化特色，打造养生特色镇、养生特色村、养生综合体等。

养生产业聚集区：依托昆玉地区发展现状，建设四大养生产业聚集区，分别是北部山林养生产业聚集区、南部民族养生产业聚集区、城市养生产业聚集区、滨湖养生产业聚集区。

十大养生基地：其中包括高原运动养生基地、温泉疗养基地、民俗文化养生基地、森林氧吧养生基地、滨湖度假养生基地、云南美食养生基地、生态田园养生基地、佛踪禅境养生基地、亚健康调养基地、康复疗养基地、高科技养生基地。

四大产业园区：建设生物高科技医药产业园区、中医药产业园区、养生设备制造园区、养生产品贸易园区。

养生度假区：以养生为主题，在昆玉旅游文化产业经济带范围内建设10个以上养生度假区。

第三节
泛旅游产业业态研究

一、旅游业态内涵阐释

"业态"(Type of Operation)一词约出现于20世纪60年代的日本，是指针对特定消费者的特定需求，按照一定的战略目标，有选择地运用商品经营结构、店铺位置、店铺规模、店铺形态、价格策略、销售方式、销售服务等经营手段，提供销售和服务的类型化服务形态。简言之，业态指企业为满足不同的消费需求进行相应的要素组合而形成的不同经营形态。

当"业态"和"旅游"结合在一起，便出现"旅游业态"这一新名词，用以描述复杂的旅游行业发展态势。目前，旅游界对旅游业态尚未形成统一的定义。从业态的原始定义出发，与零售领域"如何销售"相比较，绿维创景认为，旅游业态应该对应旅游业如何经营的问题，指的是旅游组织为适应市场的发展趋势以及旅游者的多元化消费需求，进行要素组合而形成的经营形式。

目前，高速发展的旅游产业由于具有高关联性和强带动性，初步形成了旅游产业导向下的、由旅游产业和与旅游活动相关的上下游产业或横向相关产业组成的产业体系与产业群体的聚集与集成，即泛旅游产业集群。在泛旅游产业体系发展过程中，旅游业与其他产业形成了融合发展局面，这为旅游业态的创新提供了有利条件。

旅游业态创新包括横向联合和纵向深化两方面。横向联合指旅游业态所涉及的业种的增加，纵向深化指旅游组织商业模式及经营形式的推陈出新和自我调适。在泛旅游产业集群的框架下，一定时空范围内新业态的产生和新旧业态的集中，形成了旅游业态的聚合及聚集。

二、旅游业态分类

（一）从旅游要素角度分类

旅游六要素，即"食住行游购娱"，是人们在旅游活动中的基本需求。需求决定业态发展的方向，是推动产业细分和业态创新的根本动力。这些旅游消费活动的实现，涉及诸如传统旅游业、餐饮业、酒店业、零售业、交通业、文化娱乐业、体育运动业、房地产业等众多产业，推动了多样化旅游业态的产生。从旅

表3-2 从旅游要素角度的业态分类

类别	分类	业态
食	大众餐饮	大众酒店、快餐店、大排档、小吃店
	休闲餐饮	茶室、咖啡店、酒吧、奶茶铺、农家风味餐厅、休闲美食餐厅
	高端餐饮	高端酒店、星级饭店、私密酒庄、会所餐厅
住	大众住宿	大众旅馆、快捷酒店、青年旅馆、农家乐
	高端住宿	度假村、度假别墅、度假公寓、野奢酒店、高星级宾馆、精品酒店
	其他	郊野木屋、汽车营地
行	运输型	航空业、出租车、汽车租赁、轮船、火车、旅游巴士、房车
	娱乐型	景区巴士、邮轮、游艇、游船、马车、景区自行车、索道
	辅助行业	高速公路、加油站、维修站、公路救护、交通信息媒介、公路休息站
游	景区景点	名胜古迹、景区、景点、名人故居、文化遗产
	城市休闲游乐	主题公园、城市公园、特色建筑及广场、影视城、创意园区、艺术馆、博物馆、特色步行街、特色风情社区、商业休闲综合体、其他
	乡村休闲游乐	旅游村寨、田野风貌区、生态农庄、酒庄、生态果园、农业文化博物馆、农业观光园、农业采摘园、休闲河渠水库、养殖场
购	综合型	休闲步行街、风情老街、购物广场、创意市集、大型奥特莱斯
	单一型	旅游纪念品商店、各类超市、特色商铺、便利商店、免税折扣商店
娱	景区休闲	各类景区娱乐休闲配套
	都市娱乐	影院、KTV、酒吧、舞厅、游乐场、剧院、音乐厅、游艺厅、温泉洗浴、桌游俱乐部、棋牌室
	乡村娱乐	传统节庆组织、乡村演出社团

游要素角度来看，旅游业态可相应地分为食、住、行、游、购、娱六大类（表3-2）。

（二）从旅游产品性质角度分类

旅游产品按产品性质可分为观光、休闲、游乐、度假四大类，每一大类都包含多种业态类别。基于产品功能的业态创新是旅游产业从单一观光向观光休闲度假综合转型的主要推动力，也是旅游细分市场日益成熟的结果。从现状来看，观光类业态是基础业态，休闲、游乐和度假类业态的不断创新，推动着旅游主导下的泛旅游产业集群的发展（表3-3）。

表3-3 从旅游产品性质角度分类

类别	分类	业态
观光类	风景名胜	观光景区、景点、文化遗产、古城
	都市风貌观光	特色建筑及街区、城市广场、城市公园、艺术馆、博物馆、创意园区、故居、学校
	乡村风貌观光	古村寨、田野风貌区、旅游小镇
	组织与配套行业	旅行社、导游中心、门票预订网站、旅游信息媒介及媒体、交通等配套
休闲类	休闲商业	零售购物、特色餐厅、咖啡茶饮、美容养生
	休闲设施	文化娱乐设施、室内乐园、休闲广场、运动健身场所
	休闲聚集	商业步行街、百货大楼、购物中心、休闲综合体、休闲会所、旅游小镇
游乐类	游乐园	主题公园、影视城、儿童游乐园
	游乐区	景区游乐区、度假村游乐区、公园游乐区、广场游乐区、室内综合游乐
	游乐活动	旅游节、主题文化节、庙会、游园会、嘉年华会组织机构
度假类	度假地产	分时度假酒店、产权式度假酒店、大众化度假村、精品度假酒店、郊野木屋、汽车营地、度假别墅、度假公寓、农家乐
	酒店配套	配套设施、配套用品、酒店物业、酒店管理培训、酒店餐饮
	其他	房车、私人定制服务、度假地交通配套

（三）从泛旅游导向下的业态创新角度分类

泛旅游产业集群由旅游核心产业、旅游相关产业及旅游支持产业共同构成，旅游产业自身发展与其他产业的融合延伸，推动了旅游业态的创新（图3-24）。

从泛旅游导向下的业态创新角度来看，旅

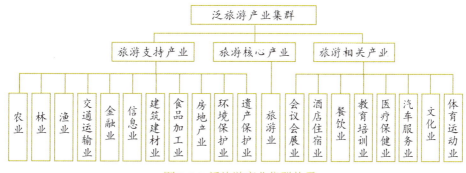

图3-24 泛旅游产业集群体系

游业与相关产业及支持产业融合，可形成如下旅游新业态。

表3-4 从泛旅游导向下的业态创新角度分类

<table>
<tr><th colspan="3">与旅游相关产业相结合</th></tr>
<tr><th>类别</th><th>分类</th><th>业 态</th></tr>
<tr><td rowspan="4">文化娱乐旅游</td><td>文化观光</td><td>古城、古村寨、特色建筑及街区、博物馆、历史纪念馆、名人故居、艺术馆、知名院校、艺术园区、宗教建筑群、红色遗址、手工作坊、文化主题公园</td></tr>
<tr><td>文化休闲</td><td>特色餐饮、创意文化产品购物、文化民俗体验</td></tr>
<tr><td>文化娱乐</td><td>音乐舞蹈演剧观赏、赛事观看、主题节庆、各类游戏活动、主题游乐园</td></tr>
<tr><td>其 他</td><td>旅游出版业、工艺品设计制造业、文化设备制造业、文化传播业、网络及多媒体</td></tr>
<tr><td rowspan="2">遗产旅游</td><td>遗产观光</td><td>自然遗产、文化遗产（文物博物馆、建筑、遗址）、文化与自然混合遗产、文化景观、线性遗产标志物、非物质文化遗产博物馆</td></tr>
<tr><td>遗产休闲</td><td>非物质文化遗产（口头传统、社会实践、节庆、仪式）表演、遗产相关旅游纪念品销售</td></tr>
<tr><td rowspan="3">医疗养生旅游</td><td>体检医疗</td><td>体检中心、医疗中心、康复疗养院、美容整形院</td></tr>
<tr><td>养生休闲</td><td>温泉景区、温泉酒店、水疗中心、足疗馆、SPA会所、森林氧吧、瑜伽会所</td></tr>
<tr><td>疗养地产</td><td>疗养别墅、疗养公寓、养生度假村、老年公寓</td></tr>
<tr><td rowspan="2">教育培训旅游</td><td>教学观光</td><td>旅游博物馆、动物园、展览馆、科技馆、文化科教基地、爱国教育观光基地、水文植被地质景观、能源水利工程、航天航空园区、博览会、4D影院、红色旅游景区景点、名人故居</td></tr>
<tr><td>特种培训</td><td>旅游野外拓展营地、青少年军训营地、特种技能（语言、体育、艺术、科学）培训基地</td></tr>
<tr><td rowspan="2">运动康体旅游</td><td>专业赛事</td><td>赛车、足球、篮球、网球、桌球、游泳、田径、马术、冰上运动等专业比赛，国际运动会</td></tr>
<tr><td>休闲运动</td><td>高尔夫、马术、网球、滑雪、滑冰、篮球、足球、保龄球、桌球、游泳、田径、羽毛球、乒乓球、骑行、漂流、登山、划船、棋牌、健身房</td></tr>
</table>

与旅游相关产业相结合

类别	分类	业　态
运动集体旅游	特种体育	旅游登雪山、探险（溶洞、原始森林）、狩猎、远洋垂钓、拉力赛、滑翔、潜水、攀岩、蹦极、冬泳等极限运动
	装备设施	各类运动场、运动服装及装备、训练设施
会议会展旅游	会议行业	各级会议中心、配套设备及服务业
	会展行业	各级会展中心、会展组织、会展设计
	节庆行业	节庆组织、庆典空间运营商、庆典服务商
旅游商贸服务	旅游商贸	工艺品纪念品、地方特产、旅游装备等产品制造及销售
	旅行组织	旅行社、导游服务公司、旅游俱乐部、旅游集散中心、私人定制旅游顾问、国际及地方旅游协会、公益旅游组织
	电子商务	机票火车票预订、酒店预订、门票预订、团购
	咨询行业	市场调研、旅游产品营销、数据库、旅游策划规划、旅游研究机构
	旅游金融	旅游金融旅行支票、旅行信用卡、旅游投融资、旅游保险、旅游衍生金融产品
	服务培训	导游等旅游从业人员培训机构、酒店管理培训机构、旅游教研机构

与旅游支持产业相结合

类　别	分类	业　态
旅游地产业	景区地产	旅游景区观光、娱乐、休闲、商业地产及物业
	商务地产	各类旅游星级酒店、经济酒店、大型会议酒店
	度假地产	假区别墅、度假区公寓、酒店式公寓、度假村、主题酒店、产权式酒店、养老酒店、分时度假酒店、国际休闲度假中心
	住宅地产	旅游区住宅、旅游区养生养老地产
	旅游地产服务	地产营销机构、酒店管理集团、物业管理机构、融资担保机构、地产策划咨询机构
旅游建筑建材业	建筑材料	建筑材料、非金属矿及其制品、各种新型非金属材料
	装潢家居	厨房家具、灯具电器、壁纸地毯、油漆涂料、保温防火材料
	林木绿化	景区绿化、别墅绿化、其他景观
	建筑设计	建筑设计、施工单位
农业旅游	农业观光	观光农场、高新科技农业园、农业文化博物馆、田园风貌景区、酒庄磨坊等农业生产作坊、历史文化村落、新农村、示范点农业水利景观、田野人造景观

与旅游支持产业相结合

类别	分类	业态
	农业休闲	蔬果采摘园、农业生产作坊体验、休闲餐饮、乡村民俗文化体验、乡村休闲、农特产品购物、手工艺品制作
	乡村度假	农家乐、乡村度假村、度假农庄、主题精品酒店
畜牧业旅游	畜牧业观光	观光养殖场、草原牧场、游牧文化博物馆
	畜牧业休闲	养殖生产体验、游牧民俗体验、休闲餐饮、特产购物
	牧场度假	主题酒店、度假牧场
林业旅游	观光林业	森林、湿地、沙地及其他森林类型景区、公园,包括山岳型、峡谷型、森林型、沙(荒)漠型、湿地型风景名胜区,以森林景观为主的世界自然遗产地、非自然保护区和风景名胜区的森林、湿地和荒(沙)漠公园、观光果园与花圃
	休闲养生	采摘林、休闲氧吧、森林温泉、森林特产购物、森林民俗体验、狩猎场、森林滑雪场、溪河漂流、森林迷宫、森林游乐园、拓展营地、森林小火车、休闲餐饮
	森林度假	森林酒店、树屋酒店、木屋别墅、汽车营地、度假村
旅游食品加工业	旅游食品加工	农副食品加工、海河食品加工、山林食品加工、其他特产
	旅游食品包装	包装设计、特色礼品包装生产制造
旅游信息业	旅游电子商务	机票火车票预订网、酒店预订网、门票折扣网、团购网、行程订购网
	旅游信息资讯	门户网站、专业旅游资讯网、旅游主题社区
	互联网服务	网站设计、多媒体设计、数据库、网络支付
旅游汽车业	汽车制造业	旅游巴士、越野车、房车、景区电瓶车、其他汽车
	汽车租售业	汽车租赁、汽车销售
	交通服务业	高速公路、公路休息站、汽车加油站、汽车维修站、汽车保险业、交通导航信息服务
	汽车营地	房车营地、自驾车营地、汽车旅馆、汽车电影院
工业旅游	工业观光	厂区车间或园区观光、企业文化中心观光、工业历史博物馆观光、工业遗址观光、创意园区观光、实验室参观
	工业休闲	休闲购物、体验型手工作坊、休闲餐饮、品牌研发中心
	会展培训	工业会展、博览会、会议、论坛、培训、技术交流

三、旅游业态规划

（一）旅游业态规划

旅游业态规划即根据旅游地的泛旅游产业集群结构，运用泛旅游产业整合手法，创新旅游业态，形成旅游产品，最终构建一个或多个业态聚集形式和载体。

旅游业态规划分为三个步骤：第一，对旅游业态发展基础进行梳理，主要包括旅游产业发展背景分析、旅游资源分析和已有（基本）业态的评价分析。第二，根据已确立的泛旅游产业体系，结合外部条件和未来发展趋势，对新兴业态的培育进行规划，即在传统业态基础上，通过鼓励、整合、提炼、延伸等手段，培育新兴业态，丰富和完善旅游业态类型。第三，以适用的旅游业态体系引导旅游产品策划与落地，最终形成集多重功能于一体的业态聚集形式，如旅游城市、旅游城镇、休闲小镇、旅游综合体、旅游产业园区、大型景区、综合主题街区、大型休闲广场等。

（二）旅游业态规划意义

旅游业态聚集是泛旅游产业时代的必然发展趋势，对旅游业态进行规划具有前瞻性现实意义。第一，旅游业态聚集是推动旅游产业集群化发展的重要前提与特征，旅游业态的规划是对旅游地进行旅游产业发展规划的必要环节。第二，旅游业态的规划在泛旅游产业规划与旅游产品策划之间起承上启下的作用，使产业发展更有保障，产品布局更加合理。

四、旅游业态规划模式探索

（一）要素聚集模式

从"食、住、行、游、购、娱"旅游六要素角度出发，对现有的业态体系结构进行分析，通过对已有业态的补充和提升，使旅游地的游憩结构得以完善，使旅游业态合理聚集、整合发展。

美国迪士尼乐园是世界上最著名的主题乐园。一进入园内，以迪士尼动漫文化为特色主题的体验项目琳琅满目，使人应接不暇。其业态有主题餐饮、度假酒店、主题游乐景区、纪念品商店和演出表演等，包括了"食、住、行、游、购、娱"六个方面。迪士尼乐园完善的要素配置和业态布局是其一站式服务的关键，给予游客全面的体验和完整的欢乐回忆，成为全球主题公园开发经营的典范。

（二）空间复合模式

在一定地域空间内培育泛旅游产业体系中的相关业态，并使其与旅游业态合作共生，形成多功能复合的空间，满足消费者的旅游、休闲、度假和其他需求，形成集群化发展。

位于上海松江新城核心区域的泰晤士小镇，是一个由纯粹的住宅地产发展成为的具有旅游度假功能的休闲小镇。社区内聚集了婚纱摄影、星级酒店、高档餐饮、度假别墅、豪华游艇、展览展示等多种业态。通过地产的旅游业态组合培育，形成旅游地产的新业态聚集模式，是综合型休闲地产成功开发的关键。

（三）市场组合模式

针对不同的目标市场，推出相应的业态组合，且这些业态之间有一定的产业关联度。既能满足不同市场的需求，又能达到以业态聚集为基础的产业集群化发展。

丽江古城是古城旅游开发的先驱与典范，目前已达到每年近1000万人次的游客量，旅游休闲产业产值惊人，被称为最有活力的古城。这与丽江的旅游业态数量多、形态多以及集中发展有着直接的关系。古城内不同风格与市场定位的各类酒店客栈、酒吧、咖啡馆、茶馆、创意零售店铺应有尽有，租车业、大众旅行社、户外运动俱乐部、旅游地产等旅游业态将大众与高端市场一网打尽。

（四）产业融合模式

产业融合模式基于旅游业与其他产业融合的业态创新，以及随之而来的新旧业态创新聚集，体现于一定地域内不同产业间的相互渗透、集团内部资源整合、泛旅游产业内的不同业态集中布局和共同发展。

旅游影视基地是影视基地在原有影视业务基础上，开拓旅游市场，提供旅游供给，实现同一时间、同一地域空间内，两种产业复合经营、多种业态聚集发展的模式。横店影视城同时有影视服务和旅游服务两大业务，两者都以影视文化为基础，但具有不同的业态组合和产业链。与影视经营业务相关的业态有拍摄场地租赁、拍摄服务、服装道具服务、群众演员公司、影视后期制作和影视投资服务等；与旅游经营业务相关的业态有旅游景区、餐饮、住宿、旅游演艺、影视基地交通、旅游纪念品销售、店铺租赁等。绿维创景规划设计的大秦帝国影视城，亦形成了旅游产业与文化创意产业的融合发展。

第四章

旅游引导的新型城镇化模式研究

◎ 产业发展是城市建设的基础，也是城市人口聚集的前提，选择未来型持续成长产业，是新型城镇发展的前提和基础。因此，城市发展中的产业选择，成为至关重要的环节。现阶段，产业发展与城市建设的一体化发展（产城一体化），已经成为中国特色城镇化建设中一种广泛认可的模式。

◎ 旅游如何引导城镇化的形成？泛旅游产业发展是基础，构成了人口及要素集聚的前提；消费聚集，是旅游促推城镇化的直接方式；泛旅游的产业集群化发展，形成了以"吸引力景区+休闲聚集区+综合居住区+公共服务设施配套"为发展形式的非建制城镇结构。

◎ 从城市发展的总体架构看，大中型城市的旅游化发展，在旧城改造、新城建设、城乡统筹、产城一体化发展基础上，形成了城市休闲中心、城市休闲街区、休闲卫星城、环城游憩带等一个系统发展结构。旧城改造成休闲区，新城建设成休闲区，城市从摊大饼，转化成为绿色覆盖、休闲组团发展的花园城市。

◎ 旅游综合体以泛旅游产业的整合为根本支撑、以休闲化消费的聚集为核心动力、以设施和配套的配置为重要基础、以服务和管理的创新为基本保障，已经成为广大适宜区域实施"就地城镇化"的主流模式之一。

◎ 旅游对于新型农村社区建设，具有特别好的产业推进价值，主要是使农民找到产业转化依托的同时，可以把生活资源转化为生产资源，就地发展产业，形成居住。

第一节
城镇化与新型城镇化研究

一、城镇化的内容及要求

城镇化是一个综合的概念：既包括城乡人口变动，也包括人口质量的提高；既包括人口在城乡比例上的变动，也包括由此带来的国民经济结构的变化；既包括劳动力向城镇聚集的过程，也包括资金等生产要素向城镇流动的内容；既包括乡村的城镇化，也包括城镇自身的发展。

（一）城镇化的基本内容

1. 产业发展是城镇化的第一基础

产业发展，实现了人口的生产模式与收益基础的变化，为农民离开土地后按照城镇方式生活提供了基础，因此产业的集群效应一直以来被认为是城镇化的背景与推动力。中国城镇化初期结合国情，选择了工业，随着市场经济的发展，工业发展对城镇化的边际效应逐渐减弱，第三产业成为城镇化新的推动力。

2. 人口聚集是城镇化的第二基础

城镇化的主体是"人"，人的规模化聚集是基础。在我国现行城市等级体系划分中，每

一级别都有关于非农业人口数或比例的规定。例如，过去一直以5万人口的城镇居民，作为比较合理的小城镇集约化标准，但绿维创景的研究表明，在未来发展中，就地城镇化和旅游城镇化的评价标准可能会有较大不同。

3. 基础设施建设是城镇化的建设基础

居民居住的舒适性和便利性是城镇化的重要标志。基础设施不够完善，不仅不能满足群众生活和产业发展需要，而且会影响农民进镇建镇、集聚产业的进程。因此，全面提升交通、通信、供电、供热、供气、给排水、污水垃圾处理等基础设施水平，是城镇化的建设核心。

4. 住宅建设是居住的前提

城镇化进程中，随着从事农业的农村人口向非农产业城镇人口转变，必然需要增加具有人畜分离、自来水、电、天然气、供暖等条件的城镇化住宅。新型农村社区建设中，农民住宅或住房现代化已经成为我国城镇化的一个重要组成部分。关心、研究农民住房问题是化解目前城乡住房二元结构矛盾的重要内容，直接关系到城乡一体化统筹发展。

5. 公共服务配套是城镇的核心

公共服务配套包括学校、医院、银行、商场等生活服务设施，以及公安、工商、市政等政府公共管理服务机构。这是城镇化最大的社会公共成本与社会发展基础。没有公共服务，就不能称其为城镇。

（二）城镇化的质量要求

在快速的数量提升之后，城镇化质量问题越来越突出。实际上，高质量的城镇品质与城镇化过程，本来就是城镇化的应有之义。这就要求：

在空间利用上，走集约化城镇之路，形成高效合理的土地利用。重视城市群的发展，在一个更大的空间范围里实现资源优化。

在城市建设上，建设园林城市，打造宜居城市。营造绿色和谐人居环境，建设设施完善、环境优美、具有地方特色的幸福城市和宜居社区。

在城市环境上，建设生态型城市，走节能低碳之路。把低碳目标与生态城建设相结合，建立以低能耗、低污染、低排放和高效能、高效率、高效益为基础的城市发展模式，建设资源节约、环境友好、适宜居住、运行安全、经济健康发展和民生持续改善的生态城市。

在城市配套上，打造休闲宜游城市。保护生态环境，保障城市安全，完善基础设施和服务设施，同时配备相应的休闲公园、主题公园等公共休闲空间和休闲游乐设施，打造休闲宜游城市。

（三）城镇化的社会要求

城镇化要求人从"农民"转变为"居民"。享受跟城市居民一样的公共福利、就业机会、教育条件和社会保障等。真正实现外来人员与当地居民的公平对待。

但我国在过去的城镇化进程中，单向追求速度和规模扩张，忽略了很多问题。资源浪费、环境污染、公共设施匮乏、服务配套缺失、"农民"并未真正地转化为"市民"等问题日益凸显。这不仅阻碍了我国城镇化的进一步发展，也促使社会问题面临井喷。

农民与城市居民，本地与异地居民之间的公共资源分配不公平，是最大的社会问题。然后才是服务于社会福利保障系统的资源投入、效率及公平问题，这是中国社会发展的基本问题。由此，我国的城镇化亟须转变方式，走集约、智能、绿色、低碳的新型城镇化道路。

二、城镇化过程中出现的矛盾

近十几年来，伴随社会主义市场经济的快速发展，我国城镇化进程逐步加快、城镇化水平日益提高。我国的城镇化水平以每年1%以上的速度提升，从1978年到2012年，城镇人口从1.72亿增加到7.1亿，城镇化率从17.92%提升到52.57%。

但也要看到，目前中国城镇化率统计是以常住人口计算的。如果按照有城镇户籍的人数，就政府提供的教育、医疗、社会保障等公共服务水平来说，中国的城镇化率要比官方公布的数据低很多，况且上亿在城市工作的农民工，仍处于半市民化状态。

在我国的城镇化进程中仍然存在诸多矛盾：（1）城镇体系发展不协调，大城市人口过度集中，资源环境承载力受到严重考验，小城镇建设遍地开花，相同职能类型的城镇重复建设，广大农村地区建设滞后。（2）城镇化进程对资源消耗过大，对环境生态破坏严重。（3）城镇化速度与产业结构演进不协调，产业与居住配套不合理，各类产业园区、工业园区建设无序，既浪费珍贵的土地资源，又使生态环境恶化，同时园区缺少生活配套，功能布局不合理。（4）城镇化速度太快，新增城市人口的社会保障、教育、医疗、养老等配套需要健全，失地农民的补偿安置问题尚需改进等。

这些矛盾阻碍了我国城镇化进程，妨碍了城镇化的健康发展，有悖于和谐社会以人为本的主旨。因此，我国必须走一条符合国情、具有创新精神的新型城镇化道路。

三、新型城镇化的提出

在此背景下，党的十八大报告提出，要坚持走中国特色的新型城镇化道路。

2012年中央经济工作会议从城镇化质量方面出发，强调：积极稳妥推进城镇化，着力提高城镇化质量，构建科学合理的城市格局。城镇化是扩大内需的最大潜力所在，大中小城市和小城镇、城市群要科学布局，与区域经济发展和产业布局紧密衔接，与资源环境承载能力相适应。要把有序推进农业转移、人口市民化作为重要任务抓实抓好。要把生态文明理念和原则全面融入城镇化全过程，追求集约、智能、绿色、低碳。

通过以上对新型城镇化的解读，绿维创景认为，新型城镇化就是把城镇化的本身过程与解决过去城镇化问题的纠偏方案结合起来，推进更加公平、高质量、高效率的城镇化。需要解决如下问题：

1. 市民化问题

近年来中国的城镇化发展较快，但"市民化"速度相对较慢。被统计为城镇人口的群体中，仍有2.5亿农民工无法享受与城镇居民平等的公共服务待遇。此外，还有7000万城镇间流动人口也面临着公共服务差距。新型城镇化必须解决好"农民"变"市民"的问题。

2. 城乡统筹问题

快速城镇化造成重城市、轻农村、城乡分治的问题，推动农村经济社会科学发展，是统筹城乡发展面临的重大课题。新型城镇化要着力破解城市内部二元结构难题，带动内需扩大和就业增加。

3. 生态文明下的城镇化问题

改革开放以来，以工业化为依托的城镇化出现了环境污染严重、生态系统退化等诸多问题。党的十六大以来，在科学发展观指引下，生态文明建设被摆上重要议事日程。党的十八大报告首次专章论述生态文明，提出必须把生态文明建设放在突出位置。

4．就地城镇化问题

城镇化不是"摊大饼"，而是要积极稳妥地推动大型城市、中型城市、小型城市、新型农村社区等整个城镇体系合理化发展。新型城镇化要发展农业产业、促进农村经济发展、增加农民收入、完善农村基础设施、全面发展农村社会事业。

四、新型城镇建设系统框架

（一）新型城镇化建设目标

新型城镇化就是以科学发展贯穿始终，以人为本，城镇功能上实现产城一体化，资源环境上实现集约化可持续发展，打造新型城镇体系结构，完善社会保障体系，建设和谐社会，最终达到城乡统筹发展与人民生活幸福指数提升。

（二）新型城镇化的产业发展路径

产业发展是城市建设的基础，也是城市人口聚集的前提，选择未来型持续成长产业，是新型城镇发展的前提和基础。因此，城市发展中的产业选择，成为至关重要的环节。现阶段，产业发展与城市建设的一体化发展（产城一体化），成为中国特色城镇化建设中一种广泛认可的模式。

不同于30多年来中国原有城镇化以粗放型为主的产业选择，新型城镇化在产业选择上，应抢占产业先机与制高点，发展新兴战略型产业，把低污染、高就业、高附加值、本地资源优化、产业集群化作为产业选择的五个标准。产业升级转型与产城一体化发展是新型城镇化最重要的开篇。

产业选择要因地制宜，不同的产业类型适应于不同的地域与资源禀赋：高科技产业因其人力资源限制，对于一般中小城市，难以成为突破方向；出口导向型简单加工工业，因其人力成本要求高，发展机会相对偏向于人口密集的河南、四川及交通优势地区；重化工工业，因其污染严重，资源依赖和交通依赖太大，一般区域很难引入项目；旅游休闲度假、养生养老、运动会议培训、物流、大型批零结合市场、本地特色产品加工（山货、土特产、中草药、特色食品、特色饰品等）、投资型产品加工生产（玉、石、金、银、木等）、文化工艺产品加工、特色家居产品加工等，比较容易发展，成为各地推进城镇化的产业选择。

（三）新型城镇体系结构

城镇体系规划，是在一定地域范围内，以区域生产力合理布局和城镇职能分工为依据，确定不同人口规模等级和职能分工的城镇分布和发展规划。城镇体系规划既是城市规划的组成部分，又是区域国土规划的组成部分。

城镇体系规划必须注重城镇的空间组织结构，即城镇体系内各个城镇在空间上的分布、联系及其组合形态。构建合理的城镇体系结构，应该在系统研究整个城镇体系结构的基础上，从整体效益出发，组织体系内各城镇之间、体系与其外部环境之间的各种经济、社会等方面的相互联系。

新型城镇体系结构不仅局限于中心城市、中心镇、建制镇的规模等级划分，以及城镇发展轴及城镇密度等空间结构提升，而且还应在产城一体化的基础上，将城镇作为综合性的区域生产、生活服务中心。既考虑不同城镇在体系中的专业化分工，又强调彼此之间的分工协作，优化其城镇职能。

对于新型城镇化建设，如何有效处理产业带动下的就地城镇化，如何建设产城一体的特色城镇，如何在城镇体系中结合产业项目及产业园区城镇化，如何面对新型农村社区的城镇化，已经成为城镇体系发展的重要问题。绿维创景认为，新型城镇化是有效融合了产城一体化结构、非建制产城项目（比如旅游综合体）、新型农村社区的新型城镇体系。

（四）生态解决方案

从城市造成的能源危机角度来看，全世界80%以上的能源被城市消耗，同样比例的二氧化碳为城市所排放。我国正处在城市化的高潮期，消耗了全世界42%的水泥、35%的钢材，同时迅速增长的汽车保有量带来了石油进口的迅猛上升。我国的经济发展势头强劲，随之而来的能源消耗也大增。在我国的城镇化过程中，出现了一味追求城镇化速度和规模的问题，其结果是以牺牲环境为代价，耕地、林地、草地、湿地大量减少，水土流失，资源枯竭，环境污染。

近年来，国外学者提出以可持续发展和资源节约为主旨的"精明增长"、"紧凑发展"理念。中国人口众多、资源相对不足的现实国情决定了中国必须走资源节约、环境友好的新型城镇化道路。

新型城镇化需要城镇化生态解决方案：在城镇规划手段上，重视土地、水等资源的稀缺性和不可再生性，实现资源的优化配置，提高资源的利用效率，严格执法，禁止资源的浪费；在环境保护方面，建立和完善重大环境质量预警、检测和反馈系统。强化环境污染治理和环境保护力度，污染者需要承担法律责任；在宣传教育方面，培养公民节俭、文明、环保的消费理念，形成健康文明、节约资源、保护环境的消费模式及生活习惯。

尤为重要的是，应该将被动的生态治理，转化为主动的生态建设，并将生态建设融入生态带动性产业（如休闲产业）中，进一步实现生态产业型城镇。这样的城镇化，可以形成良性结构，实现市场与商业运营上的有效发展。

（五）和谐社会发展方案

社会主义和谐社会，应该是民主法治、公平正义、诚信友爱、充满活力、安定有序、人与自然和谐相处的社会。建设和谐社会的举措，涵盖社会发展的方方面面，包括改变城乡二元结构，缩小城乡和地区差距，促进城市化，改变产业就业结构，减少贫困，调节过高收入，完善社会保障体系，促进社会公平。

走新型城镇化道路，就是要以人为本，建

设社会主义和谐社会。新型城镇化要改变就业结构，充分利用中国人力资源开发潜力巨大的比较优势，适应产业结构升级，促进就业结构转型，转移农业剩余劳动力，提高第三产业的就业比例。新型城镇化要破除城乡二元结构，从根本上扭转城乡差距过大并不断扩大的局面，提高农民收入，改革征用农民土地的补偿制度。新型城镇化要大力发展教育、文化，变"人口大国"为"人力资源"大国，提高人口素质，丰富居民文化娱乐生活，提高医疗保健和健康水平，不断完善社会保障体制，扩大社会保障的覆盖面。综上，新型城镇化应该是统筹城乡、满足不同人群发展需求，与经济发展水平相协调、与资源环境承载能力相适宜，更加注重质量的城镇化。

五、"产城一体化"是新型城镇化建设的高效路径

（一）"产城一体化"内涵

城镇应当融合经济、金融、信息、贸易、生态、生产、生活、服务、教育、文化等多元功能，尤其是产业与生活服务功能，强化城镇在区域中的产业与生活服务中心作用。

在产业集中的基础上，城镇可以集中劳动力、资本、技术、信息、交通等生产要素，并对它们进行加工整理和创新发明，形成新的生产要素、新的产品、新的生产和管理方式，再从大城市到中小城市和小城镇依次传播、辐射出去。同时，在劳动力、产业和生产要素集中

的基础上，城镇还能够为城镇居民提供良好的生产、生活和服务环境。

产城一体化在于，利用产业形成的基础，推进土地开发、交通建设、基础设施建设，形成人口聚集，配套发展公共服务，结合发展商业化服务，形成区域城镇化发展的整合，实现产城一体化。

（二）产业园区引导的"产城一体化"模式

无论是一般工业园区还是国家高新区，都是城市发展中的一个过程性产物，其终极目标是要变成城市组团。以上海张江国家自主创新示范区为例，在20世纪80年代，张江仅代表一个小小的科技园，但是现在张江已经容纳了18万人口就业。由于当时没有从"产城一体化"的高度去设计，导致今天的张江成了夜晚的"空城"。这个案例说明，国家高新区发展到今天，必须进行"版本升级"，在关注产业的同时，积极地关注社会配套。

同济大学可持续发展与管理研究所所长诸大建认为：以园区形式推动经济社会发展是产业园区1.0版的模式。经过20年的探索，1.0模式要进行版本升级，走向产业园区2.0版，这个过程可能会持续20~30年。

推进产城融合需要对区域的发展进行整体规划，其中涉及产业项目、生活设施、交通配套等各个方面。这种规划本身应该是多层次、综合性的，可以满足综合需求。

产城融合要理顺管理体制和运行机制。

管委会等产业区模式的管理，不能仅仅局限在产业发展方面，而要开展社会综合管理，比如文化、教育、医疗等；同时，人才、技术、资金、信息等创新要素的交流，也需要在新区内部顺畅进行。

产业园区的城镇化发展，需要以人为本，综合配套，结合现代服务产业，特别是消费服务产业的人本关联性，实现产业与城镇配套的双重效应。

由于20年来中国产业园区的过度发展，产业园区的城镇化将是中国未来20年一个重大的题目，空间巨大。

（三）泛旅游产业引导的产城一体化发展模式

绿维创景认为，以泛旅游产业为主导的产城一体化建设，包括旅游综合开发区、旅游综合体、旅游小镇、休闲度假区、休闲小镇、文化创意产业区等，完全可以打造产城一体化的产业园区3.0版本。因为泛旅游产业与城镇化本来就有最直接的联系。一般工业主导的产城一体化可以概括为三步走：工业产业发展、生活居住形成、商业服务配套。而泛旅游的产城一体化，产业中不仅包含居住，而且还包含商业服务。因此，产业发展与城镇化交融发展，一体化规划，一体化推进，整合土地开发与房产开发，这种商业模式非常良性。

（四）产城一体化规划

产城一体化规划，关键是要解决好产业选择、产业链延伸发展模式、产业聚集模式、产业集群化发展路径与战略，并同时形成城市土地规划、基础设施规划、城市公共服务规划、拆迁安置居住、新进人口居住、商业业态发展与商业地产开发、休闲度假地产开发等，构建起产业运营与城市建设的统一蓝图。

1. 产城一体化规划，首先是产业的发展规划，提高城镇经济发展水平

要优化产业结构，大力发展工业，重点发展高科技新兴工业，着力发展服务业，特别是泛旅游产业。扶持规模企业，推动其发展成为城镇支柱产业的主体。要优化流通结构，包括商品、资金、技术、信息、劳动力等，充分利用市场动力促进流通渠道的多元化及顺畅化，规范各类市场的运行规则，增强城镇流通承载力。要改善城镇投资环境，建立投资主体与投资效益相结合的投资机制，积极吸引社会投资。

2. 产城一体化规划，是城镇建设规划，配套生活与服务功能

要加快城镇住房、给排水、供气、供电、交通、绿化、邮政、电信等基础设施建设，要不断完善图书馆、体育中心、客运中心、大型商业中心、医院、市民文化广场、影院、剧院等城镇公共服务设施，以此改善城镇的生产、生活环境。

产城一体化要统一规划、分步建设、统筹管理，做到科学化、集约化和规范化。筹资渠道应多元化，可通过政府投资撬动社会资金，并逐渐增加社会资金的比例。

3. 产城一体化规划，是整合规划，需要协调产城、城乡、非建制管理

产城一体化规划，必须进行整合，在实现大综合的同时，追求制度创新与管理创新。在综合发展方面，对于产业与城镇之间的功能分隔与融合，必须整合互动，镶嵌配套，优化集约，人本协调；对于城镇区与农村，要按照城乡统筹原则，结合新型农村社区，实现整合。

产城一体化区域多数不是建制镇，其社会公共机构与设施如何合理配套、如何管理、如何服务，需要在体制上进行改革，更需要进行管理创新。

六、城镇体系结构合理化是新型城镇化的典型特征

（一）城镇体系规划的前提

城镇体系规划的前提，是城镇职能类型的多样化。作为区域中心，城镇是聚集、辐射核心，具有生产、生活、服务等多方面的综合功能，而不同的城镇具有职能类型上的差异（表4-1）。

不同的城市之间存在着类型上的差异，城市之间的贸易使得

表4-1 我国城镇基本职能类型表

地域主导作用	城镇基本职能	
	类　型	
以行政职能为主的中心城市	行政中心城市	全国性中心城市
		区域性中心城市
		地方性中心城市
以交通职能为主的城市	综合交通枢纽城市	水陆运输枢纽城市
		陆运枢纽城市
	部门交通性城市	铁路枢纽城市
		港口城市
		公路枢纽城市
以经济职能为主的城市	矿业城市	煤矿城市
		石油工业城市
		有色金属矿业城市
		非金属矿业城市
	工业城市	钢铁工业城市
		化学工业城市
		建材工业城市
		机械（含电子）工业城市
		食品工业城市
		纺织工业城市
		林业城市
		轻工业城市
以流通职能为主的城市	贸易中心城市	地方贸易中心城市
		对外贸易中心城市
		边境口岸城市
以文化职能为主的城市	旅游城市	
	科学城市	

城市发展趋向于专业化,从而导致了城市规模的差异。城市的比较优势决定了城市的类型,而城市的类型又决定了城市的规模。

(二)传统城镇体系结构的缺陷

新型城镇化道路必须构建合理的城镇体系。城镇体系是一定区域内的各种类型、不同等级、空间相互作用密切的城镇群体组织。大城市的聚集和辐射功能是中小城市无法替代的;中等城市是连接大城市和小城市的桥梁,是传递大城市强大功能的载体,其自身也具有较强的聚集和辐射功能;小城市和小城镇则是广大农村地区生产要素的集散地,是农村市场经济活动的中心。

目前,我国城镇体系结构不够合理,区域与区域之间不平衡,区域内部也不平衡。东部与中西部城镇发展不平衡——东部沿海地区经济发达,形成了城市带、城市群,而中西部地区的城市首位度较高,中小城镇发展较落后。大城市与小城镇发展不平衡——大城市人口过度集中,资源环境承载力受到严重考验,而相同职能类型的小城镇重复建设,广大农村地区建设滞后。

(三)新型城镇体系规划

我国的新型城镇化道路应当坚持大中小城市和小城镇协调发展的原则,充分利用各自的优势,构建一个结构完整、功能完善、运行协调的城镇体系。城镇体系的构建必须以现有城镇化水平和经济发展水平为基础,必须符合区域实情。

1. 国家新型城镇化的东、中、西部战略布局

国家对新型城镇化的战略布局,在东部地区,优化提升京津冀、长三角和珠三角城市群,逐步打造更具国际竞争力的城市群;在中西部资源环境承载能力较强的地区,培育壮大若干城市群。在此基础上,优先发展区位优势明显、基础条件较好的中小城市,有重点地发展小城镇,把有条件的东部地区中心镇、中西部地区县城和重要边境口岸逐步发展成为中小城市。

围绕未来城镇化战略布局,国家应统筹推进铁路、公路、水运、航空、输油气管道和城市交通基础设施建设,以此来发挥其对城镇化发展的支撑和引导作用。

2. 全国主体功能区规划

主体功能区规划,作为未来引导和约束人口分布、经济布局、国土利用和城镇化格局的总体方案,将成为地方政府实施宏观调控的新途径,对规范空间开发行为有着深远和实质性的影响。

在2010年年底中央向各省印发的《全国主体功能区规划》中,决策层就释放出推进新型城镇化建设的信号,其中明确提出要构建以陆桥通道、沿长江通道为两条横轴,以沿海、京哈京广、包昆通道为三条纵轴的"两横三纵"为主体的城市化战略格局,推进环渤海、长江三角洲、珠江三角洲地区优化开发的同时,形成三个特大城市群,在哈长、江淮、中原、长江中游等地区形成若干新的大城市群和区域性城市群。

3. 新型城镇体系规划原则

新型城镇体系的规划，必须突出中心城市的作用，明确职能类型，每个城市的发展都应各具特点，相辅相成，相互之间不可替代。城镇体系的规划要着眼于整个城镇群的协调发展，而不是把群中各个城市的发展道路和产业特征简单叠加或相互竞争排斥。

大、中、小城镇结构要合理配置，适当增加中等城市数量，构建城镇联系桥梁，着重提升城镇质量，增强城镇功能；控制超、特大城市数量，增强其区域中心作用；有重点地发展基础较好的小城镇。

同时，城镇体系的构建要以基建设施为支撑，特别是以交通和通信设施为支撑。要大力建设快速通道网，包括高速铁路网、高速公路网、空中走廊、巨大港口和信息高速公路，推动以交通运输网和通信网为"骨架"的城镇体系建设。

4. 城镇空间布局策略

（1）在经济、人口、资源、环境都适宜的区域，实施城镇群战略。优化整合现有的城镇群，鼓励资源集约利用、自主创新、循环经济、清洁生产等，提高城镇发展质量。在优化原有城镇群的基础上继续培育发展新的城镇群，强调经济发展与质量效益、就业与工业化和城镇化、社会与生态环境等，在就业安置、社会保障、教育文化、医疗卫生等方面分别制定鼓励、吸引人口进入和集中的优惠政策。

（2）对于生态承载力较弱区，应限制城镇发展速度和规模。重点发展现有的中心城市，限制城市发展与人口规模，制定居住、就业、社保、教育、卫生等方面补助政策，引导当地居民向外迁移或在当地集中生活。

（3）对于特殊自然保护区及地质灾害多发区，严格禁止城市建设活动。应将重心放在生态环境保护方面，结合国家出台的就业培训、转移指导、对口支援移民、生态移民等相关政策，以多种方式大力进行人口外迁。

5. 倡导产城一体化，实现产业园区型城镇的城镇体系化规划与管理

产业园区是执行城市产业职能的重要集聚形态，其在改善区域投资环境、引进外资、促进产业结构调整、推动产业升级和发展区域经济等方面具有辐射、示范和带动作用，是城市经济腾飞的助推器，也是城镇化的一种实现形式。工业向园区集中，依托园区扩张、用工的需求，来拉动与之直接相匹配的新城建设和人口集中，是更快速度和更大规模的城镇化过程。

园区的具体形式多种多样，主要包括高新区、开发区、科技园、工业区、产业基地、特色产业园，以及近来各地陆续提出的产业新城、科技新城等。

（1）产业发展上，做大产业链的上下扩张，拓宽产业链的前后延伸，增强产业配套吸引力，形成产业集群。

（2）按照新城区的建设要求，加快发展金融、物流等生产性服务业，同时完善基础设

施、生活配套服务等，由单一功能的产业区向现代综合功能区转型。

6. 提升城乡统筹水平，把新型农村社区纳入城镇体系结构

新型农村社区，就是指打破原有的村庄界限，把两个或两个以上的自然村或行政村，经过统一规划，按照统一要求，在一定的期限内搬迁合并，统一建设的具有社区服务和管理功能的新型农民生产生活共同体(也称为"中心村")，形成农村新的居住模式、服务管理模式和产业格局。新型农村社区，不同于传统的农村社区，不仅以农业产业为基础，还将产业集聚、工业发展、服务业发展与农业农村发展衔接起来，是现代城镇体系的重要组成部分。它既不能等同于村庄翻新，也不是简单的人口聚居，重点在于改变农民生活和生产方式，提升农民生活质量，集约节约用地，调整优化产业结构，发展农村二、三产业，推进农业现代化，促进农民就地、就近转移就业，加快缩小城乡差距，让农民享受到跟城里人一样的公共服务，过上像城里人那样的生活，共享经济发展、社会进步所带来的物质文明和精神文明成果。

七、环境资源集约化是新型城镇化的本质要求

（一）环境资源集约化内涵

环境资源集约化是指充分利用现有城镇物质基础，既考虑到当代人的需求，又不损害子孙后代的利益，整合城镇内部各组成要素，完善城镇结构，强化城镇内涵，提升城镇功能。它是一种积极的、生态型、内涵式、可持续的城镇化。社会主义和谐社会是资源节约型社会，新型城镇化是资源集约条件下的城镇化，是循环经济指导下的城镇化。

（二）环境资源集约化实现"双提升"

1. 城镇化率的提升

据预测，到2020年我国全面建成小康社会时，城镇化水平可达60%左右。如果以人口总量13.6亿计算，那么，届时将转移的农村人口约2.22亿。庞大的人口城镇化对资源供给提出了巨大挑战，有限的城镇如何吸纳众多的农村转移人口，如何节约土地等资源，如何避免城市病的出现等，已成为伴随我国城镇化进程的基本矛盾。

我国的新型城镇化道路选择集约化模式有其客观必然性，是我国国情的客观要求。城镇化的主要内容是农村人口非农化，其外部特征表现为农民的减少和城镇居民的增加。而我国农村人口基数大，城镇化进程中要转移到城镇的农村人口众多，这个过程必须得到相应的资源支持。

2. 城镇化质量的提升

有专家测算，如果我国的城镇化道路步美国的后尘：到每1000人拥有800辆汽车的时候（美国现有水平），需要3个地球的资源才能满足中国的石油需求。从世界各国碳排放前景来看，中国的人均碳排放还不到世界平均水

平。美国的人均排放是世界第一位，其排放总量与中国相当，是世界上最大的两个碳排放国家。但是如果中国达到美国的人均排放水平，世界一半的二氧化碳，将是中国排放的。

高能耗的城镇化模式将对环境造成毁灭性的后果，是不可持续的。新型城镇化是人口、产业和生产要素量变和质变的统一体。其中，质变是城镇化的高级形式，是新型城镇化的具体体现，而资源环境集约化正是城镇化质量提升的重要途径。

（三）土地资源集约化是关键

目前，我国经济发展和城镇化面临着资源短缺的困境，特别是土地资源短缺。因此，在城镇化建设中必须节约、集约、高效利用土地资源。

在土地管理上，充分利用现有城镇土地资源，提高城镇土地利用率。追加城镇土地的资本、技术和劳动投入，充分挖掘其潜力，争取获得最佳的综合利用效益。充分利用城镇存量土地，完善城镇存量土地流转机制，适时调整闲置土地的利用方向。加大土地管理的执法力度，依据国家相关法律严厉查处圈地、非法占用土地建设等违规用地行为。

在规划审批上，科学制定城镇发展战略，合理确定城镇建设项目标准，严格审批和检查建设项目，杜绝浪费城镇土地与污染环境的建设项目。

在城镇规划手段上，应提高城镇的空间利用率，包括地上和地下空间两部分。开发修建高层建筑，将其作为地上主体建筑；充分挖掘

地下空间的潜力，发展地铁、地下公路隧道、地下停车场、地下商场等建筑、设施；合理提高城镇建筑容积率，采用市场手段，推动空置建筑转租使用。

（四）生态型城市规划

1. 建设生态型城市的必要性

生态环境是人类生活的基本条件，良好的生态环境是衡量生活品质的重要内容。但生态环境具有脆弱性，自我恢复功能薄弱，极易受到人类活动的破坏。和谐社会就要求人在进行生产活动时，要注重保护自然环境，美化生活环境，达到人与自然、环境和谐发展的状态。

城镇化是人类大规模改造自然环境的过程，对生态环境具有重要影响，而建设生态型城市能促进二者和谐发展。生态型城市强调在城镇化进程中要重视生态环境的建设与治理，重视自然资源的合理利用与保护。

2. 生态产业支撑，建设田园城市

建设"生态产业园区"，优化农业产业结构，建立无公害、绿色农产品基地和有机食品基地，建立生态农业园区。调整工业产业结构，发展清洁节能的新兴工业，淘汰高能耗、高污染的企业，建立生态工业园区。

建设生态城镇，以田园城市为理念，城区中保有大面积的绿地斑块、绿化轴线。道路两侧、河道两岸等是重要的绿化轴线，城镇中心区、居民住宅小区、企事业单位等重要社区的中心绿地是重要的绿化节点，加强城镇河流湖泊、湿地和风景名胜的资源保护。

生态型城市规划要从城内延伸到城外。保护城镇周边的林海、草原环境，封山育林、退耕还林、还草，鼓励生态移民，形成草原、森林生态保护区，构建生态型城市保护屏障。

3. 强化城镇生态安全

加强城镇环境治理，一方面，要加强水土治理，重点治理沙地、盐碱地和河流、湖泊等水系；另一方面，要加强城镇污水和垃圾处理设施的改造和建设，提高城镇污染物处理能力。

加强城镇污染源治理，包括对废气、污水和噪声的排放整治，降低各种污染物的排放总量等。治理手段要多样化，以环保教育为先导，以处罚为辅助。

4. 资源利用开源节流

自然资源的开采要以法律为准绳，认真贯彻国家有关加强水、土地、矿产、森林等资源管理的法律文件，在法律许可的范围内创新自然资源开采机制。总体规划、统一管理、规模开采、集约经营。制定合理的价格征收标准，依法征收资源使用、补偿等费用。

自然资源的使用要以节约为先导，倡导节水节电节能，加强资源的循环利用；倡导节约用地，实行最严格的耕地保护制度，科学开展土地整理和复垦，保持耕地动态平衡。

开发新型能源，变废为宝，提倡垃圾发电、中水处理、雨水收集，重视太阳能、风能、沼气、地热等可再生能源的利用。大力推广节能设施的使用，如太阳能路灯、节水用具等。建设绿色公共交通，如天然气出租车公交车等。使用高效率的建筑材料，运用创新的建筑设计手法，建设生态节能建筑。

八、社会和谐发展是新型城镇化的最终目标

（一）传统城镇化存在的问题

由于我国的城镇建设往往偏重于经济建设和发展，从而忽视了人们生活质量的改善，产生交通拥挤、住房紧张、就业难、上学难、就医难等"城市病"，人们的生产生活环境受到严重影响。在城镇化进程中，城乡居民贫富差距亟须缩小，低收入群体、农村居民的保障体系亟待完善，拆迁户以及失地农民的权益保障等问题亟待解决。

如果说过去我国的城市发展模式能使经济运行更有效率，那么现在城市的发展就应回到"城市让生活更美好"的本质内涵上来。回顾历史，世界上所有先行国家的城镇化，到了这个阶段都提出了城市美化运动。城市美化运动的起源就是人民群众对高质量生活场所的一种追求和实践。

（二）社会和谐发展规划

1. 社会发展软环境建设

在当前中国城镇化的进程中，城市中出现了贫民区、城中村等区域以及大量流动人口的

聚集，导致社会不稳定因素增多，城镇质量因此而明显下降。不同阶层群体之间日益对立，居住空间日益分隔。

新型城镇化道路要体现"以人为本"的精神，注重改善人居和生产环境，提高人们的生活品质；注重保障居民权益，提升保障水平；注重社会主义精神文明建设，不断提高居民的思想道德、科学文化、劳动技能和身体素质，促进人的全面发展。

政府在社会发展软环境建设中发挥主导作用，既是政策的制定者，又是政策的执行者。政府要推进城镇综合治理，更加关注和解决流动人口的实际问题，努力实现外来人口与本地人口的基本公共服务均等化，促进不同阶层居民的对话、交流，促使社会和谐稳定。政府要增强服务意识，满足全体社会成员的劳动就业权利、受教育权利、基本医疗保障、基本生活保障、基本文化权益等。关注弱势群体以及失地农民，保护残障人士、妇女、儿童的权益。

全体居民的生存权、发展权得到切实保护，公平正义的城镇化才是健康的城镇化，才是区别于传统城镇化的新型城镇化。

2. 社会发展硬件设施建设

社会的和谐发展，需要配套大量的公共服务设施，满足人的发展需求。对于城市建设规划来说，要首先保障大型公共服务设施和大型基础设施的建设。同时，根据居住社区、小城镇、中等城市、大城市等各等级，配置相应的公共服务设施，充分考虑外来人口的需求，适当增加规模与数量。

（1）**教育设施配置。**完善幼儿园、小学、初中以及高等教育设施的配置，尤其是义务教育阶段的教育设施配置，充分考虑外来务工人员的子女入学需求，增加配套的数量标准。

（2）**医疗设施配置。**完善社区医院、各类专科医院以及大型综合医院的配置。充分考虑社区医院的配置数量，大型综合医院辐射周边区域所需的规模。

（3）**社会福利设施配置。**完善各种儿童福利院、敬老院、社会救助站等设施的配套。

（4）**文化娱乐设施配置。**完善各种社区活动中心、图书馆、博物馆、文化宫、体育馆、影剧院等文体娱乐活动场所，充分考虑外来人口的需求。

（5）**交通设施配置。**大力发展公共交通，增加公交站点的辐射范围、线路长度以及站点密度，方便群众出行。充分设置人行天桥、人行地下通道等人行设施，保障行人安全。大城市优先建设地铁交通，完善换乘停车场、出租车停车站等，满足多样化的出行需求。大城市的机场、客运站、高铁站等结合城市交通规划与城市布局设置。

（6）**保障各种重要基础设施。**例如变电站、给水厂、垃圾处理站、污水处理站的优先建设。

（7）**完善保障性住房的建设。**新建的居住小区，按照国家标准配置90平方米以下的经济户型，完善居住小区的配套设施。

第二节
旅游引导的新型城镇化模式及体系

一、旅游与城镇化的关系研究

国外最早提出旅游城镇化相关概念的是澳大利亚学者帕特里克·马林斯(Patrick Mullins)。他于1991年提出"旅游城市化"(Tourism Urbanization)，认为旅游城市化是基于后现代主义消费观和城市观的一种城市形态，是一种建立在享乐的销售与消费基础上的城市化模式。旅游城市化的内涵包括城市的景区化和景区的城市化（陈鹏，2012）。城市的景区化，是指由于城市的发展，各种基础设施配套逐渐完善，包括各种景区及休闲设施，同时城市的环境也不断美化，城市成为重要的旅游目的地；所谓景区的城市化，是指由于旅游的发展，带动景区及其周边地区出现的城市化现象，包括旅游的配套设施如酒店、商业区、休闲区等的建设。

旅游城镇化概念在我国尚处于构建之中，还未形成较完善的旅游城镇化概念体系（陆林，2006）。有学者在借鉴国外旅游城镇化理论的同时，结合中国国情，提出"旅游城市化"，即以旅游及其关联产业为主导动力的新型城镇化模式。健康的旅游城镇化，应该是旅游催生城镇，城镇成就旅游；旅游促大城镇，城镇壮大旅游；旅游提升城镇功能，城镇功能彰显旅游特色（陈鹏，2010）。

多年来，绿维创景一直非常关注旅游与城镇化的关系。2011年7月，绿维创景林峰院长在《中国旅游报》发表文章《城市化进程加快引发旅游投资热》，明确提出"随着城镇化发展，旅游开发已经与区域发展和城镇化进程全面结合并在产业上趋于融合，形成了旅游产业导向下泛旅游产业聚合的区域经济与城镇化综合开发模式"。

林峰院长认为，旅游引导的新型城镇化，就是以旅游带动下的泛旅游产业集群为产业基础，由旅游带来的消费集聚直接推动的城镇化过程。旅游在消费带动、产业带动、价值提升、生态效应、幸福价值效应等方面的一些特性，决定了其引导的城镇化在城乡统筹、生态环境、解决就业等方面，均有不俗表现，在解决城镇化的社会问题方面，给出了比较高效的解决方案。它的"新"及"高效"主要体现在以下几个方面：

图4-1　旅游导向的新型城镇化模式解决方案

首先，解决农民的身份问题。旅游引导的城镇化是以旅游搬运为前提，游客聚集为基础，游客消费为支撑延伸出来的一种城镇化。由于游客聚集形成了休闲消费聚集，促使旅游区农民实现从纯农业从业者转化成服务人员、加工人员或者是农业兼服务业、农业兼加工业人员等多重产业身份的转型，同时收益能力提高。

其次，无污染的城镇化，从一定程度上美化了城市。随着以工业为依托的城镇化进程加快，能源和矿产资源消耗水平快速提升，环境污染问题甚为严重。以环境污染和资源超耗为代价的工业型城镇化，不符合未来发展方向。而旅游业不仅是低污染、低能耗的产业，其发展还必然改善和美化环境。因此，旅游引导的新型城镇化符合国家对生态文明的要求。

再次，就地城镇化。旅游景区一般在城郊或偏远地区，它的集散不一定直接依托于城市核心，有的依托于中心城镇，有的依托于小城镇，有的依托于村落。因此，在什么地方进行聚集和

集散，那个地方就会形成人群聚集、消费聚集、服务聚集，农民就会转换成高收益非农业人员。旅游各要素的延伸带动泛旅游产业发展，形成产业融合与产业聚集，产业聚集形成人员聚集，从而形成原有城镇居民、农民城镇化居住、产业佣工聚集居住、外来游客居住、外来休闲居住（二居所）、外来度假居住（三居所）六类人口相对集中居住，形成了产业依托的城镇化基础，加上旅游服务设施的需求和消费的集中化，推进旅游配套基础设施及社会体系的建设与完善，由此形成了就地城镇化发展。

最后，有利于实现城乡统筹。旅游的最终结果是实现"搬运"，通过搬运游客，搬运消费能力，形成消费聚集、人群聚集、产业聚集，从而形成土地集中，促使农民从第一产业解放，从事第二或第三产业生产，由此带来收益能力提高和农民身份的转变。旅游开发大幅度提升了基础设施建设和公共服务设施建设，从而与城镇化一起形成建设发展，成本降低了，而城镇面貌美丽了，且提高了居民的生活

水平。以此为基础，城乡基于美丽产业获得统筹发展。

二、旅游引导的新型城镇化模式

（一）旅游如何引导城镇化的形成

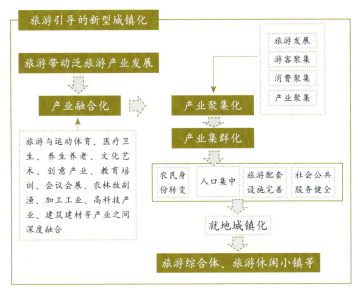

图4-2 旅游引导的新型城镇化

1. 泛旅游产业发展是基础

产业发展是城镇化的第一基础。旅游产业综合性强、关联度大、产业链长，已经极大地突破了传统旅游业的范围，广泛涉及并交叉渗透到许多相关行业和产业中，通过产业整合及集聚，形成了一个泛旅游产业集群，从而构成了人口与要素集聚的前提和基础。

2. 消费聚集，是旅游促推城镇化的直接方式

以人均GDP为代表的居民消费能力的持续

提升，是促使居民外出旅游的重要动力之一。2012年，我国人均GDP已迈入6000美元大关。按照国际惯例，这意味着居民消费将从温饱型向小康型升级，步入享受型，可支配收入中用于文化、休闲度假以及旅游的比例将会有较大幅度的增加。从每年节节攀升的旅游人次及消费水平上，我们也可以清楚地看到这一发展趋势（表4-2）。

由于旅游涉及的面比较广，与其他产业之间也存在相互交叉现象，因此旅游消费的统计并不是很全面。绿维创景认为，旅行中的消费，不仅仅是游客在传统观光休闲度假过程中的直接消费支出，还包括农产品、艺术品、收藏品、文化纪念品等购物消费，文化体验、娱乐活动、运动康体、养生理疗、养老服务、会展培训、祈福修学等服务消费。人们在旅行中的消费行为，已经超越一般理解的旅游消费，成为一种复合消费方式。

3. 泛旅游的产业集群化发展促推城镇化

泛旅游产业整合发展，形成了产业的聚集、集成与集群化，由此带动了城镇化的进程。

可以用一个简单的逻辑加以说明：旅游产业要求场所，形成了旅游区；旅游区是一种产业发展区，与产业园区相似，同样需要土地开发基础设施建设、为游客提供吃住玩的场所、

表4-2　2007~2012年我国居民国内旅游消费占总消费的比重

单位：亿元

年 份	居民消费支出	同比增长	居民国内旅游消费	同比增长	旅游消费所占比重
2012	207167.0	14.3%	22706.20	17.6%	11.0%
2011	164945.2	23.7%	19305.39	23.6%	11.7%
2010	133290.9	10.0%	12579.77	23.5%	9.4%
2009	121129.9	9.5%	10183.69	16.4%	8.4%
2008	110594.5	16.2%	8749.30	12.6%	7.9%
2007	95609.8	16.5%	7770.62	24.7%	8.1%

资料来源：中国国家统计局及中国国家旅游局网站

为员工提供住宿设施、为拆迁的农民安置社区，这一切形成了旅游区作为产业功能区的产业化发展。

旅游产业化发展，需留下游客进行消费，这就要求必须开发大量的休闲项目，比如温泉浴场、美容按摩、游乐场、KTV、酒吧街、餐饮街、创意商铺、工艺品店、厂店一体的工坊等，由此形成了休闲聚集区。

工业区不适合人的居住，旅游区不同，是最适合人居住与生活的区域。因此，旅游区需要开发旅游接待型新型农村社区、游客居住的休闲酒店与休闲聚集区、周末休闲的第二居所住宅区、避寒避暑养生养老的度假住宅区等。于是，一个基于不同需求的综合型居住社区形成，而以"吸引力景区+休闲聚集区+综合居住区+公共服务设施配套"为发展形式的非建制城镇结构也由此产生。

（二）旅游引导的新型城镇化模式

新型城镇化不只是创建新城，也包括老城市的扩张升级。从城镇体系结构的分层提升与建设上进行细分，旅游引导的新型城镇化包括：现有大型城市的扩张与升级、中小城镇特色化发展、产城一体化项目开发与非建制性旅游城镇化、新型农村社区建设四大方面。这四个层次有着不同的模式与机理。

1. 城市旅游化模式

这里所指的城市，是拥有50万以上人口的超大型、大型及中型城市，其本身就是客源地，很多也是目的地。通过旅游吸引力建设，将大大提升城市品牌与城市服务产业的发展空间。大中型城市的旅游化发展，主要包括城市景区开发、新型城市休闲中心建设、旧城改造休闲街区化发展、休闲卫星城组团化建

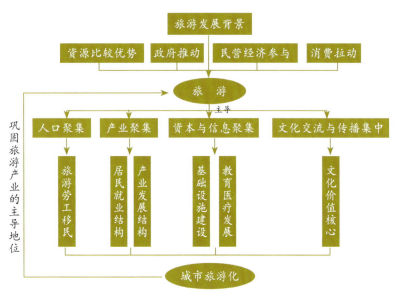

图4-3 城市旅游化逻辑框图

设、环城游憩带城乡统筹开发五种方式。

城市景区开发，是指对于拥有独特旅游资源的城市，依托资源，集中建设旅游景区，形成城市景区吸引核，打造城市作为旅游目的地的核心吸引力。景区开发始终是城市旅游化的基础。无论景区在城区或不在城镇区域，景区吸引力越大，旅游对城市发展的带动力就越强。

休闲商务区，即RBD（Recreational Business District），是大中型城市必需的休闲聚集核心，也是城市品牌与都市吸引核。城市有多种休闲中心，有的偏休闲商业，有的偏休闲商务，有的偏休闲娱乐，有的形成了商务商业娱乐游乐餐饮一体化综合休闲区。北京的王府井、西单、什刹海、798艺术区等，都是不同类型的休闲中心。在新城建设中，集中较大土地建设休闲商务区，是规模化新城开发最

好的模式之一。

旧城改造建设休闲街区，特别是滨河、滨湖、古街、古建聚集区、旧工厂区、公园周边区、体育场周边等区域，是形成与建设休闲街区最好的地方。在旧城改造中，借力河道疏浚整治、绿地公园建设、体育设施建设、古建保护等城市基础设施与文化基础设施工程，把公共环境资源周边的黄金土地，建设成为休闲商业街区，形成休闲环境与休闲街区的整合，是城市休闲化最大且最重要的旅游化工程。例如文化街区、创意艺术街区、酒吧街区、时尚休闲街区、美食街区、购物步行街区等，可选择的特色模式很多。

休闲卫星城组团化建设，是大型城市旅游化发展的重要方式。无论基于大型休闲综合体、大型主题公园、大型体育设施还是大型会展场所、养生养老机构设施等，卫星城都可以形成特色的聚集化发展。例如，北京卫星城房山良乡的长阳镇规划建设的中央休闲购物区，就是一个新打造的休闲娱乐聚集区，设置了高端商务组团、时尚休闲组团、中心组团（艺术展览厅、湿地公园、休闲体育中心、主题公园、滨河酒吧和美食街等）、文化创意组团。

环城游憩带，是一个城乡统筹的发展模

式。在大型城市周边1小时圈内，可以形成依托卫星城、小城镇、旅游区、村落而发展的休闲带。这个带，是未来田园城市的组成部分，是新型城市化中最为有特色的部分，是旅游城市化的重点内容。

从城市发展的总体架构看，大中型城市的旅游化发展，在旧城改造、新城建设、城乡统筹、产城一体化发展基础上，形成了城市休闲中心、城市休闲街区、休闲卫星城、环城游憩带等一个系统发展结构。旧城改造出休闲区，新城建设出休闲区，城市从摊大饼转化成为绿色覆盖、休闲组团发展的花园城市。其中，休闲卫星城和环城游憩带的发展，可以形成中心区居民外迁，同时进行旧城改造，形成新的组团，并通过城市绿化，改善环境，形成花园城市、组团城市，从而推动大中型城市内部提升及向外扩张。这是大型城市升级的最佳路径之一（图4-4）。

2. 旅游城镇建设模式

小型地级市、县级的中心镇和建制镇，带

动性相对于大中城市较弱，但易于形成鲜明的主题性特征，可以走特色化的旅游城镇化之路，这是中国最重要的旅游城镇化模式。

对于本身就拥有丰富旅游资源的中小城镇，可依托自然资源，实现旅游特色化发展，形成滨海城镇、滨河城镇、滨湖城镇、冬季度假城镇、夏季度假城镇、温泉城镇、滑雪城镇等特色城镇；基于文化资源，可以打造文化名城名镇、休闲古城古镇、民族风情城镇、民俗风情城镇、艺术城镇、工艺城镇、创意文化城镇、商贸购物城镇、电影城镇等；依托旅游景区，可以打造各类接待型城镇；借力景区的泛旅游延伸，还可以打造会展城镇、运动城镇、休闲农业城镇等；依托于特色资源、特色工业、特色批发市场等，还可以打造酒城、玉城、家具城等。泛旅游产业的集群化发展，使得特色旅游城镇打造的可能性空间大大提升，特色旅游与特色产业紧密结合，为城镇化打开了全新的路径。什么都可以是吸引核，只要地方有特色资源或优势产业，就可以结合旅游发展成泛旅游城镇。

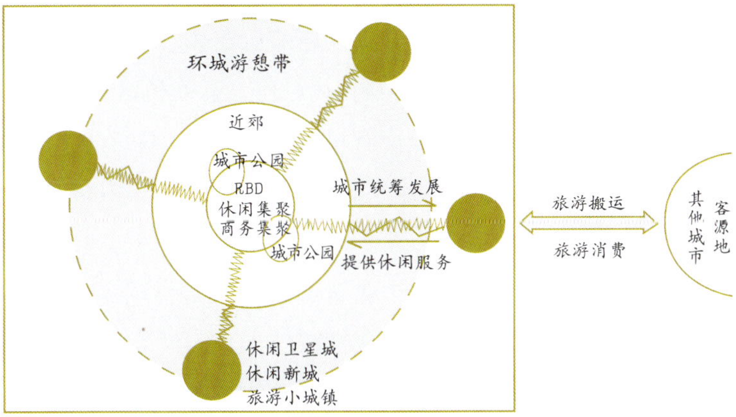

对于一些没有强劲吸引核的小城镇，需要挖掘资源，开发旅游产品，寻找泛旅游产业发展的契机，推进旅游城镇化。

并不是所有城镇化都必须进行旅游化，但在不同程度上利用旅游化手法，可以使城镇化获得更好的效果。

图4-4 旅游引导的大中型城市结构

3. 旅游综合体模式

旅游综合体是一种特殊的新型城镇化形态——既不是传统的旅游景区，又不是纯粹的住宅社区，也不是建制型城镇，更不是新型农村社区，而是基于城乡之间（可能是城市郊区，也可能是乡村地区，还可能是大景区外围区域）具有一定旅游资源与土地空间的地块。其依托良好的交通条件，通过旅游的"搬运效应"，将城市的旅游消费力搬运到开发地块。从而带动该地块的土地综合开发，实现泛旅游产业聚集、旅游人口聚集和相关配套设施的发展，形成旅游休闲导向的新型城镇化聚落。

旅游综合体以泛旅游产业的整合为根本支撑、以休闲化消费的聚集为核心动力、以设施和配套的配置为重要基础、以服务和管理的创新为基本保障，已经成为广大适宜区域实施"就地城镇化"的主流模式之一（图4-5）。

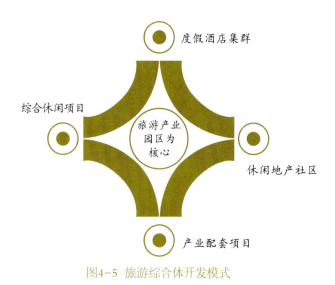

图4-5 旅游综合体开发模式

4. 旅游新型农村社区模式

这也是旅游引导的就地城镇化最普及的模式之一。基于城乡一体化大背景，以农旅产业链打造为核心，以乡村观光休闲度假功能为主导，以乡村观光休闲业态为特色，以乡村商业休闲地产为支撑，以田园乡居生活为目标，通过土地整合、城市基础设施引入、文化特色呈现、农民就业解决，进行独立村的改造升级，向旅游综合社区发展，就是这一模式的主要路径。

旅游对于新型农村社区建设，具有特别好的产业推进价值，主要是使农民找到产业转化依托的同时，可以把生活资源转化为生产资源，就地发展产业，形成居住（图4-6）。

三、旅游引导的新型城镇体系

城镇体系由城市体系和村镇体系构成。城市体系，按现代意义来说，由一个国家或一个地域范围内一系列规模不等、职能各异的城镇所组成，是一个具有一定时空地域结构、相互联系的城镇网络有机整体。村镇体系是在一定地域范围内由村庄、集镇和建制镇共同组成的一个有机联系的整体。传统的城镇体系包括大中小城市、连接城市与一般村镇的中心镇、建制镇以及村庄。

旅游产业导向下的泛旅游产业聚合的区域经济与城镇化综合开发，形成了城镇向田园城市发展的方向。一批非建制城镇化结构发展起来，以旅游综合体、旅游新型农村社区为依

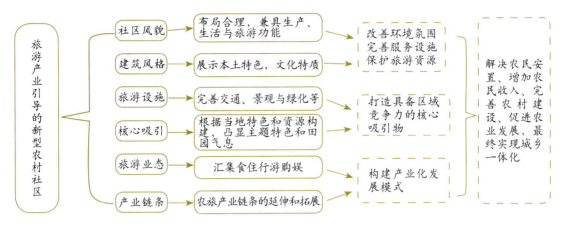

图4-6　以旅游产业为导向的新型农村社区模式

托，形成了新型的、更加完善的城镇化体系。

（一）旅游中心城市（旅游大中型城市及旅游集散中心城市）

随着后工业时代的到来、城市综合实力的增强、环境的改善以及各种配套设施的完善，大多数中心城市不仅仅是客源地，还是重要的旅游目的地。它们以旅游聚集为特征，具有较高的承载力与多功能性，内部居民的出游能力较高、休闲需求较强，对周边地区的辐射带动作用较大。

一方面，大中型城市对外输出旅游者、消费者，凭借其休闲、娱乐、度假、居住等需求，形成泛旅游产业支撑，带动周边小城镇发展，促进城乡统筹。另一方面，大中型城市的多种功能及配套设施，能够吸收外地游客，形成旅游集散。中心城市的旅游发展，通过休闲商务区（RBD）、会展区、休闲商街等的建设，构建集中表现城市文化的载体，且以其生态性、景观性、休闲性等特点为依托，形成旅游核心吸引力。城市公园、郊野休闲公园、主题乐园，既是为市民提供服务的重要公共设施，也承担着表现城市文化、增强旅游者体验的功能。

（二）休闲卫星城（大城市周边休闲聚集城镇）

卫星城和中心镇在城市体系中是一个层次，是依附于大城市、与大城市密切联系又相对独立的外围城市。中国城镇化进程迅速，为城市体系中的卫星城及中心镇带来了极好的发展机遇。由于区位优势、市场优势、资源优势等条件，大城市周边的休闲卫星城及中心镇，成为城市居民周末或小长假休闲度假的第一选择。

（三）旅游小城（旅游小城及较大的旅游中心镇）

依托于县级城市的中心镇，形成旅游休闲小城的基础非常好。多年来，县域旅游的发展，塑造了一批旅游小城、休闲小城，例如丽江、武夷山市等经典的旅游目的地小城。

（四）旅游小镇（较小旅游中心镇与旅游建制镇）

旅游小镇的带动性相对大中城市较弱，但易于形成鲜明的主题性特征，与产业联系极为密切。须采取城镇建设与旅游经济的整体经营、整体规划以及产权结合经营的模式，增加人口承载力，带动城市化水平，加快城乡统筹发展。

（五）旅游综合体（非建制产居一体区）

旅游综合体是基于一定的旅游资源与土地基础，以旅游休闲为导向进行的土地综合开发。旅游综合体是以旅游产业园区为核心，以互动发展的度假酒店集群、综合休闲项目、休闲地产社区为重要功能构建，形成的整体服务品质较高的旅游休闲聚集区。这种模式虽是非建制型城镇化，但属于城市架构的重要方面。

（六）旅游休闲度假区（产业区）

旅游业的发展使具有丰富旅游资源的地方开发形成旅游景区。由于旅游景区的吸引，形成游客聚集，从而使这些景区、度假区内部和周边原本是自然景观的地方，聚集了大量的商业和服务业，原本居住的农民变成旅游从业人员。随着旅游进一步开发，旅游道路、交通、水电等城镇设施建设不断完善，社会公共服务配套提高，形成原有城镇居民、农民城镇化居住、产业佣工聚集居住、外来游客居住、外来休闲居住（二居所）、外来度假居住（三居所）聚集，从而推动了旅游区城镇化。

（七）旅游新型农村社区（产居一体社区）

新型农村社区以及大城市郊区旅游化发展，是解决农村就地城镇化的有效途径。村庄依托旅游，特别是旅游接待村落，把生活资料转化为生产资料，通过用自己的房屋从事旅游服务产业，把农民转化为居民、农业转化为服务业、村庄也转化为城镇化的社区。通过旅游进行土地整合、城市基础设施的引入、文化特色的呈现、就业的解决，进行城中村、大城市郊区以及独立村的改造升级，以此推动新型农村社区建设。

四、旅游引导的大型城市群建设

随着经济、交通、产业等的一体化发展，城市聚集与一体化构成的城市群，成为相对高效发展的模式，并将成为未来中国城镇化建设的主体形态，影响国家经济的发展模式，成为最突出的增长极。基于强大的经济辐射及带动作用，城市群的发展得到了国家的大力支持，从2008年至今国家已经密集颁布了一系列以城市群为主题的区域发展规划。目前我国已经形成了10个城市群，新一轮城镇化规划制定中，提出将再打造10个城市群。

（一）城市群建设中旅游产业的推进作用

在城市群建设中，旅游产业具有重要的产业带动作用，并由此形成城镇化的有效发展。

1. 打造城市群目的地，引导旅游产业升级。通过多个大、中型城市的整合，以及城市群区域内核心旅游吸引景区的价值体现，把城市品牌价值与景区价值有效匹配，大大提升城市目的地的影响力。

2. 优化休闲功能布局，建设"城市群弥漫式休闲带"。快速城际交通的发展，形成了城市休闲旅游快速通道，构建了城市之间休闲功能的新布局，促进了城市群内部的消费产业发展，带动了区域城镇的发展。其中，休闲卫星城、旅游小城镇、城市郊区、城市间旅游休闲带、城际旅游综合体、城际旅游引导的新型农村社区等模式和结构，成为城市群中最有活力的连接区和新型发展区。我们将这一区域，称为"城市群弥漫式休闲带"。

（二）大型城市群建设中的旅游引导模式

绿维创景经过研究认为，旅游引导的休闲度假城市群的构建需以城际快速交通以及城市休闲空间的不断优化为依托，以旅游产业为支撑，以泛旅游产业融合发展、产业集群化发展

为途径，以旅游发展带动区域经济的转型和产业结构调整为重点，带动周边区域实现联动发展。

1. 发展城际快速交通

通过快速交通联系，用"时间"换"空间"，一方面在核心城市建设旅游交通枢纽网络，配备专门的旅游大巴、旅游运输团队等，设计合理的区域一体化旅游线路，为游客的出行提供便利；另一方面通过交通网络的延伸，沿线配备旅游要素，实现要素的同城化。

2. 构建旅游产业经济带

依托城市之间、城市与乡镇之间、城镇与景区之间的交通设施，如高速公路、城市快轨、快速通道，形成旅游城市、旅游小城镇、休闲小镇、旅游综合体等旅游产业集群，形成游客聚集，引导消费聚集，推动城市化建设，实现城乡统筹，形成旅游经济带。

3. 合理布局城市休闲

通过旅游产业的特色化、聚集化、融合化发展，合理优化布局城市休闲结构，实现城市之间、城镇与农村之间、景区之间的平衡发展，实现旅游休闲度假项目的均衡分布、基础设施与配套的平衡分布，促进区域旅游协调和城乡统筹发展，从而进一步推动城市群的同城化进程，促进产业城乡和区域经济一体化发展。

4. 共享信息

旅游导向下的城市群建设，应建立产业协同的发展机制，建设"无障碍"旅游区、实现资源、市场、营销渠道等信息共享，最终推进

旅游"一体化"进程。

市场的局面，运用统一的旅游形象，实现"捆绑式"营销，突出区域优势，最终打造城市群品牌形象。

5. 共同营销

在区域外，各城市、各景区打破独立开拓

案例 4 云南昆玉旅游文化产业经济带总体规划思考
——带动新型城镇化

一、项目背景

2012年12月中央经济工作会议提出"城镇化是我国现代化建设的历史任务，也是扩大内需的最大潜力所在"。绿维创景认为，旅游在新型城镇化的进程中将扮演重要角色，并创造性地提出了旅游引导的新型城镇化模式，即以旅游带动下的泛旅游产业集群为产业基础，由旅游带来的游客消费集聚直接推动的城镇化过程。

建设昆玉旅游文化产业经济带，是云南省落实国务院《关于加快旅游业发展的若干意见》和《关于支持云南省加快建设面向西南开放桥头堡的指导意见》，实施西部大开发战略的重

要举措；是响应党的十八大号召，积极推进城镇化与工业化、信息化、农业现代化同步协调发展的重要措施。在昆玉旅游文化产业经济带总体规划中，绿维创景因时制宜地运用旅游引导的新型城镇化模式指导昆玉的规划建设。

二、问题与突破

昆玉旅游文化产业经济带存在着旅游带动

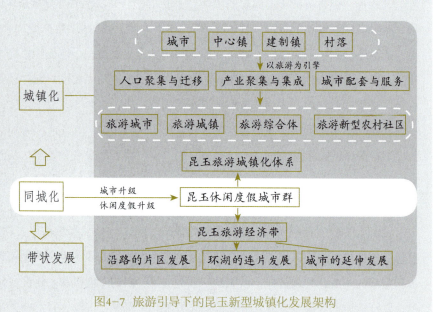

图4-7 旅游引导下的昆玉新型城镇化发展架构

城市化发展不足、区域发展不平衡、旅游带动的产业融合不充分、旅游产业布局不合理等众多实际问题，尤其是在城市化建设方面，未能带动城镇村的旅游化发展，旅游综合体布局相对集中，未能形成城市化带动。

因此在本规划中，绿维创景依托泛旅游产业发展，以旅游休闲度假来引导新型城镇化快速升级，构建以国际旅游城市、特色旅游城镇、旅游小城镇、休闲小镇、旅游综合体及旅游新型农村社区为鲜明特色的新型城镇化体系结构，把旅游开发与城镇化建设、新农村建设紧密结合起来，从而实现旅游引导下的区域综合发展目标。

三、昆玉新型城镇化发展模式

在旅游引导的新型城镇化理念指导下，以同城化发展为核心主线，通过城市升级、休闲度假升级，实现昆玉地区同城化发展，打造昆玉休闲度假城市群。

在同城化发展的基础上，一方面以旅游为引擎，构建"旅游城市+旅游城镇+旅游综合体+旅游新型农村社区"四级结构并存的昆玉新型旅游城镇化体系；另一方面在"交通导向、产业带动、同城化推进"的动力引导下，形成昆玉旅游经济带结构，从而共同组建昆玉新型城镇化发展架构，推动昆玉城市化进程，促进区域经济快速发展（图4-7）。

（一）昆玉同城化发展

昆玉同城化不是一个城市内部不同区域的同城化，而是基于滇中城市群四城呼应（昆明、玉溪、曲靖、楚雄）的城市群内部不同城市之间的同城化。

在这个城市群同城化结构中，以旅游为核心形成的昆玉旅游文化产业经济带，是旅游导向下的休闲度假城市群同城化，是滇中城市群强聚集的同城化中心。昆玉同城化的实现，将加快滇中城市群发展，打造滇中经济圈同城化典范，提升滇中城市经济圈的竞争力和辐射带动力。

昆玉同城化发展格局将依托昆明主城区和玉溪红塔区形成核心发展轴；依托十二城形成同城化支点；依托滇池、抚仙湖、星云湖形成同城化中心区；依托"点—线—面"的立体发展结构，构建昆玉同城化发展格局（图4-8）：

同城化核心轴——以昆明主城区和玉溪红塔区两个核心城市为基点，构建昆玉同城化核心轴，加强昆明、玉溪两市之间的同城化进程，以此为基础，以交通发展为串联，强化昆明与周边城镇、玉溪与周边城镇的同城化。

同城化十二城——以澄江、晋宁、江川、弥勒、建水、通海、石林、安宁、华宁、宜良、嵩明、寻甸十二个城镇为支点，形成同城化发展的整体架构，以交通为纽带，以旅游产业发展为导向，实现十二城与两核之间的同城化发展，推动昆玉旅游文化产业经济带的全面建设。

同城化中心区——依托旅游产业发展，以五湖为核心，强化五湖周边主要城镇的深度同城化，以昆明主城区为中心向南延伸，以玉溪红塔区为次中心向东延伸，以交通发展串接滇池东岸、阳宗海西岸、抚仙湖西岸、星云湖西岸、杞麓湖北岸，形成湖间带发展区，打造多条快速通道，以此作为强有力的同城化中心

区，强化昆玉地区同城化发展结构。

（二）昆玉新型城镇化体系

依托旅游产业经济带动，构建"昆玉城镇新体系"，形成"两心·十二城·六十综合体·带状连片区"的发展格局，完善"中心城区—副中心区—卫星城（中心镇）—建制镇—综合体—新型农村社区"的新型城镇体系结构。并将规划体系延伸覆盖到旅游带中，形成"结构合理、功能互补、网络完善、产城融合"的田园城市空间布局（图4-9）。

两心——昆明主城区与玉溪红塔区，一主一次两大核心城市，重点布局高端城市功能。

十二城——十二个旅游城镇（澄江、晋宁、江川、弥勒、建水、通海、石林、安宁、华宁、宜良、嵩明、寻甸），提升综合服务功能。

旅游小城镇——依托两心十二城，开发一大批旅游小镇，包括建水县临安镇、安宁市温泉镇、安宁市八街镇、通海县秀山镇、官渡区官渡镇、建水县西庄镇（团山村）、晋宁县晋城镇、盘龙区双龙乡（野鸭湖）、石屏县宝秀镇（郑营村）、新平县嘎洒镇、禄劝县

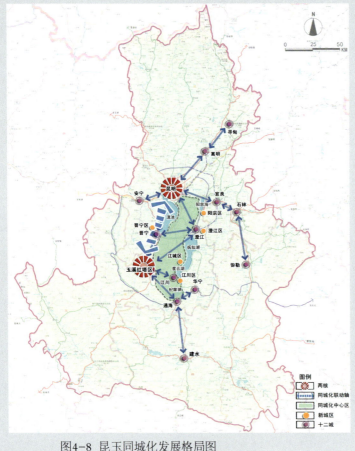

图4-8 昆玉同城化发展格局图

转龙镇、嵩明县杨林镇、澄江县龙
街镇、澄江县阳宗镇、澄江县海口
镇、昆明市西山区团结乡、五华区
沙朗乡、东川区阿旺镇、寻甸县柯
渡镇、石林县圭山镇、宜良县汤池
镇、华宁县青龙镇等。

休闲聚集小镇——为旅游综
合体中的一个类别，依托旅游项目
形成非城镇化休闲聚集区，打造四
大休闲聚集小镇，即抚仙古镇、阳
宗海草甸海小镇、大鱼村休闲小
镇、马家河休闲小镇。

新农村旅游社区——围绕中
心城市和旅游小城镇，打造若干个
旅游引导的新型农村社区和旅游
化村落。

旅游综合体——围绕五湖及
其他旅游资源，打造若干个休闲小
镇和旅游综合体，成为游客聚集中心。综合体由
"景区+休闲与社会服务+居住（农民拆迁本
地安居+工作人群定居+度假与养老居住+流动游
客居住）"构成，形成功能完善的旅游产品。

（三）昆玉旅游经济带

针对昆玉旅游文化产业经济带的实际情
况，以加快推进滇中城市群建设为核心，以推
进新型城镇化为目标，以促进昆玉旅游产业发
展为重点，依托交通发展条件的不断优化，在

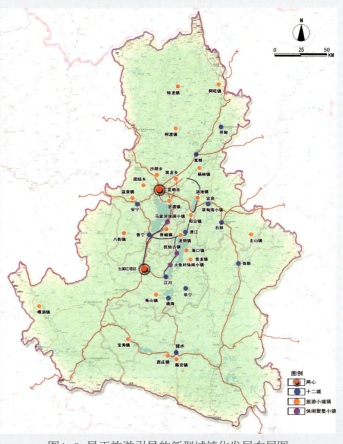

图4-9　昆玉旅游引导的新型城镇化发展布局图

交通导向基础、旅游发展基础和同城化发展的
区域带动基础的综合作用下，以同城化带动和
交通带动的区域为经济带的核心主线，与周边
区域实现联动发展，形成带状发展格局和成片
发展结构，打造以旅游产业为支撑，以泛旅游
产业融合发展、产业集群化发展为途径，以旅
游发展带动区域经济的转型和产业结构调整，
实现健康可持续发展。

昆玉旅游经济带的发展模式主要是通过
沿路的二级道路系统、片区项目配套与片区整

127

合、区域间联动，形成沿路的片区发展、环湖的连片发展和城市的延伸发展，通过这三个层次的构建，依托道路系统，由点串线，进而依托城市的辐射发展，由线到面，实现"点、线、面"的全方位发展，体现并突出旅游经济带的带状格局和发展结构。

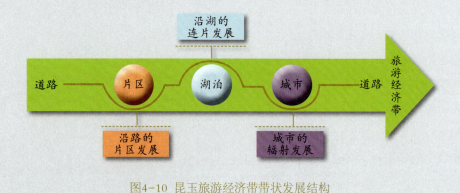

图4-10 昆玉旅游经济带带状发展结构

第三节
城市旅游化——城市升级之路

　　"城市让生活更美好"是世界发展的主题，但中国城市经过改革开放后30余年的快速建设，发展失衡问题越来越严重。基于从传统城市化向新型城镇化转型升级的思考，绿维创景认为，旅游在推动城市建设的机理与价值取向上，拥有明显的动力性和未来性，即旅游能够引导消费、形成聚集、改善环境、提高幸福值，具有新型城镇化优选推进产业的典型特征。

　　对于大中型城市，如何通过旅游推进城市建设，本节提出"城市旅游化"的概念，并形成了三层体系、六大模式。希望能够通过泛旅游产业整合手段的有效运用，以"城市旅游化"方式，高效推进新型城镇化建设。

一、"旅游"与"城市化"

　　旅游和城市化是当前世界范围内的关注焦点。城市化是当今各国社会发展的主要趋势，其规模和程度关系到该国综合经济实力的强弱。随着社会经济的发展，城市在不同的发展阶段具有不同的作用和地位，城市化的动力

源和模式也随之改变。近代城市化始于工业革命，工业化带动了城市化的并起和发展，而随着工业现代化的发展及世界经济体制的国际化，第三产业的发展与现代社会的关系日益密切。作为第三产业的重要组成部分，旅游业的发展已成为促进我国城市化发展的重要力量。随着信息时代、休闲时代的来临，旅游作为一种综合经济现象，其发展与多种产业尤其是第三产业密切相关，旅游对城市经济、社会发展具有显著的推动作用已成为共识，旅游作为城市化的一种动力已显示出巨大的作用。随着自身的不断快速发展，地区辐射效应和产业关联效应的逐渐发挥，旅游已逐渐成为促进我国城市化的一种重要动力。

二、新型城镇化要求下大中型城市升级的"六原则"

　　"新型城镇化"是中国城市建设模式的2.0版，是从国家社会经济发展高度上，以城镇化建设为核心的综合发展路径选择。在新型城镇化的理念下，大中型城市建设的转型升级，

应遵循"以人为本、生态宜居、城乡共荣、文化繁盛、服务综合、有效管理"六原则。

以人为本前提：从"经济发展"向"民生福祉"转型，以满足居住者、商务者、旅游者的各种生活、就业、商务交流和旅游需求为前提，是城市质量提高的推动因素，是建设和谐社会的根基。

生态宜居建设：将生态文明建设融入经济、政治、文化、社会建设各方面，建设资源节约型、环境友好型的宜居城市，是城市可持续发展的肌理。

城乡共荣发展：改变以"城市为中心"和"先城市后乡村"的发展思维，发挥城市的辐射带动作用，产业支撑，产城互动，实现城乡一体化发展。

城市文化繁盛：尊重城市历史延续，创新文化产业，表现城市性格与生活方式，塑造城市品牌，形成城市的差异化，推动社会主义文化大发展、大繁荣。

城市综合服务：提高生活型、生产型服务职能，完善公共设施、服务设施、科技设施，增强集聚与扩散程度，增加城市对内对外的综合服务功能。

管理制度转型：建设与管理并重，转变粗放型管理观念，组建系统的城市运营管理架构。

三、城市旅游化对新型城镇化的推进作用

城市旅游化，是以旅游为主导，以泛旅游产业推进城市产业聚集、经济协调，文化表现向文化体验转变，城市服务向旅游、商务及居民生活服务完善，从而引起城市性质、经济结构、城市风貌、城市品牌调整的过程。

（一）旅游推动城市生态文明建设

原生态自然与文化资源，是旅游的基本要素；景观、绿化体系的搭建，是旅游的重要内容。通过对生态的保护与开发，把城镇发展与资源合理利用、环境保护有机协调起来，积极倡导和发展低碳旅游、生态旅游，探索绿色系统方式，按照建设资源节约型、环境友好型社会的要求，全面贯彻生态文明理念，促进城市生态的内涵发展。

（二）旅游塑造城市文化品牌

旅游具有充分挖掘历史文化、创新现代文化、弘扬先进文化、展现时代特色，突出城市性格的特征，其对文化的强调与极强的表现力，可以促进城市"国际化"与传统民居、生活习俗等原真城市特色的融合，甚至可以利用旅游特色重新定位城市形象，通过旅游营销与推介提升城市知名度。

（三）旅游带动城市品质提升

新型城镇化的一个重要转型，即由提高城市化水平向提高城市质量转变。旅游引导下的城市建设，应以人为本，在满足城市基本功能的基础上，注入旅游元素，带动城市的基础设施建设，促进服务环境、人文环境的规范和打造，推动城市软硬件系统升级。

（四）旅游导入城乡统筹结构

旅游发展带来人流量的增加、游客需求的多样化，近郊旅游、乡村旅游、休闲农业旅游的创新性发展，城乡建设与资源环境等突出矛盾的着力解决，促进农产品种植的多样化、加工工业的产业化和精细化，吸纳劳动力，实现就地城镇化，较好地导入城乡统筹发展结构，以实现城乡建设方式的根本转变为目标，实现集约发展。

（五）旅游促进区域经济协调发展

旅游产业对于田园城市、花园城市、森林城市、卫生城市的创建，可以起到巨大促进作用，使很多以保障城市生活需求为主的城市，转变为领略田园、森林风光，兼顾生态、娱乐、文化等多种综合功能的旅游城市，实现了城市的经济转型和功能的多元化。

以旅游产业与优势产业为核心，以其他产业为关联延伸，以城市配套要素为支撑，形成泛旅游产业聚集结构，发挥泛旅游与传统产业的关联和改造提升作用，大力发展战略性新兴产业，以旅游化推动需求结构的改善，保持经济平稳较快发展，促进区域经济协调发展。

四、城市旅游化提升的"三层体系"

（一）城市整体风貌体系

系统分析气候环境、城市肌理尺度、特色产业、历史文化，进行城市精神塑造与城市行为引导、城市景观识别系统的搭建，并通过大山水格局、色彩、建筑、交通、绿地、水系、标识等方面，进行风貌控制。

例如，绿维创景在《普洱市主城区城市特色及风貌建设指引》中，确定"满眼都是绿色的风"的休闲城市风貌定位，构建风貌控制系统导则，诠释宜居、宜游的"妙曼普洱"风貌特征。

（二）形象品牌体系

以旅游及旅游相关产业为基础，通过特色旅游产品及旅游服务提升城市文化氛围，树立城市形象，以文化旅游产业发展带动城市环境优化，树立城市环境形象，提升产业品牌及城市品牌价值。

城市形象品牌的塑造表现出多重模式。第一种模式，依托城市特色旅游资源，如温泉之都、滑雪之都、高尔夫之都、博物馆之城等；第二种模式，依托城市优势产业，如绿维创景参与规划的普洱"中国茶都"、仁怀"中国酒都"等；第三种模式，依托城市重大活动及会议会展形成城市品牌，如海南博鳌"亚洲论坛"、大连"足球之城"等。

（三）功能布局体系

将旅游功能融入城市功能组团建设中，将旧城改造与老城保护、新城开发相结合，引导城市向新区发展。以宜居、宜游为出发点，注重景观效果和休闲化、旅游化特征，结合道路交通建设打造生态廊道、景观廊道。

五、城市旅游化六大模式

（一）城市景区休闲化开发模式

城市旅游的核心吸引物。绿维创景总结出景区开发的八大理念：在产业链联动中寻找解决方案；用实证的科学手段，深度研究细分市场；以人为本，设计游憩模式；追求独创奇异，形成独特性卖点；深度挖掘地脉文脉人脉，用情景化体验化设计产品；遵循"品牌整合营销传播技术"，创新旅游营销；遵循产业特性，再造管理流程，实现效率提升；以投资商和银行为导向，包装产品，实现融资。绿维创景参与的典型案例有江苏常州淹城春秋乐园、朱家角古镇等。

（二）城市休闲聚集核建设模式——休闲商务区（RBD）

城市文化的集中表现载体。包括步行街（区）、娱乐场所、休闲商务场所、会展区等。业态的聚集是休闲商务区的一个典型特征，通过泛旅游产业联动形成休闲、娱乐、旅游、会议会展、住宿等业态集中区；挖掘城市文脉，增强休闲商务区的独特性，在老城区内追溯历史记忆，在新区展现历史、现代与未来文化，在新城展示优势产业文化，可形成休闲商务区鲜明的文化特征；发挥景观特征，设计地标性建筑、景观，提升城市形象，对城市起到引擎作用。例如，绿维创景在陕西富平"世界陶艺之都"规划的富陶国际陶艺文化旅游产

业园区。

（三）城市休闲街区创新建设模式

输出城市文化和价值的城市名片。文化化、景区化、休闲化，是商业街打造的三大利器。从文脉地脉中遴选，渗透到街区肌理之中，激发街区活动；以景区基于美景的要求和外向型服务理念，提升街区附加值；强调休闲业态的引入，原有业态的休闲化升级，提升整体休闲氛围和环境的营造。例如，绿维创景规划的"河湟印象"西宁商业巷、盐城"画卷式"盐镇水街等。

（四）城市公园休闲功能化模式

改善人居环境，体现地方文化特征的生态板块。地方文脉的延续与多元文化的包容并存，根据城市自身发展及使用者的需要，合理利用城市土地、废弃地，改善地区生态环境，满足休闲娱乐的需要，提高开放空间利用程度，加强绿色空间的亲和性、开放性与可达性，从而提升城市空间的人本品质。例如，绿维创景规划的唐山南湖旅游区。

（五）休闲主题卫星城建设模式

城市功能的更新和补充。包括旅游卫星城、休闲新城、旅游小城镇等，依托区位资源、市场条件，在满足城市基本功能的前提下，以旅游为主导，进行城镇化建设或改造提升，包括产业整合、业态调整、景观风貌建设等方面，提供满足市场需求的高品质项目。例如，绿维

创景规划的临潼国家旅游度假区，即为依托世界级文化资源开发建设的西安卫星城。

（六）环城游憩带城镇化模式

城市发展的必需，城市扩展的过渡和衔接带。城市在发展到一定规模后，从城乡接合部到郊区形成环城游憩带。它促进了城市公共基础设施的完善，满足了城市居民休闲娱乐的需求，承载和表现城市文化，增强旅游休闲体验功能，促进城市产业结构调整和规模升级。

案例 5　旅游引导下的普洱城镇化战略与规划

一、项目背景

普洱作为中国西南边陲的内陆型城市，长期以来受自然及交通条件的影响，农业产业比重高、工业化程度低，经济发展滞后。随着昆曼通道、泛亚铁路、机场及口岸建设的不断推进，普洱面向东南亚、南亚的区位优势日趋凸显，国际化影响力不断增加。

《国务院关于支持云南省加快建设面向西南开放重要桥头堡的意见》明确提出支持普洱市发挥自然生态和资源环境优势，大力发展循环经济，建设重要的特色生物产业、清洁能源、林产业和休闲度假四大基地建设。

如何整合普洱市区位、资源、产业优势，推进普洱国际旅游城市和普洱国际性旅游度假休闲养生基地同步建设，推进以旅游、养生为主导的生物产业和绿色经济发展，是普洱城市发展、旅游发展中要解决的核心问题。

基于此，普洱确立将旅游产业作为国民经济中的重要产业和国民经济的支柱性产业进行培育，希望通过旅游发展与城市发展的结合，推进普洱国际旅游目的地和普洱城市及城市产业同步发展，推进普洱市产业结构由传统产业向现代产业、由低级产业向高级产业的转换，使第三产业成为国民经济中最大的产业部门。

二、旅游开发与城镇建设一体化规划战略与理念

基于旅游与城市一体化战略，绿维创景在《普洱市旅游发展规划》中提出三个层面的规划任务：第一层面，旅游发展层面，重点解决旅游产业布局、产品建设、品牌塑造、产业要素提升及政府运营等问题；第二层面，泛旅游产业经济层面，重点构建旅游产业与关联产业互动发展关系，构建和创新多种形式的泛旅游产业形式；第三层面，解决区域发展问题，按照"中心城、功能镇、特色村"的城乡统筹发

展战略，构建国际旅游城市大框架。

　　旅游发展与城镇一体化建设不仅仅是旅游资源开发、旅游项目建设和服务设施配套，而是城市经济社会发展的一个重要部分。因此，必须从城市发展的大背景入手，充分发挥城市作为旅游要素集中地和旅游效益最大产生地，以及旅游在推进新型城市化建设中的特色带动作用，努力构建新型城市化和旅游业良性互动发展的新机制。因此，绿维创景提出从城市功能结构调整、城市品牌塑造、城市风貌建设三个方面，推进旅游城市化过程的实现。

三、旅游引导下的城市功能结构调整

（一）国际养生中心城市结构

　　以"思茅（区）—宁洱县"一体化建设为基础，形成思茅区为旅游主中心，宁洱区为旅游副中心的双核旅游结构，作为大中型度假城市支撑，以"普洱国家级旅游度假区"为载体形成养生度假中心，推动全市养生度假格局的快速构建。

（二）城市健康休闲商务区（H-RBD）及城市氧吧结构

　　以思茅区为核心，结合北部新城区建设，依托湿地、森林、茶山等资源，推进养生酒店、湿地休闲度假、商务会议、茶马古镇等项目建设，形成以养生旅游为特色的商业区，构建养生中心城市的健康（health）休闲商务区（RBD）。结合普洱茶健康价值的推广，在城区及度假区推出普洱茶康疗项目，通过普洱茶饮用价值与休闲项目的融合形成茶寮、茶SPA等项目，构建城市森林氧吧结构。

（三）城市休闲商务区与城市休闲中心结构

　　结合风貌建设，开展旅游项目，整治五一步行街、月光路、人民中路及振兴大道、茶城大道围合的中心商业区，恢复思茅老城风貌，建设集餐饮、娱乐、文化休闲于一体的"思茅老街"示范街区，通过慢行交通系统改造，提升步行街游憩商业功能，结合特色产业，打造咖啡主题休闲区域、普洱茶文化主题

图4-11 国际养生中心城市结构

休闲区域、艺术品主题商业区域（民族艺术品、木艺、竹艺等工艺美术街区），形成城市休闲商务区与城市休闲中心的互动发展结构，推动特色资源、特色产业与商业业态对接。

（四）城市游憩带与旅游风景道结构

围绕思茅区构建圈层式游憩结构，依托城市外环线交通网络，构建"环城半小时游憩圈"，开发旅游风景道周边景区及配套服务设施，串联城市周边普洱国家公园、茶博苑、茶马古道遗址公园、国家级旅游度假区等旅游景区及高家寨、竜竜坝、菩提箐等休闲旅游村镇。结合风景道建设，设置自驾车营地、汽车营地满足自驾游客、城市休闲游客、度假游客及城市居民的多方面需求，打造"一路妙曼"的多彩飘带。

（五）森林城市建设与城市生态旅游互动结构

推进普洱森林城市创建，发展城市生态旅游，结合滨河景

观带改造工程、绿化结构调整，通过风景道、绿道系统、森林氧吧系统引导湿地公园、国家公园、农业生态公园及自然生态公园面向城区，塑造城市生态生命景观廊道与生物生态文化，打造"城在林中、林在城中，满城山水满城绿"的世界精品城市。

四、旅游引导下的养生名城品牌塑造

针对养生城市建设，绿维创景制定的《普洱国际养生城运营策划》从公共交通便捷性提升、养生城生态景观创建、城市休闲及健身设施提升等方面全面完善养生城市基础设施；结合养生城市建设，进行普洱医疗系统提升工

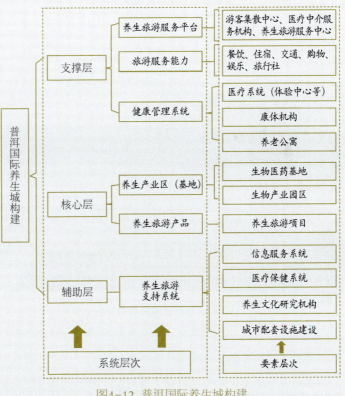

图4-12　普洱国际养生城构建

135

作，引进专业康复医院与北京、上海等医院合作，推进医院系统整体水平的提升；搭建由游客集散中心、养生旅游服务中心、医疗中介服务机构三位一体的养生旅游服务平台；以养生旅游重点项目、养生产业基地及养生中心城市为依托，全面完善普洱养生城市软硬件建设，构建中型城市支撑下的国际养生度假名城结构。

2012年，绿维创景着眼于普洱国际化城市发展及"森林普洱，生态普洱，和谐普洱"建设，提炼普洱城市特质，突出城市特色主题，专门对普洱进行了区域风貌特色的整合与优化，创建了"休闲城市，养生城市，妙曼精品城市"的城市景观风貌（图4-13）。

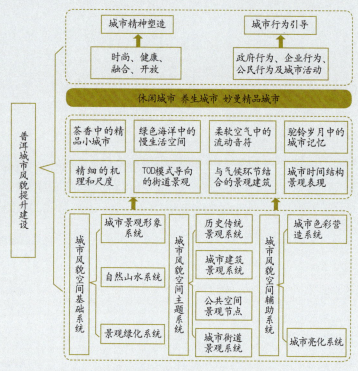

图4-13 普洱市城市风貌提升建设

五、旅游引导下的城市风貌提升改造

提升普洱的城市品牌，必须进行城市旅游的建设。其中，城市风貌是承载文化和旅游功能最重要的载体。

案例 6

城市旅游的整合与开发
—— 浙江义乌城市旅游发展规划

义乌，以小商品闻名天下，在城市经济转型与城市升级的过程中，旅游的发展也成为全市发展的重中之重。义乌人提出了打造城市旅游的命题，绿维创景通过竞标，获得研究这一命题的机会。由于义乌是典型的传统资源非优区，因此在发展城市旅游方面具有非常强的典型性。我们通过对本次规划的总结，透过义乌的例子，提出城市旅游发展的基本模式。

一、城市旅游解读

（一）什么是城市旅游

目前，学术界对城市旅游的界定还不统一，但总体而言可概括为：城市旅游是以城市的功能、性质及特色为基础，将城市作为一个整体的旅游吸引体系，吸引、推动、促进旅游者在城市地域内所进行的富含城市文化内涵的所有旅游现象过程的总和。

城市旅游的范围是城市建成区和市域；城市旅游的主体是国际游客、国内游客和本市居民；城市旅游的客体是组成城市的各类物质和非物质要素，包括自然、文化、产业、建筑、居民、事件等元素。

（二）城市旅游是当前及未来中国旅游发展的一个重要趋势

城市，特别是国际大都市，往往是一个地区和国家的政治、经济、文化和商贸中心。城市所蕴含的历史文化构成了城市旅游资源，城市所具有的便利的交通、发达的商业设施、舒适的居住环境也使其成为区域旅游的集散中心，因此城市成为世界上最重要的旅游目的地，城市旅游成为居住在世界不同地区的人们进行跨文化交流的重要载体。

城市旅游的最终目的是将整个城市打造成为一个超大规模的城市旅游产品，并在此基础上，扩大城市旅游的内涵和外延，整合区域的旅游资源，带动区域旅游产业的发展。从中国香港及新加坡、巴黎等地发展城市旅游的实践来看，其对整个城市及区域经济的拉动作用是非常明显的。

城市旅游是中国旅游业的重要组成部分，但我国目前仍处在关注传统旅游发展的阶段，城市旅游虽有发展，但发展还不充分。城市旅游的优势是显而易见的，其必将成为当前及未来中国旅游发展的一个重要趋势。

二、如何发展城市旅游

（一）城市旅游战略理念：强化发展理念与发展战略的创新

作为传统旅游资源非优区，义乌要开发城市旅游，本身就是一大创新。规划义乌城市旅游，更是创新与发展的对话。能否以创新的理念与思路，把城市、产业、文化与旅游创新结合，是义乌城市旅游发展能否突破的关键。

因此，本规划以创新为重点，跳出义乌看义乌，在科学把握新态势的前提下，把创新作为城市旅游发展的关键理念来强化，以六大创新理念来审视和考虑义乌的城市旅游发展战略问题（图4—14）。

第一，发展观创新。以科学发展观来统领义乌城市旅游的全面发展，把城市旅游放在全市经济社会发展全局中来统筹考虑和谋划，把城市旅游发展作为义乌产业升级与城市升级的

图4-14 义乌城市旅游发展理念

关键抓手来培育。

第二，引擎观创新。充分挖掘义乌市的特色产业——商贸、会展等，打造义乌城市旅游的核心吸引力，构建义乌城市旅游发展的独特主题与超级引擎。

第三，资源观创新。以泛旅游视野重新审视义乌的城市资源，把整个城市视为一个旅游目的地来建设和经营，把包括城市品牌、城市街区、商品市场、会展中心、节庆活动、文化风情等在内的城市产品作为城市旅游发展的重要资源进行开发利用。

第四，市场观创新。跳出传统的纯旅游群体的市场观念，把义乌庞大的商贸与购物人群也作为重要的旅游市场来对待，把购物过程的旅游化提升、商贸接待与会展活动的休闲化升级作为义乌城市旅游发展最重要的内容。

第五，产品观创新。以泛旅游的视野来界

定义乌城市旅游产品的特质，跳出传统旅游产品概念，通过"城市资源景区化、风情化、休闲化、主题化、体验化"手法，打造特色城市旅游产品，最终实现整座城市就是一个大景区、大产品的根本目标。

第六，产业观创新。树立大旅游的理念，把义乌的城市旅游发展与商贸、会展、餐饮等现代服务业充分融合，构建旅游产业集群，充分发挥城市旅游的动力引擎与关联带动作用，推动和促进全市各项产业的结构优化与协同升级。

（二）城市旅游产品打造：特色产业与城市公共产品旅游化

1. 以休闲化的手法促进特色产业的休闲化延伸发展

义乌城市旅游的发展与自身发达的商贸产业（包括商贸、会展、流通等）特性有着非常紧密的关系。由商贸活动带来商贸会展、商务休闲等活动，商贸产业也是带动义乌购物旅游、会展旅游、休闲旅游发展的根本动力。

可以说，作为一个国际商贸城市，商贸产业是义乌当之无愧的龙头产业、特色产业。义乌要发展城市旅游，首先要针对商贸客商做文章。所以绿维创景提出：以休闲化为核心，推动义乌商贸产业与会展产业延伸发展，大力促进两者的休闲化。

例如，打造异国风情商务休闲区，营造一种浓郁的异国文化。异国建筑、异国饮食、万国风情汇聚于此，让来到此地的人们充分体验到义乌的国际风情和异国风味；打造梅湖文体会展休闲区，把整个区域打造为以展览、会议为主要功能，商务服务为主，兼顾游客集散的义乌国际商贸服务中心和义乌旅游集散中心。

2. 以景区化的手法将城市公共产品转化为旅游产品

从发展城市旅游的角度看，需要有一系列的产品支撑。但除国际商贸城外，义乌多数城市公共产品与传统的生态或人文资源都还没有开发成为旅游产品。所以我们提出，以景区化的打造手法，将义乌城市公共产品与传统的生态或人文资源转化成旅游产品。

按照国家A级旅游区的建设要求，大力进行城市街区、城市广场、购物场所、购物市场等的景区化打造，完善国际化的导引信息系统，着力营造良好的城市旅游环境，使它们成为义乌城市旅游的特色产品。

例如，通过休闲产品和文化艺术的引入，把绣湖区地下购物广场打造为义乌"地下购物

休闲艺术宫"；把目前义乌仅存的明清古街区之一的西门街，包装改造成为义乌明清风情一条街，与佛堂古镇对应成为义乌最具代表性的历史文化旅游产品。

（三）城市旅游构建模式：建设独具特色的城市旅游目的地

城市旅游目的地是城市旅游发展的深化和提升，发展城市旅游是基础，旅游目的地是城市旅游发展的一个重要方向和发展目标。在义乌城市旅游规划中，绿维创景就是围绕"天下商品汇，万国风情城"的总体定位，按照建设城市旅游目的地为目标来进行城市旅游系统工程的打造（图4-15）。

1. 先导工程：城市旅游核心吸引力打造工程

城市旅游目的地的形成，首先需要独特的、强大的核心吸引力，这是城市旅游发展的原动力。

作为"小商品海洋，购物者天堂"，如果充分发挥义乌的购物优势，把购物旅游做到极致化，真正把义乌打造成为比肩于中国香港和法国巴黎的特色化国际购物天堂，极致购物旅游将成为义乌城市旅游的第一吸引力，并极大地提升义乌对商务会展客源的吸引力。分析发现，除了极致购物外，由十大国际化色彩资源构筑的"万国风情"是义乌的第二大特色吸引力所在，完全可以把万国风情体验打造成为义

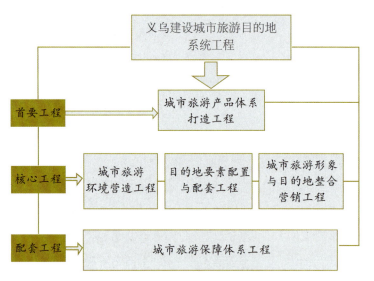

图4-15 义乌建设城市旅游目的地系统工程

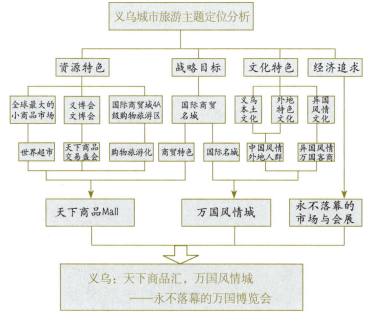

图4-16 义乌城市旅游主题定位分析

乌的全新吸引核。极致化的购物旅游与多元化的万国风情，就是义乌城市旅游的核心吸引力所在，是义乌城市旅游发展的双核动力。

基于以上分析，我们将义乌的城市旅游定位为"天下商品汇·万国风情城——永不落幕的万国博览会"。围绕这一城市旅游定位进行城市旅游系统工程的打造（图4-16）。

2. 核心工程：城市旅游吸引物体系打造工程

城市旅游产品是城市旅游目的地打造的核心工程。从城市旅游开发的角度看，义乌的资源与产业、城市公共产品的结合性非常明显，如何把商贸、会展等产业与城市旅游开发结合，如何把购物场所、城市公共产品打造成为旅游产品，成为义乌城市旅游发展的关键。

为此，绿维创景围绕"天下商品汇，万国风情城"的总体定位，以购物为主线，以万国风情为特色，打造一批5A级和4A级景区旅游产品来带动支撑义乌城市旅游目的地的建设；结合义乌旅游资源及未来发展思路，义乌城市旅游产业将以8大核心产品（1个5A级景区、7个4A级景区）——"1+7"核心产品体系

作为发展引擎（图4-17）。

3. 重点工程

（1）城市旅游环境营造工程

城市风貌打造工程——打造万国风情都市景观。城市风貌是城市形象的重要构成，在义乌城市旅游规划中，围绕天下商品汇，万国风情城的定位，重点从标志物、门户景观、特色城市公共建筑景观、城市公共空间景观、夜景亮化工程等方面营造义乌城市风貌。

旅游氛围营造工程——让万国风情无处不在。城市旅游目的地打造必须充分重视培育良好的软环境和旅游的感知氛围，为旅游者营造一个风情休闲的旅游氛围。

（2）目的地要素配置与配套工程

在义乌城市旅游的重要节点，如梅湖会展体育中心等建设城市旅游集散中心与游客服务中心，完善相关配套服务设施，形成集散中心、游客中心体系，使之成为义乌建设旅游目的地的重要工程；完善旅游标识与问询系统，与国际旅游城市的标准接轨；建设旅游目的地信息系统；从硬件和软件

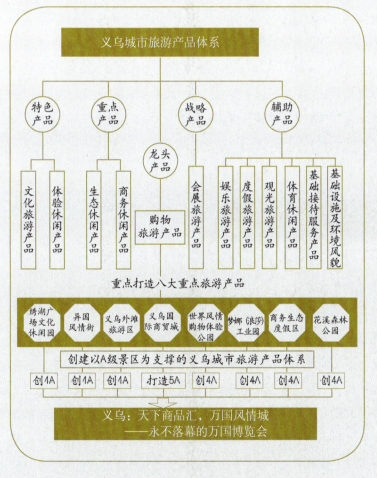

图4-17 义乌城市旅游产品体系结构

两个方面完善提升义乌城市基础设施水平，形成支撑旅游目的地建设的完善旅游产业要素体系。

（3）城市旅游形象与目的地整合营销工程

通过产品建设与文化氛围的培育，在"小商品海洋、购物者天堂"的基础上，提出义乌"天下商品汇，万国风情城——永不落幕的万国博览会"的全新城市旅游形象。

跳出只针对旅游者的传统营销局限，站在整合营销传播的高度，通过重大展会、区域联合等手段，向旅游者、投资商、社会群体和政府部门展开针对性的全面营销，并从单一的旅游营销走向城市旅游目的地整合营销，制定完善的目的地整合营销规划，全面推进"天下商品汇，万国风情城"的城市旅游形象与目的地营销，使得义乌的全新形象深入人心。

4. 配套工程：城市旅游保障体系工程

（1）构建以政府运营、政策扶持及投融资为重点的政策保障体系。

（2）构建以商贸会展人才为重点的旅游人力资源保障体系。

（3）构建以行业管理为重点的市场保障体系，保护游客的利益。

（4）构建与城市旅游开发关联的用地保障体系，引导和保证城市旅游开发项目有序推进。

（5）构建以城市旅游资源的合理开发和保护为重点的资源保障体系，保障义乌城市旅游的可持续发展。

案例 7　旅游主导下的张家口城市发展战略
——河北张家口旅游发展规划修编

作为"环京津休闲产业带"的重点城市之一，2010年张家口市委、市政府将旅游业确定为第一主导产业，明确提出"优先发展旅游服务业，全力打造第一主导产业"，依托京津庞大的旅游市场，张家口市旅游业处于从未有过的重要地位。这就要求，不仅要关注旅游产业的自身发展壮大，还应着力研究如何发挥旅游产业的主导功能，不断带动其他相关产业的发展加快城市化进程。

一、旅游、区域两层面考虑旅游产业发展

在张家口市提出将旅游业打造成第一主导产业的背景下，绿维创景要做《张家口旅游发展规划修编》就决不仅仅是一个单纯的旅游产业发展规划。作为第一主导产业，旅游业该如何理顺与其他产业之间的关系，形成有效的协调互促发展机制，并通过自身的发展带动其他产业的发展，从而形成张家口市整体区域经济

的腾飞以及社会的进步？旅游业如何通过产业要素的布局构建旅游目的地，如何推进旅游城市建设和张家口城市化发展？这是摆在本项目面前的重大课题。

所以，绿维创景在做本项目时，将其作为一个在旅游产业发展规划基础上，以旅游产业为核心和主导，并最终落实在旅游产业开发上的区域产业经济协调可持续发展规划。这里包括两个层面的内容：第一，旅游发展层面。解决旅游业自身发展问题，制定适应新形势的发展战略，策划适应市场需求的产品体系，制定行之有效的旅游营销策划，并形成政府可操作的运营策划。第二，区域发展层面。结合产业发展进行目的地建设、城乡统筹下的城市化建设等，包括产业整合升级、旅游目的地建设和城市建设与城市化三个方面。

二、旅游产业自身升级与整合带动机制

旅游产业应在其"第一主导产业"定位的基础上，首先实现产业本身的升级，然后构建合理的产业集群，带动其他产业联合发展。

（一）旅游产业本身升级

张家口已经初步形成了以崇礼滑雪、赤城温泉、蔚县民俗、张北草原、怀来葡萄酒文化为代表的主要吸引点，但从打造具有国际影响力的现代休闲度假旅游目的地城市角度而言，现有旅游业发展水平还有待提升，应实现包括产品转型升级、产业规模升级及主题产业聚集在内的三大升级。

产品转型升级：通过观光升级、休闲延展、度假深化，促进张家口旅游产业升级，从根本上改变单一门票经济的收益模式。

产业规模升级：加大投资和营销力度，为旅游业营造良好的发展环境，促进旅游产业规模升级。

主题产业聚集区：通过对场地资源的把握，确定各区块主题产业，并实现目的地各区块的差异化发展——同主题产业聚集在旅游区块内形成主题产业聚集区，各旅游区块形成综合、完备的旅游产品体系。

（二）旅游产业集群构建

旅游是一个带动性强、关联度高、覆盖面广、消费潜力大并对多个重要领域都可发挥

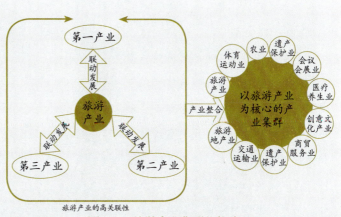

旅游产业的高关联性

图4-18　旅游产业集群的构建

促进作用的优势产业，对第一、第二、第三产业具有全方位的"催化效应"。作为第一主导产业，张家口的旅游业应充分发挥其主导作用，以旅游产业、体育运动业、文化产业为核心产业，从旅游相关产业衍生发展和旅游支持产业延伸发展着手，异业联合、整合发展，推进旅游及相关产业（旅游产业集群）"升级、联合+整合、多元化发展"，形成联动发展机制，在旅游业自身大力发展的同时带动相关产业的发展。

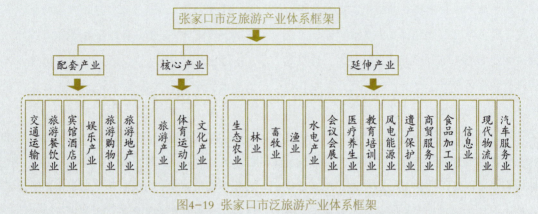

图4-19 张家口市泛旅游产业体系框架

三、旅游主导下的城市发展战略

作为第三产业的重要组成部分，旅游业的发展已成为我国城市化发展的重要力量，并对城市建设起到了重要的作用。同时，城市在硬件和软件方面的完善，也促进了旅游的进一步发展。

旅游业作为第一主导产业的张家口，旅游发展与城市建设的关系更为密切。以崇礼和张家口市区为核心的奥运城市建设，崇礼国际滑雪度假城、环官厅湖休闲度假新城、环壶流河休闲度假新城、桥东区体育新城的休闲度假新城打造，大境门—堡子里旅游综合体建设，张北、沽源、涿鹿等旅游小城镇打造，以及一系列旅游特色村和重点旅游区的建设，必将大大加快城市化的进程。

旅游的理念要融入城市建设的方方面面，以旅游业发展的理念来建设并运营城市，从基础设施建设、城市风貌打造、品牌形象塑造、人文环境创建等方面入手，建设有品质、有气质的城市，打造优秀的旅游目的地。

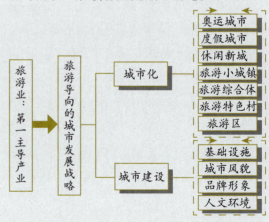

图4-20 旅游导向的张家口市发展战略

第四节
旅游小城镇——特色城镇发展之路

小城镇建设是中国城镇化进程中非常重要的部分，是推进城镇化进程、完善城镇体系、带动农村经济和社会发展的重要战略措施，也是大多数农民转化为城镇居民的基本模式。改革开放之后，受益于体制改革及人们物质需求的释放，再加上国家实行以工业带动经济发展的策略，兴起于乡村的乡镇企业成为当时中国经济的一大亮点，并成长为带动小城镇发展的重要动力。

20世纪90年代，随着国内市场转为买方市场以及外资企业不断融入，市场竞争加剧，无论是在资源、技术还是人才、管理等方面均不具备竞争优势的乡镇企业受到了前所未有的挑战。加之工业发展带来的生态环境破坏问题，已不符合国家对生态化的要求，因此，工业在吸纳农村就业能力、推动小城镇发展中的作用越来越弱，新型的小城镇发展需要寻找新的动力之源。

绿维创景站在国家经济社会发展的高度，结合新型城镇化的要求，认为具有消费聚集、产业聚集、人口就业带动、生态优化、幸福价值提升作用的旅游业，将成为引领小城镇特色化发展的主要动力。

一、小城镇与旅游小城镇

费孝通先生在《小城镇，大问题》中，从社会学的角度，将小城镇界定为以一批并不从事农业生产劳动的人口为主体组成的比农村社区高一层次的社会实体的存在。从城镇化的角度，绿维创景认为小城镇是人口（非农业）、产业（非农业）、文化、基础设施、社会服务等元素在介于城市与乡村之间的一定区域内聚集，形成的社会经济综合体。按照大多数专家的研究，小城镇主要分为人口少于20万的小城市、县城、一般建制镇及集镇四类。

旅游小城镇，就是拥有较为丰富的自然与人文景观，能提供相应的旅游服务，旅游产业占有一定比例的小城镇，是在旅游产业集群化发展与城镇化进程双重因素推动下产生的。旅游产业的"消费搬运"及"产业集聚"是旅游小城镇形成的前提；特色化是旅游小城镇建设的要点；泛旅游产业整合是旅游小城镇发展的核心。

二、新型城镇化背景下的旅游小城镇——走特色化发展之路

旅游小城镇开发的关键要点是要走特色化发展之路。主要体现在以下几点：

1. 自然资源特色化

旅游小城镇不同于城市，往往有丰富的自然资源。利用滨海、温泉、森林、冰雪、湖泊、地质等资源，很多小城镇发展成为知名的旅游小城镇。例如，海南的滨海小镇、黑龙江的滑雪小镇亚布力镇、北京的温泉小镇小汤山。

2. 文化特色化

文化特色的挖掘，主要体现在四个层次：（1）心态文化层，主要指当地的一些价值观念、审美情绪、思维方式等；（2）制度文化层，主要由各种社会规范构成；（3）行为文化层，包括民风民俗以及一些地域特色；（4）物质文化层，是在物质的生产活动中产生的，例如建筑文化、当地曲艺等。

3. 产品特色化

资源与文化最终都要转化为可观赏、消费与体验的产品。特色化产品是旅游小城镇构建核心吸引力的基础，也是区别于其他城镇的比较优势。例如，平遥的大院建筑、阳朔的"印象刘三姐"、丽江的特色酒吧和咖啡吧等。

4. 业态特色化

从旅游要素的角度看，业态主要是指食、住、行、游、购、娱、体、疗、学、悟等。其特色化就是突破传统方式，为游客带来全新感受。例如，拿餐饮来说，可以采取以下特色化方式：餐饮＋现场制作（让游客亲身体会特色餐饮的制作过程）、餐饮＋娱乐表演（让游客在品味美食的同时欣赏当地特色的文化表演）、滨水餐厅（借助湖景、水景的各类餐厅）、水上船餐厅（船上餐饮、品茶、饮酒）、屋顶餐厅等。

5. 风貌特色化

风貌，能刺激游客在进入旅游小城镇后第一时间对其产生印象。因此，风貌的特色化，对旅游小城镇的形象至关重要。它不仅体现在以上的文化、产品和业态上，较为直观的景观与建筑，也是其打造特色的主要方向。

三、旅游小城镇的开发模式及要点

（一）资源主导型开发模式

即小城镇自身拥有丰富的旅游资源，依靠旅游发展而成为旅游目的地的开发模式。这类小镇本身就是旅游吸引物，很有特色。根据其依托的资源类型，可以分为：

1. 自然景区型小镇

自然景区型小镇，拥有良好的自然资源，环境优越、气候宜人，区域内或紧邻地区一般拥有品质较好的风景区，城镇发展和风景区建设紧密结合在一起，且以景区发展为基础。例如，由武夷山风景名胜区、九寨沟景区带动的武夷山市和九寨沟县。其开发要点在于加强自然资源和环境保护，控制城镇的承载力：自然景观不要做大范围的人为加工，开发重点放在

交通、水电等基础设施的完善，餐饮、住宿等高品质服务的提供，用地、建筑景观风格等方面的控制上；严格限制游客数量、控制城镇核心区规模。

2. 古城古镇

古城古镇，特别是国家历史文化名城（镇），以其独有的特色建筑、风水情调、民俗文化等，成为我国旅游小城镇中的中坚力量。例如，乌镇、西塘等江南六大名镇。

同质化是我国古城古镇开发面临的主要瓶颈，挖掘特色主题，形成鲜明形象，成为古城镇开发与提升的第一步。另外，古城镇在经历以"古"为特色的观光主导、以"商"为核心的商铺为王阶段后，以"夜"为核心的休闲体验发展成为很多古城古镇新的开发方向。因此，业态向休闲化的调整必不可少，而以夜景观光、夜间活动、夜晚休闲为核心的夜游项目也会成为古城镇开发的重点。

案例 8

新旅游时代下的古镇新颜
——上海朱家角古镇规划及5A级提升

朱家角，一座位于上海青浦的千年古镇，上海人眼中的乡下地方，周庄、乌镇、同里、南浔等江南著名古镇包围下的非著名景区，在后世博效应的带动下迎来新的发展契机，一项重塑古镇精神内涵的重大举措正在悄悄酝酿。绿维创景有幸参与其中，为新旅游时代下的古镇升级焕颜出谋划策。

一、辉煌历史

古镇朱家角历史悠久，早在1700多年前的三国时期已形成村落，宋、元时形成集市，名朱家村。明万历年间正式建镇，名珠街阁，又称珠溪。曾以布业著称江南，号称"衣被天下"，成为江南巨镇。明末清初，朱家角米业突起，再次带动了百业兴旺，时"长街三里，

店铺千家"，老店名店林立，南北百货，各业齐全，乡脚遍及江浙两省百里之外，遂又有"三泾（朱泾、枫泾、泗泾）不如一角（朱家角）"之说。清嘉庆年间编纂的《珠里小志》，把珠里定为镇名，俗称角里。

二、发展症结

朱家角有"上海威尼斯"之称，是上海地区文化名镇之一。镇内古风石桥跨河而居，明清建筑依水而立，构成特有的自然价值景观。朱家角未被世俗染指的那份清幽、宁静，远离城市喧嚣的悠闲、恬静，在一桥、一街、一院、一庙、一厅、一馆、一园、条条里弄里尽显大气与芳华。

在若干年的发展之后，朱家角旅游的主要

图4-21 朱家角一景

发展症结如下：

1. 品牌定位不突出

朱家角最大的困惑，是江南水乡古镇的同质化瓶颈——资源本底同质化、旅游产品同质化、旅游模式同质化。朱家角古镇的品牌定位不突出，无法让朱家角在江南古镇乃至中国古镇中脱颖而出，这是朱家角古镇旅游发展的关键，也是最大的难题。

2. 产品业态不合理

古镇旅游区的业态不合理，难以构建起全镇整体旅游的合力，就连古镇、老镇和新镇各自的深度提升也受到极大限制——观光产品独大，产品业态的优化整合措施无法实施，导致游客无法全方位地体验朱家角，特别是导致了"客人到了家，也不愿住下"的尴尬局面。

3. 经营体制不灵活

从投资开发公司到旅游发展公司，都没有实现对古镇旅游经营的绝对掌控，都难以与当地居民搞好合作关系，各利益相关者缺乏一个强有力的协调者。这给古镇旅游的整改升级带来了极大的难度，很多整改措施无法顺畅推进。

三、发展策略

跳出古镇看古镇，从整个镇域的旅游发展战略高度，构建"一心三板块"的发展格局（图4-22）。以古镇为中心，以太阳岛、淀山湖、大淀湖为支撑，构建岛屿度假、滨湖度假、农业休闲三大板块，与赵巷、佘山、欢乐谷、虹桥形成互补，对接古镇休闲需求。

整个镇区，方圆10平方公里区域，作为发展规划的重点，主要形成"一心三带三区"的规划格局（图4-23）。

图4-22 镇域旅游发展战略布局

一心——古镇休闲核心区：以井河、东市河、朱家角市河为路径，形成人字形区域。融古镇餐饮、特色工艺品、土特产品、主题客栈、精品景点、创意休闲等于一体，是集中展现朱家角千年古镇风情的核心区域，也是古镇核心保护区。

三带——（1）**水乡风貌体验带**：沿漕港河，西接淀山湖。以曾经的漕运繁华景象、时下的水乡古镇风情为主题，从西向东，分段式展现东方水乡的今风古韵。（2）**商业休闲发展带**：祥凝浜路一线，古镇与老镇分界带。满足市民与游客双重需求的集餐饮、购物、休闲、娱乐于一体的特色发展带。（3）**新镇生态景观带**：沿着珠溪路，古镇老镇与新镇的分界带，展现朱家角新镇绿色、生态、宜居生活的绿色景观大道。

三区——（1）**环湖综合度假区**：环大淀湖，包括周围的酒店、地产、休闲项目。以大

淀湖城市公园为基础，打造特色水岸昼观光夜休闲区域。（2）**新江南水乡居住区**：新镇区以绿色、生态、舒适的居住环境，展现现代水乡宜居生活。（3）**老镇风貌协调区**：老镇区内传统居住区，与古镇统一风貌，形成特色居住区。

对0.68平方公里的"古镇休闲核心区"，

图4-23 朱家角镇区旅游空间布局构想图

以创5A级为宗旨，采用以"水文化"为灵魂、以"夜文章"为重点、以"国际化"为目标的创意依据，通过塑造"都市水乡"、打造"不夜江南"、借鉴国际古镇旅游发展经验并依据国际旅游标准，构建"国际古镇"（图4-24和图4-25）。

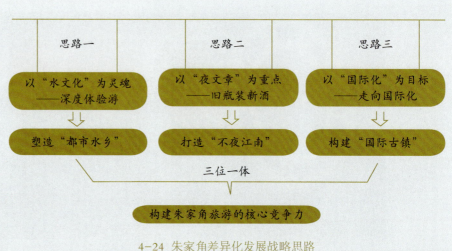

4-24 朱家角差异化发展战略思路

图4-25 朱家角具体打造思路

（一）塑造"都市水乡"

抓住古镇旅游休闲升级的大势，利用自身作为上海市新市镇、一城九镇之一、青浦新城中心镇的特点，特别是依托国道、高速和轨道交通多种交通与市区便捷对接的优势，打造"都市水乡"品牌——以水为魂，以传承至今的鲜活的千年古镇（包括古镇、老镇和新镇三层水乡体系）为载体，以水乡中国文化、上海都市水乡文化艺术的深度体验游构建白天游览的吸引核，从而成为上海国际化大都市里的经典水乡古镇、水乡中国文化体验超级平台。

（二）打造"不夜江南"

充分发挥古镇的价值，融入大上海的都市旅游格局，至关重要。发挥与市区的便捷交通优势，以古镇为载体，面向市场需求，通过"旧瓶装新酒"的手法，做大夜间休闲的文章，打造不夜江南的典型代表，构建上海国际化大都市唯一的"沪上夜江南"，使之成为古镇休闲旅游发展的一大特色，特别是通过轨道交通、黄浦江夜游（外滩—淀山湖）游线的延伸，使之真正成为"夜上海"休闲的一个新品牌、一张新名片——可与外滩、新天地、衡山路媲美的夜上海新名片，从而真正带动朱家角融入大上海都市旅游格局。

（三）构建"国际古镇"

借助上海这一独特性平台，面对上海旅游的国际化定位，朱家角具备对接国际化，走向国际化的优势。打造国际化古镇，是朱家角的现实需求与历史使命，更是朱家角旅游突破升级的关键之道——2001年朱家角正是因APEC元首之旅而声名鹊起。在未来的发展中，应充分利用上海这个国际化平台，以国际化人群为重点，在完善国际化旅游设施，提供国际化旅游服务，打造国际化休闲产品的基础上进行国际化营销，以"反弹琵琶"、"墙外开花墙内香"的思路，通过使朱家角成为中国最国际化的古镇旅游目的地，吸引外国人的聚集从而吸引更多的国内人群前来游览、消费，进而推动朱家角旅游的升级。

四、古镇提升

本着创5A级的目标，对古镇街区的十余条主要步行游览街进行业态整合和主题定位，通过融入旧式体验业态，打造夜间休闲，让人真正走进古镇的记忆中，留下来，住下来。

（一）古镇一街一品

以"景点＋主力店＋辅助店铺"的模式，对每一条商业街都进行行业业态调整，形成"一街一品味，一路一风情"的差异化发展战略。为5A级景区的创建打开突破口，提供有力的支撑和保障（图4-26和图4-27）。

主力店：统领街区，展现主题，以精致代替数量，以个性风格代替低级模仿（图4-28）。

销售：拒绝平庸的模仿。建议所有经营项目都要以朱家角文化为基础；所有销售都以突出朱家角独有、特有为目的；所有销售、外带都采用带有Logo的专用包装风格，让每一件商品都只能在朱家角独享。

（二）旧时业态重现

恢复鼎盛时期朱家角内老式业态，如酒坊、油坊、米坊、布坊、酱坊。通过"前店后

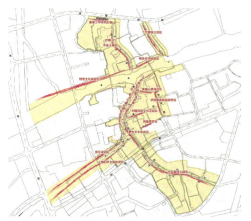

图 4-26 朱家角古镇街区业态调整

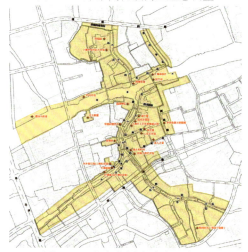

图 4-27 朱家角景点分布示意图

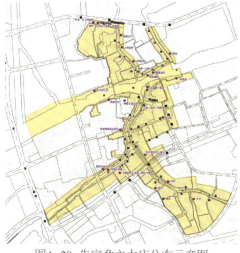

图 4-28 朱家角主力店分布示意图

坊"式的布局，加深游客的体验感受。以朱家角现在的涵大隆酱菜园为例，未来从简单的观光门票和酱菜售卖，拓展到"门票+售卖+体验+餐饮+分店招商"的经营模式。

（三）丰富夜间休闲

做大做强夜间休闲，对应"不夜江南"的发展策略。目前朱家角最出名的便是课植园内的实景园林版夜表演《牡丹亭》，未来将夜酒吧、夜游、夜宴、夜古街统统纳入夜间休闲中来，成就一个越夜越精彩的文化古镇。

在中国进入休闲时代的大背景下，中国古镇旅游从观光向休闲全面转型升级成为必

图4-29 朱家角传统业态——酱铺、酒坊

表4-3　朱家角夜间休闲项目

主打夜间活动	概　　述
夜茶楼	品茗的同时，欣赏评弹、听说书、看歌舞表演等独具朱家角特色的节目
夜酒吧	时尚与民俗表演在夜晚的酒吧上演
夜　宴	华灯初上，在临水、滨水餐厅内细品角里味道
夜表演	以课植园的《牡丹亭》为代表的庭院、园林戏曲歌舞精品演艺，主题店内的角里民俗表演
夜古街	大红灯笼指引下，探访神秘古镇街区，体验角里的时空变换

然。上海朱家角古镇作为江南古镇群中的重要一员，休闲化升级也成为当前最重要的战略任务。

在2010年上海世博会带来的巨大效应、长三角区域一体化的深入推进、大虹桥枢纽的大力建设、淀山湖新城的加快开发等区域重大态势影响下，朱家角古镇应全力抓住这些机遇，发挥自身比较优势进行旅游大升级，朱家角完全有望成为依托大上海与长三角，面向全国乃至世界的国际化古镇休闲目的地。

图4-30　实景园林版牡丹亭

3. 行业依托型

行业依托型小城镇是因特色行业而发展起来的，例如云南瑞丽（玉石）、江西景德镇（瓷器）、浙江义乌（商贸）、横店镇（影视）、博鳌（会议）等。

其开发重点在于以泛旅游产业框架为基础，构建特色产业、旅游产业及其他相关或配套产业共同组成的产业集群，并形成旅游产业与特色产业的互动发展机制，实现两者的共赢发展。但与其他类型小城镇不同，特色产业在一定程度上仍是行业依托型小城镇的主导产业，旅游产业扮演的角色是带来旅游人群和消费聚集，提升特色产业的附加价值，在促进其发展的同时，自身也得到提升。

（二）休闲聚集型开发模式

依托良好的区位、交通或环境条件，联合周边的景区或是城镇旅游资源，形成休闲集聚区、旅游集散地，是旅游接待建设的重点区域。

1. 集散型小镇

依托著名旅游风景区或旅游区，在旅游集散和服务需要的催生下，在风景区重要门户和游客主通道上，形成的以旅游服务为核心功能的小城镇。例如，黄山周边的汤口镇、甘棠镇。

一般具有较好的区位优势与生态环境，适宜进行"商业+休闲+旅游地产"的开发：

（1）商业开发：一般以商业街或是商业区的形式呈现，汇集了当地的特色美食、民俗客栈、土特产店等；（2）休闲开发：要想把游客留下来，必须为他们提供不同于景区体验的休闲娱乐活动，尤其是夜间的。例如，一些民俗演艺活动、养生SPA等；（3）地产开发：依托于区位及生态环境优势，这类小镇往往受到地产商的青睐，适宜开发商业地产，又可以开发度假地产。

2. 城郊型休闲小镇

依托于具有强大旅游市场需求的城市而形成的城郊休闲小城镇，生态环境非常好，如北京周边的小汤山镇、成都的山泉镇等。这类小镇是旅游小城镇中的主要类型，一般处于大中型城市周边（城市级别越高，城郊型休闲小镇与城区的距离越大，反之越小），以接待城市休闲居民、开展郊野休闲观光等为发展特色，进一步发展生态度假居所、休闲第二居所，以此带动区域经济发展。其开发应从以下几点找准方向：（1）针对普通市民的农家乐或是生态农业观光开发；（2）为市民提供游玩、休闲的郊野公园和主题公园；（3）针对周一至周五企业的会议、产品发布、拓展培训等开发的"商务会展+休闲度假"模式，例如现在很流行的"开会+泡温泉+高尔夫"；（4）针对高端市场的度假别墅、会所；（5）针对老年人市场的"养生养老别墅、公寓"。

案例 9

高端休闲养生产业聚集的沟域经济示范镇
——北京密云北庄镇总体规划

北庄位于密云水库三级保护区内，环境优美，青山绿水掩映，是重要的水源涵养区，宜居性好，适宜养生，不适宜发展污染较为严重的工业。

根据政策条件分析及密云新城规划对北庄的发展定位和要求，结合北庄的资源优势，以及北京市场具有的大量休闲养生需求，本规划认为"休闲养生产业"是最适合北庄的特色产业。本项目应做大休闲养生产业，构建休闲养生产业集群，实现产业结构调整和产业升级，在此基础上，进行居民社会调控规划，并确定

与之配套的空间和土地利用格局，将北庄镇打造成为以休闲养生产业为主体，以都市型农业、生活服务业为辅的城镇。

一、产业规划——休闲养生特色产业集群构建

"休闲养生产业"是最适合北庄的特色产业。做大休闲养生产业，构建休闲养生产业集群，努力建设"清水河休闲养生度假区"，成为密云"绿色国际休闲之都"的重要组成部

图4-31　密云北庄景观节点图

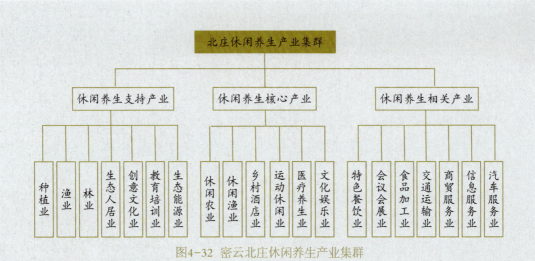

图4-32 密云北庄休闲养生产业集群

分，是北庄产业结构调整和产业升级的合理途径。在产业集成的概念下，我们对北庄的产业进行梳理，进而构建出北庄休闲养生产业集群结构（图4-32）。

二、居民社会调控

随着休闲养生产业主导地位的确立，北庄镇未来20年的经济发展将面临由工业向休闲养生产业转型以及人口迁移，因此进行居民社会调控必不可少。考虑到旅游业及其他第三产业的发展，居民调控应以常住人口（含户籍人口和寄住人口）、通勤人口（主要为休闲养生产业和外来企业总部基地引进）、旅游度假人口和服务人口四部分为主，在保持适度规模的基础上，尊重历史，保留文脉，就近合并，得出规划将要保留的村庄（表4-4）。

三、小镇打造手法

绿维创景从"景区（度假点）—村—镇"

表4-4 密云北庄镇村庄撤并意向表

	村 名	迁并意向
镇区	北 庄	保 留
保留村	暖泉会	保 留
	朱家湾	保 留
	东 庄	保 留
	苇子峪	保 留
撤并村	大 岭	迁入镇区
	抗 峪	迁入镇区
	干峪沟	迁入镇区
	土 门	迁入镇区
	杨家堡	迁入镇区
	营 房	迁入镇区

三个层次着手，打造清水小镇的城镇结构，从清水景观、清水休闲游乐和清水度假居所三方面来体现清水的意境和特色（图4-33）。

清水景观打造：滨水风情带、溪瀑、跌水、河渠、鱼塘、岛等水环境打造，形成清水小镇处处是水的意境。

清水休闲游乐：清水休闲、清水游乐、清水度假、清水渔业、清水酒吧。

清水度假居所：亲水村落、亲水庄园、亲水小镇、亲水的生活方式。

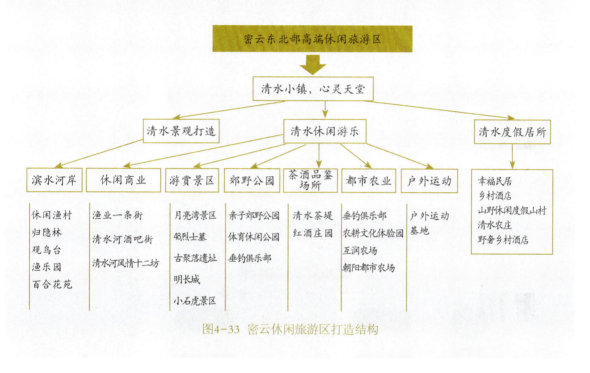

图4-33　密云休闲旅游区打造结构

3. 资源依托型休闲小城镇

资源依托型休闲小城镇，有着鲜明的特色，通常位于自然或气候较好的区域。例如，滨海小镇、海岛小镇、温泉小镇、滑雪城、花卉城、渔港小镇、边境小镇等。其开发要以优势资源为基础，以休闲度假为方向，走综合发展之路，打造一个集观光、休闲、度假、养生、会议、康体、文化体验、居住等多种功能于一体的旅游小城镇。

其打造重点有两个方向：一是设置完善的度假生活配套及高品质的服务质量，高尔夫、游艇俱乐部等高端度假项目必不可少；二是以度假人口候鸟型居住为目标的度假第二居所的开发。

案例 10 云南省西盟佤族自治县城市总体规划探索

一、项目背景

作为中国仅有的两个佤族自治县之一，西盟中心城区面积仅0.7平方公里，实际居住人口6330，是一个典型的边地小城镇。在云南省提出发展"两强一堡"、实施新型城镇化战略目标、普洱建设"边三县"、"茶祖"历史文化旅游项目的形势下，上轮规划对西盟县城市建设的指导作用受到了一定的局限，城市定位、城市空间结构、城市产业、区域联动等问题都需要进一步讨论。

在此背景下，绿维创景承接了《云南省西盟佤族自治县城市发展总体规划》及《旅游发展规划》的任务，以泛旅游产业理念及旅游带动的新型城镇化模式，对西盟县进行规划。

二、规划创新

如何定位城市的功能与特色，助推云南特色城镇化战略的实施？在泛旅游产业整合发展思路之下，如何构建旅游城市空间结构？在旅游开发与城镇化进程中，如何保护文化与生态资源的原真性？以上是规划需要解决的核心问题。

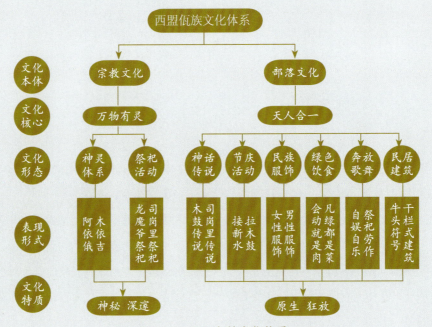

图4-34 西盟佤族文化体系

基于对核心问题的分析和解决，规划从三个方面进行了创新：

第一，"双城"发展战略。在生态与多民族文化融合的背景下形成"双城生活，双城故事"的双核格局，从空间上解构与改善西盟用地布局问题，为旅游业和居民生活提供满足不同类型和区位要求的土地与空间。

第二，景区旅游、乡村旅游与城镇建设一体化。县城即是一个大景区，建立"原生部落狂欢佤城"旅游目的地，彰显城市特色。

第三，城市特色化建设。在城市建设中充分考虑城市个性，全面搭建风貌系统，按照"建一物添一景"的思路和要求，彰显城市特色。

三、规划思路

（一）挖掘特色文化，建设国际旅游精品

从文化活化、文化体验化、文化产业化三方面着手，开发神秘性高、奇特性高、震撼力大、吸引力强、特色味浓的具有国际水准的文化精品（图4-34）。

（二）城市职能与空间结构调整

以"县域政治经济文化中心和综合服务中心、中缅合作的陆路桥头堡、普洱绿三角旅游集散和服务中心、具有佤民族特色和原始自然地域风情的国际型生态文化旅游名城"为建设目标，在空间结构上逐渐摆脱单核模式，形成以旅游产业集聚为核心的西盟西城和行政中心东移形成的以城市生活为核心的西盟东城，依托生态与多民族文化的融合，形成"双城生活，双城故事"的双核格局（图4-35和图4-36）。

图4-35　东城规划平面图

图4-36　西城规划平面图

（三）产城互动，"五位一体——山、水、绿、城、游"

发挥旅游业的综合带动效应，配备合理的产业链，带动旅游相关产业的综合开发，推动城市旅游一体化发展；借助景城一体、景城融合的空间特点，形成资源集聚区，实现休闲度假资源组合开发。

（四）旅游业作为第一战略支撑产业和特色产业

以建设"世界级原生态佤族文化体验旅游目的地"为目标，以"激情醉西盟·狂欢佤部落"为形象定位，形成城市狂欢休闲、原生风情体验、康体养生度假三大产品体系，并结合普洱茶庄园旅游政策及乡村旅游，形成三级旅游乡镇。

（五）与城市功能联系进行风貌特色规划

将城市环境与城市功能相联系，在不同的城市功能区通过各具特色的城市形象来体现，塑造具有西盟特色的城市空间环境：老城——圣城秘境，新城——和谐之城。整体形成现代城市风貌区、傣族风情风貌区、城市文化风貌区、狂欢佤城风貌区、民族特色居住区、生态绿色核心区六大分区，搭建基于风貌建设的静态与动态交通体系。

（六）提升城镇软实力

建立一体化的旅游管理体制，加强产业要素集聚融合，打造全城四季旅游目的地，实现集约经营和较高的旅游综合效益，通过旅游业发展来塑造西盟城市品牌，提高城市软实力。

案例 11 以产业升级带动旅游小镇综合发展
——云南安宁温泉小镇概念性规划

发展小城镇，是带动中国农村经济和社会发展的一个大战略，是中国城镇化进程的重要部分。随着国内旅游业蓬勃发展，旅游与小城镇协调发展已成为我国小城镇发展的重要突破口。那么，如何确立旅游产业的导向作用？如何处理好旅游小镇的旅游功能与小城镇功能的关系？如何把握旅游产业的升级？如何处理好旅游小镇建设与生态环境保护的关系？如何处理好旅游小镇开发与文化传承的关系？如何合理利用土地？本案例通过解读安宁温泉旅游小镇的发展模式，与您分享温泉产业升级与旅游小镇开发中的一些思路。

一、确立旅游产业发展战略，打造温泉休闲度假名镇

（一）安宁温泉镇现状——旅游资源丰富，但旅游发展滞后

安宁温泉镇距昆明39公里，旅游资源丰富，其中温泉地热资源品质高、历史悠久，有"天下第一汤"之誉；摩崖石刻文化具有唯一性和独特性，至今仍保留大量摩崖题刻群；名人文化影响深远，众多古今政要名流都曾驻足温泉；以曹溪寺与云南佛学院为代表的宗教资源具有一定的开发潜力；自然生态环境良好。

随着国内众多温泉旅游产品的开发，安宁温泉镇"天下第一汤"的名声逐渐没落，究其原因，主要是由于温泉资源开发混乱；温泉产品老化、档次较低；温泉资源与历史文化资源、宗教资源、生态资源开发没有形成良好的整合；历史文化挖掘不够；运作和营销力度较差等因素造成的。

那么，温泉镇如何利用资源基础树立鲜明的主题形象与强大的旅游吸引力？又如何将旅游产业的发展与小城镇的建设相协调，打造特色小城镇与旅游小镇呢？

（二）寻找旅游与城镇发展的切入点——打造温泉休闲度假名镇

产业是小城镇发展的支柱。从温泉镇的资源基础、经济基础及发展潜力分析来看，确立以旅游产业为导向的城镇发展战略，是主导安宁温泉镇区域经济与社会发展的总体战略。

安宁温泉镇旅游产业主要依托温泉、历史文化、生态环境等优势资源，重点围绕温泉资源的开发，形成休闲度假、康复疗养交织的温泉双产业链，适当发展相关的会展产业、体育产业、娱乐产业、房地产业、文化产业、教育产业、现代观光农业等产业链，将温泉镇打造成温泉主题休闲度假旅游目的地。

在此过程中，安宁旅游产业突破了传统意义的观光旅游与温泉洗浴层面，将产业升级形成互相推动的产业链。随着产业升级，其旅游市场也将由当前的大众化市场转入中高端化市场，从观光旅游吸引核的提升转入休闲度假目的地的打造，旅游产品与城市环境也相应升级。

通过温泉休闲度假目的地的营造，为安宁温泉镇带来旺盛的人气，同时也推进温泉城镇的同步建设。

深度挖掘温泉镇的历史文化和内在的景观特色，加强历史文化的保护，重点打造核心区螳螂川两岸的休闲环境，改善城镇居民居住环境，提高城市化水平，并推进社会主义新农村建设，将温泉镇打造成为旅游产业主导的快速发展的特色中心镇。

基于此，绿维创景将温泉镇的旅游开发（温泉休闲度假目的地）与城镇建设（旅游特色中心镇）相结合考虑，确定安宁温泉镇的定位——全国温泉休闲度假名镇。

二、以文化为灵魂，进行核心吸引力打造与产品创新

（一）核心吸引力打造——"中华古汤文化"

温泉镇的"汤文化"历史悠久。早在东汉时就开发了温泉；明清时期大规模开发，出现了"官塘"与"民塘"两种汤池，以及螳川仙境、云崖石刻、三潮圣水、珍珠泉、石淙精舍等美景，由此被誉为"天下第一汤"，该镇也因温泉而得名；民国时期，温泉镇成为名人荟萃之地。

尽管温泉镇现在仍然保留着一些千年开发中遗存下来的温泉文化遗迹，如天下第一汤、三潮圣水、摩崖石刻等，但这些遗迹目前在温泉镇的旅游中，仅仅是作为文化形态的观赏，基本上没体现出"汤文化"的内涵，缺少足够的吸引力。那么，温泉镇的核心吸引力究竟何在呢？

从温泉镇旅游资源的独特性来看，温泉镇在千年开发中遗存下来的温泉文化遗迹所蕴含的"中华古汤文化"才是其独特性卖点。例如，摩崖石刻群是古代士大夫和文人温泉休闲方式和理念的体现，是东方汤浴文化的代表，同时也是温泉镇原生态的风貌及特色景观。

（二）游憩方式与产品创新

文化终究是一种抽象化的概念，在确立了以"中华古汤文化"作为核心吸引力后，最需要解决的就是游憩方式的问题，即怎样观赏与体验古汤文化。

依托温泉文化遗存较集中的中心镇区螳螂川东岸地段，以"中华古汤文化"为主题整合该片区，形成"天下第一汤——中华古汤文化休闲体验区"，成为温泉镇集聚人气的休闲场所。遵循一般游客对古汤文化"了解—观赏游览—体验"的基本认识过程，主要从以下三个方面进行设计与创新：

古汤文化的展示：包括服务中心的文化展示，让游客对中华古汤文化有初步的了解。

古汤文化景观的打造：古汤文化观赏游览过程中的重点。以摩崖石刻群为文化载体，以滨河水景观为依托，将核心区螳螂川东岸滨河区域的景观进行改造与提升；在保护摩崖石刻的基础上，加强水景观的多样性，将冷热水景观与摩崖石刻文化有机融合，再现当年古汤文化胜景；加强螳螂川堤岸景观的改造与园林化景观建设；加强观光休闲服务设施建设。

古汤文化休闲产品的创新：古汤文化体验过程中的核心。以明清、民国时期汤文化为典范，重点打造"明清官塘温泉休闲中心与天下第一汤温泉浴场"情境化体验型旅游产品。

三、旅游小城镇建设开发

（一）小城镇规划建设特点

对具有丰富人文景观、自然风光、著名

文物古迹等旅游资源的小城镇，要通过开发旅游资源，发展与旅游业相关的休闲、娱乐、餐饮、购物等行业，建设旅游主导型小城镇。以游兴镇，注重旅游资源开发，加强基础设施建设，适度开发或延伸旅游产业链，借助旅游对地方经济的拉动作用，建成环境优美、设施配套、功能齐全、生活方便的旅游型小城镇，促进旅游支柱产业的形成和发展。

（二）温泉镇旅游与小城镇双重功能协调发展

本规划把旧温泉镇区作为温泉旅游小镇的休闲度假中心区，建设旅游度假特色风貌城镇；建立城镇发展新区，作为温泉镇新的发展储备用地以及承载老镇区拆迁的调整用地，并加强新型旅游小镇服务功能，构建宜人生活社区，完善城镇基础设施。形成旅游度假中心区（旧镇区）和城镇扩展区（新镇区）两大重要发展区域，各司其职，相辅相成。

（三）功能定位升级

在确定以大众旅游、高端休闲度假为主要客源市场的基础上，把小镇单一性旅游休疗养生功能转变为.以温泉资源为基础，以特色温泉泡浴为核心，融泛户外运动、古镇休闲、宗教朝觐、康疗养生、会议会展、乡村旅游、居住等多种功能为一体的休闲度假名镇及全国温泉休闲度假目的地。

（四）规划开发重点

保护生态区：严格保护自然生态资源，使温泉镇成为环境优美、宜人居住的生态型旅游城镇。以"一川、两山、三大生态区"构筑城市整体绿色空间网架，形成"龙山—新老镇区—凤山—温泉会议中心—生态运动公园"的"汉堡式"布局。

改造旧城区：迁出区内的居民，突出核心景区旅游功能。改造现有酒店和疗养院，提升接待档次，优化接待能力，修缮和保护小镇风貌。

建设新城区：安置核心景区拆迁居民和未来温泉镇增长人口，形成温泉镇新的居民社区，提高居民生活质量。

完善度假区：充分利用温泉地热资源优势，以提供第二居所度假休闲为目的，大力营造旅游度假氛围，形成成熟的高端休闲旅游度假市场。

（五）旅游与城镇互动发展的空间布局——"一轴一环七大板块"

温泉镇现有的村庄居民点布局分散、规模小，且中心镇区的功能布局凌乱，既不利于城镇功能的有效发挥，也不利于旅游开发。基于此，有必要对温泉镇进行有机疏散，将不适宜中心镇区发展的功能调整出去，开发新的功能区作为协调区域，在中心镇区集中发展旅游度假服务功能，在中心镇区的周边根据资源条件与用地条件开发相应的功能区。最终形成旅游区与城镇功能区既相互独立而又互动的空间结构——"一轴一环七大板块"。

一轴——沿螳螂川南北走向的城镇发展主轴线。

一环——沟通旅游小镇五个主要功能板块之间的旅游环线。

七大板块——温泉旅游度假中心区板块、城镇扩展区板块、温泉会议中心区板块、凤山森林公园板块、龙山佛教文化旅游板块、牧羊村田园生态旅游板块、秋木园主题公园板块。

每个功能区根据其功能定位，进行相应功能的产品设计。

（六）旅游要素配置与城镇规划的互动

温泉镇作为全国温泉休闲度假目的地的打造，需要围绕核心吸引力及游憩过程进行要素配置（主要是指"食住行游购娱"），从而形成旅游功能的完整组合。根据城镇空间布局与发展规模，城镇规划中确立了比较合理的配套公共服务设施布局。

由于要素配置与公共服务设施配置有所重叠，为避免重复性建设，两者布局必须协调一致。在充分发挥现有城镇公共服务设施效益的基础上，再考虑新增设施的布局。

四、生态环境保护与景观环境改造

（一）生态环境保护

生态是小城镇发展的基础。作为温泉休闲度假目的地的打造，其休闲度假所依托的生态环境是至关重要的。那么如何保护生态环境呢？

首先，在城镇建设区外围划定基本生态保护区。按照生态敏感程度，沿城镇建设区外200～500米的地区划为基本生态保护区。温泉镇的基本生态保护区控制面积达2851公顷，是城镇建设区面积的5.6倍。

其次，在旅游产业导向战略的引导下，选择好的产业门类，对计划发展的产业从环保角度选择，严禁有污染的工业进驻小镇。

再次，保护现有的森林植被、河流、地热水等生态资源，根据温泉镇生态环境容量确定其城镇发展规模。

本规划中温泉镇的生态环境容量采用地热资源容量法与面积环境容量法相结合的方式来计算。

由于温泉镇核心区与核心区外所承担的功能不一样，其生态环境容量的指标也不一样。作为温泉休闲度假小镇，其人口规模分为城镇常住人口规模与旅游度假人口规模。

最后，加强城市生活污水与垃圾的处理，改善螳螂川水质，进一步提高环境质量。

（二）景观环境改造

主要包括两大部分：城镇风貌建设与休闲度假环境营造。

由于历史遗留问题，温泉镇核心区的建筑风貌相当混乱，既有大批西式风格建筑，又有一些中式建筑，一些现代实用建筑也穿插其中。为寻找小城镇风貌特色，并解决历史遗留问题，绿维创景提出：以明清建筑风貌和中西糅合的民国折中式建筑风貌为主，同时兼顾云南地方特色的山水建筑风貌和现代化旅游建筑风貌。结合功能布局与旅游项目设置，形成五大风貌区：小镇风貌区、明清建筑风貌区、宗教建筑风貌区、现代生活风貌区与田园风貌区。

休闲度假环境营造主要是围绕温泉休闲度假目的地的打造，从城市入口、螳螂川两岸带状公园化景观，沿螳螂川两岸点缀各式休闲广场、商业街、滨河文化休闲带、滨河休闲步行街区、度假区、宾馆酒店区等景观环境进行创新设计。

五、土地合理利用

土地是小城镇发展的载体。由于温泉镇城镇规划管理起步较晚，其建设随意性较大，土地管理混乱，而且中心镇区可利用土地非常少，严重影响温泉镇的发展。因此本规划从长远性、高起点、可操作性等多方面考虑，跳出温泉镇来规划温泉镇，对土地利用进行了较大的调整。

根据本规划小城镇建设用地需要远远大于现有的城镇可建设用地，那如何解决两者之间的矛盾呢？

在坚持耕地总量动态平衡的基础上，矛盾的解决在于加大土地开发整理力度。根据国家有关法规，主要通过两种途径来增加用地指标：一是有计划地开发未利用土地，主要来源于滩涂地与林地；二是盘活存量，提高土地的承载力和利用率，主要是中心镇区的土地重整。

根据村镇规划标准，温泉镇总人均建设用地指标控制在标准上线150平方米/人左右。由于旅游功能区与城镇功能区对土地的需求程度不一样，其人均建设用地指标也不一样，其中旅游功能区（度假区）的人均建设用地指标略高于150平方米/人，而城镇功能区（城镇扩展区）的人均建设用地指标为90平方米/人左右。

为了进一步加强土地合理利用与项目的落地可操作性，本规划还对各功能片区内各地块进行了规定性与指导性指标控制。

附：小城镇相关政策及事件

　　一直以来，小城镇建设都是国家扶持的重点，为促进其健康有序地发展，中央也多次出台了一些政策。本书对此进行了梳理和总结，供读者参考、学习，详见表4-5。

表4-5　小城镇相关政策及事件一览表

年份	政　　　策	备　　　注
1994年	《关于加强小城镇建设的若干意见》	
1997年	提出要"搞好小城镇规划建设"	党的十五大报告
1998年	《中共中央关于农业和农村工作若干重大问题的决定》，提出"发展小城镇，是带动农村经济和社会发展的一个大战略"	党的十五届三中全会
2000年	《关于促进小城镇健康发展的若干意见》	
	第十个五年计划中，专门对"积极稳妥地推进城镇化"进行了全面部署	
2002年	《小城镇环境规划编制导则》	
	党的十六大报告中提出要坚持大中城市和小城镇协调发展的中国特色化城镇化道路	
2004年	下发《关于公布全国重点镇名单的通知》，确定了1887个重点镇建设部与国家开发银行开展"重点基础设贷款试点工作"，为重点镇建设提供金融政策	
2005年	《关于推进社会主义新农村建设的若干意见》	提出"着力发展县城和在建制的重点镇
	确定第一批全国发展改革试点小城镇	
2006年	《小城镇建设基础政策》	为小城镇的建设提供了技术上的支撑
	建设部和国家旅游局联合开展了"全国旅游小城镇发展工作会"	建设部长汪国燊在讲话中提到旅游小城镇丰富了我国小城镇的发展，有利于促进城市基础设施建设和公共服务向农村延伸，有利于城乡统筹。国家旅游局局长邵琪伟指出，发展旅游小城镇，一方面，为有条件的地区提供产业支撑，另一方面，是综合发挥旅游产业功能的重要体现
2009年	中央经济工作会议上，提出"坚持走中国特色城镇化道路，促进大中城市和小城镇协调发展"	
	国家旅游局同建设部一同开展了全国特色景观旅游名镇（村）示范工作	

总结：国家已经出台了有关小城镇建设、土地、景观、户籍等方面的一系列政策，为旅游小城镇的建设提供了政策依据。另外，也对旅游小城镇的重要作用给予了肯定。

第五节
旅游综合体——创新的小型城镇化模式

　　绿维创景认为，旅游综合体已经成为旅游产业投资开发中的主流模式。几年来，绿维创景对这一模式全面深度研究，形成了"旅游吸引核·休闲聚集区·居住发展带·社区配套网·产业延伸环"的主体发展结构。本节围绕产城一体化发展脉络进一步梳理，按照新型城镇化创新建设的要求，形成了一种发展模型。在这种模型中，结合泛旅游产业的业态差异、区域资源整合差异、目标市场差异，可以形成非常丰富的创新形态，或称为二级模式，例如温泉养生会都模式、新建休闲古镇模式、滑雪小镇模式等。绿维创景认为，旅游综合体以其产城一体化的突破创新，将在未来的新型城镇化进程中做出巨大贡献。

一、旅游进入综合开发时代，旅游综合体是未来主流模式

　　旅游业投资大幅增长，正在成为中国经济中产业投资的主流方向，引起了投资机构的重视及投资界的广泛关注。过去，一个旅游项目招商引资，几个亿、几十个亿，已经是非常大的项目了。这两年，各地投资洽谈会上，旅游项目十分热门，几百亿、上千亿的旅游综合开发投资，令人侧目。旅游投资的大幅增长，代表着一个旅游投资的新时代。这个新时代，不仅仅是总量上的变化，更在于投资内容与模式的差异。

　　在旅游投资中，最新的趋势恰恰表现在巨额投资的项目中。这些几百亿、上千亿的投资，主要是各类综合开发，包括主题公园、高尔夫社区、超级娱乐综合体、超大休闲商业综合体、养生社区、度假社区、养老社区、文化小镇、房车小镇、生态商务新城、会展新城、运动新城等，新概念、新模式层出不穷。

　　在房地产界看来，这是新概念地产——旅游休闲度假地产。而以投资界的视角看，这种新业态、新综合、新商业模式，正是中国经济转型升级的宠儿，是以旅游产业为主导的区域综合开发，是可以吸纳数万亿资金，既快速获得回报又长期受益的良性发展的新兴模式。

　　面对旅游产业的新综合时代，绿维创景认为，应立足旅游创意创新的特色，对日新月异的旅游业态和投资模式，按全新的视角进行

整合。

新的旅游综合开发已经实现了两个突破：第一个突破，是旅游与城镇化结合，旅游区与城镇村的开发全面融合，并形成典型的旅游综合体新模式。第二个突破，是旅游服务产业与文化、教育、会议会展、养生养老、医疗、体育、农业、房地产等产业的全面融合，形成了旅游产业主导下的泛旅游产业聚集与整合，出现了泛旅游产业集群。

旅游发展的趋势已远远超越了原来"就旅游服务来评价旅游发展"的方式。因此，其投资规模也不该局限于旅游服务业本身，而应被看成是一种综合性产业及综合区域投资开发。"旅游引导的区域综合开发"这一概念的提出，正是为了解决目前旅游面对的跨行业、跨城乡、复合型区域发展的机理与构架问题。

其中，旅游综合体是旅游综合开发中最主要的项目投资开发模式。从基本概念、综合特征与发展架构三方面来全面认识旅游综合体，这是研究旅游综合体的基础前提。

（一）基本概念

"旅游综合体"的概念，实际上来自于众人所熟悉的"城市综合体"，但是两者在机制与作用方面有着巨大区别：前者是基于产业引导的综合体，后者是基于城市功能聚集的综合体。

"城市综合体"是以城市中心区的建筑群为基础，融商业零售、商务办公、酒店餐饮、公寓住宅、综合娱乐五大核心功能为一体的

"城中之城"。其核心是城市功能聚合，体现在土地集约化、建筑一体化、功能集中化、业态聚集化四方面。

"旅游综合体"，是指基于一定的旅游资源与土地基础，以旅游休闲为导向进行土地综合开发而形成的，以互动发展的旅游吸引核、休闲聚集区、旅游地产社区为核心功能构架，相关配套设施与延伸产业为支撑保障，整体服务品质较高的旅游休闲聚集区。作为聚集综合旅游功能的特定空间，旅游综合体是一个泛旅游产业聚集区，也是一个旅游经济系统，并有可能成为一个旅游休闲目的地。因此，绿维创景用泛旅游来代替旅游的概念，使用"泛旅游综合体"的名称，包括"休闲综合体"、"度假综合体"、"休闲商业综合体"、"创意文化综合体"、"温泉养生综合体"、"康疗运动综合体"、"高尔夫度假综合体"、"休闲农业综合体"、"旅游小镇（非建制）"等各种类型。

（二）综合特征

旅游综合体的出现，除投资因素外，还是"旅游消费模式升级（从单一观光旅游到综合休闲度假）、景区发展模式升级（从单一开发到综合开发）、地产开发模式升级（从传统住宅地产到旅游综合地产）"三大升级共同作用的结果。其综合特征包括以下五个方面（图4-37）：

1. 以一定的旅游资源与土地为基础

旅游综合体打造的前提所在。此处的旅

图4-37　旅游综合体特征

游资源，是包括人工打造资源在内的泛旅游资源概念，如何转化成具有独特吸引力的旅游产品体系是其核心指向。土地资源，可大可小，它决定了旅游综合体的规模大小，影响着产品的配比结构。

2. 以旅游休闲功能为主导

基于泛旅游产业综合发展的构架，旅游综合体是一个融合观光、游乐、休闲、运动、会议、度假、体验、居住等多种旅游功能在内的"综合旅游休闲"的概念，其中旅游休闲是其主导功能。当然，在实际开发中的功能综合配置，不是将多种功能简单进行大糅合，而是要根据具体情况，侧重打造其中某一项或某几项功能。

3. 以综合开发为手段

综合开发，既是旅游综合体的主要特征，也是打造旅游综合体的第一要领。具体包括五个方面的含义：

其一，土地的综合开发。旅游休闲导向型的土地综合开发，是旅游综合体打造的本质所在，即所谓的"复合型资源、综合性利用"。

其二，产业的综合发展。旅游综合体，是从单个旅游项目到综合旅游聚集区的转变，实际上是包括地产、商业、会展、创意、体育、文化等在内的泛旅游产业综合发展架构。当然，不同的旅游综合体，产业的侧重也将不同。

其三，功能的综合配置。旅游综合体，区别于传统旅游景区的特色之一，就是聚集了多种旅游功能，既要突出某项功能，又能够一站式满足游客全方位的旅游体验需求。

其四，配套的综合建设。旅游综合体除了产业、功能外，还需要市政设施、基础配套、服务管理机构等方面的综合建设。

其五，目标的综合打造。一个成功的旅游综合体，实际上完全有可能发展成为"城市特色功能区、旅游休闲新地标、城市文化新名片"。这是一个综合目标的构架，已经超越了一般旅游区的层面而对城市、文化同样有着巨大影响。

4. 以旅游地产产品为核心

此处的旅游地产产品，既包括度假酒店地产、休闲商业地产（商街）、休闲住宅地产三大核心类别，也包括其他特色主题地产如创意地产，这是旅游综合体开发最核心的一个板块，是盈利的核心所在。

5. 以较高品质服务为保障

作为旅游开发的升级模式，旅游综合体必须拥有超越一般景区的较高品质的服务（包括旅游服务与公共服务）作为保障，才能够实现良好的运营。

（三）发展架构

在新型城镇化的构架下，旅游综合体的发展架构实际上由五个部分构成：旅游吸引核、休闲聚集区、居住发展带、社区配套网、产业延伸环（图4-38）。

1. 旅游吸引核

旅游吸引核是面向市场需求，创新整合开发核心资源打造的独特的核心吸引物，可以是一个或多个核心旅游休闲项目——观光景区、主题公园（乐园）、赛马场、赛车场、影视城、特色街区、温泉养生中心、高尔夫球场、

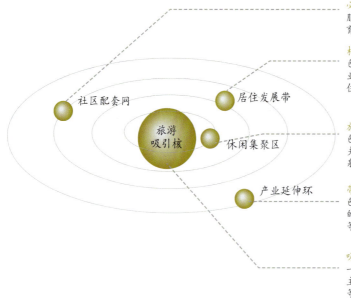

图4-38 旅游综合体发展架构

特色酒店、主题博物馆。这是创造核心吸引力的基石所在。

核心吸引力的打造是吸引人流、提升土地价值的关键所在，同时也是旅游综合体打造的关键，需要对旅游产品进行深入研究与突破创新才能实现。

2. 休闲聚集区

休闲聚集区，是为满足由核心吸引物带来的客源的各种休闲需求而创造的综合休闲产品体系，实际上就是在泛旅游产业构架下，各种休闲业态的聚集。主要包括主题酒店群、特色商街、主题演艺、高尔夫球场、水上游乐项目、滑雪场、马球场、温泉SPA等。核心吸引中心把人流吸引进来，形成了最初的消费，但要留住人流并扩大其消费，就需要创造更多的休闲产品，激发并满足人们的休闲消费需要，构造休闲聚集中心，形成旅游休闲型目的地。这也是旅游综合体的主体功能。

3. 居住发展带

居住发展带，是旅游综合体迈向城镇化结构的重要支撑。旅游各要素的延伸，带动泛旅游产业发展，形成产业融合与产业聚集，进而形成原有城镇居民居住、农民城镇化居住、产业人口聚集居住、外来游客居住、外来休闲居住（二居所）、外来度假居住（三居所）六类人口相对集中居住，从而形成了依托产业的城镇人口以及为此建设的居住社区，构建了城镇化的核心基础。

4. 社区配套网

社区配套网，是旅游综合体必须具备的城镇化支撑功能。服务于旅游产业的金融、医疗、教育、商业等，称为产业配套。而与此结合，服务与六大居住需求的居民，同样需要金融、医疗、教育、商业等公共服务。由此，形成了产城一体化的公共配套网络。

5. 产业延伸环

产业延伸环，是旅游综合体带动区域综合发展的主要形式。它的形成过程是产业以吸引核、休闲聚集区、居住社区为主体，环绕中心区，在其周边区域特色延伸，从而构建出一系列项目，并形成辐射或组团分布。这些特色延伸产业，包括观光与休闲农业、家庭菜园、泛旅游延伸的加工工业（食品、土特产品、工艺品加工等），郊野运动基地等。产业延伸环发展的可能性空间很大，业态丰富。

二、旅游综合体是非建制就地城镇化的典范，极具推广价值

（一）旅游综合体城镇化的特殊性

从城镇化的角度看，旅游综合体是一种特殊的新型城镇化形态——既不是传统的旅游景区，又不是纯粹的住宅社区，也不是建制型城镇，更不是新型农村社区。而是以旅游为导向进行土地综合开发，实现泛旅游产业聚集、旅游人口聚集和相关配套设施发展，形成非建制就地城镇化的典范，极具推广价值。其特殊性在于：

第一，城市质量升级极核。旅游综合体可以是已建成城镇中的一个项目，例如城市休

闲商业综合体，其在城镇化中，是一个集产业聚集价值、环境美化价值、文化品牌价值、幸福指数价值于一体的城市升级核。

第二，非建制型城镇化创新模式。更多的项目，是非城镇建成区的旅游综合体，它脱离城市区，相对独立，但开发建成后会形成人口聚集，具备社区功能，绿维创景称之为非建制型城镇化形态。

第三，就地城镇化的新式社区。旅游开发依托于资源，对于无论是拥有泛旅游概念下的文化、农业等资源，还是一般生态资源、低成本土地资源的区域，都具有引导形成泛旅游综合体的条件。原因在于，打造综合体最重要的还是旅游吸引核的创意性设计与建设。综合体的开发，首先会有效形成就地城镇化效应，进一步会形成区域就业人口的聚集，这是典型的就地城镇化价值。

第四，田园城市节点与土地提升极核。由旅游的"搬运效应"带来的城市消费力作为发展的根本动力，其内在发展机理是旅游带动的新型聚集。搬运来的旅游消费，不仅直接带动产城一体的本地块的土地综合开发，而且更将进一步形成周边土地的价值提升。很多旅游综合体，镶嵌在乡村田园中的价值高地，辐射带动土地开发。这是未来田园城市化发展最好的组团模式。

第五，"产城一体化"的特征。旅游综合体主要依托产业形成城镇化，其核心包括非农业人口的聚集、泛旅游产业的聚集、市政配套和公共设施的聚集、公共服务与政府管理的配置等要素。

（二）旅游综合体在新型城镇化进程中大有可为

第一，旅游综合体符合政府对区域综合发展的政绩诉求。不仅可以吸引社会投资，更在本质上通过旅游的搬运效应，将城市的消费力带到乡村，从而有效带动周边乡村的就业增加、产业升级、配套完善和区域综合发展，实现地方旅游资源价值的市场化利用，并最终有力带动区域的新型城镇化。

第二，旅游综合体符合企业对战略转型突破的获利诉求。通过打造旅游综合体参与新型城镇化的开发，如万达领衔的长白山旅游度假区，不仅能够通过旅游综合体的开发实现土地综合开发价值的最优回报，还受到地方政府的广泛欢迎，并获得极大的政策支持，这无疑是大型地产企业介入新型城镇化最重要的形式之一。

第三，旅游综合体符合旅游者对综合度假的消费诉求。中国进入休闲时代后，游客产生了多样化的综合休闲度假需求，这一方面要求更多旅游综合体项目的开发，另一方面也为旅游综合体的开发，提供了巨大的市场消费动力。

第四，旅游综合体符合老百姓对于生产生活的发展诉求。旅游综合体的开发，不仅能够带来极强的消费力，有效带动区域特色产业（如土特产品）的发展，而且由于需要大量的服务人员，还能大幅增加居民在家门口就业的机会。此外，旅游者的综合需求又为当地居民实现旅游创业带来了机会（如农家乐餐饮、农家客栈等）。最终，将会引导当地居民从传统的农耕种植转向旅游服务，实现生产生活的综合升级。

由此，旅游综合体能够实现政府、企业、游客、居民四方满意，毋庸置疑，它将成为新型城镇化的一种重要模式，在新型城镇化进程中必将大有可为。

三、服务新型城镇化，创新旅游综合体模式

在新型城镇化的要求下，旅游综合体应从产业聚集要求、设施配套要求和服务管理要求上，结合区域综合带动与美丽中国战略，进行综合化创新打造（图4-39）。

（一）落实城镇化的功能要求，构建新型旅游化城镇

旅游综合体要真正成为新型城镇化的一种特殊形态，构建一种新型的旅游化城镇聚落，关键在于要有产业构架的支撑、动力机制的明确、综合设施的配置、居住配套的完善和服务管理的保障。

1. 产业支撑：以泛旅游产业的整合为根本支撑

旅游综合体要实现新型城镇化的目标，最主要的是要有产业支撑，这个产业就是泛旅游产业的整合。即以旅游为核心，将观光农业、会议展览、运动康体、养生养老、文化创意、休闲商业和旅游地产等相关产业充分整合在一起，超越一般的旅游景区与住宅社区，形成泛旅游产业构架，最终实现业态模式的创新。

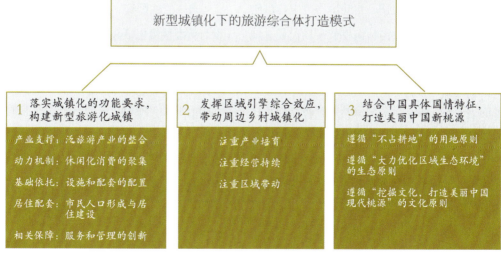

图4-39　新型城镇化下的旅游综合体打造模式

具体核心产业与相关产业的选择，与当地的旅游资源及特色产业相关，最终会形成不同特色的旅游综合体，如温泉旅游综合体、高尔夫旅游综合体、文化旅游综合体等。但在这一过程中有一个基本原则需要把握，即这些产业要满足"旅游吸引核·休闲聚集区·居住发展带·社区配套网·产业延伸环"的需要，这是一个非建制城镇的产业支撑的核心构架。

2. 动力机制：以休闲化消费的聚集为核心动力

旅游综合体的动力机制就是旅游的"搬运效应"、"休闲消费效应"与"产业整合效应"。

其一，旅游的搬运效应。乡村拥有优异环境、独特文化与丰富资源，具备条件构建旅游休闲、文化体验及度假居住的平台；城市拥有极强的旅游休闲消费力、文化体验消费力及度假居住消费力。旅游是有效对接这两者的最佳桥梁：旅游通过游客的搬运行为实现对市场、消费能力和需求的搬运，实现城乡需求与供给之间的对接，通过旅游休闲发展带动欠发达地区的高速发展，这种模式就是旅游引导的区域综合开发。最终的结果是由旅游实现社会财富的再分配，带动区域综合开发，带动城镇化的发展。

其二，休闲消费效应。即休闲化消费聚集的动力——通过休闲平台打造形成休闲消费聚集区，如万达长白山旅游度假区、东部华侨城等，引发区域内度假居住社区和城镇化公共设施配套及相应服务管理的完善，从而带动区域

城镇化，这是最重要和最直接的城镇化方式。

其三，产业整合效应。如上所述，旅游综合体具有极强的泛旅游产业整合效应，能有效带动区域特色产业的发展与产业的转型升级，形成以旅游为核心的现代服务业产业集群，这将成为城镇化推进的重要支撑。

3. 基础依托：以设施和配套的配置为重要基础

旅游综合体作为一种新型的非建制型的城镇化形态，除了要考虑产业与动力因素，还要依据城镇和产业要求以及人口的生活需求，进行基础设施与公共配套的配置，既包括道路、给水、排水、污水处理、电力、电信、供热、照明、垃圾处理、综合管网等基础设施的配置，也包括绿地、金融、商业、医疗、文化、教育、体育、信息、邮政、安全等城镇公共配套的配置。唯有如此，旅游综合体才是一个真正可生活的城镇化聚落，才能够实现对休闲度假人口的聚集。

4. 居住配套：以市民人口形成与居住建设为新型城镇化核心

旅游吸引核往往在城郊或偏远地区，它的集散不一定直接依托于城市核心，有的依托于中心城镇，有的依托于小城镇，有的依托于村落。因此，在什么地方进行聚集和集散，那个地方就形成人群聚集、消费聚集、服务聚集，农民就会转换成高收益非农业人员。原有城镇居民、城镇化的农民、外来游客等人口相对集中居住，形成了依托产业的城镇人口以及为此建设的居住社区及配套设施，构建了城镇化的核

心基础。

5. 相关保障：以服务和管理的创新为基本保障

作为服务于外来人口而不是本地人口的非建制城镇，旅游综合体没有建制城镇的社会服务与管理系统——没有明确的归属地，特别需要完善综合管理体制机制，建立一套符合其自身特色需求的服务与管理保障系统。主要包括两方面：一是要为旅游综合体的居住人口提供户籍、工商、福利、社保、婚姻、就业、治安等方面的社会服务与政府管理服务；二是要为旅游综合体建立政府派驻机构，如管委会或管理办等，实现旅游综合体的管理归属落实。

（二）发挥区域引擎综合效应，带动周边乡村城镇化

在新型城镇化的构架下，旅游综合体的开发决不是一种圈起一亩三分地进行孤立发展的模式，而是真正站在区域综合发展与区域城镇化的角度来考虑自身的独特使命——每一个旅游综合体，都是区域产业升级与城镇化发展的核心，应充分发挥其泛旅游产业聚集与区域综合发展带动的引擎效应，促进周边乡村的城镇化发展。这就需要：

1 注重产业的培育

开发旅游综合体，决不是以综合旅游的名义，做单一地产。要注重的是产业培育，特别是以旅游综合体为黏合剂，与当地的特色产业充分结合起来，发挥产业整合的引擎效应，带动区域产业的综合发展，这是带动区域发展的

根本核心。

2. 注重经营的持续

在旅游综合体的发展中，很大的通病是单纯地追求地产的快速销售，而忽视了旅游的持续经营——这种忽悠型的模式已经难以为继。因此，要跳出以单一快速销售型物业为主打的模式，扩大可持续经营的持有物业的占比规模，通过自持物业的持续、长期经营，实现休闲消费的聚集和消费平台的构建，最终为区域发展带来持续的消费动力。

3. 注重区域的带动

旅游综合体的开发，决不是项目内与项目外冰火两重天，而应当是从"强调项目孤立发展"转变为"强化区域综合带动"，要和当地的特色产业发展、"三农"问题解决、新型城镇化推进有效地结合起来，并与周边的乡村、城镇充分互补，融为一体，在功能、产业和特色上有机对接。从而不仅能使当地的旅游资源发挥出市场价值，而且能够真正成为带动所在区域实现新型城镇化的核心引擎。

（三）结合中国具体国情特征，打造美丽中国新桃源

旅游综合体的开发，应特别注重结合中国具体的国情特征，坚守用地、生态和文化三方面的特殊原则，打造美丽中国新桃源。

1. 遵循"不占耕地"的用地原则

旅游综合体的开发，作为一种新型城镇化的形态，首先是不能占用耕地——把耕地留给子孙，利用非耕地区域（如荒坡、丘陵、林

地等）进行旅游综合开发，这是实现农业现代化、保障粮食安全的重要前提。

2. 遵循"大力优化区域生态环境"的生态原则

良好的生态环境是旅游发展的重要依托。因此，旅游综合体的开发必须依据旅游休闲度假的需求，一方面维护、保持区域的生态环境，另一方面还要对区域生态环境进行大力优化，使得区域的整体环境因为旅游综合体的开发而大幅提升。

3. 遵循"挖掘文化，打造美丽中国现代桃源"的文化原则

乡村是中华文明之根和中国人的精神依托场所，这其中包含了中国人及中华民族的身份认同，也是最具魅力、最具价值的宝贵财富，特别契合旅游对于个性文化、地方民俗及特色资源的需求特征，为旅游综合体奠定了无可替代的绝佳基础。从这个意义上说，可以得出两个推论：

第一，在中国广大的乡村，打造各具特色的旅游综合体——一种重要的特殊的新型城镇化聚落，具备优良前景。正所谓"广阔天地、大有作为，中国的未来，在希望的田野上"，不仅能够在布局形态上创新利用中国广大特色乡村的独特桃源意境，更能够在主题吸引上优化整合中国广大乡村的特色地域文化，从而塑造极强的差异化吸引力。

第二，中国的新型城镇化，特别是在推行"旅游综合体"这样一种特殊的城镇化形态时，决不能不分青红皂白地消灭凝聚着中华文明精神的各具特色的广大乡村，机械地强推"城乡一样化发展"。恰恰相反，应该高度重视每个地方特色文化的保护、挖掘、传承、利用和发扬，充分发挥中国广大乡村的特色文化与特色产业，进行主题化旅游综合体的开发，打造美丽中国的新桃源，最终实现城乡差异化协调发展的根本目标。这恐怕就是新型城镇化进程中需要旅游行业高度重视并践行的重要战略。

案例 12　以温泉旅游综合体实现产业集聚与区域带动
——辽宁思拉堡温泉小镇策划规划设计

本项目位于辽宁营口市盖州双台子镇思拉堡村，交通区位优势明显，山体曲线优美，拥有丰富的地热、森林、农业等资源。根据《营口市旅游发展总体规划》，项目地被定位为温泉商务花园，属于五大分区中的"西部滨海温泉旅游区"。思拉堡温泉小镇的开发成为实现全市旅游发展目标的重要组成部分，受到了地方政府的高度重视和支持。在这一背景下，盖州市思拉堡温泉小镇开发有限公司委托绿维创景对项目地进行了策划、规划和设计。

一、难点聚焦

作为一个新开发的温泉项目，如何跳出传统市场的行业壁垒，在高强度竞争的红海领域塑造自己的独特性和优势，形成与竞争者的产品差异？如何充分利用复杂地形，打造温泉景观的层次性？自身设施相对落后的城郊农村，如何利用温泉旅游开发，带动区域综合发展？

二、核心思路

面对激烈的区域竞争及温泉综合化升级发展趋势，绿维创景跳出"就温泉做温泉"的局限，瞄准当地市场空缺，利用"温泉+X"的开发模式，打"温泉小镇"的综合概念，将思拉堡打造成为一个包含观光游憩、养生休闲、运动娱乐、商务会议和度假地产五类旅游产品的综合性项目。并联动开发农业、休闲运动产业、商业地产等，在各种产业相辅相成，互为一体时，通过度假地产产品有力补充度假小镇的功能，将其作为项目的前期盈利点。进而以温泉为吸引核，以高尔夫为引擎，积聚人气，以地产为盈利核，实现长线回报。

策划上，提出"利用资源，创新产品"的总开发路线和"瞄准市场，做足休闲；产业联动，三气合一"的开发策略。引入景区化打造理念，按照4A级甚至5A级景区的标准来完善整个温泉小镇的各项建设和服务，提升项目的整体品质。并结合地域资源及游客对休闲度假产品的需求、态度等因素，将项目整体风格定义为具有浪漫风情的地中海风格，将项目主题定位为"山海一泉·度假小镇"。在从主导功能上对思拉堡这样一个度假与地产相结合的区域性、综合性度假目的地进行定位后，顺应中高端度假市场发展趋势，以独特的产品形式打造差异化吸引力，从而形成以温泉资源为核心的四类创新旅游产品体系（图4-40）。

养生休闲类	以温泉为核心	心灵回归
商务会议类	以会议为特色	商务需求
运动娱乐类	以运动为配套	健康生活
度假地产类	以地产为支撑	人居需求

图4-40 以温泉资源为核心的创新旅游产品体系

规划上，秉承"保护自然、因地制宜"的规划思想，将项目总体布局确定为"一心、两带、三区"，实现经济效益、社会效益、环境景观效益的完美结合。一心：即以温泉为核心的生态绿心。两带：即以高尔夫、滑雪、马术俱乐部、水上运动、山地自行车等构成的运动景观带；以温泉、海水浴场、SPA、湿地公园等构成的生态休闲带。三区：即集温泉养生、休闲、疗养、运动、居住于一体的温泉小镇；会议、休闲、娱乐、商业、地产等功能集合的奥大·浅水湾；景区第一人居区林泉溪谷。

设计上，将温泉区定位为"福溪洞天·琴

海八泉"，立足复杂的山形地貌特征，紧抓地中海主题，将主题化、情境化景观与"山海八泉"

相配合，应用"一泉一品"的打造手法丰富温泉的游憩体验和泡池的创新设计。

提炼主题，构造情境主线	创设体验情境，营造主题意境	勾勒独特情境，创新项目设计
以地中海风格为主线，从标志性建筑、接待设施、休闲项目到引导系统等所有的"景观"，都围绕"主题"进行展开和塑造，使人们充分融入浪漫的地中海风情	注重人与自然的互动体验，将树木、花草、瀑布、溶洞等自然元素融入景观中。设计地中海、日式、泰式、中式等不同风格的泡浴观景，体验不同异域温泉文化	为"福溪洞天·琴海八泉"中每个字赋予特殊的含义，并以游客体验作为创新的主旨，设计出数十种主题泡池产品

图4-41 思拉堡温泉设计思路

图4-42 琴台堡效果图

图4-43 畅景海泉效果图

三、后期效果

2011年10月24日，思拉堡温泉正式开业，吸引了众多游客，为温泉小镇地产的开发积聚了大量人气。思拉堡温泉小镇董事长兼总裁杨总表示，思拉堡已成为目前辽宁地区最火的温泉旅游度假村。

案例 13 **文化旅游综合体的创新打造**
——湖北襄樊隆中旅游文化产业园策划及规划

古隆中景区是诸葛亮的隐逸圣地，作为襄樊市唯一的4A级旅游景区，拥有山、水、三国文化、民俗文化等超级资源，但就目前开发现状来说，并没有承担起襄樊龙头景区的重任。一方面，现有旅游以单点开发为主，必然使旅游产业难以形成产业链，旅游产业集群化无从谈起。另一方面，诸葛亮与三国等文化的活化、体验化和延伸不足，缺乏能够形成产业集聚的吸引核。基于此，甲方要求对以古隆中景区2平方公里为核心的54平方公里的隆中旅游新区进行策划和规划，重塑旅游形象，焕发新活力。

如何突破原2平方公里景区的限制，依托古隆中文化品牌和诸葛亮文化，做大文化休闲旅游，形成吸引力强大、支撑项目丰富、收益结构明确的产品体系，是本案面临的紧迫任务。

鉴于高价值旅游资源与小片区旅游开发之间的矛盾，绿维创景以古隆中文化为核心，延伸文化内涵，实现产业联动，提出了打造以"三国文化"为主题的"隆中文化旅游产业园

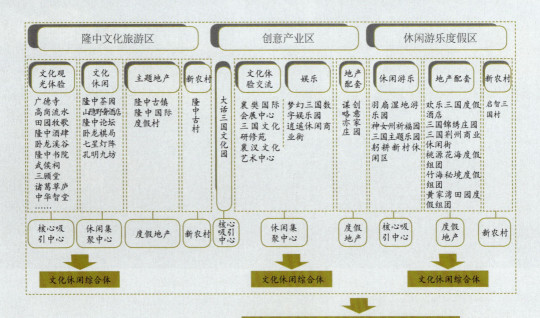

图4-44 隆中旅游产品体系

区"的大隆中概念。

一、以三国文化及诸葛亮文化为主题，创新休闲旅游产品

以三国时期的人物故事、军事战争为背景，将历史文化与景观、各种休闲业态相结合，打造文化观光、风情休闲带、湿地生态休闲、郊野休闲等；与现代高科技手段进行结合，打造动感娱乐性的文化主题公园及娱乐园。

二、开发诸葛亮文化深度体验区，打造休闲业态聚集群

在核心旅游区的打造中，绿维创景以三顾茅庐为线索，依托隆中山、乐山，还原诸葛亮躬耕陇亩的生活情境；以武侯祠、三顾堂、"隆中对"以及诸葛武侯的突出成就为核心内容，运用诸葛亮生活场景化——还原诸葛亮的隆中生活场景、诸葛亮故事情境

图4-45　隆中旅游区卧龙棋局鸟瞰图

图4-46 隆中旅游区中华智堂鸟瞰图

代表性的文化成就，与创意产业相结合，通过文化旅游、会议会展、研修教育、艺术表演以及数字娱乐五个方面，依靠科技、文化、市场等各个方面的整体创新来推动襄樊市的经济、社会和文化的协调发展，同时提升传统产业的全面优化升级。

四、带动周边高端休闲地产开发

配合整个区域内整体功能性的打造，设置度假酒店、乡村客栈、庄园、风情商街等住宿、商业、娱乐接待设施，通过整体区域内的项目互动，带动文化地产的开发。其中，高端度假接待和度假地产，以体现山野隐逸的世外桃源风格为主调，通过竹海、花海、田园、湖泊、溪流、水车的景观效果体现隐居仙境的度假氛围，并将风水理念融入度假村布局之中，打造卧龙深处的世外桃源度假片区。

化——"三顾茅庐"情景再现、诸葛亮文化祈福化——中华智圣祈福朝拜、诸葛亮文化游乐化——诸葛亮文化游乐新辑、诸葛亮文化博览化——诸葛亮主题博览馆、诸葛亮文化创意与参与——创意工坊与COSPLAY（角色扮演）六大打造手法做活做大诸葛亮文化，形成文化体验的核心结构，使游客产生身临其境的感觉。

三、延伸发展会议会展、艺术表演等文化创意产业

以三国文化为背景，选取三国文化中具有

五、结合新型城镇化，推动区域综合发展

借力城镇化、新农村建设等契机，结合当地农民利益，吸引当地村民积极参与基础设施建设，整理现有村庄的建筑格局，发展乡村民俗旅游。以新农村改造带动周边农村共同发展，对农产品进行深加工来增加附加值，开发蔬果采摘、乡村垂钓等乡村游乐项目。通过旅游带动农村发展，解决"三农"问题。

图4-47 隆中旅游区乡村客栈效果图

图4-48 隆中旅游区入口鸟瞰图

案例 14

打造西安国际化大都市渭北休闲商务区
——陕西西安市高陵县统筹城乡发展示范区开发策划及规划

一、项目背景

　　为加快陕西省西安市高陵县统筹城乡发展，促进高陵县城镇化进程，扩大城市规模，全面提升城市建设质量、档次和水平，以便更好地融入西安国际化大都市，高陵县与西安旅游集团（以下简称西旅集团）进行战略合作并签订了《统筹城乡发展战略合作框架协议》，拟对高陵县城东南西韩路以东、西阎引线以南、西禹高速以西、西高路以北约4.5平方公里地块，由西旅集团全面开展土地总体规划、村庄改造、集中安置建设、土地平整、基础设施和公共服务设施建设、招商引资、商业开发、整体开发等工作，由此掀开了高陵县统筹

城乡发展示范区整体开发的序幕。

　　受西旅集团委托，绿维创景承担了西安市高陵县统筹城乡发展示范区项目的开发研究工作，提供"开发策划及规划"咨询服务。

二、项目判断

　　绿维创景认为，高陵统筹城乡发展示范区是一个典型的城镇化项目，如果按照传统的工业化带动模式进行城镇化，那么在西安国际化大都市的格局中，将无法形成差异化的核心竞争力。

　　通过综合研究发现，高陵地处渭北地区

图4-49 高陵总平面图

图4-50　高陵鸟瞰图

多个特色工业产业园区的中心位置（这些产业园区的人群休闲需求非常庞大，而渭北地区缺乏现代服务业中心），自身又具备以唐代昭慧塔及昭慧广场为代表的独特文化资源，因此，摆脱以往传统的工业化带动城镇化的模式，采用以文化休闲旅游引导的非建制型新型城镇化模式，将有利于塑造高陵统筹城乡发展示范区的差异化竞争力，最终推动高陵县在西安国际化大都市的格局中占有一席之地。

据此，绿维创景提出：高陵县城乡统筹发展示范区应该以文化旅游与休闲商业为导向进行新型城镇化，打造西安国际化大都市渭北休闲商务区（RBD），最终发展成为带动高陵县城镇化综合升级的示范载体与战略抓手。

三、打造方案

（一）以"旅游吸引核"为先导

以地标性文化建筑昭慧塔、文化体验走廊、特色文化休闲商业广场——昭慧广场、都市浪漫庄园的游憩化综合打造为先导，形成旅游吸引核，从而实现游客吸引与人气聚集的目标，推动区域土地的升值。

（二）以"休闲聚集区"为重点

以渭北影城、滑冰俱乐部、渭北健身天地、渭北party world（KTV）、渭北水城水疗综合体、渭北国际商务酒店等项目为载体，形成本项目的休闲聚集区，使更多的人留下来并积极消费，从而为本项目打造渭北休闲商务区奠定坚实基础。

（三）以"居住发展带"为核心

以生态商务办公地产——渭北EOD（Ecological Offic District，绿色生态办公区）高端文化地产——泾渭上城和幸福尚居、当地居民安置区——泾渭新村为载体，打造居住发展带。这是本项目依托产业迈向城镇化的重要支撑。

（四）以"社区配套网"为支撑

以高陵新政务中心、高陵一中、西安工业大学高陵分校、展览馆、大剧院、图书城、博物馆、高陵医院南区等为载体，与旅游休闲配套设施共同形成该区域的社区配套网，这是高陵县统筹城乡发展示范区必须具备的城镇化功能支撑，有助于形成产城一体化的公共配套网络。

（五）以"产业延伸环"为根本

以旅游休闲为核心，逐步延伸发展休闲商业、文化创意、时尚娱乐、商务会展、高端居住、都市农业等一系列产业，形成该区域的产业延伸环，由此在吸引核、休闲区、居住带、配套网基础上，有力推动区域的综合发展。

四、案例总结

作为已经成功建设的示范，本项目是典型的由旅游引导的新型城镇化项目。在"西安国际化大都市渭北休闲商务区"的战略定位下，通过"旅游吸引核、休闲聚集区、居住发展带、社区配套网和产业延伸环"五大功能的打造，形成了新型城镇化的核心构架，这种模式将为全国其他区域进行旅游引导的产城一体化的新型城镇化提供极好的借鉴。

案例 15 旅游休闲小镇的综合打造
——贵州黄果树度假小镇策划规划及建筑设计

一、项目背景

本项目位于黄果树新城的核心区和制高点，整个地块为丘陵地貌，距离黄果树瀑布仅

2公里，地理区位非常优越。目前，黄果树瀑布虽知名度较高，但存在一个致命的缺点，即留不住游客，无法进行深度消费。

因此，黄果树瀑布亟须跟一个与之相匹

配的休闲类项目联袂，发展"泛黄果树大旅游圈"，实现区域综合开发。但目前，黄果树新城内的项目建设全部为旅游度假配套，且旅游产品比较低端，担当不了这个角色。于是，政府计划将本项目打造成一个精品，形成与黄果树瀑布景区的互补，增强旅游产业联动效应，通过两点辐射性引爆，带动整个黄果树新城的发展。

二、难点解读

项目周边业态众多、繁杂，竞争非常激烈，布局什么样的产品才能脱颖而出，占据市场高地？靠什么形成差异化核心竞争力，构建可持续发展的动力？如何摆脱虚、空、大的旅游地产局面，打造可盈利、可快速回收成本的商业模式？这些成为本项目首要解决的问题。

三、核心思路——打造三心，构建旅游综合体，带动区域综合发展

通过对资源、市场及周边同类项目的分析，绿维创景认为本项目应深度挖掘当地文化，走文化休闲带动下的差异化发展道路。项

图4-51　黄果树度假小镇整体鸟瞰图

目所在地安顺的历史文化存在多元性的特点，主要包括穿洞文化、夜郎文化、牂牁文化、三国文化、蜡染文化、屯堡文化、饮食文化、瀑布文化等。绿维创景以安顺多元民族文化为本底，以瀑布文化、饮食文化、蜡染文化和服饰文化为核心，通过文化化、休闲化、景区化、情境化等手法，串联起安顺丰富多元的民族文化，致力于打造中国首个超现代、集民族文化与现代艺术于一体的文化创意聚落，为旅游者提供一道文化饕餮大餐。

另外，单一的旅游项目开发已经无法满足现代休闲旅游的需求，也无法形成大范围的辐射吸引力。在本项目的开发中，绿维创景以泛旅游产业为理念，整合"生态、土地、文化、市场、区位"五大资源，打造核心吸引中心、休闲集聚中心、延伸

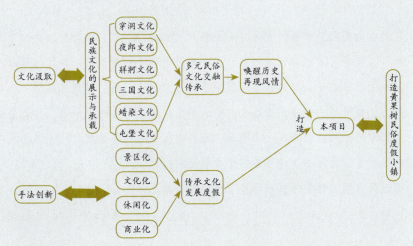

图4-52 黄果树度假小镇打造技术线路

发展中心，构建一个融休闲、度假、体验、购物等多功能为一体的综合型民俗度假小镇，从而实现点与点的功能性串联以及多元项目的整合配套开发，带动区域综合发展，形成1+1>2的"聚变"效应。

图4-53 黄果树度假小镇总平面图

（一）打造核心吸引中心——构筑项目吸引核

在地块中央核心制高点，以民俗、时尚、震撼、多元组合为主导，打造"云顶餐厅"，形成本项目的核心吸引物。

山顶核心建筑的屋顶，选取苗族服饰中最具代表性的纹饰——凤凰和银冠作为主导元素，与建筑进行融合并创新，形成核心景观。

这一独具民族特色的银冠屋顶，犹如小镇向四方民众伸开欢迎的双手，迎接八方来客；一展翅欲飞的凤凰，寓意民俗小镇正待腾飞，必将引领黄果树乃至安顺高品级度假飞向新高地。

餐厅配套高端餐饮，并选取少数民族中最具代表性的歌舞，进行创新演艺，将歌舞与餐饮有效结合，打造苗头宴舞项目，使得旅游者在品尝高端餐饮的同时，获得视觉上的震撼享受。

图4-54　核心吸引景观——苗头宴舞

（二）打造休闲聚集中心——留住游客，扩大消费

当"找点空闲，到城市中有休闲消费吸引力的场所休闲游憩"成为一种时尚时，休闲就成为人们不可或缺的一部分。基于此，本项目设计时必须区别于黄果树瀑布的自然观光体验，以市场需求为主导，创新产品设计，做大民俗文化，做强休闲氛围，做精旅游产品，做足"夜"文章，打造大黄果树对外接待的休闲客厅。为游客提供可感受、可体验、可消费的休闲度假氛围。

做精旅游产品 打造安顺精品项目	做大民俗文化 打造文化第一城	做足"夜"文章 打造黄果树不夜天	做强休闲氛围 打造黄果树第二吸引核

四位一体

依托交通、区位优势，借势黄果树及安顺大量客群，发挥创意理念、高起点、大手笔、精品化，深度挖掘民俗文化，迎合市场需求，打造安顺精致旅游新高地

做精旅游产品

项目区位、风水绝佳，且地块狭小，可建设用地较少，决定了项目的高品质化打造；运用景观化、休闲化、品质化等手法，创新理念，高标准、创新性、震撼性打造精品旅游区，形成安顺品牌旅游项目。

做大民俗文化

跳出地块，跳出黄果树景区，站在旅游市场需求的基础上，创新设计产品，以民俗文化为统领，以安顺多元文化为基础进行创新设计，做大创意文化，形成安顺文化集中展示区，打造品牌第一城；将文化融入产品、景观、游乐项目中，打造民俗度假小镇。

做足"夜"文章

依山就势，借助水环境做大灯光工程，做足夜文章，充分利用激光、射灯等，营造不夜天氛围，配套黄果树夜景观打造，形成夜间核心吸引物，以延长客流的停留时间等。

做强休闲氛围

当"找点空闲，到城市中有休闲消费吸引力的场所休闲游憩"成为一种时尚时，休闲就成为人们生活不可或缺的一部分。基于此，本项目设计时必须做强休闲氛围，以市场需求为主导，创新产品设计，通过品牌化设计，打造大黄果树对外接待的休闲客厅。

图4-55 四位一体打造休闲集聚中心

图4-56　黄果树度假小镇南侧鸟瞰图

（三）打造延伸发展中心——获取土地增值效益

延伸发展地产业（利润主要来源）、泛旅游产业、现代服务业等相关产业，是获取旅游收益的重中之重。尤其休闲商业地产，是最重要的延伸发展中心。本项目中，绿维创景以市场需求为导向，设置了精品酒店、休闲商业街区等休闲商业地产项目，一方面为游客提供餐饮、住宿、娱乐、休闲等服务，一方面促进资金快速回收，推动项目可持续发展。

1. 入口服务中心——精品星级酒店

对接景区化打造，迎合市场需求，综合分析地块，在地块北侧凹陷处，打造一个集旅游服务与精品星级酒店于一体的入口综合服务区，既满足服务功能，又满足接待功能。

整个酒店依山而建，采用台地式手法，分层级打造，外侧以景观叠瀑形式，从山顶延伸到山底，形成瀑布景观墙，登山步道晚宴穿梭于瀑布中，形成人在画中游的梦幻场景。一层为旅游服务中心，二层以上为小型精品星级酒店。酒店面积不大，但品级高，同时，我们建议向政府租赁已有的演艺中心，组织能歌善舞的苗族演员，编排一套节目，夜晚定期定时进行表演，形成对星级酒店的娱乐配套及夜生活的重要补充，可适当收取门票，增加可持续收益。

图4-57 精品星级酒店效果图

2. 民俗商业休闲环——民俗商业街区

借势黄果树大景区640余万人次的年接待量及由一日游向两日游、多日游的升级转换，在深度分析黄果树客群偏好及现有商业布局的基础上，绿维创景提出民俗休闲商业打造手法，将原生态商业业

图4-58 商业街鸟瞰效果图

态融入现代时尚建筑中，在景观建筑设计上，融入民俗文化元素，通过古与今的碰撞，激发出灿烂的火花。整个业态布局采取大分散、小聚居原则，各种商品整体呈组团式发展，以增强吸引力，但各业态间又交叉布局，凸显业态的多元性。

3. 高端主题会所
——主题接待区

比邻云顶餐厅，在地块另一制高点设计高端会所项目，以定制会员为主，主要接待高端客群，如各企业高管、政府领导等，形成黄果树区域最高端的主题接待区，并配套以地方特色餐饮——精品黔菜。

图4-59 高端主题会所效果图

4. 分体式度假酒店

分析地块周边业态布局及黄果树客源市场未来的发展需求，绿维创景提出了压缩商业面积，增加休闲娱乐业态面积的布局模式。结合黄果树气候小环境及周边良好景观资源环境，打造分体式度假酒店集群，既可采用定制形式，又可建设后销售，实现多元化的盈利模式。整个度假酒店集群沿绿飘带两侧分布，宛若项链上点缀的颗颗珍珠，从远处观望，绿林中灰墙粉瓦，鳞次栉比，犹如水墨山水画。

图4-60 分体式度假酒店效果图

四、后期效果

本案由于极具创意的理念及设计，引起了贵州省各县市旅游局局长及媒体的兴趣。甲方也在积极地推进本项目的落地，目前项目已经开始施工建设。

第六节
旅游新型农村社区——农村城镇化新路

2006年10月，党的十六届六中全会通过的"中共中央关于构建社会主义和谐社会的若干重大问题决定"，提出了"积极推进农村社区建设，健全新型社区管理和服务体制，把社区建设成为管理有序、服务完善、文明祥和的社会生活共同体"的要求。"农村社区"概念第一次在中央文件中出现，自此，建设新农村、建设农村社区的活动在全国开展起来。这其中以河南、山东两省最为典型，两地因地制宜，创造了许多新型农村社区建设模式，逐渐改变了农村经济发展结构，产生了巨大的社会影响。新型农村社区建设是农村经济社会发展的一场伟大变革，被誉为继家庭联产承包责任制之后农村发展的"第二次革命"。

2012年11月，党的十八大工作报告指出农业、农村、农民问题是全党工作重中之重，城乡发展一体化是解决"三农"问题的根本途径，而新型农村社区建设是推进城乡发展一体化的切入点、统筹城乡发展的结合点、促进农村发展和提高农民收入的增长点，是实现新型城镇化为引领、新型工业化为主导、新型农业现代化为基础的"三化"协调发展的重要抓手，

因此要充分发挥新型农村社区战略基点作用。

本节内容将基于新型农村社区的特征，重点探讨旅游引导下的新型农村社区的打造手法及重要模式。

一、新型农村社区的概念和性质

（一）新型农村社区的概念

1. 乡村社区（传统农村社区）

中国传统的农村社区，一般是从社会学角度定义的，是指以一定的地理区域为界线，以农村居民为主体，以农业生产为经济活动基础，具有血缘、地缘关系，社会关系较封闭，设施、组织制度完善的农村社会生活共同体。农村社区有别于城市社区，其基本职能是为其他功能区提供农业服务；其基本单位是村落，是以村民居住点为中心，将各类临近的服务设施连接起来的相对独立的范围或者地理区域。

2. 新型农村社区

新型农村社区建设，是指打破原有的村庄界限，把两个或两个以上的自然村或行政村，统一规划，按照统一要求，在一定的期限内搬

迁合并，统一建设新的居民住房和服务设施，统一规划和调整产业布局，组建成新的农民生产生活共同体（也称为"中心村"），形成农村新的居住模式、服务管理模式和产业格局。新型农村社区建设，既不能等同于村庄翻新，也不是简单的人口聚居，而是通过新型社区建设，就地实现城镇化，改变农民生活和生产方式，提升农民生活质量，集约节约用地，调整优化产业结构，发展农村二、三产业，推进农业现代化，促进农民就地、就近转移就业，加快缩小城乡差距，让农民享受到跟城里人一样的公共服务，过上像城里人那样的生活，共享经济发展、社会进步所带来的物质和精神文明成果。

（二）新型农村社区的性质

新型农村社区是一种城镇化模式，而不是乡村。新型农村社区在行政属性上介于村庄与建制镇之间。新型农村社区不是建制镇，因为它达不到建制镇的规模和水平，但是它也不是村庄，因为新型农村社区要求居民进行集中居住，摒弃乡村生活中人畜不分、环境恶劣的现状，实现楼上居住，在生产上又不能远离劳动区。因此新型农村社区脱离了村庄的属性，是城镇社区的一种模式。

二、新型农村社区的特征

新型农村社区有六大显著特征：

第一，基础设施城镇化。新型农村社区要具备低于建制镇的城镇化基础设施系统，即饮水、电网、供气、供热、交通、通信、生态污水处理、垃圾处理等硬件设施配套。

第二，公共服务社区化。公共服务和百姓民生最为关切，特别是医疗、教育、文化、警务等公共资源直接进入社区，服务社区居民。

第三，社会管理社区化。社区化管理重点指社区服务的提供、社区保障的建设、社区组织的发展。

第四，生活方式市民化。农民就地实现城镇化，彻底转换身份，从农民变成市民，享受市民的福利待遇，特别是在金融、福利保障、社会制度等软件配套方面。

第五，产业结构现代化。农村产业结构要进行合理化调整，向现代化转型升级，打造新型现代农业，合力提升加工工业，重点增强服务业，加大三大产业的融合力度，并开发新的产业形态。

第六，就业结构城市化。农民向产业工人、股东、业主的角色转换，其收入不仅包括薪金，还包括股金和租金等，收入来源多样化。

三、新型农村社区需要解决的三大问题

1. 居住条件问题

为村民提供生活和休息的场所，是新型农村社区建设的基本要求。需要按照城市社区居住要求来建设，包括基础设施建设、土地利用规划（居住区、产业区）、社区环境建设（如人畜分离、景观设施建设）等。

2．社会服务条件问题

按照城市社区公共服务的标准进行建设，例如，文化、体育、教育、卫生、商业、金融、公共交通等，形成社区公共服务的基本支撑，为居住功能提供配套。

3．产业发展问题

新型农村社区发展的关键是其产业发展与城镇建设实现一体化，即"产城一体化"的发展模式。新型农村社区如果仅仅发展农业产业，一是无法摆脱旧的生产与生活方式，二是无法支撑相对较高的城市社区生活成本。因

此，在中国现实的新型农村社区发展模式中，需要在农业产业的基础上，融合工业、现代农业与服务业等产业，以丰富居民的收入结构，使居民更加有能力获得城市生活的各种保障。

在产业的选择上，各地要采取结合实际，因地制宜的发展方式，结合当地历史文化、地理、区位、产业、资源等优势，选择适合自身的核心产业、配套产业和延伸产业，在一定区域内形成以某一产业为引导的产业集群。从农业、工业、服务业角度可以将新型农村社区的产业进行如下划分：

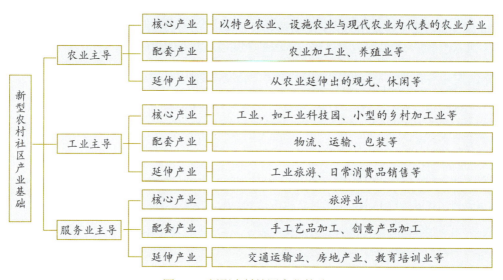

图4-61 新型农村社区产业基础

四、新型农村社区的主要类型

（一）农业园区引导的新型农村社区

在新型农村社区及其周边，通过土地流转及新型农村社区建设，实施土地的集约化利用，在社区建设腾出来的土地上，复耕为基本

农田，建设农业专业合作社，发展现代农业，并适当培育果蔬加工、养殖业及休闲业。社区劳动力既可选择从事农业生产，也可在培训后进入现代农业企业，成为农业企业工人，也可通过加工业、养殖业、休闲业等个体经营增加收入来源，实现就地城镇化。

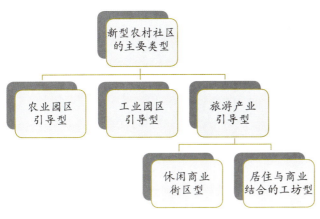

图4-62　新型农村社区的主要类型

（二）工业园区引导的新型农村社区

在已有成熟的工业园区周边建设新型农村社区，或者在新型农村社区周边规划建设新的工业园区，以实现工业园区与社区之间的互动。这种模式引导下的新型农村社区，可以使居民转变成为工业园区的产业工人，也可以通过工业产业的带动促进区域综合发展。

（三）旅游产业引导的新型农村社区

将新型农村社区规划建设在景区周边，或者在新型农村社区内部发展旅游产业。不管哪种形式，都需要根据游客需求设计不同的房舍，如休闲型、商业型、游乐型等，供农户根据自家实力选购。这种形式的城镇化，可以弘扬新农村的文化传统，增强居民的认同感，并可以通过引进资金的形式实现社区环境的改善，甚至是房屋的建设，为政府节约大量的建设成本。

旅游产业引导的新型农村社区，在发展模式上又分为两种，一种是以休闲商业街为主导的社区发展模式，这种模式需要在新型农村社区中选择一条或者两条街区作为旅游休闲商业的集中聚集区，与居民居住区相对分离；另一种是居住区与商业区相结合的工坊型社区发展模式，这种模式需要处理好旅游与居民生活之间的关系。

五、旅游产业引导的新型农村社区建设

旅游产业是我国国民经济战略性支柱产业和终端消费产业，其对区域发展具有明显的引擎带动作用，具备强大的关联性和引导性，特别是在产业融合趋势下形成的泛旅游产业，更是区域综合发展最重要的新型动力，是新型农村社区建设的重要动力产业、支撑产业和富民产业。对于新型农村社区的生产发展、产业升级、生活改善、收入倍增、文明风尚形成、社区容貌建设等方面，都具有直接促进作用。另外，旅游产业的发展可以降低农村基础设施和服务设施的边际成本，增强区域对外招商引资的吸引力。

（一）概念及特征

1. 概念及内涵

何谓旅游产业引导的新型农村社区建设？绿维创景认为：第一，在规划设计上，把社区功能和旅游功能统筹考虑。第二，在产业支撑

上，以旅游产业为引导产业，其他相关产业如农业、商业、加工业、运动产业、会议会展业等为支撑，形成以旅游产业为导向的区域产业集群，使其成为新型农村社区健康发展的重要保障和持续动力。第三，在业态分布上，既要满足社区居民的需求，又要重点考虑旅游者需求。第四，在氛围营造上，要按照景区的标准进行打造，避免城市化，凸显乡野气息、田园氛围和主题特色。根据我国旅游产业发展趋势和农村经济发展的要求，以旅游产业为导向的新型农村社区发展方向是旅游社区和旅游小城镇。

以旅游产业为引导的新型农村社区，集生活、生产与旅游三大功能于一体，肩负农村产业结构调整和优化升级、群众生活水平提高、社区环境改善等多重任务，其关键要点体现在核心吸引物、旅游商业、旅游服务和农业产业

链等方面。

2．主要特征

以旅游产业为导向的新型农村社区，具有六大主要特征：

（1）以一定的乡村旅游资源和土地资源为基础

乡村旅游资源类型多样，范围广泛。对于乡村旅游资源，要以泛旅游资源的理念来审视，如何转化成具有独特吸引力的旅游产品是其核心指向。土地资源，可大可小，它决定了未来的规模，影响着旅游产业和现代农业的配比结构。

（2）以乡村休闲度假功能为主导

基于乡村泛旅游产业综合发展的构架，乡村休闲度假是主导功能，融田园观光、生态休闲、农业体验、运动休闲、会议会展、乡居度假、田园居住等多种旅游功能为一体，当然，在区域实际开发中的功能综合配置，不是多种功能的简单糅合，而是要根据具体情况，侧重打造其中某一项或几项功能。

（3）以农旅产业链打造为核心

农旅产业链把农业发展与旅游休闲相结合，集"食、住、行、游、购、娱"等于一体，能够打破一、二、

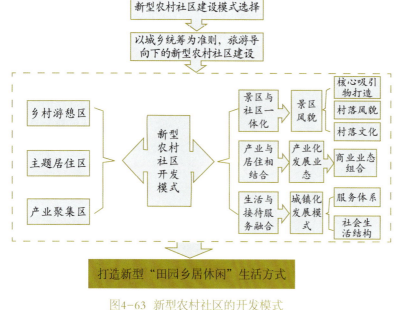

图4-63 新型农村社区的开发模式

三产业的界限，带动农产品加工业、服务业、交通运输、建筑、文化等相关产业的发展，促进农村产业结构的调整和优化，有利于提高乡村旅游与"三农"的关联度、农业和旅游业的紧密度。

（4）以乡村休闲业态为特色

乡村休闲业态多种多样，包括食、住、行、游、购、娱、体、会、养、媒等多个方面，充满乡村味道，极具特色，是乡村旅游核心竞争力的重要组成要素。它们是吸引城市游客消费的重要载体，也是乡村居民收入的重要来源。

（5）以乡村商业休闲地产为支撑

乡村商业休闲地产，既包括休闲商业地产(商街)、乡村度假酒店地产、休闲住宅地产三大核心类别，也包括其他特色主题地产，如创意地产。这是乡村旅游盈利的核心板块。

（6）以一流的配套设施为保证

一流的配套设施能够提高游客的满意度、增强产品竞争力、改善乡村旅游氛围、提高居民生活幸福感。有了完善的配套设施，才能够实现良好的运营。

可以预见，以旅游产业为导向的新型农村社区建设是我国经济发展之要、农民增收所盼、旅游发展所趋，将会带来多方面的深远影响（图4-64）。

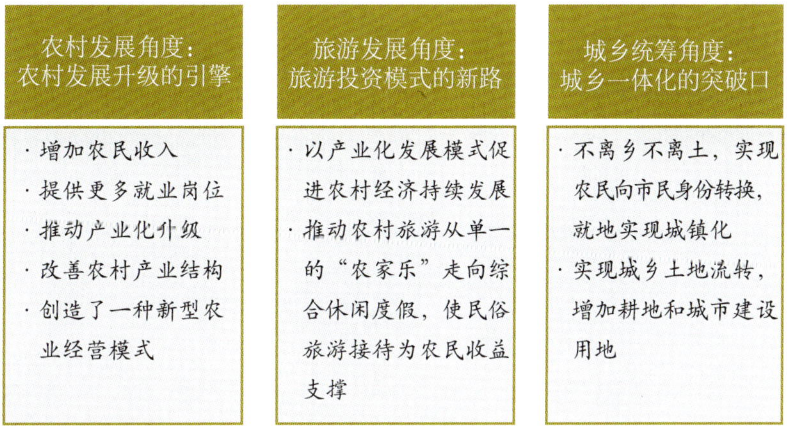

（二）适用条件及打造难点

我国农村地域广泛，每个农村都有各自的特点，以旅游产业为导向的新型农村社区并不适合于所有的新型农村建设。它有自己的适用条件，也有自身的打造难点。

1. 适用条件

（1）独特的区位条件

优越的区位优势，如毗邻都市（大型城市周边250公里，中型城市周边150公里，小型城市周边80公里范围区域是休闲消费圈的辐射范围）、依托景区、位于黄金旅游线路上的农村都具备发展旅游休闲产业的基本条件。

（2）良好的资源禀赋

旅游产业一向奉行"拿来主义"，对客源市场具备吸引力的任何资源，都可以拿来为其所用，农村地区拥有丰富的农业资源、深厚的文化资源以及其他独特显著的资源，这些资源都可以大力发展其旅游功能。

（3）良好的环境条件

乡村旅游的发展离不开良好的环境条件，

农村发展角度：农村发展升级的引擎	旅游发展角度：旅游投资模式的新路	城乡统筹角度：城乡一体化的突破口
·增加农民收入 ·提供更多就业岗位 ·推动产业化升级 ·改善农村产业结构 ·创造了一种新型农业经营模式	·以产业化发展模式促进农村经济持续发展 ·推动农村旅游从单一的"农家乐"走向综合休闲度假，使民俗旅游接待为农民收益支撑	·不离乡不离土，实现农民向市民身份转换，就地实现城镇化 ·实现城乡土地流转，增加耕地和城市建设用地

图4-64　新型农村社区建设的意义

如政策环境、生态环境、旅游大环境等方面的支持。

2. 打造难点

以旅游产业为导向的新型农村社区建设，有六大方面问题亟须解决：

（1）农旅产业链如何打造

农旅产业链是以旅游产业为导向的新型农村社区建设的核心，因此，如何打造农旅产业链尤为重要。如何使农旅两条产业链并行不悖，同时运转？如何让旅游、现代农业两种产业互相促进和共同发展？如何运作两条产业链，使政府、农民、投资方得到最大收益？

（2）文化卖点如何挖掘和提升

乡村文化是地域奇葩，是个"无价宝"和"聚宝盆"，如何挖掘这个金矿，把资源变成产品，化无形为有形，将其点化为受市场热捧的旅游产品？

（3）田园乡居生活氛围如何营造

生活方式的营造是旅游产业发展的最高阶段，实现田园乡居生活则是乡村旅游打造的终极目标。如何让城市游客实现归园田居梦，乐享田园乡居生活？

（4）如何选择合适的商业运营模式

致富、政绩、利润是农民、政府和企业各自追求的目标，如何实现这个目标，关键就在于商业运营模式的选择，如何选择适合自己的商业运营模式？这是区域开发亟须解决

的重要难点。

（5）如何解决建设资金来源

在区域开发中，最头疼、最困难的问题莫过于如何解决建设资金。以旅游产业为导向的新型农村社区建设也不能避免，农业升级需要资金，社区建设需要大量资金，旅游产业开发更需资金，资金来源不解决，一切都无从谈起。

（6）如何制定利益协调机制

要想保障农民、企业、政府等相关利益团体在以旅游产业为导向的新型农村社区建设中获得利益，协调机制就显得尤为重要，它是区域开发健康持续发展的保证，是制约三方权责的框架。因此如何制定利益协调机制就显得非常关键。

（三）打造手法

以"三心四化"手法全方位打造旅游产业引导的新型农村社区（图4-65和图4-66）。

1. 三心

核心吸引中心，是主题特色和核心竞争

图4-65 新型农村社区打造的"三心"

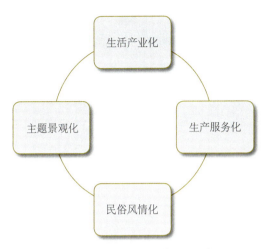

图4-66 新型农村社区打造的"四化"

力塑造的关键，也是构筑项目核心吸引力的基石。主要包括本土文化特别是民俗文化的创意挖掘、田园观光、农业互动体验和农业游乐体验等农旅产业链的打造。

休闲聚集中心，是留住游客并扩大其消费的载体，主要满足游客的全方位休闲需求，同时也是当地居民收入的重要来源。主要包括旅游接待、民俗休闲、田园养生休闲、民俗主题休闲商街、文化主题演艺等。

居民居住中心，兼具居民的居住功能和旅游功能，其建筑风格、社区布局、社区风貌、社区设施等方面要凸显主题和氛围，与整体大环境的风貌要相互协调。在游客眼中，居住中心也是一道亮丽的风景线。

2. 四化

生活产业化：在城市游客眼中，乡村生活是非常重要的特色吸引物，因此应把乡村生活形态，如农民的住宅、餐饮等进行产业化打造，形

成纵横产业链集群。以餐饮产业化为例，从原材料的种植、选材、制作到后期的深化加工、包装销售，纵向一体化深度打造，绿色安全又卫生；横向产业链方面，打造大众餐饮、休闲餐饮、高端餐饮，增加其广度和业态。

生产服务化：农业生产服务化，即一产三产化，三产带一产。生产服务化不仅可以大幅度提高农业附加价值，还能够增加当地就业人数，增强农业产品的市场竞争力，刺激游客消费欲望，主要表现在农作物产品化、土特产纪念品化、生产流程体验化等方面。

民俗风情化：乡村民俗是乡村旅游最核心的卖点之一，是打造特色产品的基石。因此乡村民俗文化、民俗风貌应通过民俗展示、民俗商街、风情演艺、互动体验，在建筑、景观、小品、室内陈设、田园环境等方面进行全方位多角度的立体展示。

主题景观化：乡村旅游贵在人有我新、人新我异、人异我特。因此各地要根据自身的资源优势、区位优势以及其他优势条件，打造自己独特的主题。根据主题打造一村一品，其中"一品"不是农业的一品，而是旅游文化的一品，这一品唯自己所有，别人无法复制。另外，为了凸显主题，展示主题，还应将主题进行景观化打造。

（四）打造类型

根据我国以旅游产业为导向的新型农村社区建设状况，并结合绿维创景规划的实际案例，目前，以旅游产业为导向的新型农村社区

商业带动型 ➡	农业休闲型 ➡	文化主导型 ➡	创意产业型 ➡	景区依托型
·**概述**：各种类型的商铺，与居住社区融合 ·**布局**：以农家的核心广场、农民的民俗广场为中心，形成民居的商街结构 ·**业态**：以休闲商铺为主，在主干道构建特色餐饮、娱乐、购物等。在农民社区内部构建生活配套的商街	·**概述**：以农业观光、特色农业休闲为核心引爆点 ·**特色**：休闲农业产品是其核心吸引产品，结合本地的文化脉络，打造一系列农业和文化相结合的文化休闲产品、文化娱乐和体验产品。另外重点打造休闲地产和旅游商业地产	·**概述**：依托文化和民俗，用庙会等聚集人气 ·**特色**：依托独特的民俗文化，形成自己独特的核心卖点，注重保持文化的原真性，避免过度商业化。民俗文化体验、休闲和度假产品是其打造重点	·**概述**：各种专业村，如书画村、影视基地、曲艺村等 ·**特色**：依托某一产业进行上下产业链的深度打造，形成自身的核心吸引点。另外，发展相关休闲业态	·**概述**：农家乐的高级版本，以休闲娱乐为主，借助周围临近的景区 ·**特色**：生态环境优美，自身具备一定的旅游资源，而周边的旅游资源也特别丰富

图4-67 新型农村社区的打造类型

建设基本类型主要有以下五大类：

1. 商业带动型

商业带动型主要是通过各种类型的商铺与居住社区融合，通过就地、就村、就社区来解决农民就业、农村产业、农业发展等问题。在规划布局上，以农家的核心广场、农民的民俗广场为中心，形成民居的商街结构；在业态分布上，以休闲商铺为主，在主干道构建旅游商街，如特色餐饮、娱乐、购物等，在农民社区内部构建生活配套的商街；在特色打造上，挖掘当地的自然人文资源、特色工艺、传统饮食，同时结合时令民俗、节庆活动、民间歌舞等构建旅游活动，形成新型农村社区的吸引力。此方面典型的案例以绿维创景规划的《山西洪洞天泽农业园项目》为代表。

2. 农业休闲型

农业休闲型以农业观光、特色农业休闲为核心引爆点，延伸休闲农业产业链，并结合本地的文化脉络，打造一系列农业和文化相结合

的文化休闲产品、文化娱乐和体验产品，另外重点打造休闲地产和旅游商业地产。农业休闲型在全国新型农村社区建设中比较普遍，其中以许昌明义社区最为典型。

3. 文化主导型

依托当地文化和民俗，塑造浓郁的文化氛围，打造相关的文化体验产品，形成自己独特的核心卖点，注重保持文化的原真性，避免过度商业化。另外重视节庆的打造，特别是要挖掘颇有区域影响力的庙会，因为庙会能快速聚集人气。民俗文化体验、休闲，娱乐和度假产品是这种类型打造的重点。由于我国农村区域的民俗资源源远流长，各具特色，因此，文化主导型的案例较多，如北京的高碑店村、绿维创景规划的《禹州市花石乡新型农村社区项目》等。

4. 创意产业型

把文化创意产业和新型农村社区建设相结合，打造各种专业村，如书画村、影视基地、曲

艺村等，并且依托这一产业，进行上下产业链的深度打造，形成自身的核心吸引点。另外，发展相关休闲业态。该类型以北京宋庄小堡村（画家村）、上海莫干山艺术区等为典型代表。

5. 景区依托型

区位条件较好，生态环境优美，依托周边著名景区，重点提供旅游接待服务，以休闲餐饮、娱乐为主。到目前为止，我国许多以旅游产业为导向的新型农村社区建设都是依托周边景区，大力发展旅游接待服务，增加社区居民的收入。例如，河南省汝阳县付店镇西泰山社区、河南省鲁山县尧山镇东竹园社区等。

案例 16 文化与特色产业引导下的新型农村社区建设
——新疆鄯善县蒲昌村提升改造

新型农村社区建设涉及方方面面的事务。在规划时，确定合适的文化主题和特色产业，可以使新型农村社区既有独特的外表，又有独立自主的内在，成为主题特色鲜明的"内外兼修型"社区。因此，文化主题与特色产业，是新型农村社区建设中两大最重要的因素。

蒲昌村改造工程是鄯善县城市改造的一部分，是新型农村社区建设的主要项目，也是鄯善县旅游开发和建设的重点工程。绿维创景在对街道及外立面进行改造时，将旅游引导的新型农村社区建设理念运用其中，对社区的文化主题与产业结构进行了系统研究与定位，成功地使其成为新型农村社区建设与旅游开发相结合的典范。

一、文化主题的挖掘

蒲昌村作为一个有着独特文化魅力的传统村落，在改造时，我们充分利用其与楼兰王国的关系，将楼兰文化作为社区文化打造的主题，并通过生土建筑将楼兰建筑的代表性符号进行了充分运用，构建了一个神秘、沧桑、厚重、醇美的新型农村社区。不仅进一步弘扬了楼兰文化，为建筑和景观的改造提供了文化主

图4-68 蒲昌村文化主题的挖掘

图4-69 文化灵感之源——楼兰生土建筑

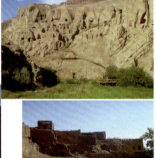

图4-70 文化灵感之源——楼兰建筑元素

线，而且也使旅游的开发增添了价值。

楼兰文化的介入，为社区注入了灵魂，使得原本静态的建筑和景观有了耐人寻味的血肉。因此蒲昌村在形象上具有极强的地域特征和形式美感，在国内新农村中独树一帜，在产业发展上也有了依托（图4-69和图4-70）。

文化主题落实在建筑上，需要充分考虑农村社区建设的需要，对部分房屋进行改造设计。改造涉及上百家住户，而每家的经济情况相差很大，所以针对那些经济条件较差、房屋又很破旧的家庭，进行较大程度的改建，甚至拆掉重建。通过政府出一大部分资金，个人出一小部分的方法使居民住上宽敞的大房，同时设计更多的景观和接待功能，使他们在日后的旅游开发中能够持

图4-71 楼兰文化在建筑设计中的体现

图4-72 楼兰文化的落地体现（实景）

续地得到收益从而脱贫致富；而对于较为富裕住户的房屋只是做些立面上的改造，从而减轻不必要的负担，以体现整个项目"以民为主、施惠于民、为民谋利"的思想。

二、特色产业的定位

新型农村社区的产业定位至关重要，需要有一定的基础，更要有特色。蒲昌村在进行改造设计时，首先研究了社区的产业支撑，拓展了社区居民的收入渠道，使当地剩余劳动力向第三产业转移，不仅实现了农民长期增收的目的，还提升了当地村民参与旅游发展的意识，从而反过来更好地促进了原生态的延续和发展。本项目从两个方面进行了考虑。

一方面，规划设计了一条休闲商业街区。本项目在民居改造的基础上专门设计了一条休闲商业街区。设计了具有地方特色的民间作坊及休闲吧等，特别对民族手工艺进行了提升，打造民族手工艺基地。具体业态包括金匠铺、银匠铺、铁匠铺、小裁缝铺、百货小摊、手工艺铺、小酒馆、小茶房、小书店、小照相馆、小网吧、特色客栈等，餐饮、住宿、休闲、娱乐、购物等各个方面，通过商街的形式，将蒲昌村的日常生活场景展现在游客面前。这些特色产业是在本地手工制作业、加工业的基础上进行改进，与旅游业相融合并添加创意成分而形成的。产业的发展与新型农村社区的建设融

图4-73　蒲昌村休闲商业街业态布局及建筑设计图

为一体，真正实现了"产城一体化"的发展格局，使蒲昌村实现了就地城镇化。

另一方面，打造影视基地，延伸文化创意产业。改造后的蒲昌村，成为一个奇迹。有多家电视台进行报道，曾经吸引了《天地英雄》、《冰山上的来客》、《阿凡提的故事》、《鄯善密码》等多部电视剧和纪录片的拍摄，俨然成为一个影视拍摄基地。县政府充分发掘其中的商机，整合影视拍摄资源，成立了"中亚影视基地"，并于2008年10月18日下午举行了揭牌仪式。影视基地的建设，推动了影视拍摄服务和影视拍摄经济的发展，促进了社区产业结构的升级，更好地为居民提供就业机会。

图4-74 蒲昌村休闲商业街实景图

图4-75 新疆鄯善影视基地

案例 17　新型农村社区的创新规划之路
——山西临汾洪洞农业现代转型综改示范园

一、规划背景

改革开放以来，临汾市城镇化建设取得了较大的成绩，但也存在着自身的一些问题，随着新型城镇化概念的提出，临汾市有望通过合理、超前的规划，探索多途径城镇化发展道路。

洪洞农业现代转型综改示范园区是在山西省被列为综改试验区的背景下产生的，通过各级政府的努力，该项目被国家开发银行确定为我国"城市化转型、现代农业转型、农民生产和生活方式转型、经济与社会发展方式转型"的试验区，被列为省级现代农业示范园区、临

汾市委市政府"两区共建"样板项目、洪洞县惠民重点项目。绿维创景受托为本项目制作了总体规划。

规划提出了"做大做强农业、做新做特农村、做精做细旅游、做亮做美城镇"的发展战略，就农业、农村与农民问题提出了解决方案。通过农业产业的发展，引入旅游业、加工业等业态，以新型农村社区建设为抓手和切入点，使广大农民在不离土不离乡的情况下，实现就地城镇化，探索出了一条统筹城乡发展、推进城乡一体化的新路子。目前该园区的新型农村建设已进入实质性实施阶段，是通过新型农村社区建设实现

图4-76　园区鸟瞰图

就地城镇化的典型代表。

二、规划基础

洪洞农业现代转型综改示范园区范围包括甘亭镇天井村、羊獬村、南羊獬村、杨曲村、上桥村和士狮村6个行政村，以及周边农田及林地。行政上隶属于洪洞县甘亭镇，位于洪洞县与尧都区的交界处，总面积约为23000亩。

园区内农业总人口1.6万，农村空房率较低，居民除进行耕作外，还圈地挖沙出售，部分外出打工，收入水平一般，社会保障不够全面。

园区内现行的耕作制度为两茬平作，以栽培小麦，复播玉米、大豆、油料为主，并有蔬菜、果木等经济作物的种植，种植结构趋于合理。但是由于耕作粗放、施肥量少、用养失调、地力衰退，农田生态环境条件严重恶化，形成恶性循环，制约了农业生产和农村经济的发展。

三、新型农村社区规划路径

（一）规划原则

1. 充分保护与利用资源

本园区有着丰厚的娥皇女英文化，是临汾地区乡土文化的重要载体。因此，本园区的规划，要注重自然环境及文化资源的保护与利用，保留、继承和挖掘原有村落的自然纹理、

文化传统及民俗风情，打造风格独特的新型农村社区。

2. 集约利用土地

从社区建设、产业发展及旅游开发的角度综合考虑，本着集约利用土地的原则，将不同地段土地赋予不同使用功能，实现土地价值最大化。例如，住宅建设充分考虑农户从业及兼业情况，考虑生活、生产的实际需求；农业产业园区相对集中，按照标准化、规模化、企业化的发展模式进行规划；旅游产业发展融入社区建设及农业园区的建设中，功能上综合考虑。

3. 农业与旅游有机结合

产业发展是新型农村社区建设的重要支撑，要从区域范围着手进而分析其产业发展的前景。本园区的产业基础是农业产业，然而仅仅依靠农业产业并不能支撑起社区居民生产生活的需要，也很难改变现有的生产与生活方式。因此，将农业产业与旅游产业有机结合，从而延伸相关的工业及服务业，是实现园区产城一体化的必经之路。

4. 尊重农村生活习惯

新型农村社区的行政属性介于建制镇与村庄之间，是城市模式的社区，但是又不同于一般的城市社区，要充分考虑农民生产活动的需要。例如，要考虑住宅与耕地及产业园区的距离；在交通组织中，要考虑生产用车的交通流线和存放场所；在住宅设计中，要考虑发展

图4-77　园区规划原则

"农家乐"旅游接待及庭院经济的场地、家禽家畜的养殖场所、家庭的生产用房等。

（二）居住条件规划

1. 空间规划

社区的街道和广场作为空间构成的重要组成部分，是新型农村社区空间的骨架，是社区形象和景观的核心内容。社区空间设计需要将社区的发展历史、文脉和原有村落的肌理特点表现出来。

皇英六村整体上呈现出"六村一水一广场"的空间格局，并配合纵横两条轴线。将六村按照一定的次序进行排列，形成莲花状分布；

贯穿社区南北建设一水系，沿水系布局旅游业态及社区自然与文化景观。沿309国道两侧布局一个文化广场，作为日常居民休闲活动广场，同时也是旅游活动聚集场所。

沿309国道及水系两条轴线，打造纵横两条商业街区，共同支撑起新型农村社区的骨架结构。两条街区性质不同，分别面向社区及游客。

2. 住宅设计

为维持新农村的良好风貌，居住房屋的层数原则上不应超过6层，以2层联排及6层板楼为主，比例约1:3，2层联排主要分布在道路两侧，6层板楼主要分布在社区内部。

图4-78　园区居住条件规划

3. 社区景观

在纵横两条轴线、皇英广场、社区内部的公共空间，建造社区自然与文化景观，反映社区的历史发展及文化脉络。

4. 管网工程

社区内的给排水、雨水、电力、通信、供热、燃气等工程都按照城镇的标准进行规划，实现社区全覆盖。

（三）社会服务条件规划

城镇化发展需要的文化、体育、卫生、教育、商业、金融、公共交通等基本社会服务条件，在新型农村社区中都需要得到满足（图4-79）。

图4-79　园区社会服务条件规划

文化：皇英六村定位了文化主题，并依此建设了皇英文化广场及文化娱乐场馆。

体育：社区每个组团都规划了适合居民运动的室内外体育运动场所。

卫生：按照城镇标准规划建设了医疗卫生体系，包括社区卫生站及镇级医院。

教育：规划建设符合城镇标准的中小学及幼儿园，并建设辅导农民就业的职业学校。

商业：配合城镇发展，沿309国道规划建设服务于居民的商业街道，沿南北水系规划建设面向游客的旅游商业，社区内部规划建设商业服务点。为满足发展旅游的需求，在社区外围，规划部分乡居旅社及庭院式农家乐（图4-80）。

金融：规划城镇级别的金融机构，散布于商业街及居民区内部，同时服务于旅游产业。

公共交通：规划建设对接临汾市及洪洞县的公共交通体系，沿滨河大道建设公交站点。

（四）产业规划

产业发展是新型农村社区建设的第一要素。园区的产业规划主要从农业、加工业、服

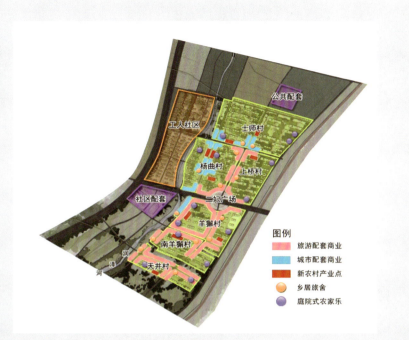

图4-80　园区商业配套

务业入手，在保证农业产业为基础的条件下，
引入加工业与服务业，从而提高农业产业的附

加值，为农民增收、改变生产与生活方式提供
基础，具体产业规划如图4-81所示。

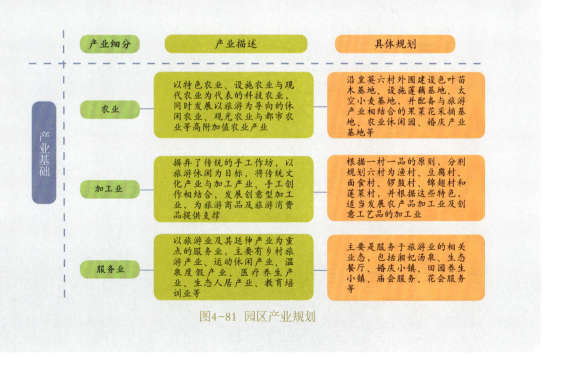

产业细分	产业描述	具体规划
农业	以特色农业、设施农业与现代农业为代表的科技农业，同时发展以旅游为导向的休闲农业、观光农业与都市农业等高附加值农业产业	沿皇英六村外围建设色叶苗木基地、设施莲藕基地、太空小麦基地，并配备与旅游产业相结合的果菜花采摘基地、农业休闲园、婚庆产业基地等
加工业	摒弃了传统的手工作坊，以旅游休闲为目标，将传统文化产业与加工产业、手工创作业相结合，发展创意型加工业，为旅游商品及旅游消费品提供支撑	根据一村一品的原则，分别规划六村为渔村、豆腐村、面食村、锣鼓村、锦翅村和莲菜村，并根据这些特色，适当发展农产品加工业及创意工艺品的加工业
服务业	以旅游业及其延伸产业为重点的服务业，主要有乡村旅游产业、运动休闲产业、温泉度假产业、医疗养生产业、生态人居产业、教育培训业等	主要是服务于旅游业的相关业态，包括湘妃汤泉、生态餐厅、婚庆小镇、田园养生小镇、庙会服务、花会服务等

(产业基础)

图4-81　园区产业规划

第五章

新型城镇化与旅游地产开发

◎　旅游与地产的联姻，是市场必然的选择，也是互补互助的良性架构，为房地产业和旅游业提供了一个广阔良好的平台。旅游地产面向新型城镇化建设的产业提升，将为新型城镇化建设提供最有力的投资运营主体。

◎　旅游地产在促进城市发展、创新城市化模式的过程中，通过旅游区域开发与城市经营相结合的旅游地产提升模式，将实现对区域经济发展的提升和拉动作用，这是旅游地产的最高价值体现。

◎　土地升值，是旅游地产的第一个盈利点。从观光游客的人气基础，形成休闲人气，建设集散与休闲商气，是土地价值升值的关键。而如何把已经形成的游客，引导进入休闲消费，包括购物、夜间娱乐、参与性游乐、滞留休闲等，是形成商气的关键。

◎　旅游地产是一个非常大、非常丰富的概念。区域运营理念下的旅游地产正在逐渐成为中国新型城镇化的动力产业和主力军之一，成为中国梦实现的重要推手，带动成千上万的人致富，引领城市的美化与发展，促进社会的和谐，提升人们的生活幸福感，推动区域的经济社会综合发展。

第一节
旅游地产解构

旅游地产，是以旅游休闲度假为依托，在旅游地围绕旅游行为展开的土地开发与房地产物业开发，是旅游与房地产两个主流产业融合形成的交叉产业，但绝不仅限于这两个黄金产业本身。依托旅游的空间位移基础，借力旅游搬运，服务游客消费，形成地产、房产开发和营销，从而构建一种新型的产业模式，并成为整个旅游区域开发的基本业态。总体来看，旅游地产的出现是依托旅游资源及旅游消费搬运，基于人们对旅游地的需求从一般观光转化为休闲度假，进而转化为居住或生活度假，出现的一种物业形式。

在旅游地产的初期发展阶段，尤其是房价、地价持续高涨的时代，投资、增值、盈利等功能的高速膨胀，使其经历了一段时间的畸形增长。目前，旅游地产的发展逐渐走向理性，越来越体现出适应于生活、休闲、度假等本身的需求，并进一步显现出对旅游产业、区域经济、社会发展强大的带动作用。总体来讲，在我国旅游开发进入区域综合开发阶段后，旅游地产市场也正逐渐趋于良性的发展态势。

一、组成要素

旅游不仅仅是一个产业，也不是单一的消费业态，而是呈现出带动多个产业整合发展的泛旅游产业聚集及泛旅游产业集群化趋势。在旅游产业延伸出的泛旅游结构中，泛旅游产业与房地产开发结合，基于旅游，结合文化体育、养生养老、休闲商业、会议会展等业态，围绕游客消费的展开，旅游地产同样延伸展开为泛旅游地产。泛旅游业态及泛地产业态的各种技术、手法的交叉运用，形成泛旅游地产开发的明显特色，主要体现在资源、产品、景观建筑、要素、设施配套、游憩方式、公共空间环境等方面（图5-1）。

绿维创景提炼出旅游地产开发的五大组成要素：

第一，良好的可进入性，便捷的交通与地理位置，是旅游地产开发的前提。

第二，具有独特吸引力的旅游资源，特别是具有极高观赏价值、康复疗养、休闲度假功能的资源，为旅游地产开发增加了筹码，也是旅游地产进行空间特性与产业性质定位的必要条件。

图5-1　泛旅游与泛地产

第三，基础设施与配套服务设施，是旅游项目、休闲度假项目、人居项目之外的另一重要组成部分，需要满足旅游与居住的双重需求。因此，要求设施配套齐全，功能组合丰富，且相互支撑。

第四，融旅游开发理念与度假人居配套为一体的景观、绿化环境，具有游憩化、人性化的公共空间环境，可以促进旅游地产向更加成熟、完善的方面发展。

第五，此外，保证旅游、地产开发顺利进行的设计方案，合法的产权手续，专业、先进的物业管理与酒店管理，以及资金支撑、营销推广系统、交换网络系统等，也是旅游地产不可缺少的组成要素。

二、主要特征

（一）基本特征——旅游与地产相互交叉

旅游地产以旅游开发为基础和发展背景，以地产为盈利点和终极目标。这就要求既要把旅游项目经营好，又要把房产配套建设好，二者结合促进旅游地产作用的发挥。因此，旅游地产区别于单纯的旅游或房地产项目运作，包括了产品定位、产品开发、资本运作、资产经营等多个环节，是一种结合了金融业、房地产业、旅游业和资产管理的复合型投资开发及经营管理概念。

（二）旅游地产的核心价值——生活方式的引导

旅游地产需要在公共空间、绿化环境、户型及内部装饰上，考虑消费者的需要，突出个性化、人性化和体验化，即旅游特征的表现相对鲜明。对自然与文化资源特色的体现，对生活方式的引导，构成了旅游地产市场的核心诉求。例如"乐活"的生活方式，即迎合人们向往自由、回归自然的心理需求，对生活方式形成引导。

（三）旅游地产的市场定位——中高端消费群

旅游地产具有多重市场价值，具有消费的

可存储性和期权消费特征。在旅游产业化升级中，中高端休闲、度假群体，特别是中高收入阶层成为主要客源，他们消费水平较高，消费需求趋向多元化、个性化、品质化，这些构成了打造旅游地产产品和服务的市场驱动力。

（四）旅游地产的开发模式——"投资与消费"双重功能的发挥

旅游地产具有"投资+自用"双重功能。作为一种投资品，固定资产投资通常被认为是拉动地方经济增长的三驾马车之一，这就要求旅游地产同时具有人气和商气，具有极高的升值空间。从消费环节上，一方面需要能够为旅游消费提供方便；另一方面，住户可以将旅游地产作为一种投资选择，在不同的时段租借给不同的消费者。正是这种特点，使旅游地产与一般的旅游项目相比较，投资回收期较短，投资回收率高，显示出较高的抗通胀、保值的功能。

（五）旅游地产的综合效应——产城一体化作用

旅游地产与城市建设关系密切，对于塑

图5-2 旅游地产的双重功能

造城市性格、树立城市品牌、推广城市形象等具有重要作用。基于此，旅游地产在开发过程中，需要综合考虑景区发展、城市发展、政策的扶持和制约等因素，最终实现产城一体化开发，而开发商也应由旅游投资商或城市运营商，向区域运营商转变。

三、具体分类

根据不同的分类依据，旅游地产的类型划分有所不同。为了明确地表现旅游与房地产之间的相互作用关系，本节从旅游的视角，根据所依托的旅游产品及其功能，进行了旅游地产的类型划分与说明。

一般而言，旅游地产依据产品性质与功能的不同，包括与休闲、度假、养生、养老、商务、运动等相关的多种开发形式（表5-1）。

此外，还可以按照所依托的旅游资源特色，划分为水休闲旅游地产、温泉旅游地产、避寒/避暑房地产、山野旅游地产、田园房地产等不同类型。其资源、环境、景观特色不同，开发的产品形式、内容也不尽相同。例如，海南在建设"国际旅游岛"时，利用全国唯一的热带海岛资源特色，大力推进海滨旅游地产建设；云南利用温泉资源，基于旅游地产发展，大力进行温泉小镇建设等。

四、开发维度

旅游地产的开发维度相当宽泛，概括起

表5-1　旅游地产分类与说明

类　型	旅游产品分类	特　　点	表现形式
度假旅游地产	森林度假产品 滨海度假产品 滨湖度假产品 乡村度假产品 避寒度假产品 避暑度假产品 ……	分布在著名旅游风景区、旅游度假区以及海滨城市等地区。包括度假者为消费而购买的地产和投资者以升值为目的购买的地产。目前我国度假消费地产的规模相对较小，法律环境较差，降低了交易水平	旅游星级酒店 经济型酒店 分时度假酒店 产权酒店 公寓式酒店 滨海度假别墅 景区避暑别墅
养生旅游地产	康复疗养产品 山水养生产品 森林养生产品 滨湖养生产品	为满足追求身心健康、康复疗养等特殊需求的人群准备，对自然环境和人文环境条件要求较高，具有天然临水性、乡村花园性、养生配套性三大属性	温泉度假酒店 国际健康养生园 养生社区 养生文化村
养老旅游地产	康体产品 养老产品	是专门针对老年群体开发的，专供老年人居住的特殊房地产项目，有很强的消费群体指向性。因此，对配套设施等硬件，以及服务体系等软件的要求高于普通地产	养老社区（养老健康社区） 医护养老院 老年公寓 养老型酒店
休闲商业地产	商业购物 观光休闲 民俗体验	最终目的是一个房地产项目，可由房地产商通过成熟的商业铺面销售与转让升值模式进行运作，商业模式清楚、易操作，有广泛的成功经验	现代综合型商业步行街区 民俗特色休闲街区 滨水休闲步行街区 酒吧休闲步行街区 餐饮休闲步行街区
郊区休闲地产	乡村旅游 郊区度假 体育运动 文化娱乐	环境优良，大多拥有垄断性的休闲资源，"离尘不离城"是对郊区休闲地产的基本要求，更多关注休闲性，以低密度、亲自然为主要卖点。开发企业为了聚集区域人气，往往在前期项目上以较低的价格吸引消费者	郊区休闲住宅 城郊景观别墅 民宿、家庭旅馆 体育主题度假村
商务旅游地产		分布在主要商务和旅游城市，以投资经营为主要目的	商务度假酒店 高尔夫度假村
创意文化地产	创意产业	具有房地产业与创意产业的双重身份，注重文化建设，或通过老建筑文化资源的挖掘，或通过新筑文化形态的创新，体现创意时尚元素的主题性、艺术性，具有很强的群体竞争优势和集聚发展的规模效益	文化创意产业园 创意市集 LOFT社区

来，主要有以下六个方面：

第一，居住模式。包含多种类型，从基本生活居住、改善型居住到城市高品质居住，从城市休闲居住的第二居所到度假居住、养老居住等第三居所，都可以称为居住型物业。

第二，物业模式。此模式与居所的产权自用不同，属于产权出租。其有多种商业模式，比如多主体/单一主体产权自用物业、多主体/单一主体产权出租物业、自有与经营混合物业等。

第三，销售模式。包括居住物业的全产权销售、商业物业的全产权销售、使用产权模式销售、会员产业链销售、时权产业链销售、股权产业链销售。这种销售形态多样化同样是旅游地产要包含的。

第四，吸引力与价值模式。①人气人流聚集价值，例如杭州西湖开放，吸引了大量的人流，形成人气聚集效应，在这一前提下，其周边最主要的观光型区域开发高端地产项目。②配套服务价值，有些项目靠的是配套，例如，开发高端养老地产需要的就是医院、体检等高端配套。③环境稀缺价值，拥有稀缺性就会产生不一样的开发效果。④品质价值，不同的产品品质所需要的成本不一样，固然卖价也会有非常大的区别。综上所述，吸引力及价值的体现方式，在旅游地产中表现出非常大的差异。

第五，商业层级模式。不同的商业地产有着不同的开发层级。例如，旅游居住地产的一、二、三居模式；旅游商业地产的商街、商铺和商城；旅游经营地产的会所、公寓、产

权。不同形态之间的差异性很大。

第六，开发层级模式。旅游地产在开发层级上分为区域开发、旅游地产开发、旅游房产开发、旅游经营项目开发。

五、关键问题

旅游地产作为一种边缘性、交叉性产业，如果仅按照一种产业规律非常难把握。旅游地产和产业发展、城市开发、区域综合开发结合在一起，是一个非常复杂和综合的课题，涉及开发商、政府管理部门、旅游度假者和当地居民四大主体。

首先，旅游地产应服务于区域综合发展。旅游产业由于强大的综合效应，已经与其他产业紧密结合构成一个网状立体化的产业集群，带动目的地的经济发展。作为旅游产业与房地产业的交叉行业，旅游地产应结合政府对区域发展的规划要求和长期目标，满足区域发展需要，构建一个整体利益架构。

其次，旅游地产应造福于当地居民。旅游地产开发毋庸置疑会涉及拆迁，会从当地居民手中征地。他们失去土地后，不应变得更加贫穷，相反应该获得一个全新的发展机会。这就需要让当地居民参与到产业发展进程中来，分享发展利益。

再次，作为一个投资项目，旅游地产还应符合资本运作的规律。要快速回报、要持续经营、要对其投资人负责。

最后，旅游地产要为旅游度假者创造一种

不同于日常生活的休闲度假新体验。满足旅游者对于旅游目的地的需求。

可见旅游地产是一个综合性项目，方方面面都有要求。它与城市地产最大的区别就是需将人从客源地搬运到目的地。因此旅游地产的开发关键，就是形成吸引核，进而构建休闲消费聚集，在低成本的土地价格与高回报的房产收益之间寻找平衡。

1. 如何形成吸引力

对于任何一个旅游区域开发和旅游项目开发来说，吸引力的打造都是最基础、最本质、最核心的工作。若没有吸引力，就不会产生游客的旅游效应，没有旅游行为，也就不会发生各种形式的旅游消费，包括旅游地产的消费。

2. 如何形成地产升值

土地升值，是旅游地产的第一个盈利点。旅游人气的集聚，依靠吸引核的打造，也可以借力现有景区。如何把已经形成的旅游游客，引导进入休闲消费，包括购物、夜间娱乐、参与性游乐、滞留休闲等，是形成商气的关键。因此，从观光游客的人气基础，形成休闲人气，建设集散与休闲商气，是土地价值升值的关键。有了休闲消费，休闲商业地产的价值就形成了，整个区域的土地价值才能够提升。

3. 如何快速引爆市场

一种较为普遍的观点，认为"旅游地产"即"以旅游带动地产"，这种理解虽然有所偏颇，但表述了旅游地产的两大功能——"旅游聚集人气，地产带动商气"，也是旅游地产发展的目的之一。如何选择具有市场开发潜力的项目，进行运营模式的转换，形成市场的快速引爆，是旅游地产开发期冀达到的一个主要目标。

4. 如何塑造强烈的主题、形象

旅游项目设计的核心在于主题定位，而从房地产项目吸引力的塑造来看，进行旅游地产的主题定位及打造，具有提升附加价值的功效。因此，实现项目开发建设与主题理念的共鸣，是发展的关键所在。

5. 如何开发销售型房产

旅游地产最大的盈利，来自二级开发的房产。旅游房产的种类较多，特别是房地产市场调控以来，具有经营价值的旅游休闲商业房产的品种越来越多，模式创新很快。其中休闲小镇的商铺、客栈、前店后坊的工坊等业态模式，直接带动了休闲小镇地产的火爆。销售型酒店房产产品，花样翻新，销售较旺，包括产权客房、产权公寓、酒店公寓、私产酒店、时权酒店等。会所庄园房产，会员制房产，各有门道。郊区住宅、景观住宅、高尔夫住宅、郊野别墅、养老别墅、度假别墅等，销售受到一定制约。

什么样的房产受欢迎？价格、销售量如何才能最佳？这些问题，都与旅游地产的产品设计关系极大。开发房产的产品设计，只有全面结合市场需求，符合国家政策方向，才有机会获得销售的回报。

6. 如何有效利用政策、资金支持

旅游地产对城市及区域发展的带动作用极

强，在我国经济发展模式转型的机遇下，政府部门对旅游地产开发大多有相应的政策支持和土地、资金优惠条件，如何合理、有效地利用相关支持，是开发前期值得深入思考的一个方面。

六、开发意义

旅游地产是一个非常大、非常丰富的概念，其作用的大小取决于投资人是要做城市运营商、区域运营商，还是卖楼房的楼盘开发商。运用区域运营理念的投资人越多，旅游地产对中国的贡献就越大。这样的旅游地产也正在逐渐成为中国新型城镇化的动力产业和主力军之一。从地产楼盘开发商到区域运营商，带动成千上万的人致富，引领城市的美化与发展，促进社会的和谐，提升人们的生活幸福感、推动区域的经济社会综合发展，这也是对中国梦最重要的实践和推动。

所以，旅游地产具有崇高的价值和地位，已经成为实现中国梦的重要推手。集中表现在对政府部门、开发商、原住居民、业主等相关利益主体的影响上，以及对城市运营和区域发

展的作用等方面。

七、旅游地产发展趋势

1. 资源利用上

图5-4 旅游地产的资源利用趋势

中国正面临着快速的城市化进程，在这个高潮中，土地资源的合理分配显得尤为重要。解决资源的利用、保护和提升问题将是旅游地产开发的重中之重。针对资源开发利用现状和存在的问题，在环境、景观等方面强调尊重资源原生性基础上的有效利用，深入挖掘文化内涵，在将资源特色发挥到极致，给游客、置业者以冲击的表象下，达到引领全新生活理念的深层意义。

2. 产品开发上

房产市场的需求正面临由经济型向舒适型转化的趋势，新型旅游地产发展，必须强调特色，强调原住居民的参与，结合市场

图5-3 旅游地产促进城市发展的十大引擎

222

多样需求，融"旅游—游憩"模式创新于房地产产品开发之中，进行有吸引力的产品（旅游、房产产品）设计，如景观居所、创意主题地产等。这就要求产品更加细分化，产品开发、销售、交换、相关服务分工合作，最终营造满足市场需求的生活方式。

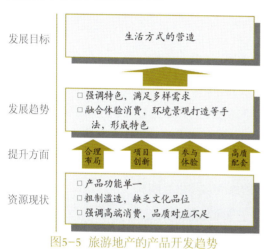

图5-5　旅游地产的产品开发趋势

3. 运营模式上

目前大量旅游地产产品建成后，经常面临找不到适合的营销公司进行专业营销的局面。对于"投资+自用"双重功能的旅游地产，消

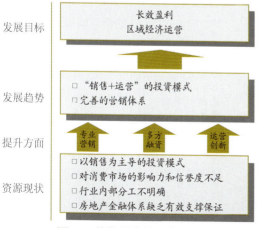

图5-6　旅游地产的运营趋势

费者更多地需要长效盈利，这就要求目前以销售为主导的投资模式转变为"销售+经营"模式，构筑完善的再营销网络，给予投资者长期的投资回报和持续的收入状态。对于日趋理智、务实的开发商，正经历从单一的房地产小盘开发到大盘开发，到城市运营商再到区域运营商四个阶段的转变和蜕变，以区域为主体进行综合开发，将成为发展趋势。

4. 投资商定位

旅游度假区从开发居住房产，到商业地产与居住地产结合，再到土地开发结合房产开发，旅游地产商在地产开发上的产品层级、综合性以及一、二级之间的互动越来越强。而从房地产开发，到旅游景区项目开发与经营，到区域旅游休闲度假产业链整合，再到区域泛旅游产业综合开发，旅游地产商对旅游产业的参与越来越深，对旅游产业的开发运营能力越来越强，对区域发展的驾驭越来越娴熟。

这两个方面结合，形成了旅游地产商自我定位的大幅度升级：旅游住宅房产开发商——旅游房产开发商（旅游住宅+旅游商业房产）——旅游地产开发商（旅游住宅+旅游商业房产+旅游土地开发）——旅游景区开发运营商（景区景点项目开发经营）——旅游区综合业态开发运营商（景区景点综合业态项目开发经营）——泛旅游产业开发运营商（旅游、农业、文化、运动等泛旅游业态开发运营）——泛旅游区域开发运营商（旅游住宅+旅游商业房产+旅游土地开发+景区景点综合业态项目开发经营+泛旅游业态开发运营）。

223

第二节
旅游地产与新型城镇化开发

一、旅游地产开发在新型城镇化中的作用

旅游地产开发在城镇化建设中所发挥的作用，体现在以下四个层面。第一，旅游城镇化中的土地开发，包括各类旅游休闲项目及城镇化项目的土地一级开发；第二，旅游公共设施建设；第三，旅游休闲项目建设；第四，旅游地产产品开发。

这四个层面与旅游引导的新型城镇化之间

的关系，如图5-7所示。

旅游地产土地开发：属于土地一级开发，有时企业参与时为土地一级半市场开发；包括旅游项目地的征地补偿、拆迁安置、七通一平等基础设施和社会公共配套设施建设，是旅游引导的新型城镇化的基础。

旅游公共设施建设：是旅游产业发展的基础建设，包括游客中心、旅游专项交通、旅游景观、旅游环境整治、资源保护等，由此形成旅游产业发展的基础，同时形成房地产开发的基础。更系统地来要求，就是旅游城镇化开发的基础，是旅游引导的新型城镇化建设最重要的内容之一。

旅游休闲项目建设：这是旅游休闲度假产品开发的主体，是与房地产相配套的，形成区域吸引核、旅游休闲度假环境、休闲内容及接待能力的基础。

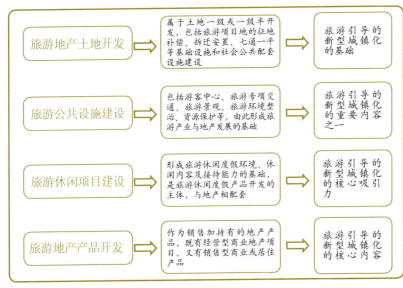

图5-7 旅游地产与新型城镇化

旅游地产产品开发：作为销售加持有的房地产产品，既有经营型商业地产项目，又有销售型商业或居住产品，其产品模式已经非常多样化。旅游地产不同于住宅地产和城市商业地产，是旅游城镇化的核心内容。

旅游地产产品即与旅游相关的房地产产品，包括旅游项目和旅游地产项目，例如休闲商业产品开发，涉及旅游休闲、旅游购物、旅游餐饮、文化娱乐等项目；旅游酒店产品开发本身涉及旅游接待、休闲体验等项目；各种庄园的开发，也涉及旅游的经营和配套接待；度假产品开发，又往往直接和城镇化的发展相结合。通过旅游地产产品开发，会形成休闲商业街区、度假区、庄园、酒店、养老社区、新型农村社区等，这些都构成了旅游带动新型城镇化落地的支撑型内容。

因此，旅游地产开发在旅游引导的新型城镇化建设中起到最核心的推动性作用。

二、旅游城镇化中的土地一级开发

所谓土地一级开发，通俗指在土地出让前，对土地进行整理投资开发的过程。土地一级开发是土地出让前的运作方式，开发的主体多为当地政府或由当地政府指定的土地开发企业，而土地一级开发的结果是要使"生地"成为"熟地"，达到出让的标准。在大多数城市中，土地开发主要是由政府来操作，也可由政府委托企业来做，政府负责管理和监督，或者由国有企业或事业单位性质的土地储备机构

来做。

从政府角度来说，在初期阶段，项目和土地价值并没有被市场充分认可，即使被预测未来会有很好的商业效益，想要融资也很难。所以，倚仗一些实力较强的企业进行信用融资，会更有利于新城的大规模开发。此外，在财政投入有限的情况下，政府选择与有实力的开发企业合作进行土地开发与基础设施建设，一方面可利用土地折价入股，以地集资，解决财力不足的问题；另一方面，也可以提升市场效率。从企业层面来说，与政府合作，明确各自的权利义务，可以以较小的代价控制项目整体开发并推动区域振兴，且实力雄厚的企业也可以直接承接政府土地一级整理委托，并独自运作二级招商工作。所以，政企合作，土地与资金结合，从而多层面加速区域的整体开发进程，是政府的必由之路。常见的土地一级开发商业模式、战略路径及各自特征如表5-2。

旅游地产土地开发，属于土地一级开发的范畴。严格意义上讲，国内外的土地使用性质都不存在旅游地产用地这个类别，而对于国内出现的"旅游地产土地开发"概念，其实质是一级土地开发经划拨或转让后，房地产开发商针对项目建成后用于与旅游行业相关的居住和休闲娱乐方面的经营活动来定义的。

旅游城镇化中的一级土地开发，涉及很多不同类别，包括城市中旧城改造为休闲商业或休闲娱乐街区，往往成本很高，风险较大。但是城市休闲聚集核如果设计得好，可以有效地提升区域地价，实现一级开发盈利。非城市中

表 5-2　常见的土地一级开发商业模式分析

商业模式	特征	适应条件	效果	风险
全程运营模式	封闭开发，全程运作，参与区域开发的全程环节	投入：启动资金要求高，阶段性性投资较大，区域增值措施需要企业不断投入 政企关系：深度的政企合作关系，共同建立政企利益共同体 市场：区域发展明朗，地价增幅和物业经营具备前景支撑	收益：深耕区域，长周期开发，充分获取土地增值收益 自由把控区域成熟程度，沉淀量优质度要求较高资产	开发周期：开发周期较长，变现效果较慢 资金投入：对企业投入资金的持续力度要求较高
战略合作模式	在主导区域开发时，通过战略合作开发和整合经营开发两种途径，实现区域成功开发	政企关系：深度的政企合作关系，减少战略合作者对未来前景的担心 市场：区域发展明朗，地价增幅和物业经营具备前景支撑，否则很难吸引战略合作者	资金：规避资金短缺问题，灵活调整区域发展的操作流程	合作关系：是否能够与战略合作者建立稳固的合作关系，并不影响对项目的控制权及开发力度的实现
一级主导模式	通过土地一级开发使土地溢价，然后与二级开发商通过股权合作或土地入股的方式分享二级开发利润	政企关系：具有浓厚政府背景的国资企业，得到政府的鼎力帮助，并具备把控区域发展方向的能力 企业：企业资金实力雄厚，拥有优质的社会资源和优秀的合作伙伴	收益：企业获得一级开发收益及部分二级开发收益，在二级开发中与众多企业合作，取长补短	收益周期：企业进行一级开发资金回收期较长 合作风险：企业无法顺利引入二级合作者的风险
一、二级联动模式	企业主导进行一级开发，根据市场、资金状况等因素主动选择部分土地进行二级开发	政企关系：企业把控区域开发控制权，政府赋予企业开发较大的灵活性对自身拿地和出让地块有着很强的自主选择权 企业：资金投入较大 市场：根据市场情况进行灵活调整	收益：多元收益来源，开发收益的灵活性较大	开发节点：究竟选择怎样的开发时点进行开发，先期进行二级开发如失败，造成新的资金沉淀，无法滚动开发
代建置换模式	开发商通过与政府签订《置换（出让）代建协议书》，帮助政府代建工程，获得土地进行自主开发	政企关系：政府把控区域整体开发控制权，完成征地、拆迁以及土地一级整理，并与开发商签订土地置换手续，对代建工程进行验收。 企业：项目代建为主，资金投入相对可控 市场：根据市场情况进行调整	收益：较低成本获取目标区域土地，代建工程可抵押融资，二级开发多元收益来源，开发收益的灵活性较大	资金风险：企业前期资金占用较大 合作风险：土地协议成交，存在市场价值评估风险

心的土地，特别是偏远区域，环境好、旅游资源好、地价很低。如果政府针对大交通的解决方案比较好，一级开发的空间就会很大，这是绝大多数房地产商参与旅游地产开发的关键。10万元以内成本的土地，能否通过旅游开发提升到100万元？或100万元左右的土地，能否通过旅游开发提升到500万元？这是旅游地产最大的难题，也是最大的魅力。

旅游地产商参与土地一级开发，与城市土地开发的差别，不仅仅在于项目地的征地补偿、拆迁安置、七通一平等基础设施和社会公共配套设施建设，也不仅仅是使"生地"成为"熟地"。如果没有形成真正的旅游产业，这块熟地同样是没有价值之地。因为旅游地产的核心在于依靠旅游，形成游客搬运，实现消费聚集。只有人气形成，才有可能形成商气，才可以进一步发展出多样化的居住，才有城镇化的发展。

绿维创景的结论是：旅游城镇化中一级土地开发，是与旅游产业发展紧紧结合在一起的，旅游产业的价值决定了土地的价值。因此，开发商只有结合旅游产品开发，结合旅游地产二级市场开发，才可能真正获取一级市场的利润。

当然，在旅游引导的新型城镇化建设过程中，存在城市休闲区、新城新区、旅游综合体、新型农村社区、配套酒店、度假公寓等各类项目的开发建设。如果房地产商与政府形成补偿性合作，参与进行土地一级开发，相对风险就会降低，盈利更有保证。

三、BT模式下的旅游公共设施建设与旅游项目开发

以BT模式为主导，通过与政府合作，打造满足旅游休闲需求的公共工程项目，不仅可以形成与旅游相关的公共设施建设，而且还可形成一批旅游产品。这类项目包括旅游交通、游客中心、城市休闲区、城市广场、展馆博物馆、旅游景区、大型旅游娱乐项目等，以及与之配套的综合性公共基础设施和功能开发，如道路、通信、水电等综合管网系统。其开发建设，需要大量资金投入，但是市场回报相对来说比较困难，可以通过BT或者政府的优惠扶持或合作，结合土地开发，由房地产商开发并经营一段时间，交回给政府管理，或者长期由房地产商经营，或者房地产商完全建成以后交给政府经营，从而使房地产商参与到旅游公共设施建设和旅游项目开发中来。

BT模式作为公共基础设施建设中发展起来的一种优化的项目融资与实施模式，其得天独厚的优势吸引了众多旅游城市通过这种模式，对包括餐饮、宾馆、酒店、旅游交通以及各种文化娱乐、体育、疗养等物质设备的各项旅游公共设施以及城市休闲项目进行开发建设。完善的旅游公共设施，不仅为旅游发展提供了有力的保障，也强力带动了旅游项目的长足发展。这种模式在地方政府主导的旅游公共设施与旅游项目开发中，体现出"双赢"或"多赢"的优势。

四、泛旅游地产产品开发研究

泛旅游地产产品开发不同于一般商业地产或住宅地产产品，与旅游产品的结合非常紧密。从功能上来划分，大概有四种类型：第一，土地开发。把生地做成熟地，再把熟地变成可开发的用地，达到建设项目的标准；第二，居住物业开发。包含了不同类型，从第二居所到度假型第三居所，再到其他可居住的客栈、公寓以及产权式的酒店都可以称为居住型物业；第三，商业物业。旅游休闲商业地产的规模非常大，除了旅游区的商业地产之外，城郊区、卫星城区、新城区也会形成大规模商业物业结构；第四，权益型地产。它是旅游地产，更多是消费权益，分时度假、摊位、俱乐部会员证等，都可以和地产呼应起来，形成权益性销售产品，这种产品不一定是土地或者房产形态，但可以把房产形态与经营模式进行结合。

面向新型城镇化的旅游地产开发，必须以区域综合开发为理念，运用泛旅游产业集群化发展模式，开发泛旅游架构下的地产产品。绿维创景运用泛旅游地产的架构，将旅游地产概括为休闲商业地产、休闲居住（第二居所）地产、度假居住（第三居所）地产、酒店地产、养老居住地产、文化创意地产、庄园地产、新型农村社区旅游地产八大类。

（一）休闲商业地产产品开发

休闲商业地产是传统商业地产在体验经济时代的发展方向，在旅游与城市发展中，是集聚人气的最好选择，包括城市休闲商业地产和旅游区休闲商业地产两类。伴随着国民经济的提高和人们需求的不断增长，休闲商业地产越来越趋向于综合化发展，这种发展架构最重要的在于商业业态的设计。突破传统的购买型商业业态，消费型商业业态成为休闲商业综合体最重要的业态模式。如何有效地推动这种业态，实现让人留下来消费的价值？绿维创景认为首先应通过文化策划、业态策划确定主题及商业模式，然后落到建筑设计上，且要符合主题及业态的要求。

休闲商业综合体的辐射范围比城市综合体大，不仅辐射本城区内，还辐射到整个周边城区结构。如此强大的带动作用，使得休闲商业地产对城镇化发展的推动作用也日益凸显。一是对城市商业的影响，表现在优化城市商业格局，形成新的零售商业网点空间格局，加速零售商业空间优化组合以及优化城市商业环境。二是对城市休闲娱乐的影响，可以充实市区休闲娱乐的内容，引导人们新的休闲娱乐需求。三是对城市地域空间的影响，有利于加快新城区的发展，促进旧城区的改造，形成新的城市功能区。四是可以改造城市空间，优化城市功能，重塑城市品牌，提升城市形象和增强城市吸引力。五是有助于提升城市土地开发价值，可以扩大政府税基，提高社会公共福利水平。

1. 城市休闲商业地产

城市休闲商业地产以追求现代时尚潮流文化为主，功能齐全、区位优越、交通便利，且形式多样，典型代表有重庆南滨路、北京王府井等。其开发类型主要有以下几种：

（1）特色商业休闲街区。特色商业街区是都市休闲的核心产品，是商业地产与休闲旅游产业结合的泛旅游产业模式。对政府和开发商来说都有很大的操作空间，可以有效地实现旅游产业要素的聚集，同时对各类游客有着强烈的吸引力，是都市休闲产业实现突破的特色抓手。有现代综合型商业步行街区、民俗特色休闲街区、滨水休闲街区、酒吧休闲街区、餐饮休闲街区等多种形态。这类街区在开发中，应以文化的打造为着力点，以景区化为打造手段，以休闲化为活力激发的催化剂。

（2）大型购物中心（Shopping Mall）。大型和超大型购物中心主要有城市中心型和城市周边型两种形态，它们都具有规模化、一站式、集约化等特点。一般来说，Shopping Mall集合了百货店、超市、卖场、专卖店、大型专业店等各种零售业态，而且有快餐店、小吃店和特色餐馆、电影院、儿童乐园、健身中心等各种休闲娱乐设施。此外，大型购物中心还提供一般百货店无法提供的长廊、广场、庭院等景观型购物体验。

（3）休闲商务区（RBD）。休闲商务区是国际中心城市推出的与其商务中心功能相呼应的新兴产业区。它将休闲娱乐、主题旅游、精品购物等各类项目加以整合，并与商务相结合，形成一种新型的旅游休闲商业区，成为现代都市的新亮点。特别是城市中央游憩区和城市商业休闲区的结合，作为城市休闲中的核心项目，已经成为大型城市必需的功能结构。

案例 18　河南郑州丰庆国际广场概念性规划设计

一、项目背景

根据大郑州总体规划，2020年前，郑州市发展方向将主要以东部为主，兼顾西部，培育南部，控制北部，即东移、北扩、西连、南优。本项目位于丰庆路普罗旺世板块，正处于目前金水区政府重点发展的核心区域，而且处于已经非常成熟的花园路商圈覆盖范围之外，发展条件非常优越。绿维创景负责本项目的规划，需要在充分理解地块价值的基础上，从多个角度审视项目地价值，寻找地块的发展与定位方向，从而给出符合城市、符合市场的规划建议。

二、核心思路

通过城市宏观分析、地块价值分析、城市产业分析等，绿维创景将项目名称确定为"豪盛·未来城"，总体定位为"时代新综合"，寓意"产业服务新综合、商务服务新综合、时尚生活新综合"。

（一）规划理念

1. 未来城概念

图5-8 未来城概念

2. 时代新城综合理念——打造中国第五代商业综合体

图5-9 时代新城综合理念

（二）规划思路

超越城市商业综合体，打造"CBD+RBD+智慧城市"的第五代新综合。

图5-10 未来城规划思路

（三）功能布局

项目规划为"四片九区"的功能布局，分别是国际商务区、高端产业区、时尚商业区、奢侈商业区、休闲商业区、高端商业区、生态居住区、停车服务区、地铁预留区。

图5-11 功能布局图

（四）主要地产产品

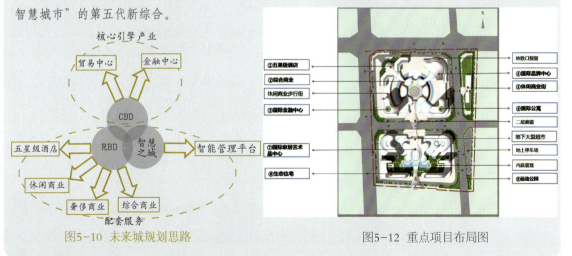

图5-12 重点项目布局图

1. 香格里拉酒店

国际五星级酒店（计划引进香格里拉酒店），约5万平方米，集住宿、餐饮、商务会议、会展等多种功能于一体，充分满足金融、商贸等产业的商务配套。

图5-13　酒店鸟瞰图

2. 综合商业

按照业态主要分为四个部分：国际品牌高端百货；各类品牌餐饮，各类品牌文化、娱乐，各类休闲商业等，其中地上面积约11.9万平方米（图5-14和图5-15）。

3. 国际金融中心

国际标准，拟建57层，约11.5万平方米。5A级智能化，与国际贸易形成双塔结构。

图5-14　综合商业局部效果图1

图5-15　综合商业局部效果图2

4. 国际奢侈品城

分为展览、体验、销售三个部分。共4万平方米。钢结构、玻璃穹顶和幕墙完美结合，夜间在灯光的点缀下，玲珑剔透，有"水晶宫"之美誉。可举办奢侈品展览、体验、销售、礼仪、庆典和演艺活动等。

5. 休闲商业街

高端休闲商业街，主要设置咖啡、酒吧、茶吧等休闲商业，供商务人群、购物人群及居住人群休闲。约1.5万平方米（图5-16）。

图5-16 休闲商业街效果图

6. 国际贸易中心

5A级写字楼，拟建66层，约13.4万平方米，（高端全智能）国际标准。现代科技、智能技术与商务办公的完美结合。

7. 国际家居艺术品中心

①高端家具城（计划引进红星美凯龙和新加坡好百年）；②装饰材料城；③家电城（计划引进国美、苏宁电器）；④灯饰城；⑤工艺品城；⑥珠宝古玩城（计划引进周大福、周生生、上海城隍庙、北京故宫博物院系列古玩藏品以及世界十大玉器钻石等）；⑦书城；⑧数码城；⑨健康城。

同时配套大型超市和品牌快餐（计划引

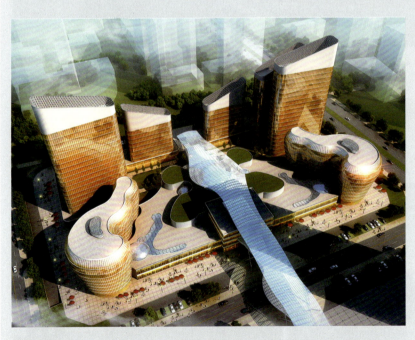

图5-17 国际家居艺术品中心效果图

进丹尼斯或家乐福、沃尔玛），约2.5万平方米（地下）。

8. 生态住宅

提倡以艺术为本源，最大限度地开发生态住宅的艺术功能，将生态住宅当成艺术品去创造、去营造，使这类住宅无论从外部还是内部看起来都是一件艺术品。约13.7万平方米（图5-18）。

9. 运动公园

将自然生态的环境与运动休闲的功能完全有机地结合在一起。追求公园与人的互动

图5-18　生态住宅区效果图

与融合，营造亲切、自然、生趣盎然的休闲运动场所。

图5-19　郑州丰庆国际广场鸟瞰图

案例 19 驶向太平洋的休闲商船
——江苏盐城金大洋城市生活广场设计

具有鲜明文化主题的休闲商业综合体，作为一种商业地产和一种开放式的休闲消费场所，已经成为都市休闲旅游的核心项目、成为城市或区域的地标性建筑、成为商业文化和城市文化的重要名片，在城市建设中的地位越来越突出了。

休闲商业综合体的打造难点在于文化的活化、休闲业态的市场化以及商业地产的盈利化。其中，文化活化是灵魂，休闲业态是关键，盈利模式是核心。绿维创景在江苏盐城金大洋城市生活广场项目设计中，融入地中海风情及海洋文化主题，使商业建筑本身具有鲜活的生命力，此外还通过新型业态的配置培养出新型的消费意识，激发商业价值提升，带动商业文化的二次变革。

一、项目背景

（一）海洋经济时代的到来

盐城市受苏锡常都市圈、南京都市圈、徐州都市圈三大都市圈的辐射，在振兴苏北的战略中占有重要地位，面临巨大的投资商机。城市定位为江苏沿海中心城市、新兴工业城市、海洋经济服务基地。2007年8月，《江苏省沿海开发总体规划》闪亮出台：江苏将利用10年时间，完成固定资产投资3万亿元。依托沿海大港建设，打造以新能源、海洋特色产业、现代物流业、临港大型石化产业为重点的沿海产业带，加速形成新型工业化基地和现代农业基地。连云港、盐城、南通三大港群串起江苏千里"黄金海岸"。

综合盐城宏观经济发展现状及城市发展机遇的简要分析，绿维创景认识到盐城未来发展的巨大潜力，特别是《江苏沿海地区发展规划》的通过，必将成为江苏乃至中国吹响迈入海洋时代、跨入新经济时代的号角。对于江苏沿海地区，尤其是拥有江苏最长海岸线的盐城来讲，海洋经济时代已经到来，"向海洋要效益"势必成为盐城城市发展的一个重要经济增长极，也必将成为盐城城市发展最为重要的发展方向。全市的各行各业都将在政府的指引下以及"海洋经济"发展的大趋势下，携手促进盐城经济发展。

（二）盐城休闲商业现状

通过对盐城旅游、城市人口、消费结构、城市片区发展以及商业环境、商业市场、商业地产的综合分析，绿维创景发现盐城商业发展呈现出"城市商业名片、文化名片"缺乏、"文化消费"需求凸显，商业网点发展已构成第三产业活动单位的主体，百货零售业占市场主导地位，南部形成城市副中心等几个特点。

另外商业地产存在开发节奏快、供需不平衡，区域结构差异大、业态结构不合理，次主力店分布零乱、聚集效应不强等问题。

（三）项目评价

项目地位于城市西南门户，新城南中央区域未来行政、教育、商业等"五大功能中心"之中，其政治、经济、商业价值不言而喻；周边品质大盘环绕，受城市建设南移因素的影响，区域购房热潮势不可挡，且吸进了大批区域外的购房人群，区域已经发展成为新的移民聚集地，人口的大量引入先期必需性消费占优势；新区未来具备相当的消化能力，发展前景看好。

三横（世纪大道、鹿鸣路、青年中路）三纵（西环路、盐马路、解放南路）形成"田"字形路网，项目处于世纪大道与西环路的交会处，辅之离其均不过数里之距的宁盐、盐徐、沿海高速的入口，形成四通八达的立体交通路枢纽；地块规整内有天然河道，具备成为城市节点及城市展示面的基本条件。

区域内众多规模化商业易导致同质化竞争，同时市区商业与亭湖商业区分流新区大部分购物客流。本项目要成功，一定要跳出区域局限，避免同质化竞争，挽回这些群体，同时要扩大项目的辐射能力，成为盐城商业新的增长极。

通过对项目的SWOT分析，新区商业市场承受的风险压力较大，对于本项目而言，必须

面对市场机会与威胁，区域综合商业的匮乏及配套服务的缺失为本项目提供了较大的发展空间。只要通过科学的市场分析，确定合理的规划布局，使项目优势互补，扬长避短，并制定有效的营销传播策略，建立差异化的市场及品牌形象，必将迅速建立项目认同感，打动目标客户，促成招商，从而确保项目顺利发展。

二、项目设计理念和设计思路

从项目整体考虑，本项目是《江苏沿海地区发展规划》"黄金海岸"这个美丽港湾中的一叶轻舟，一艘穿越大洋驶来的机遇之舟；是东西海洋文明交融的文化之舟；是承载着盐城迈向海洋时代的远航之舟；是代表着盐城未来的希冀之舟；是带动盐城未来创新生活之舟。

从商业本身考虑，本项目应该充分利用所处地段的优势，最大限度地获取较高的回报，这是项目定位的方向所在。为此，我们建议将本项目规划为景观特色性强、经营主题新颖、文化氛围浓郁的主题街区，并采用灵活多变的经营模式，使商家在激烈的竞争中求生存。综合他们的需要，新的购物场所应该具备以下特征：时尚的购物感觉，休闲的购物环境，合理的商场布局，舒适的商场通道，齐全的消费品种，灵活变通的商品档次，综合餐饮、娱乐及购物的便利，具有名气的商场；代表政府重点发展"海上盐城"的城市形象，具有强烈认同感和归属感的文化休闲购物环境。

（一）以海洋文化主题构筑"金色港湾"

如前所述，"向海洋要效益"势必将成为盐城城市发展的一个重要经济增长极。"海洋的魅力"便更应当充分地在城市各行各业中展示出来，通过丰富多彩的"海洋符号"打造出更加形象的"海上苏东"、"海上盐城"。

由此绿维创景将海洋主题引入本项目，将其主题形象定为"金色港湾——海洋文化休闲购物区"：将海洋的魅力通过整体建筑风格打造、景观设计及相关业态设置等来展现项目，形成项目自身的亮点，在形式上标新立异，令项目以一个崭新的形象展现在盐城市民及游客面前。

图5-20 项目总体效果图

金色港湾的整体表现手法之所以引入海洋元素、地中海风情，主要考虑到以下几个方面：

1. 金色寓意着财富，寓意着活力，寓意着吉祥，寓意着尊贵；港湾代表着海洋，寓意着祥和，寓意着浪漫，寓意着欢乐。

2. 在众多的海洋文化研究成果中，海洋文化具备开放、拓展、交流、兼容的文化个性，符合本项目现代、时尚、包容、进取的开发主题思路。

3．海洋文化是世界性的文化现象，有人认为：海洋文化是人类文明的源头之一，是人类拥有和创造的物质文明和精神文明的重要组成部分。西方学者认为：古希腊及地中海的文化就是典型的海洋文化，是西方文化的源头。

4．盐城市与美国圣地亚哥是友好市郡关系，本项目采用地中海风格作为设计的主体风格，还可以让盐城市民仿佛置身于地球另一端的友好城市圣地亚哥之中，增加盐城市民对友好城市的了解。

（二）设计方案总体思路

"金色港湾"项目的设计，一方面要在建筑外部形态、文化内涵表现上区别于一般传统商业的建筑设计，融入地中海风情及海洋文化主题，使建筑本身具有鲜活的生命力。另一方面，在商业业态定位方面，应当通过新型业态的配置培养出盐城老、中、青、儿新型的消费意识，激发商业价值提升，带动商业文化的二次变革。

图5-21　商业部分鸟瞰效果图

图5-22　商业部分人视效果图

图5-23 商业部分立面图

图5-24 商业部分主入口效果图

图5-25 商业部分沿河景观效果图

图5-26 商业街内部效果图

图5-27　金帆公寓设计理念

（三）设计要素及手法

依照本项目的形象定位，项目的整体表现将引入地中海风情及海洋元素，即以海洋代表元素——水、船、港；以西方学者普遍认为的古希腊及地中海的典型文化——海洋文化，来塑造整体建筑风格及景观表现。

项目内所有街道均由商业建筑围合而成，属项目内街，项目组将其作为整个项目内的步行街形式来打造，使之与商业建筑本身形成商气、人流的优势互补。针对步行街的休闲性、景观性、游乐性这几个方面要重点打造，以此突出步行街的旅游功能，塑造本项目的独特吸引力。

金帆公寓作为本项目商业的辅助部分，采用船帆造型，既整体呼应项目的海洋主题，又寓意着盐城经济将在国家经济大发展中扬帆起航（图5-27）。

（四）景观设计：着力营造圣地亚哥式景观

项目的景观设计始终贯彻自然、生态、人文、舒适的完美结合，以美国加州圣地亚哥自然为蓝本，把现代都市休闲居住、休闲购物融入灵性的景观中，重新诠释现代人对休闲文化的理解。

以突出生态为主线（一河一湖一水街），营造丰富的水景空间，创造出一片热带雨林、一片湖面、一条水街来作为自然景观的延续和发展。以突出植物为辅线，通过丰富的热带、温带植物变化营造景观氛围。朴素、亲切、生态且适宜人的居住、休闲、购物。在整体景观设计上更加注重景观和生态综合效应。

图5-28 景观效果图

三、商业定位和业态规划

（一）商业市场定位：盐城第一座国际化的、充满活力的时尚商业城

由于项目处于西环路与世纪大道交会点，周边多为建材类专业市场，大型综合类商场目前仍是西南片区的商业空白点。本项目商业市场定位应配合盐城整体发展规划，在现有掌握区域、现有商业经营的基础上，推动新兴商业主题、模式的开创，与当前市场形成差异化，并最终确定其在西南片区、盐城市区商业街的重要地位。其宗旨在于通过全新的业态组合，主力商铺的引入，创新的室内及商业规划设计，新颖的体验式

消费以及国际化时尚的消费引导，为消费者带来全新的购物体验，成为国际化、多元化、休闲化、娱乐化、时尚化、年轻化，洋溢着朝气与欢乐的购物乐园，以及"盐城第一座国际化充满活力的时尚商业城"。

（二）功能定位：盐城"西南门户"——一站式海洋风情商业休闲广场

金色港湾是一个"集购物、休闲、餐饮、娱乐、儿童游乐于一体，多种经营业态并存，洋溢着浓郁地中海风情的海洋文化购物天地"。

本项目是一个多业态的城市综合体，其特色是将文化、购物、游乐甚至旅游结合起来，构成一个全新的消费模式，无论从建筑形态还

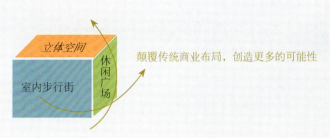

图5-29　商业业态设计理念

是业态配置，都不同于市内现有商场，这样一方面可以避开与原有商场的正面竞争，不需要在原有的市场消费蛋糕上争夺份额；另一方面，可体现本项目自身特色，增强项目的市场竞争力。本项目将打造成为代表21世纪盐城新商业形象，可与北京的大悦城、蓝色港湾，上海的来福士媲美的标志性新形态商业中心。

（三）商业业态规划设计

此外，绿维创景还对项目进行了商业规划设计：提出了商业规划目标（整合时尚业态资源，混合功能布局相互促进的特点进行规划，中庭环绕动线突破购物死角，打破传统购物中心的布局平面化、消费者认同单一化），业态组合体验规划（时尚都市体验＋儿童游乐体验＋休闲娱乐体验＋美食文化体验），内、

外部动线的规划设计等（图5-29）。

四、项目总结及发展目标

通过以上分析，绿维创景认为：本项目应该打造成为盐城的商业文化名片和城市文化名片、商业精英和知名商户的标志和名片、盐城地标性商业街区以及盐城主题商业时代投资者的首选物业，从而开启盐城商业投资新时代。

此外，本项目作为盐城西南区投资建设项目中的一部分，应注重项目开发的整体利益，在充分达成商业项目自身开发利润的前提下，最大化地提升商业项目的品质，形成品牌。

通过拉动项目地以及周边区域地段的投资价值，提升本项目住宅部分的价值，提高本项目开发的总体利润水平，打响开发商的企业品牌，为今后的项目开发奠定良好的发展基础。

2. 旅游区休闲商业地产

旅游区休闲商业地产具有一定的文化特色，典型代表是成都"芙蓉古城"、九寨沟边边街等。依据旅游区商业地产在旅游区中的地理位置和旅游与购物的功能布局，分为位于

旅游区内的旅游休闲商业区（旅游景点商业地产）和位于旅游区附近、与旅游景点隔离开的休闲商业区。

旅游区内的旅游休闲商业地产，与旅游区的自然、人文景观融为一体，以云南丽江的四

方街、广西桂林的阳朔西街和上海的豫园商城为典型代表。

旅游区附近与旅游景点隔离开的休闲商业区,可分为两种类型,一类是在旅游区主要交通出入口,自发形成一个为旅游活动服务的

设施集中区,如南京的夫子庙是由食肆、文具店、书画轩等组成的购物街区;一类是在大型自然人文景观周边,利用自然人文景观的文化特色开发与之相应的休闲商业街区,如成都的锦里等。

案例 20 休闲商业引领老城小巷新生
——江苏南通寺街、西南营开发策划

中国的古街古镇以历史文化、风土民情为吸引核,在旅游市场上保持热度已有十余年。各地开发古街古镇的热情从未消退,而在文化传承、文物保护、运营管理、经营效益这几方面都值得称道的真正成功者却凤毛麟角。大多数古街古镇都面临着旅游产品同质化严重,吸引力不足,过度商业化,古街区保护乏力;古街区原住民较少,缺乏生活气息,文化挖掘不充分,创新不足的四大困境。

寺街、西南营历史街区是南通历史文化的根脉,是南通"记忆"保持最完整、最丰富的地区,是南通城市的魂之所在,见证了南通千年的兴衰发展,体现了传统文化价值。然而,随着时间的流逝,寺街、西南营曾经的辉煌已成明日黄花,亟待保护与发展。由此,绿维创景接受甲方委托,对寺街和西南营进行开发策划,以促进老街重新焕发生机,再现南通历史辉煌篇章。

一、项目开发思路——创新开发模式,重焕生机

寺街、西南营历史文化的丰富性和当地居

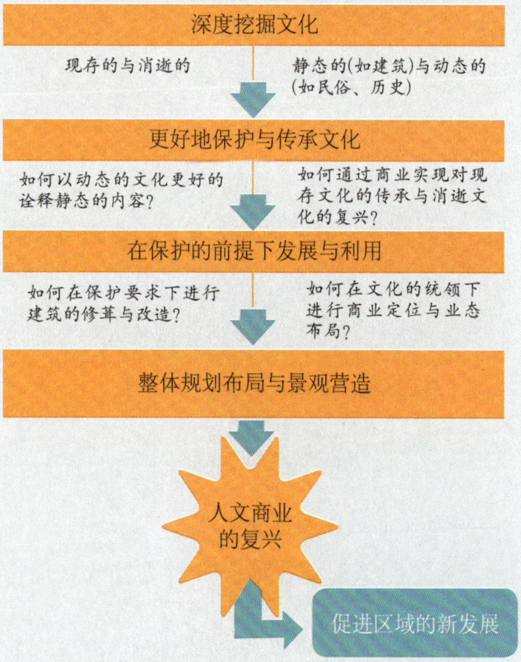

深度挖掘文化

现存的与消逝的　　静态的(如建筑)与动态的(如民俗、历史)

更好地保护与传承文化

如何以动态的文化更好的诠释静态的内容?　　如何通过商业实现对现存文化的传承与消逝文化的复兴?

在保护的前提下发展与利用

如何在保护要求下进行建筑的修葺与改造?　　如何在文化的统领下进行商业定位与业态布局?

整体规划布局与景观营造

人文商业的复兴

促进区域的新发展

图5-30　寺街、西南营发展模式

民对于地方传统文化的认同感，对于创造新生文化、维系地域文化特色、提升空间品质、满足人们深层次精神需求具有重要作用。寺街、西南营隶属于历史文化街区，历史文化遗产保护是前提，重塑历史街区活力、再现古街繁华，保护性开发势在必行。如何协调处理好保护与发展之间的关系，是寺街、西南营当前亟待解决的重大问题，也是本项目重点关注的方向。

通过调查与分析，绿维创景认为本项目既不能简单地按照传统古街区保护进行打造，也不能单纯地依照传统休闲商业模式来打造，更不能从旅游地产的角度来打造，而应立足古街、古城特色，充分挖掘南通千年文化底蕴，创新开发模式——以街区保护为前提，以改善原住民生活环境为基础，以旅游休闲为引擎，以寻觅南通老百姓生活为主线，将休闲旅游、文化体验、休闲商业融入古民居，通过南通历史文化的引入、多元业态的设计以及慢生活方式的诠释，促进老街重新焕发生机，实现可持续保护发展。

（一）街区·古民居为基础

古民居是本项目的基础，是商业、观光旅游、文化休闲体验的承载地。因此，绿维创景将原住民生活方式、名人故居文化等均作为项目设计的重要着力点。

1. 项目的开发，必须以原住民生活环境提升为基础，在改善民生的基础上，以保护性开发为前提，通过开发实现保护，通过保护促进开发，从而实现整个片区的可持续发展。

2. 借助名人效应，围绕名人故居重点开发，以点带线，以线连面，从而激活整个片区。

3. 以原住民恬静、悠闲的生活方式为主导，将商业融入民居，以生活承载商业，创新古街区开发模式。

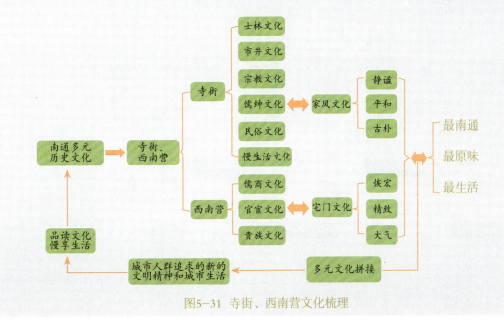

图5-31 寺街、西南营文化梳理

（二）商业·休闲商业引领

每个街区的发展保护，都离不开商业项目的融入，商业为古街区保护提供了资本，古街区为商业提供了吸引力。

1．开发是保护的手段，商业是开发的重要方式，本区位于老城中心区，商业发展必不可少，但商业业态的引入需慎重考虑。

2．抛开"商业＋民居"的一般古街区开发模式，将体验融入商业，将商业融入生活，创新商业开发模式。

（三）文化·文化元素提升

寺街、西南营曾经的辉煌，为后人留下了弥足珍贵的文化与资源，简要概括为"四名"，即民俗、民居、名寺、名人，保护并传承这些文化、资源将成为本区未来发展的重点。项目设计时应立足寺街、西南营古民居，依托南通民俗，充分挖掘名寺、名人等极具历史价值的优势资源，创新古街区开发模式，最大限度实现历史文化街区的保护与传承。

文化复兴是中华民族复兴的重要载体，也是精神匮乏的国人传承历史的重要元素，本项目需着重渲染。

1．以名人、名巷为载体，对南通历史文化进行深度挖掘，并将文化融入项目，全面展示如诗如画的通城古韵，为旅游者了解南通提供重要平台。

2．文化为魂，串联整个片区；整合南通尤其是寺街、西南营历史文化，以名人故居为重要载体，向外辐射，提升片区吸引力。

二、慢生活引领下的人文商业复兴

（一）寺街：以慢生活体验为主导，引入休闲体验旅游

寺街是南通老城区改造的重要着力点，它所讲述的是一种更具原真性的寻常百姓生活，体现了南通宁静、平和、朴实的生活方式。

综合分析寺街所处的环境、所具有的文化底蕴、所展现的原真性生活，绿维创景跳出寺街，以其千年历史文化积淀为依托，以寻常百姓生活为基础，以众多名人故居为亮点，打破一般的"商业＋民居"开发模式，将商业融入百姓生活中，创新提出"休闲＋生活＋民居"的体验式开发模式，并引入"慢生活"理念，打造最南通、最人文、最休闲的居住生活体验区，使旅游者在休闲中寻觅南通寻常百姓的原真性生活。最终将寺街构建成为集文化体验、宗教朝

图5-32 寺街四阶层八大旅游产品谱系

图5-33　寺街特色游憩方式

觐、诗意人居、市井（民俗）体验、休闲度假等于一体的综合型项目，以此作为南通城市升级发展的重要引爆核，使其成为旅游者体验南通新文明精神和城市生活的重要载体。

（二）西南营：依托周边商业氛围，差异化引入休闲商业

南通现有商业正处于传统商业向现代商业的转型过程中，现有商业严重缺乏文化性、主题性、创意性。作为南通重要传统商圈之一，南大街商业圈亟待注入新的血液。西南营将成为南大街商圈突破性发展的重要支点。

通过对西南营文化背景、现状和南通现

有商业的分析比较，绿维创景认为，西南营的发展应充分发挥传统文化街区的文化优势，将商业与文化相融合，发展人文商业，与周边其他传统商业形成差异化；在传承本地传统文化的同时，还应适当地引入外来文化，实现本地文化与外来文化融合，以此形成独具特色的商业片区，实现传统商业向现代商业的转变。

由此，绿维创景将西南营定位为都市型历史文化商业街区，通过设计个性化的商业业态，以一种慢（漫）态度的购物方式将文化商业、慢生活居住、慢旅游等多种业态功能串联在一起，实现"人文精神+精致生活+休闲体验"的主题打造。

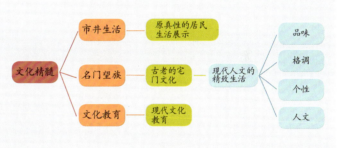

图5-34　西南营文化梳理

（二）休闲居住（第二居所）地产产品开发

休闲居住地产又称第二居所，主要是"5+2"生活方式中"2"的内容，是周末郊区休闲居所。此类地产一般在距离中心城区2小时以内的环城游憩带中（如北京、上海、成都

的郊区），规模比较大，其开发机会，主要依托良好的交通以及城市人群的巨大休闲与居住市场，时间距离与交通成本是其开发的关键因素。主要有郊区别墅排屋、花园洋房等社区群落或者城郊景观别墅、为城市新生代白领阶层开辟的大型综合居住社区、为离退休老人设计的养老型公寓等。

休闲居住地产对新型城镇化发展的影响作用，主要反映在创新城市发展模式、创新城市生活方式和加快城镇化进程等方面。具体而言，第一，可以改变目前城市"摊大饼"式的扩张和"卫星城"式的发展模式，为城市发展提供创新模式；第二，休闲居住地产为城市居住者创造了一种新的生活方式。酒店、办公、公园、购物、休闲娱乐、居住等多种建筑功能元素融于统一的规模化社区中，提倡高尚多元

的文化品位，商业配套和生活服务功能彰显休闲元素，体现出全新的"在休闲中工作、在工作中休闲"的生活方式；第三，休闲居住地产的发展推动了农村新村和社区建设，促进了城乡经济的融合程度，对新型城镇化的进程起到了重要的推动和促进作用。同时，依靠挖掘文化资源、创造休闲生活的高品质物业，休闲居住地产还有利于城镇化进程中地域文化的传承和发扬。

案例链接

西安秦岭度假城

绿维创景在秦岭脚下打造的秦岭度假城，就是一个西安卫星城的概念，依托优越的生态资源，为城市居民提供周末休闲度假第二居所。基于创新休闲模式、建设中国式休闲度假经典的总体策划思路，绿维创景以溪水河流为主要景观，以秦岭山的地形地貌及乡村生态资源为基础，打造休闲运动、乡村旅游、农业休闲、养生养老等项目，形成集山水观光、休闲、会议、运动、养生等于一体的、规模在6~8万人的休闲度假旅游小城镇。

（三）度假居住（第三居所）地产产品开发

度假居住不同于休闲居住，不可能每个周末都去，而是每年在此消费一定时间。

在旅游胜地的度假地产开发中，拥有滨海资源、温泉资源、避暑环境等核心资源的地区率先成为度假地产的宠儿，这类旅游地产以第三居所和度假休闲为主要需求，通过休闲社区、公寓、别墅等多种形式的地产开发，用资源创造生活方式，营造自然生活环境，体现人与自然的和谐统一。阳光和温度适宜的地方，

都会成为中国旅游目的地的爆发性区域，如今我国正在形成度假风暴路线区的概念。度假居住地产产品主要有以下四种类型：

1. 滨海度假地产

世界休闲地产发轫于海滨，海滨休闲地产是发展时间最久、产业最成熟、开发规模最大的一种休闲地产类别。海是最好也是比较稀缺的自然资源，因此海滨休闲地产是相对高端的休闲地产类型。

2. 防寒避暑地产

防寒避暑地产是依托其特有的气候资源，以避暑度假或防寒度假为目的的房地产开发模

式。为了迎合消费者多元化、个性化的需求，防寒避暑地产中往往会融入休闲、养老、养生等元素。这类地产具有明显的季节性及地域性，怎样通过分时度假理念的融入，来激活淡季的地产运营，是这类地产开发的关键。

3. 运动度假地产

以高尔夫和滑雪为代表的运动类度假地产，通过发展满足旅游者体验性、参与性需求的运动游乐项目，能够有力地提升整个度假村的整体吸引力，并提高综合收益。

4. 康疗养生地产

温泉以其康复疗养与休闲养生的双重特性，对度假地产的开发具有突出的作用。以特色温泉水疗产品为吸引，以会议度假酒店为核心，带动先售后租的温泉地产开发的"温泉会都"模式在市场取得了巨大的成功。

养生地产是以生态环境良好的区域为依托，为满足消费者追求延年益寿、强身健体、修复保健以及养生文化体验而提供的各种类型的地产。它一般远离大城市，多建在环境良好的山水、森林、滨湖等生态景区，配以医疗、交通、教育、康体娱乐等相关设施。随着休闲养生需求迅猛发展，养生地产逐渐成为旅游地产发展的一种趋势。

案例 21 海南昌江棋子湾度假区概念性规划

一、项目背景

棋子湾旅游度假区位于海口市昌江县，交通便利，与海口美兰机场和三亚凤凰机场的距离均约200公里。项目50公里半径内是海南主要的工业开发区，集中了海南主要的工业项目和未来投资项目，区域发展前景十分优越。

棋子湾的开发对海南国际旅游岛建设也有重要的意义，国务院发布的《推进海南国际旅游岛建设发展若干意见》中，明确提出要高水平开发建设棋子湾、海棠湾、清水湾、五指山等景区。昌江县政府给予了高度重视，2009年与海南省旅游控股投资集团有限公司签订了《棋子湾旅游度假区项目开发及配套基础设施框架协议书》（以下简称框架协议），并举行

了棋子湾项目推进工作协调会，确定了具体工作的对接部门。

绿维创景就是在这样的背景下，承接了本项目的规划工作。东至雨润边界、南至龙血树保护区、西至大角海蚀区、北至棋子湾海岸，规划范围约451.23公顷。

二、核心思路

棋子湾具备热带海滨特有的"3S"（阳光、大海、沙滩）资源，且这些资源与同类项目相比，有比较明显的优势：沙质松软细腻，为北京奥运会沙滩排球场地提供比赛用沙，相对东海岸有更多的日照时间，海水洁净度高，受污染较小，适宜进行水上娱乐项目。另外，

图5-35 海南昌江棋子湾鸟瞰图

当地还有美丽的棋子湾传说以及"仙"文化资源、黎苗文化风情等。

基于此，绿维创景以"生态优先、可持续发展"为规划原则，以"旅游资源独特性、旅游功能高端私密性、和谐及以人为本"为规划理念，将项目总体定位为"国际化复合型生态度假聚落"，充分利用棋子湾海岸优质生态资源，发掘独特的地域文化，将棋子湾打造成为以休闲度假为核心，以东方智慧文化为内涵，集体育运动、海上娱乐、矿泉疗养、旅游观光于一体的高端综合性度假区。

（一）功能布局

整个项目的空间布局分为：一线海景区，重点是酒店产品；二线海景区，主要是度假地产的开发；三线高尔夫区，主要是高尔夫球场及高尔夫地产的建设。整体规划为四大功能分区，并分别展示不同的景观元素：

弈道酒店：发掘弈道文化，标志性景观建筑。

天元高尔夫：以健康绿色运动为主题的景观。

东方文化村：特色精品建筑，建筑文化和地域文化的统一。

滨海生态野营公园：体现绿色环保的生态休闲理念。

（二）地产产品

项目分为两大产品体系，即旅游产品体系和度假产品体系。通过棋子湾独特的文化内涵，使两种产品互相渗透和融合。其中旅游地产产品由高端度假别墅、度假公寓、高尔夫别墅、高尔夫公寓等构成，适合不同类型的旅游度假人群。

1. 弈道酒店区

主要包括围棋会馆、矿疗SPA会馆、弈道大酒店三大地产产品。

（1）围棋会馆。用地规模9.59公顷，建筑面积4.8万平方米。包括围棋文化主题会馆（主体建筑）、围棋名人会馆和会馆接待大堂三个部分。主要功能为：国内国际重大围棋赛事承办地、国家围棋队冬训基地；承接大型国际性会展、会议、商业谈判；各类国内外论坛以及海南体育彩票销售网点的设置。

图5-36 围棋会馆效果图

（2）矿疗SPA会所。用地规模2.9公顷，建筑面积1.45万平方米。作为酒店的重要配套设施，是一处让人彻底松弛、身心重新焕发光彩的度假天堂。利用双子溪的天然矿泉，通过室内水疗中心与室外矿泉SPA结合，引入中医文化传统，加上现代的SPA技法，配合有机健康SPA餐饮、传统按摩和各种瑜伽、太极等SPA课程；引进世界知名SPA管理品牌，对矿疗SPA进行集中管理，打造世界一流滨海矿泉SPA中心。

（3）弈道大酒店。用地规模27.28公顷，建筑面积16.33万平方米，是以围棋文化为主题的豪华酒店。以围棋的"弈道"文化精髓作为项目的文化创意来源，在功能上主要为棋子湾旅游度假区提供最主要的接待功能。主要包括高档精品海景酒店（主体酒店）、海边的文化院落别墅（别墅酒店客房）、龙血树植物园、酒店滨海浴场等。

2. 天元高尔夫运动区

主要包括高尔夫会所、滨水主题高尔夫、沙地主题高尔夫、高尔夫地产。

（1）高尔夫会所。用地规模2.51公顷，建筑面积1.25万平方米。高尔夫会所服务于两个

图5-37 弈道大酒店效果图

图5-38 天元高尔夫运动区

球场，处于两个高球场的中心。会所含有适量的接待客房，会议接待设施。结合高尔夫会所设置一处高尔夫练习场地，供初学者练习使用。

（2）滨水主题高尔夫。用地规模100公顷，结合双子溪优良的自然水系环境，打造优美景观的同时，也使高球运动附有了挑战，高尔夫爱好者们在这里不仅可以欣赏美丽双子溪的景色，还可挑战自己的球技。

（3）沙地主题高尔夫。用地规模约100公顷，结合了棋子湾特有的沙地景观元素，景观独特，并与西侧滨水主题高尔夫球场形成鲜明的特色反差，能够使游人体验到不同的主题感受。

（4）高尔夫地产。用地规模29.08公顷，

建筑面积8.72万平米。规划围绕两座主题景观鲜明的高尔夫球场布置3处高尔夫别墅。保证其中的每一栋高尔夫别墅都能拥有果岭般的优质景观。

3. 东方文化村

主要包括度假别墅、度假公寓两大地产产品。

（1）度假别墅。用地规模17.61公顷，建筑面积5.28万平方米。依托双子溪优美的自然环境景观以及背靠林地公园的良好环境优势，打造成为高端私密的度假别墅区，别墅区总体景观意向采用具有强烈东方文化的符号，建筑风格采取东南亚度假建筑风格。

（2）度假公寓。用地规模27.26公顷，建筑面积24.99万平方米。

4. 生态营地公园

主要包括房车营地、林地公园、沙地生态公园。

（1）房车营地。海南旅游控股集团联合五矿多尼尔房车公司将在棋子湾共同打造国际一流的滨海房车营地。房车车位设置50～80个，在不破坏现有防风林的基础上，与防风林融为一体。

（2）林地公园。主要包括"红丝带"景观栈道、观海亭、森林SPA屋三大产品。

（3）沙地生态公园。是以仙人掌、野菠萝、沙棘等沙漠植物为景观主题的生态观赏园。

（四）酒店地产产品开发

酒店作为住宿接待设施的概念，在今天已经获得了巨大突破。绿维创景总结多样化的酒店业态之后，概括了酒店综合体的模型。即以酒店的第一功能——住宿为基础，延伸出餐饮、会议、商务、娱乐、游乐、运动、博彩、观光、体验、康疗养生等休闲娱乐功能，并结合产权式客房、酒店式公寓、商务别墅等销售物业，最大规模整合聚集业态的"复合共生型"酒店社区。简言之，酒店综合体=酒店住宿+休闲功能+度假物业。

酒店综合体对旅游度假区域项目来说，可以较好的配套休闲设施，形成酒店功能的吸引力。若与主题文化相结合，形成主题型酒店综合体，还可以引入主题游乐、主题娱乐、主题餐饮等，从而放大主题功能，提升酒店吸引力，最终有效延伸游客滞留时间，扩大游客消费。

酒店综合体最重要的一个价值，在于以酒店管理及酒店休闲来支撑酒店式销售物业，包括产权客房、产权公寓、产权别墅、产权四合院、产权独栋会所等。以商业用地或旅游用地，通过酒店物业管理，延展出快速回收的销售物业，达到快速回收资本、扩大酒店接待能力等多种效果。

产权客房单元，通过销售回租模式的运用，既保证了业主持有产权，可以每年消费一定时段，又可保证其享受经营收益。

产权公寓或别墅，享受酒店式管理，可以回租，也可以不回租，或者是个人进行出租。因此具备经营性质，也是比较受欢迎的产品。

产权会所，是以机构为销售对象的度假商业地产产品。会所比一般别墅大，处于酒店管理之内，对于中国及其庞大的国有、股份、私营机构而言，是一种商业物业，又是机构进行商务接待和会议公务的场所。最大的优点在于，会所可以由酒店托管经营。机构既可以享用会所，又可以获取经营收益，还能够资产保值增值，并可用于资产抵押或运作。会所地产正在成为中国旅游地产中最有吸引力的产品。

瑶池仙境·雨林天堂
——海南七仙瑶池热带雨林温泉度假酒店设计

当业主委托绿维创景设计位于海南保亭七仙岭的一个度假酒店时，项目组立刻被项目地繁茂的热带雨林环境所吸引。满目苍翠山林，潺潺流水蜿蜒在郁郁的椰林之中，构成了天然的度假仙境。

面对甲方的高起点设计要求，绿维创景对保亭现有酒店接待容量、客房产品类型、酒店硬件档次进行了梳理分析。在政府对七仙岭旅游度假区开发升级的宏观政策下，七仙岭旅游度假区现有酒店在高端旅游接待上优势不足，市场存在很大缺口。绿维创景认为，有必要对酒店进行产品提升、产品规模扩容、产品合理配套，以国际的眼光、手法来处理酒店与高端市场、项目场域环境的密切关系，突显酒店地域特色。通过酒店公共服务配套优化完善，提升整体项目开发片区产品的价值，实现甲方价值链的良性循环，也满足政府对七仙岭度假区开发诉求，提升七仙岭度假区品质和国际地位，完善旅游服务设施，改变七仙岭度假区酒店现有产品与高端消费市场不对等的格局。

那么，如何合理地挖掘项目场域资源？如何从当地传统建筑式样、民俗文化中提炼设计元素？如何在设计中结合自然、结合市场需求以及日后酒店运营管理？项目组提出三步走的工作思路，环环相扣，合理组织设计过程。首先是产品策划；其次为规划；最后为建筑设计。策划确定酒店规模和指标，规划确定功能布局，在策划产品明确与规划布局合理的前提下，以游客的消费行为及体验为主要线索进行酒店建筑设计。

一、策划篇

策划阶段通过对项目背景的全面考察，以及对海南休闲度假市场的细致调研，理清消费客户群体和需求产品类型，运用绿维创景提出的衡量度假酒店六把标尺的手段进行分析，确定酒店定位分析、规模、功能配比以及收益模式，从而为下一步的酒店设计提供技术指标和市场方面的依据支持。

（一）项目背景

对项目背景的分析，能够更好地了解项目的大环境，对进一步定位酒店客户源等起着基础作用，包括分析地理区位、气候条件、市场、资源。

1. 地理区位

本项目位于保亭县东北的七仙岭风景度假区内，南距县城9公里、三亚78公里，北上海口265公里，东距海棠湾45公里。优越的地理区位，逐步形成的与滨海旅游明显差异的区域特色以及山海互补的旅游格局，有利于塑造

"阳光海南、度假天堂"的整体旅游形象。

2. 气候条件

七仙岭属热带季风气候区，具有热量丰富、雨量充沛、蒸发量大、季风变化明显的特点。年平均气温23℃，冬暖夏凉，是海南首选的度假休闲天堂。

3. 市场分析

随着海南国际旅游岛上升为国家战略，海南旅游休闲化升级、海南旅游国际化发展成为七仙岭度假区开发的重要背景。海南度假旅游已经度过了滨海旅游一枝独秀的火爆时期，山地热带雨林、森林生态旅游在海南旅游发展的浪潮中被忽略多时，近日已经显露出对海南旅游新篇章开启的重要性。今后的海南旅游格局一定是以"上山"（五指山、七仙岭为首的热带岛屿山地雨林度假方式）和"下海"（以亚龙湾、三亚湾为首的滨海度假休闲旅游方

图5-39 区位分析图

式）双管齐下、并行不悖为发展策略。

通过对七仙岭旅游度假区同类酒店市场的市场调研可得出，七仙岭酒店接待能力还有20万～30万人次/年的缺口，按60%～70%的入住率推算为800～1000个床位，500～600间客房。

4. 资源分析

项目区具有良好的水资源、森林资源和文

酒店数量	五星级3家，四星级1家，三星级4家
客房数量	700多间现有，未来1000间左右
接待能力	50多万人次/年
淡旺季构成	10月到第二年5月均为旺季
入住率	平均70%的入住率
房间价格	每晚300～800元
节假日	2010年五一，七仙岭接待过夜游客1910人次，客房平均出租率85.5%，平均房价803元

数据依据	根据2004～2009年数据，本年增长50%保守计算（前七个月增长69%）
总游客量	2010年全年保亭县旅游接待总人数将达到1200～230万人次
游客占有量	七仙岭过夜游客数量占保亭县旅游接待总人数的26%左右
过夜游容量	七仙岭过夜游客数量将达到60万人次以上
入住率	平均60%～70%的入住率
接待需求	七仙岭需要100万人次/年左右的接待能力

供给　　　　　　　　　　　　需求

图5-40 七仙岭旅游度假区酒店市场分析

化资源，生态环境优越，这里遍布原生态热带雨林，层层叠叠，郁郁葱葱。位于全海南温泉水温最高、水质最好、流量最大的温泉——七仙岭温泉的上源，热气袅袅升腾如云似雾，风景有如天官瑶池、人间仙境。

该区域是传说中七仙女下凡沐浴之地，当地苗黎民俗有"七夕"迎圣水的盛大活动，因其影响深远被评为"中国十大著名节庆品牌"。而项目地恰是圣水源头，再加上浓郁的黎苗族风情，可谓文化积淀深厚。

独特的自然资源、浓厚的人文资源、良好的市场发展趋势，使本项目具备了开发的优势条件。

（二）项目策划

1. 提出问题

综合现状分析，目前该酒店面临着市场开发、风格主题、硬件配套评星、租售现金流控制和区域互动等多角度问题，因此，绿维创景多方位考量了项目开发的市场预期、产品定位。

（1）初出茅庐，何以抢占海南市场？——从地块成熟度的角度论证项目可行性。

（2）温泉雨林，何以抗衡碧海银沙？——从上山下海的趋势谋划项目差异竞争力。

（3）软硬兼施，何以问鼎白金五星？——满足项目成本控制和高端定位的平衡关系。

（4）租售配比，如何进行合理分配？——从产权销售角度满足项目健康持续现金流。

（5）南院北汤，如何创造三赢格局？——

从酒店功能的核心出发关联温泉别墅板块。

（6）南亚巴厘，如何打造别样风情？——将东南亚巴厘岛风情进行移植和点睛。

2. 分析问题

为解决上述问题，绿维创景结合项目地本体资源特点，综合考虑成本与租售现金流，以独特风格文化满足白金五星标准，丰富配套支撑度假功能，打造区域经营和收益核心。并经过研究提出，衡量一个酒店公寓项目的合理性，需要构建6把标尺：经营合理，成本可控，功能完善，租售配比，主题文化，区域互动。

3. 解决问题

根据以上分析和推论，绿维创景从经营性、销售性、奢华性、互动性四个角度出发，提出了解决思路。

（1）**经营性策划思路——定位高端度假酒店**。通过对海南、三亚及保亭酒店现状的调查，可发现海南的高星级酒店利润水平与国内其他地区相比遥遥领先，部分五星级酒店的经营利润率（GOP）水平接近70%，投入产出效益比低星级或经济型酒店更加良好，加之甲方打造高品质温泉酒店综合体的诉求，绿维创景将本项目定位为"白金五星度假酒店"。另外，面对周围旅游线路尚未成熟且酒店林立的现状，项目组将温泉、雨林差异化资源作为未来酒店发展的核心，得出一个"热带雨林温泉度假酒店"的策划概念，并与会议和度假功能相结合。

（2）**销售性策划思路——构建合理租售配比**。综合分析本区域的同质酒店，发现该项目存在亮点，且市场环境优越，潜力巨大。策划的主线应通过妥善处理温泉与酒店之间的关系，构建酒店合理的空间结构和功能分区，设计满足度假客人需要的户型，配套会议、康乐等项目，保证白金五星级品质，并形成合理的产权酒店投资收益模式，让项目发挥自身最大优势和魅力。

①产品体系。通过调研发现七仙岭酒店的主要经济来源以客房收入为主，其次是餐饮、会议和康乐。因此，本酒店的产品体系定为住宿、餐饮、会议、康乐。

住宿产品，分为酒店客房、酒店式公寓和总统别墅。绿维创景通过市场调查发现，中端地产市场（酒店式公寓）和高端地产市场（独栋或联排别墅）的单位用地面积可产生的建筑面积比为2.5～3∶1，相当于同样面积的建筑用地可以创造的中端公寓地产面积是高端别墅地产面积的2.5～3倍，而两者的销售价格比却仅为1.5～2∶1。在该项目中酒店区南侧留有大量的高品质别墅用地，为避免同质竞争，在不降低总体档次的前提下，项目组结合地形，加大了公寓区的面积配比。酒店式公寓主要面向第3套度假型住房需求客户，高端别墅以80～150栋小别墅为主，主要强调野奢性

和私密性。

餐饮提供中、西餐，且以中餐为主。设置多功能厅、宴会厅、董事会议室，满足不同类型会议的需求。提供SPA、棋牌、迷你高尔夫、各种球类、射箭等康体娱乐活动。

②销售模式。绿维创景将该酒店的销售模式分为常规销售模式和产权销售模式，并在保证酒店功能性前提下，尽可能降低持有比例，按照"地块内适建客房数量-酒店经营最佳状态客房数=销售数"计算，可销售面积控制在酒店总面积的2/3以上。其中一部分进行产权式销售，即售后签订回租经营合约，合理控制回租比例及租金成本，适当增加回租运营策略，以每年使用天数划分不同档位，提供不同服务和回报，形成良好资金链。对持有部分进行会议、餐饮、康体、娱乐、接待、后勤等多方面功能划分，满足约200间客房的居住需求，保证酒店的白金五星级标准和多方面配套功能（图5-41、表5-3和表5-4）。

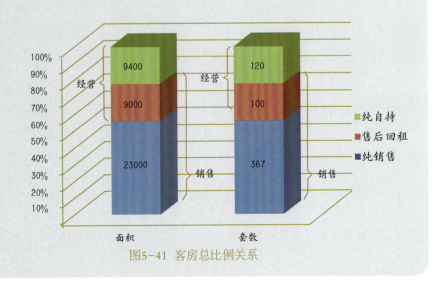

图5-41 客房总比例关系

表5-3 客房销售配比

客房总面积	41400平方米
销售总面积	32000平方米
占酒店面积比	60%（含地下）
	70%（不含地下）
销售总套数	467
销售总套数比	80%

表5-4 客房经营配比

客房总面积	41400平方米
经营总面积	18400平方米
经营总面积比	35%
经营总套数	220
经营总套数比	37%

（3）奢华性策划思路——移植巴厘岛风格。在建筑风格的确定上，从文化背景、纬度约束、产品周期这三个方面，绿维创景类比了马尔代夫、夏威夷布里斯班、南亚岛屿的度假酒店开发模式，认为该项目在地域生态资源、客群偏好、容积率控制等方面都与南亚岛屿类似，所以将该项目的建筑风格定义为具有南亚文化气息、与当地其他度假酒店项目形成鲜明差异的巴厘岛风格特色。别墅区以地形因素为基础，遵循低密度开发的原则，建设少量纯高端总统套房，其余用地均进行酒店式公寓的开发以增加可销售的建筑面积。对地形不适合建公寓的区域进行山地别墅建造，面积差由其他区域补充。

（4）互动性策划思路——串联温泉、酒店、别墅。我们以温泉休闲线、酒店商会线、别院地产线三个主题线将各个项目链条串联起来，达到一点种植、多点开花，一个项目、多项用途

的目的。在这个链条中，每一个项目都不是单独功能，而是可形成功能投资乘数效应，增大项目间正向外部经济效应。例如，温泉作为酒店的配套和主题，估计每年将带来2万～3万住宿客源和5万～8万餐饮客源；别院区别墅的建设将提升酒店的档次，向高端市场迈进一步；三片区尽可能共用停车场、景观、餐厅、客房、会所等多项资源配套。

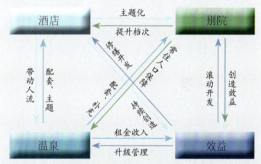

图5-42 酒店、温泉、别院的互动

二、规划篇

规划阶段是在规模和功能配比等指标确定的前提下，通过场地分析，对酒店进行选址、水平规划和竖向规划。满足其交通流线的合理性以及使各个功能空间都能享受较好的景观视线。利用高程的关系，创造出更多立体空间，丰富产品布局体系。

（一）酒店片区选址

总体规划将整个项目地分为动静两个分区，南部较为私密的地产区为静区，北部作为公共部分为动区。整个地块依据七仙女下凡的

图5-43 酒店片区范围

美丽传说，规划布局分为七个片区。根据酒店功能，并综合考虑了外部交通、内部联动、景观资源、与温泉的区域互动以及地形地貌等因素后，绿维创景将北部动区的舞林苑仙区作为酒店片区。

1. 外部交通

该片区临近外部交通主干道入口，交通便利，而酒店的一个重要功能就是接待，选址于此使得内部流线与外部流线的衔接合理流畅，更为便捷。另外，如此布局也考虑了减少酒店公共区对高端别墅区、公寓地产等静区的影响。

2. 景观资源

该片区的西部紧邻天然河流，此景观生态廊道为公寓、客房提供较好的视线，利于提升酒店住宿、度假的品质。

3. 区域互动

酒店片区北部毗邻温泉片区，其中设有汤屋别院，在功能上跟酒店形成配套资源的良好互动。

4. 地形地貌

根据总体规划中对整个项目地块的地理信息系统分析，对土地进行可行性建设评价，酒店片区选址于相对平坦、起伏不大的地区，适宜建设用地与可建设用地较为集中，利于土地的集约化开发。

（二）酒店片区规划

通过综合评价酒店片区的地形地貌、文化依托、景观资源，本着经济、合理的土地开发利用原则，兼顾对山地建筑特殊性因素的考虑，对酒店片区的规划可从水平规划和垂直规划两个维度来进行，总结起来分为：五大分区、四层空间、七个圆形。

1. 五大分区

根据本体功能、周边景观、地形变化，将酒店片区分为五大分区，即酒店主体区、酒店公寓区、总统套房别墅区、崖边别墅区、亲水SPA区。

酒店主体区：新建酒店区依地势设计，力求实现景观资源利用的最大化。酒店产品组团间紧密衔接，优化土地空间布局结构，避免土地资源的浪费，也减小了酒店的服务半径，使客人从大堂能够以最短距离到达客房、餐饮、娱乐、会议等功能空间，也便于酒店高效便捷的服务和管理。酒店客房楼呈半圆形合围式布局，前后错落布置的单面客房，使每间客房都有朝向中央泳池水景的极佳视线，又相对私密。

酒店公寓区：酒店式公寓是相对独立的区域，但与酒店主体距离也不太远，这样的布局便于公寓的独立管理，避免酒店与公寓的人流交叉，使服务和管理的流线又不至于过长，造

图5-44 酒店鸟瞰图

成日后管理不便。独立的公寓入口将三个建筑单体有效地联系在一起。围合式内置景观庭院，两部观光电梯可使客人在观景的过程中到达任意一层。公寓三个方向的客房分别朝向温泉、七仙岭、河谷雨林，均有优美的景观视线。

图5-45 酒店公寓区平面图

图5-46 酒店主体区

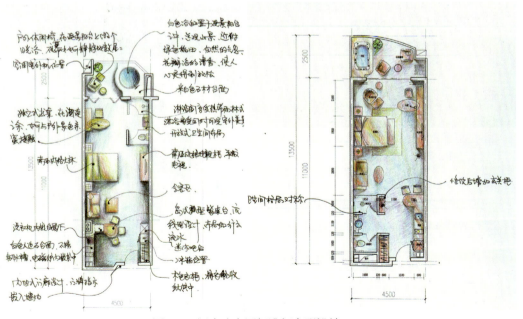

图5-47 酒店公寓区标准间房型设计

总统套房别墅区：总统套房是一个体现酒店品质的核心项目，但其未来的使用率很低，由此带来的经济效益也相对较低。权衡这两个方面，项目组决定不再单独设总统套房，而是把现有最大户型别墅作为总统套房。在节约了经济成本的同时还可提升酒店高端品质。总统套房别墅区空间上临近酒店大堂，方便酒店的服务配套。同时，它相对独立，植被的遮挡设计和独立的道路系统设计保证了此区域良好的隐私性。遥望七仙岭，俯观潺潺河景和热带雨林植被，良好的景观视效使总统套房拥有最佳的生态资源。精心设计的庭院和无边泳池更为其增添一份闲适的情调。

崖边别墅区：场地在此区域内有个较陡峭的坡地，此处不易建设，却可拥有较为理想的景观视线和趣味的垂直空间。绿维创景利用其坡度、高程关系较为合理的部分，采用悬挑等

图5-48　总统套房别墅区平面图

图5-49　总统套房别墅区效果图

空间手法，依山临溪设计了高度私密、饶有情趣的崖边别墅。

亲水SPA区：利用滨临河谷独特的雨林景观，依山就势打造观景SPA区，创造最贴近自然的空间形态。茅草的冥想亭、白纱缥缈的按摩亭、水天一色的无边泳池都是这一区域的特色景观。

2. 四层空间

竖向设计对于山体建筑而言是一个决定成败的关键因素。对此，应遵从依山就势的设计原则，进行空间组合研究。从生态角度而言，是为了对土地的场所精神表达出最大的尊重。出于经济的考虑，是为了尽量减少土方量工程。

从总体规划阶段对整个地块做出的地理信息系统分析可看出，酒店片区的地势呈现从东北到西南逐渐降低的趋势，直至西南的天然河流为最低点。

在竖向设计上，以原始地形为依据，将垂直空间设计为四层。酒店前厅（船屋）、酒店大堂、酒店客房主体建筑为最上一层；依地势建为酒店娱乐、餐饮、康体、会议空间；其次为附岩而建的山崖别墅空间以及最下层滨水的崖下SPA。

崖边别墅采用上入口，依地势而下可到达别墅内部，每栋别墅利用山崖的地形优势设计私人无边泳池和悬挑观景平台，在私密的环境中，欣赏优美的热带雨林河景。

亲水SPA区的设计可谓独具匠心，无边界泳池、SPA区、餐饮与观景平台沿生态河谷

图5-50 地形分析图

图5-51 别墅效果图

设计，拥有极佳的景观视效和独特的听觉体验，在物我相忘的状态中，领略上善若水的人生境界。

从空间上依山就势的布局，使建筑物与山地关系更为融合，建筑群谦逊地隐于青山绿水间，充分体现尊重生态资源的设计原则。分层的垂直空间设计，通过空间组合，使得每层皆有开阔的场地、充足的阳光，在建筑的形态中使人与自然互动，提升了场地的品质，增加了其附加价值。

3. 七个圆形

在酒店片区规划布局时，结合当地特有的文化资源——七仙女下凡的美丽传说，以圆形船屋大堂为源，演绎出七个圆形元素，均以独特的形式表现在建筑形态或景观节点上。船屋大堂作为酒店前厅，是酒店的序列开始。三个酒店公寓分别围绕中心圆形庭院呈内院组团式布置。酒店公寓与总统套房别墅围绕酒店布

图5-52 总平面图

置。七个圆形以符号的关联逻辑使新老建筑有机结合。圆形符号串联了建筑群，也使地域特色文化在此表现。

三、设计篇

客人是酒店的消费主体，酒店是为客人提供服务而设计的，应该抓住这一酒店设计的灵魂，一切设计以客人体验为切入点。功能的设计使客人入住酒店更为舒适，流线的设计使酒店服务客人更加便捷，室内外空间的设计使得客人拥有最佳的视觉效果和心理体验。下面从客人体验出发，对酒店主体的平面功能，按照客人的行为流线展开叙述。

（一）酒店主体平面功能

以下按照游客进入酒店的顺序，对外场、大堂、走廊、客房、会议区、康乐、餐饮区、后勤区八个部分展开分析。

1. 外场设计

外场包括生态停车场和酒店片区庭院景观。作为客人流线的序列起始点和关键点，如何通过设计给客人留下美好的、难忘的印象？设计的关键在于通过打造优美的景观，独特的生态建筑形式，提升场地的品质，使客人在未进入酒店前就先被高品质的外场环境所感染。生态停车场隐藏于茂密的雨林之中。酒店片区前利用台地高差变化，种植大片稻田，打造出虽由人

作，宛若天开的稻田生态景观。

2. 大堂设计

大堂设计来源于当地苗黎传统船形屋舍意向。通过空间界面的模糊化设计手法，注重与自然景观结合。船屋大堂具有7米的层高，不仅具有完备的接待功能，而且具备独特的空间视觉形象，给人以高品质度假感受的印象。酒店通廊式观景休息空间，作为第二大堂联系船屋大堂，引导分流不同区域的客人，是大堂功能的延伸。面对优美的无边泳池和稻田山景，也是极具景观视线功能的观景平台。景观连廊、服务电梯的设置缩短了酒店服务半径，便于酒店高效便捷地服务和管理。

3. 走廊设计

通过合理的流线设计，走廊承载了其应有的引导功能；通过在走廊中设置休息区域和餐饮平台，又将观景和休憩等功能加入其中。走廊与室外相连，不设墙体，通风流畅，符合热带建筑的特色。且通透的设计使得景观渗透其中，多个休息节点使得走廊步移景异，在客人心理感受上缩短了走廊的长度。

4. 客房设计

客房楼每个单元户型错落式排布，使每间客房均朝向中央景观轴线上的无边界泳池和热带河谷景观，抑或朝向七仙岭。错落设计的花槽式阳台，使建筑立面变化丰富，建筑形象呈现序列感。客房楼设有标准间、套间两种住宿产品，室内设计以浓郁的南亚风格为主要基调，本着现代、通透的原则，置于阳台的浴缸是设计的一大特色。

套房内独立的客厅设计与私密的就寝空间互不干扰，对称、开敞式主卫设计彰显着南亚度假酒店的特色品质。宽敞的观景阳台是享受温泉、夜幕观星、与自然亲近的最佳地点。

标准间本着通透、现代的原则，将光线引进开放的卫浴空间，

图 5-53 客房楼楼层平面图

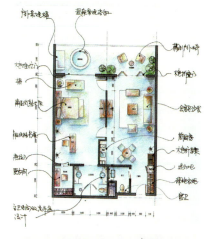

图5-54 套房房型设计 →

图5-55 标准间房型设计 ↘

与就寝区有机联系起来。宽大的南亚风格折叠木门打破室内外边界，置于阳台的观景浴缸是设计的一大特色。

　　5. 会议区设计

　　会议位于酒店地下一层右侧，为了避免与其他的客人发生干扰，设有单独的入口。在空间划分上，对整体平面进行了动与静、健康与娱乐的详细分区，使其相互联系但又互不干扰。分三种规模，可容纳千人以上的大会议室、300人的中会议室、60人的董事会议室，设有单独的贵宾室、衣帽间、服务间、设备控制室等。大型会议休息厅面对中央泳池，视线良好。会议的设计尽显度假会议酒店的独特优势。设施俱全的会议空间满足不同会议度假团队的接待。

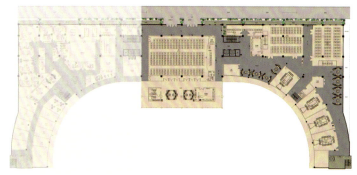

图5-56 会议区平面图

　　6. 康乐设计

　　娱乐康体位于酒店地下一层左侧，设有SPA中心、乒乓球、台球室、棋盘房、迷你高尔夫、射箭室、飞镖室、电子游戏厅、美容美发、KTV等，娱乐设施一应俱全。娱乐设施的完备

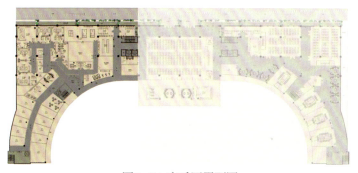

图5-57 康乐区平面图

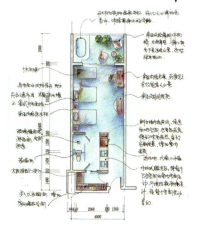

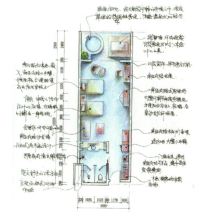

为白金级五星酒店加分，提升了酒店的档次。而崖下SPA区的设计成为酒店康乐部分的点睛之笔，与酒店主体内的康乐形成区域互动。

7. 餐饮区设计

餐饮区位于酒店地下二层，包含大厅就餐区和中包间、豪华包间三种规模，能够满足不同就餐人群。室内是开敞式的南亚风格就餐环境，室外临中央泳池水景，特别设计的瀑布由顶部奔腾而下，室外中央景观区美景尽收眼底。

8. 后勤区设计

隐秘的后勤运输流线是酒店供给的根本。后勤区设有单独的员工入口，便于酒店高效运营管理。水平、竖向服务流线便捷通畅。后

图5-58 餐饮区平面图

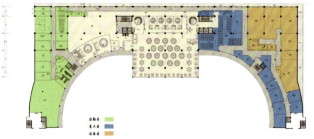

图5-59 后勤区平面图

勤功能空间面积配比合理，保障酒店运营。设备区布局便于设备系统的运行和保养。由于地势的限制，在室外道路上不能完全做到后勤的绝对独立。但后勤与客人流线如何分离、后勤流线如何高效便捷服务客人，仍是我们考虑的重点。

（二）酒店主体空间设计

1. 建筑结构

酒店建筑风格是东南亚巴厘岛建筑风格，通透、开敞、轻盈的建筑造型表现了其对当地气候的适应性。坡屋面、檐口出挑、与室外相通的连续外廊，模糊室内外空间边界，是热带建筑细部的典型运用。

2. 色彩及材质

绿维创景移植巴厘岛建筑元素，结合当地苗黎族传统建筑屋舍材料，与热带雨林中茂盛的植被以及丰富的水源相融合，体现出酒店的场域精神特征、对色彩的把控以及与环境的融合。建筑材质多就地取材，减少了运输等经济成本，竹木等材质的运用使建筑的肌理与环境一致，增加建筑的生态性和趣味性。

四、总结——度假酒店设计的四要素

酒店作为度假区的基础之

266

图5-60　色彩及材质选择

一，具有至关重要的作用。随着社会、经济的不断发展，人们对酒店的要求也越来越高。酒店如何适应社会的发展，在激烈的市场竞争中处于不败之地？绿维创景结合项目经验，总结出了酒店设计的四要素：

（一）地域性

度假酒店大多选址于远离城市的度假地或风景区，依托滨海或山地等自然资源。包括气候资源、自然植被资源、地形地势资源等。设计充分考虑其地域性，就是充分尊重、利用当地资源，体现设计结合自然的可持续原则。对气候资源的运用就是要使建筑的结构适应当地气候，充分利用自然通风、采光以节约能源，符合生态旅游的发展趋势。自然植被资源是酒店的绿色屏障，合理的植物设计能调节环境的微气候，提高室内的舒适度。而对于地形地势资源的运用就是要做到设计依山就势，顺应地形地貌，充分利用自然环境因素。地域性避免了酒店千店一面，是实现生态型度假酒店特色化不可或缺的设计手段。

（二）文化性

文化性增加了酒店的内涵，酒店文化形态是酒店的"魂"。文化元素的植入能使酒店更加令人难忘。通过设计手段的转换，使现代休闲文化与传统民俗文化交融、提升，是酒店文化性设计的关键。例如，在七仙瑶池酒店的设计中，绿维创景将七仙女下凡此地的传说作为文化元素运用到酒店的规划、建筑设计之中。另外，对于文化资源比较薄弱的项目，应挖掘当地资源，进行文化提炼，植入外来休闲文化，接轨国际创造特色文化主题酒店。

（三）时代性

社会、科技、经济在不断发展变化，酒店的设计同样需要与时俱进。能源与环境是当今时代的主题，体现到酒店设计领域，就是把对节能、生态、低碳的考虑落实在设计实践中。

设计过程中要充分利用太阳能、风能、地热能等可再生资源，减少人工能源的运用。多运用乡土材料进行设计，少用混凝土，以免产生过量的建筑垃圾。进行土地开发时要对地块的生态敏感度做充分的调查，避免对生态环境造成破坏。例如，山体度假酒店体量宜小不宜大，宜散不宜聚，此种设计手法就是为了尽可能地保护原有生态环境。

（四）经济性

实用、经济、美观为建筑设计的三要素。形式美感服务于使用功能。对于酒店设计而言，如何能在控制经济成本的前提下做出实用美观的设计？在酒店策划、土地开发、酒店设计、施工选材等各个环节都应始终把节约成本作为重中之重。例如，在土地开发阶段，通过地理信息系统分析，对土地的适建性做出准确评价。土地开发应具有集约性特征，充分利用适宜开发建设用地的同时，结合地形特征，有效合理利用可开发建设用地，严格控制土方量工程。巧妙利用自然地形，在满足酒店功能的同时尽量减少建筑工程量。此外，就地取材等手法都可有效地节约经济成本。

（五）养老居住地产产品开发

养老居住地产，是以"养老＋地产"为开发模式的一种复合型地产产品。复合型地产产品往往具有鲜明的主题，以及围绕主题所产生的服务价值链条。对于养老地产来说，要以居住地产产品为载体，结合医疗、康复、休闲等养老服务。

养老居住地产是指可以使老年人获得经济供养、生活照料以及精神慰藉等基本内容的居住场所。它的基本存在形式有以下几类：老年社区、老年公寓、老年住宅、养老院、托老所等。一个成功的养老居住地产项目，除了满足基本的居住功能，即提供公寓、套房等产品外，还需要满足生活服务功能、文化娱乐功能、医疗护理功能、商业功能等，向老年人提供公园、健身区、棋牌室、医疗室、紧急呼叫、日常护理、超市、洗衣理发服务等配套产品。

案例 23　彭祖养生地·花都不老泉
——中国科学养老示范基地修建性详细规划

一、项目背景

养老地产项目的规划设计，对细节有非常高的要求，除了满足老年人基本的居住功能，即提供公寓、套房等产品外，还需要满足生活服务功能、文化娱乐功能、医疗护理功能、商业功能等。中国科学养老示范基地是绿维创景进行的养老地产项目规划设计的实践。

项目所在地历史悠久，文化灿烂，交通优越，河北安国、安徽亳州两大药都环伺左右，各种养生资源丰富。项目地农业发达，是全国商品粮生产基地和优质棉生产基地县。花卉是其一大特色，素有"花都"、"花县"之美称，享有"鄢陵蜡梅冠天下"之美誉，花卉苗木种植发展迅速，种植面积已达58万亩，是"中国花木之乡"，被誉为"中国花木第一县"。

规划区内水、林兼备。北部紧靠汶河，通过低成本改造后可为本项目打造出高品质的水系景观，为建设私密性强、品质高端的住宅提供天然的生态优势，也可作为入口大门的水景观。植被非常丰富，种植有大量花木，沿河两岸有成排杨树，东北部地块为闲置空地。整体来看，规划地生态环境良好，养生资源丰富（粮食和药材丰富），更有未来的引黄调蓄工程来强化本项目的生态环境。面对良好的发展

机遇，甲方委托绿维创景进行养老示范基地修建性详细规划的编制。

二、项目难点

通过对项目进行全面分析，绿维创景发现，项目地交通条件优越、资源良好、周边养生资源丰富，开发优势明显，但也面临以下一些难题：第一，地块利用的问题。本项目地是一块不规则的三角地，规划时该如何有效利用？第二，项目定位的问题。应该从什么战略高度和市场层面来定位本项目？是世界的？中国的？中原的？许昌的？第三，与城市互动的问题。本项目在鄢陵打造宜居城市中原花都的时代背景下，如何与城市互动达到提升生态，幸福城乡的目标？第四，培养核心竞争力的问题。在未来的河南、鄢陵旅游竞争格局中，本项目应该怎样培植核心竞争力？第五，居住形态的问题。参照国外养老地产的先进理念，依托滨水和花木生态资源，究竟应该定位一种什么样的居住形态？

三、核心思路

在本项目考察阶段，项目组有一个很重要的发现：我国古代最长寿的老人、中华养生

文化创立者彭祖的墓在鄢陵彭店。另外，鄢陵具有良好的生态环境及历史和养生资源，再加上我国养老产业体系不完整，养老住宿设施量少、质量次，老年服务行业建设严重滞后，养老产业方式亟待升级。于是，绿维创景提出依靠彭祖养生文化的挖掘，将鄢陵从一个花木之乡提升到养生之都。大家都在挖掘花木资源的时候，本项目创造性地植入一个产业概念，达到生态幸福城乡的提升、资源优势向产业优势的提升、生态资源向文化的提升、生态改善到养生之都的提升，打造我国首个养生型养老产业示范区，从而突出重围，抢占制高点（图5-62）。

（一）项目定位

以鄢陵花木基地和汶河的自然环境为依托，结合鄢陵丰富的养生文化，充分发挥彭祖和许由等文化历史资源，根据"老有所养、老有所为、老有所学、老有所乐"的指导思想，力争创建一个"以老年人的生理需求和精神需求为本"，集生活居住、医疗康复、学习娱乐、交友联谊、健康养生、旅游观光于一体的高端社区。远期定位为集文化观光、温泉中医药疗养、商务会议、休闲度假、特色居住等多重功能于一体的，具有国际特色的鄢陵（彭祖）国际养生型养老社区。

可见本项目开发的是养生型养老产品，而不只是养老产品。养生和养老本身有功能上的重叠，但养生的概念所跨的年龄段要大于养老。养生的产品，会给予人们一种积极、悠闲和健康的感觉，这是各年龄段都需要的，而养老的产品会让人联想到悲伤和落寞。

据统计，接近10%（4000万家庭）的中国家庭年收入在10万元以上，但现在中国符合高端需求的养老场所几乎为零，高端养老市场存在严重空白。本项目要立足国际，在硬件设施、配套设施、文化挖掘上下功夫，打造高端养老社区。

花都、花县、中国花木之乡 → 提升 → 中国首个养生型养老产业示范区

图5-61 从"中原花都"提升到"中华养生之都"

图5-62 项目思路分析

（二）彭祖文化、不老泉文化的挖掘及活化

彭祖墓在鄢陵县彭店乡探庄村，离项目地还有一段距离，如何将彭祖文化和项目地联系起来，实现有机融合和活化呢？

根据深入研究和思考，绿维创景决定策划一条从探庄到项目地的轴线，通过这个轴线将彭祖

从探庄"请"到项目地。彭祖代表的是中国养生文化，再将这个轴线延伸，引入不老泉文化代表西方的养生文化。这样，一中一西，一古一今，分布在轴线的两端，这条景观轴也就成为连接古今、中西的时间轴（图5-65）。

在轴线的一端，建彭祖雕塑，使之成为一个文化地标，也是彭祖文化活化的体现。在

另一端，建设不老泉养生社区来体现不老泉文化。不老泉养生社区包括不老泉公共服务区和不老泉邻里交流中心区。不老泉邻里交流中心区的亮点是大型音乐喷泉组群。喷泉有四个主题，分别为战斗之泉、生命之泉、爱情之泉和活力之泉。在泉边，老年人可以追忆似水年华，和来自世界各地、全国各地的老年人交流分享长寿的秘诀，形成一种积极的生活方式。不老泉，正是秉承这样的理念：如泉水般滋润，赋予生机和活力，使老年人生命之树常青。不老泉公共服务中心，则应借鉴美国太阳城的建设模式，设立很多公共服务设施。

（三）重点项目设置

1. 不老泉公共服务区——社区公共服务中心

作为公共服务中心，设有养生会所、养老公寓、生命体检中心、不老泉温泉酒店等

图5-63　总平面图

图5-64　整体鸟瞰及项目分布

配套设施（图5-66）。

2. 五洲度假养生区——中外养生文化和产业交流平台

为世界各地前来鄢陵探求养生之源的外国友人提供交流的平台，也作为前来鄢陵度假客人的度假公寓（图5-67）。

3. 九州自助养老区——高端自助型候鸟式养老

九州自助养老区是全国各地老人前来鄢陵养老的自助型养老公寓（图5-68）。

4. 中州居家养老区——低密度花园住宅

中州养生村面对的客群是中州都市圈的养老客群，组合户型较大，在120平方米以上，适合和晚辈共同居住的老人家庭式养老（图5-69）。

5. 不老泉邻里中心交流区——社区交流客厅

这里是社区的客厅，也是居民的公共花园和交流中心。来自世界各地和全国各地的老年人在这里找到养生方法，分享长寿秘诀（图5-70）。

四、经验总结

（一）文化挖掘

这个项目非常巧妙地挖掘了彭祖的养生文化，并将文化与产业密切地结合起来。虽然彭祖墓所在地有很多种说法，但彭店探庄村发现的彭祖墓碑，充分证实了

图5-65 景观轴线

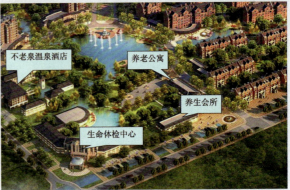

不老泉温泉酒店　　养老公寓

养生会所

生命体检中心

图5-66 不老泉公共服务区

图5-67 五洲度假养生区

图5-68 九州自助养老区

彭祖墓在鄢陵。开发一个项目必须要有文化的灵魂，绿维创景通过一个轴线，将彭祖文化从

图5-69 中州居家养老区

图5-70 不老泉邻里中心交流区

探庄引入项目地。这个轴线既突破了项目地不规则三角形的限制，又在项目中形成了一个主题文化，应用到养生型养老产业的打造中，构成了项目的核心竞争力。

（二）高端养老市场的开发

我国养老需求巨大，但高端养老面临市场空白，供需情况严重失衡。从现在的养老市场趋势来看，提高养老机构的质量，增加服务项目，完善硬件设施，健全管理机制，实现"银发"产业的商业价值和社会意义影响深远，并且市场空余明显。本项目结合彭祖和不老泉养生文化，借鉴美国和日本高端养老产业的开发模式，抓住中国养老产业的升级趋势，利用鄢陵良好的生态环境，创新性地提出培植养生型养老产业的模式，符合高端养老市场的需求，填补了市场空白。

（六）文化创意地产产品开发

文化创意地产是指以文化为主题，具有文化创意产业理念和价值链的融合型地产模式。文化与旅游产业都是高效益、无污染、发展可持续、能对周边经济发展形成强大辐射力的高效产业，它们的融合发展能够对地方经济产生强大的带动作用。通过文化创意产业链的直接延伸发展文化创意地产是非常困难的，但用文化创意产业手法来推动地产发展却是非常容易的。

综合来看，文化创意地产主要有文化创意产业园区、艺术集聚区、影视城（基地）、文化主题园四种类型。文化创意产业园是一系列与文化关联的产业集聚后形成的特定地理区域，是一具有鲜明文化形象并对外界产生一定吸引力的集文创生产、服务、商贸、居住于一体的多功能园区。园区内形成了一个包括"生

产—发行—消费"产供销一体的文化产业链。艺术集聚区是一个创意产业聚集地，聚集的是一批优秀的创意人才以及产业。它在区域社会发展中，不仅仅表现为经济的带动核，更是现代人文化生活和现代理念的传播中心，为城市带来的是人气的聚集与软实力的提升。例如北京的798、上海苏州河畔的莫干山路艺术集中地。

案例 24　热贡艺术庄园的聚落
——青海热贡艺术文化产业园

本项目位于同仁县县城北部新城区与热贡文化产业区的中间区位，处于产业区与城市公共中心的过渡地带，也在热贡文化生态保护区的同仁热贡文化保护核内。

2008年8月，热贡文化生态保护实验区被列入国家级文化生态保护实验区。2010年，《热贡文化生态保护区总体规划》已经完成并开始实施。黄南州政府及同仁县政府高度重视热贡艺术保护，本项目就是在同仁县政府的推动下应运而生的。绿维创景的任务是以热贡艺术与热贡文化为依托，通过产业园区的规划建设，一方面发展文化旅游业，推广热贡艺术，实现保护与传承；另一方面融合产业发展与城市生活，打造新农村建设的样板，推动区域内的新农村建设。

一、思路分析

项目地有着悠久的历史和复杂的文化积淀，文物古迹众多、宗教文化深厚。是青海省唯一一座国家级历史文化名城，是藏传佛教文化圣地，是著名的藏族画家之乡，是"热贡艺术"的发祥地。

艺术品本身就是旅游吸引物，艺术品的生产制作、品鉴、体验更是文化旅游不可或缺的一部分，因此"热贡艺术"是本项目开发所依据的资源基础。

另外，艺术品生产的发展与旅游发展息息相关，与旅游业的融合发展将为艺术品带来庞大的市场，并注入新的活力。因而，热贡艺术品产业与旅游产业的融合发展是必然趋势，也是现实选择。

但两者之间怎样融合，才能相互提升？在

图5-71 热贡艺术产业园鸟瞰图

产城一体化的原则下，如何设置产业园区的功能，才能既满足旅游者的需求，又能提高当地居民的生活水平？

绿维创景在泛旅游产业整合及旅游带动区域综合发展的思路下，提出以热贡艺术的保护、传承、传播、振兴、创新为目的，依托同仁县丰富的热贡文化资源、少数民族文化资源，借助热贡艺术古村落深厚的文化积淀，依照项目地的地形地貌特点，打造以热贡艺术为主题，以旅游小镇为空间载体，以藏式庄园为建筑形式的热贡艺术产业园，从而以热贡艺术为引擎，推动热贡文化产业与旅游产业相互促进、共同发展。

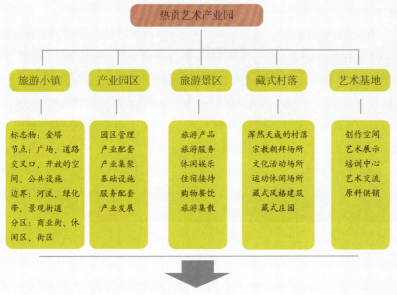

图5-72　热贡艺术产业园打造思路

二、项目体系及重点项目设计

（一）艺术庄园聚落

依据地形地势，以唐卡、堆绣、雕塑、壁画等热贡艺术的主要形式为主题，规划不同规模的艺术庄园，打造本土化、民族化的艺术庄园聚落，形成山水园林般的藏式"古"村落，以满足艺术创作者创作、交易、起居等的综合功能（图5-74）。

图5-73　热贡艺术产业园项目体系

（二）特色休闲、购物街

图5-74 艺术庄园鸟瞰图

针对游客、园区居民的购物、休闲娱乐、餐饮住宿等需求，打造富有热贡地区特色风情的休闲商业街，为人们提供各种购物、餐饮及商业服务设施。同时，有条件的商户可以采用"前店后厂"的模式，为游客提供参观、体验艺术品及其原材料创作、生产加工的过程，DIY设计艺术纪念品的场所，从而增添游览过程的趣味性（图5-75和图5-76）。

图5-75 休闲商业街节点1

图5-76 休闲商业街节点2

（三）热贡文化主题酒店

以热贡文化为核心，以特色经营为灵魂，以超越品位为形式，通过主题建筑、主题景观，以热贡艺术、热贡文化为素材，设计、建造、装潢和提供服务，围绕这种主题建设具有全方位差异性的酒店氛围和经营体系，从而营造出一种无法模仿和复制的独特魅力与个性特征，实现提升酒店品质和品位的目的（图5-77）。

（四）热贡艺术演艺中心

以热贡地区的民族歌舞、戏曲为元素，提炼一系列歌舞、传统戏曲节目，为游客打造本土的、民族的歌舞盛宴。同时，热贡演艺中心定期举办各种民族歌舞节目及其他地区的优秀演出（图5-78）。

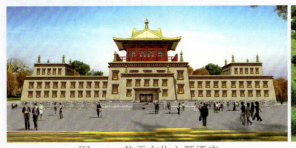

图5-77　热贡文化主题酒店

图5-78　热贡艺术演艺中心

（七）庄园地产产品开发

生态农庄是以绿色、生态、环保为目标，以资源有效利用为载体，以科技创新为支撑，以市场化运作为手段，集农业生产深加工与观光旅游于一体的规模集约化农业场所。

作为生态型休闲农庄，农业仍是其核心产业基础，因此农业应当继续作为园区的主导产业。旅游业则以园区内的特色旅游资源为依托，分期投资，打造独具特色的旅游项目。由于房地产的投入较大，因此应放到后期发展，通过争取扩大建设用地面积和旅游拉动土地价值两大手段，撬动房地产业开发。

绿维创景综合多年的经验，认为根据打造主题的不同，农庄主要有以下几种开发类型：①特色农业农庄。定位景观农业体验、创意农业休闲等，开发农业游、林果游、花卉游、渔业游、牧业游等不同特色的主题休闲活动。②科普教育农庄。兼顾生产、科技示范与科普教育功能，在农业科研基地的基础上建设，利用科研设施作景点，融入现代审美观的特色型发展模式。③风水养生文化农庄。充分结合地形地貌，导入风水养生理念，结合风水艺术景观来构建风水农庄；而生态养生则是利用项目地特有的养生资源，推出一系列特色养生度假产品的发展模式。④商务会都农庄。以优美田园风光为依托，利用优质的生态环境建立特色主题，建设商务套房、会议室等商务必要设施，围绕商务活动、集会、团体性接待形成对应的配套服务项目，如康体、康疗、歌舞宴等。⑤果酒庄园。以酒文化为主线，带动各类特色果品的种植、采摘和体验，同时形成不同类型的酒庄、酒窖、酒文化博览馆等。⑥体育公园型庄园。融入现代体育运动与康体度假，打造以体育花园与康复社区为主题的休闲农庄。⑦低碳环保庄园。通过一批具有示范意义和推广价值的绿色生态建筑、节能环保建筑及其他新能源产品，形成的体现未来生活的主题农庄。

案例 25 **多元文化融合的酒庄群落**
——山东某葡萄酒庄园文化产业城规划设计

一、提出问题——市场好，难度大

本项目坐落在大陆北方唯一的台湾农民创业园内，虽然有着我国著名的葡萄酒之乡——烟台市这么一个具有优势的开发市场，但其开发还存在着一些难题：

第一，资源上虽有"山+谷+林+河+园"的组合优势，但特色并不明显，且受到了一定程度的破坏。本项目该如何发挥利用地理条件，改造内部环境，重塑景观格局，营造葡萄酒庄的场地氛围？

第二，如何跨越周边交通、工厂对本项目高端市场的定位？

第三，如何在建筑风格、文化内涵、功能布局上进行创新设计，从而积聚名气和人气，形成酒庄和旅游互动发展的开发思路？

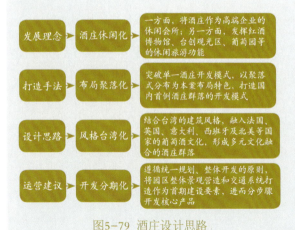

图5-79 酒庄设计思路

二、解决问题——走多元文化融合的酒庄群落之路

面临这些难题，项目组跳出酒庄看酒庄，把研究重点放在了如何以旅游、休闲商务为线索，以酒庄规划为本底，发展极具吸引力的全季候、全天候、全景式的产品形态，化弊为利，最大化提升土地价值。

在对法国酒庄进行实地考察的基础上，项目组提出以"酒庄休闲化"为发展理念，一方面发挥红酒博物馆、台创观光区、葡萄园等的休闲旅游功能——利用旅游的搬运功能，为酒庄带来人气和市场；另一方面，将酒庄作为高端企业的休闲会所，突破单一酒庄开发模式，以聚落式分布为特色，增加旅游的品质和游客的感受。

从而，在商业模式上形成"酒庄为主，旅游为辅，旅游促酒庄，酒庄保障旅游"的思路；在建筑风格上，结合台湾的建筑风格，融入法国、英国、意大利、西班牙及北美等国家的葡萄酒文化，突破我国酒庄的传统发展模式，加快与世界的接轨。最终打造一个集旅游、文化体验、休闲商务、高档公共服务设施等项目于一体，旅游与酒庄融合互动发展的国内首例多元文化融合的酒庄群落，赋予居住者一种全新的生活方式。

三、酒庄设计

（一）法式风格酒庄

为营造法式酒庄高贵典雅的氛围，本设计无论在建筑立面还是平面布局上都突出轴线的对称，中央双跑楼梯为平面设计亮点，建筑各功能均围绕中央的双跑楼梯进行布置，显示其恢宏的气势。另外，细节处理上，运用了法式廊柱、雕花、多层线角，以精细考究的设计细节彰显奢华的贵族气质。

首层平面图　　二层平面图

三层平面图　　地下平面图

图5-80　法式风格酒庄平面图

图5-81　法式风格酒庄效果图

（二）托斯卡纳风格

本风格酒庄旨在营造乡土田园静逸之居所。屋面设计高低错落，墙体凹凸有致，天然材料运用其中，斑驳石墙与细致涂料对比强烈，土黄色基调的墙面、深绿色的百叶窗、褐红色的陶瓦屋顶，无不展现出酒庄斑斓的色彩。

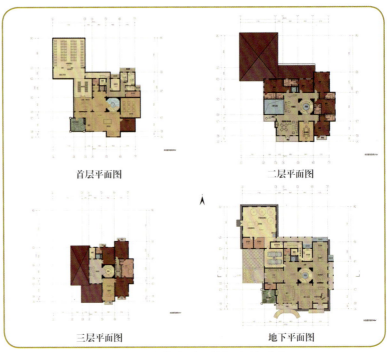

首层平面图　二层平面图

三层平面图　地下平面图

图5-82　托斯卡纳风格酒庄平面图

图5-83　托斯卡纳风格酒庄效果图

（三）西班牙风格酒庄

为营造浪漫的氛围，本风格酒庄设计了连续的圆形拱廊，具有延伸般的透视感。外廊可作为室内外过渡的趣味空间。下沉的前院、隐逸的庭院空间表达了地中海别墅独特的精神内涵。建筑墙面采用黄色，细腻涂料和斑驳的石材产生和谐的视觉效果。

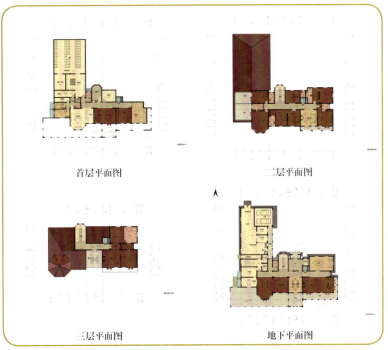

首层平面图　　　　二层平面图

三层平面图　　　　地下平面图

图5-84 西班牙风格酒庄平面图

图5-85 西班牙风格酒庄效果图

（四）安妮女皇风格

本风格酒庄平立面非常对称，屋顶形式多样，其中以八角形的坡屋面为设计特色。墙体细部丰富而精致，立面的横向纹理简洁明朗，建筑外观给人以庄重恢宏的视觉感受。建筑平面流线清晰，布局集约，景观最大化地渗透到主要功能空间。

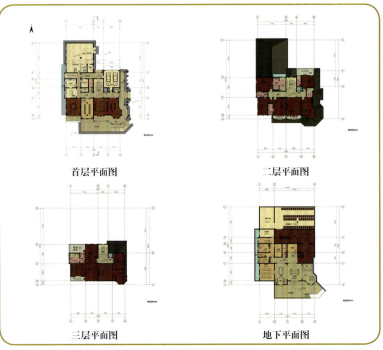

首层平面图　　二层平面图

三层平面图　　地下平面图

图5-86 安妮女皇风格酒庄平面图

图5-87 安妮女皇风格酒庄效果图

（八）新型农村社区旅游地产产品开发

随着经济的发展、自驾车的兴起，人们生活空间的地域限制逐渐减小，人们的出游能力和生活空间变大，体现在旅游休闲和旅游地产上，就是乡村旅游地产的发展。而旅游新型农村社区作为新型城镇化的建设内容，同样形成了带动旅游地产开发的能力。乡村民居一般为农民的生活生产资料，具备接待功能，如农家乐，如果是较大景区周边的农家，其盈利效益非常可观；间接转让的乡村民居，具有生活与经营双重功能。新型农村社区旅游商业地产，是旅游新型农村社区中经营性的休闲商业地产，可以结合新农村旅游发展，形成餐饮街区、娱乐街区、民俗工坊街区等，在新型农村社区城镇化中，这类产品的比例会逐步增多。

案例 26 辽宁某休闲农业产业示范园

一、项目背景及面临的问题

本项目毗邻汤岗子温泉城及千山风景区，整体地势平坦，项目规模约为133公顷，另外北部中段回迁房面积约22公顷，与类似的农业开发项目相比，属于中等规模。经过分析，绿维创景认为本项目面临着如下一些问题：

第一，项目位于城市规划新区边缘，不在规划核心区，市政配套设施在近期内不易完善，成为成熟社区还需要一个较长的过程。

第二，项目规模不占优势，若建设用地以10%来计算（不算回迁房区域），只有13.3公顷，不适合成规模地建设开发，只适合做差异化的产品设计。

第三，项目地资源较一般，天然植被单一，不利于借景，需要后期人工设计。这不仅会增加各项成本，而且难免有较多的人工痕迹出现。

二、总体构思

经过对项目地资源、市场的分析，以探索创意休闲农业为基础和切入点，以满足都市精英人士和中高端机构体验乡村生活的消费需求为市场导向，绿维创景提出了以智慧农业为基础、以田园温泉为亮点、以休闲物业为延伸，以"原乡汤泉，智慧田园"为定位，打造面向都市乡村休闲人群的智慧农业综合体，以实现土地价值最大化、农业产品有机化、农业产业示范化、农业经济循环化。

三、产品体系

在产品上，从农业产业、休闲农业、配套三层面进行设置：农业产业层面，构建集研发、生产、加工、展示销售于一体的完整农业

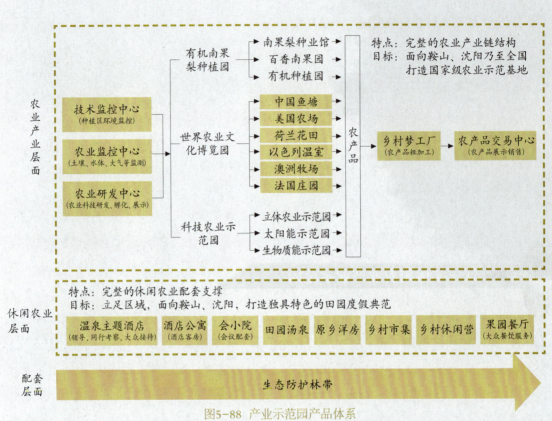

图5-88 产业示范园产品体系

产业链结构，面向鞍山、沈阳乃至全国打造国家级的农业示范基地；休闲农业层面，设置温泉主题酒店及公寓、会晤小院、原乡洋房、乡村市集、乡村休闲营、果园餐厅等配套支撑，打造独具特色的田园度假典范，在配套层面，打造一条生态防护林带。

四、规划构思

在本项目规划中，项目组提供了"农业观光渗透带+设施农业组团"、"生态水系+农业种植组团"两个方案。

（一）方案一——农业观光渗透带+设施农业组团

农业观光渗透带——整个园区通过一条绿色农业通廊串联，并渗透于每个相邻组团之间，水系贯通。整个通廊均为非机动车线路，该廊道中包含景观构筑物、木栈道、农田种植景观等，只要通过该线路即可到达各个主题组团参观游览。

设施农业组团——通过不同主题的特色农业种植、智慧科技农业，展示组团环绕在农业观光带的四周，每个组团结合该组团主题搭配

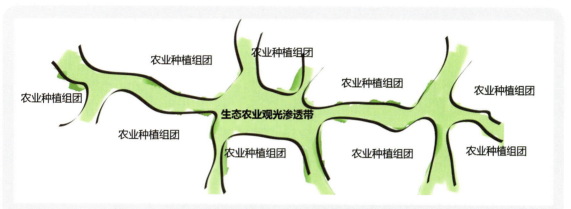

图5-89　农业观光渗透带+设施农业组团构思

农业设施，其用地可根据需求拆分成不同单元模块进行种植搭配。

在规划中，项目组设计了"一带、一区、三园、五廊、多节点"的结构布局。

一带——生态防护林带：园区外围区分于周边住宅、工业建筑等建立起一圈绿色防护林带，使规划范围内的用地价值得到提升，起到生态防护的作用。

一区——综合服务中心区：通过温泉酒店及配套公寓统领整个规划园区，其酒店采用乡

户型	每户建筑面积（平米）	户数	总建筑面积（平米）	用地面积（万平米）	容积率
10亩	1000	5	5000		
5亩	520	30	15600		
3亩	320	40	12800	100700	126.15	0.10
1亩	260	185	48100		
0.5亩	160	120	19200		
花园洋房	——	440	53680	5.00	1.07
酒店			30000	1.85	1.62
合计	——	844	184380	133.00	0.14

一、综合服务中心
1. 温泉主题酒店
2. 会暖小院
3. 田园汤泉
4. 乡村市集
5. 原乡洋房
6. 酒店公寓

二、有机南果梨种植园
7. 南果梨种业馆
8. 技术监控中心
9. 农业检测中心
10. 农业研发中心
11. 农产品交易中心
12. 乡村梦工厂
13. 果园餐厅
14. 百香南果园
15. 有机种植园
16. 乡村休闲营

三、世界农业文化博览园
17. 美国农场
18. 法国酒庄
19. 澳洲牧场
20. 以色列温室
21. 荷兰花田
22. 中国鱼塘

四、科技农业示范园
23. 太阳能示范园
24. 生物质能示范园
25. 立体农业示范园
26. 生态防护林带

图5-90　农业观光渗透带+设施农业组团总平面图

野院落的围合形态坐落于农庄中间，给人以安静私密感。

三园——有机南果梨种植园、世界农业文化博览园、科技农业示范园，三个不同主题的特色农业，围合出不同风情的片区，沿观光带充分展示多彩农业。

五廊——通过农业观光带竖向链接出五条景观视线通廊，在保证不进行超过视线要求高度建设的基础上实现良好的视觉沟通，主要包括步行栈道、乡村庄园、道路绿化等景观，是人与自然和谐共生的重要体现。

多节点——景观节点位于农业观光带与视线通廊的交会处，通过生态建筑、景观小品及水系鱼塘展现出各组团特色。

（二）方案二——生态水系+农业种植组团

生态水系——园区通过水系串联，在园区中心形成开阔水面，其支系流入各个农业组团中，形成各自小景观，兼具农业设施及农业观光。

农业种植组团——各个组团区根据建筑户型区分，沿水系呈带状组团分布，组团景观相对独立，有各自的私密空间，主要道路与水系相互缠绕呼应，直通组团内部。

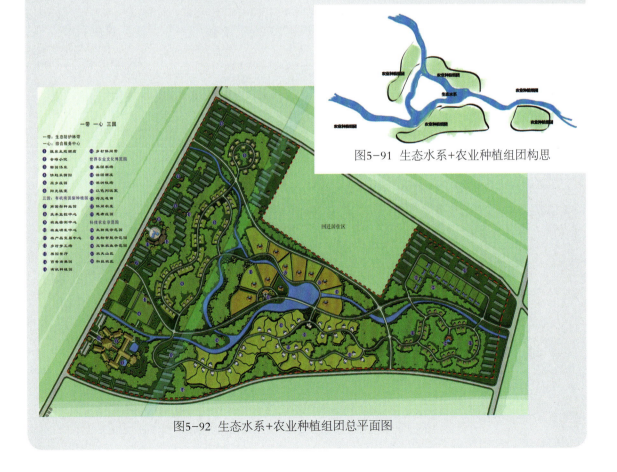

图5-91 生态水系+农业种植组团构思

图5-92 生态水系+农业种植组团总平面图

第六章

旅游城镇与旅游地产开发指南：战略、规划、设计、运营

◎ 面对区域对旅游产业的新诉求，区域旅游发展规划应解决四个关键层面的问题，即旅游目的地打造、泛旅游产业整合发展、旅游导向的城镇建设和政府运营策略。

◎ 政府与企业作为旅游城市的主要开发主体，由于其机制与目标不同，运作的侧重点、方式也不相同。政府应在"引导、把控、基础配套与招商"四个方面发挥主导功能，而企业则应以市场为导向，注重项目的运作。

◎ 在旅游小城镇的开发中，泛旅游产业发展战略的制定是基础；特色旅游吸引核的设计，是要点；具有小城镇和旅游双重功能的项目策划，是关键；旅游小城镇的特定功能开发及其布局，是落地；城镇风貌的规划，是特色。

◎ 不论旅游集团以地产为核心收益支撑的区域旅游综合开发模式，还是地产企业以旅游为土地升值手段的区域地产综合开发模式，其实质都是以旅游休闲为基础导向、以旅游地产为收益核心、以相关产业配套发展的区域土地综合开发模式，它们最终都将发展成为带动区域综合升级的强大引擎。

◎ 新型农村社区的开发运营，需要协调好政府、企业与居民三者之间的关系。一般新型农村社区的开发都采取"政府+企业+居民"的模式进行运作，实现"政府主导、企业唱戏、农民参与、三方获益"的运营目标。

第一节
区域旅游发展规划编制指南

一、旅游产业发展新态势

改革开放以来，中国旅游业得到了很大的发展，在接待人数、外汇收入、基础设施建设、资源开发与保护、旅游队伍建设方面取得了显著的成就。尤其是近年来，旅游产业发展步伐明显加快，呈现出蓬勃发展的新态势。

（一）大众旅游时代到来，旅游经济成为不容忽视的经济板块

中国的旅游产业目前呈现出以下趋势：

第一，随着国民经济的增长，人民收入水平提高，消费观念和消费结构正发生改变。旅游已经成为居民的普遍需求，中国已进入大众旅游时代。

第二，中国旅游产业已经进入系统升级阶段，旅游发展正逐步由单一的观光型主导阶段向观光、休闲、度假三位一体的阶段转变。

第三，随着旅游业接待人数和产值的持续增长，旅游经济已成为国民经济不容忽视的板块，很多地方政府将旅游产业定位为主导或支柱产业。

（二）旅游与其他产业融合加快，旅游业态和旅游产品不断丰富

随着旅游接待人数的增加，旅游需求也逐渐呈现多元化趋势，与此相适应的是旅游产品的不断丰富与深化。在这一过程中，旅游与其他产业逐渐融合，催生了新的旅游业态和旅游产品的出现，并逐渐形成了以旅游产业为核心的泛旅游产业体系。

（三）各级政府出台政策，大力支持旅游业的发展

2009年12月1日，国务院发布《关于加快发展旅游业的意见》，提出以邓小平理论和"三个代表"重要思想为指导，深入贯彻落实科学发展观，进一步解放思想，深化改革开放，加强统筹协调，转变发展方式，提升发展质量，把旅游业培育成国民经济的战略性支柱产业和人民群众更加满意的现代服务业。力争到2020年，我国旅游产业规模、质量、效益基本达到世界旅游强国水平。随后各级政府也相应出台了各种支持旅游发展的政策。

（四）七部委力推金融支持旅游业，资金大量涌入

七部委发布了《关于金融支持旅游业加快发展的若干意见》，以加强和改进旅游业金融服务，支持和促进旅游业加快发展。这将有助于大幅改善旅游企业的发展环境，进一步加大金融对旅游业实体经济的支持力度，主要体现在旅游企业在信贷方面将获得更大的支持以及未来旅游产业的融资渠道将更加多元化。旅游产业发展环境的进一步优化，必将使大量资金涌入旅游业，大大促进旅游业的发展。

（五）环境事件频发，旅游业作为低碳产业面临更好的发展机会

近年来，环境事件频发，尤其是2012年年底和2013年年初的"雾霾事件"，引起国内外的广泛关注，社会聚焦环境保护。而党的十八大以及2013年的全国"两会"表现了对环境保护问题的格外关注，党的十八大提出"美丽中国"建设行动，旅游业作为低碳产业以及实现"美丽中国"的一个有效手段，将面临更好的发展机会。

二、区域经济对旅游产业的新诉求

旅游产业诉求	持续发展，升级转型
区域产业诉求	优化结构，联动发展
城市发展诉求	提升城镇化水平，推动城市建设

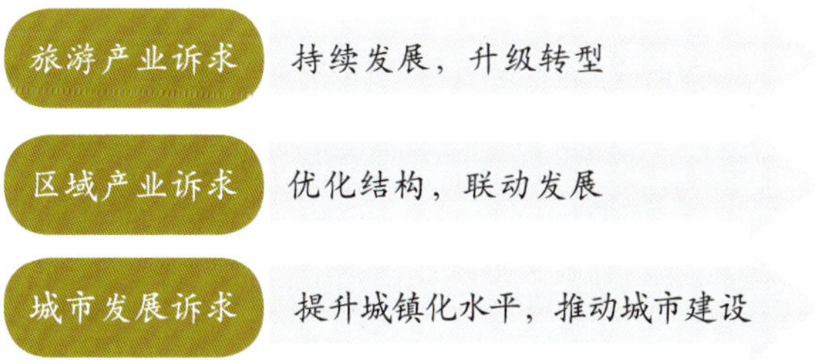

图6-1　区域经济对旅游产业的新诉求

新形势下，旅游业的地位大大提高，在新型城镇化建设中，将扮演极其重要的角色，区域经济对旅游产业有了新的诉求（图6-1）。

（一）旅游产业诉求：持续发展，升级转型

对旅游业本身来说，其自身诉求是加快发展速度以及可持续发展，进一步优化产业结构和产品结构，转型升级，以实现更大的游客接待量及产值，成长为国民经济的支柱产业。

（二）区域产业诉求：优化结构，联动发展

基于旅游产业良好的关联作用及产业带动效应，在政府大力发展旅游产业的同时，区域产业的发展也对旅游产业提出了更高的要求：通过旅游产业的发展，优化区域产业结构，加快现代服务业的发展，实现旅游产业和其他产业的联动发展，从而带动区域经济的整体全面发展。

（三）城市发展诉求：提升城镇化水平，推动城市建设

城镇化是以产业发展为前提的，旅游休闲度假以及由旅游引导的泛旅游产业聚集（休闲农业、养老康疗、会议会展、创意文化、运动娱乐等），具有产业、居住支持双重价值，是城市现代服务业发展的重要内容。旅游产业发展带来的景观环境改善、休闲服务提升、文化交融、居民幸福指数增强等，都是宜居城市的

升级要素。新形势下的城市发展对旅游业提出了提升城镇化水平，推动城市建设的诉求。

三、原有区域旅游发展规划编制指南的局限

《旅游规划通则》（GB/T18971—2003）从2003年出台至今，为旅游策划规划和设计提供了基本的依据。《旅游规划通则》里关于旅游发展规划的主要内容就是区域旅游规划编制的指南。其中有如下编制要求：

6.4　旅游发展规划的主要内容

6.4.1　全面分析规划区旅游业发展历史与现状、优势与制约因素，及与相关规划的衔接。

6.4.2　分析规划区的客源市场需求总量、地域结构、消费结构及其他结构，预测规划期内客源市场需求总量、地域结构、消费结构及其他结构。

6.4.3　提出规划区的旅游主题形象和发展战略。

6.4.4　提出旅游业发展目标及其依据。

6.4.5　明确旅游产品开发的方向、特色与主要内容。

6.4.6　提出旅游发展重点项目，对其空间及时序作出安排。

6.4.7　提出要素结构、空间布局及供给要素的原则和办法。

6.4.8　按照可持续发展原则，注重保护开发利用的关系，提出合理的措施。

6.4.9　提出规划实施的保障措施。

6.4.10　对规划实施的总体投资分析，主要包括旅游设施建设、配套基础设施建设、旅游市场开发、人力资源开发等方面的投入与产出方面的分析。

6.5　旅游发展规划成果包括规划文本、规划图表及附件。规划图表包括区位分析图、旅游资源分析图、旅游客源市场分析图、旅游业发展目标图表、旅游产业发展规划图等。附件包括规划说明和基础资料等。

显而易见，原有的规划指南对区域旅游规划的内容要求并不涉及旅游产业与其他产业的联动以及旅游产业与城市发展的相关作用，不能满足新形势下区域经济对旅游产业的新诉求。主要体现在：

（一）对旅游产业的研究不清晰

现行的《旅游规划通则》是在以观光为主的传统旅游产业的架构下构建的，局限性非常大。如今的旅游业已走向了休闲度假升级时代，在这一特征下很多新型业态脱颖而出，成为发展的重点。另外，旅游业已被国家定为战略性支柱产业，而战略性产业具有终端消费性强、引擎作用大、附加价值作用高、幸福指数需求强等特征。旅游规划需要通过多方整合及突破，充分实现上述特征。

（二）未体现旅游与城市化之间的关联

城市是旅游的一种载体，旅游是城市的一种功能。我国的发展已经迈进了城市化阶段，从超大城市到中小城市，再到小城镇，进一步到村落以及旅游综合体的旅游发展，都要考虑城市化的需求。而旅游作为最有活力、联动作

用极强的产业之一，也必须纳入城市规划范围之内。但城市规划与旅游有什么关联，旅游小城镇以及村庄规划怎么与城市化衔接，《旅游规划通则》中完全没有体现。

（三）起不到应有的指导作用

按照现有规划通则编制的旅游规划，原则性的套话、空话一大篇，往往不能对产业、产品、运营和管理作出具体的指导，还被一些人戏称为"鬼话"，只能在墙上挂挂。这似乎已经成为旅游规划难以逾越的通病。旅游发展规划的编制亟须新的指南。

四、区域旅游规划编制新指南

面对区域对旅游产业的新诉求，区域旅游发展规划应解决四个关键层面的问题，即旅游目的地打造、泛旅游产业整合发展、旅游导向的城镇建设和政府运营策略。

（一）旅游目的地打造

目前很多区域的旅游都是散点式发展，游客是点对点式旅游，散点式发展会带来区域整合不足、游客行程时间短、经济效益低、城市整体形象不鲜明等一系列问题，不利于旅游业本身的发展和城市形象名片的建立。此外，散点式发展模式完全不可能支撑旅游业发挥区域经济引擎（或主导）的作用，带动相关产业的发展。绿维创景认为，如果区域资源禀赋和市场区位条件能够提供足够支撑，区域应该选择目的地发展模式（图6-2）。

目的地仅仅有独特的景区是不够的，还要求具备一个完整的游憩构成（2~5天的游憩内容及游程），有足够且合格的接待实施，方便的交通进入条件，以及符合多种需求的配套服务。目的地系统建设，需从以下几方面着手进行：第一，构建区域整体旅游形象，打造目的地核心吸引力；第二，依托资源要素，设计符

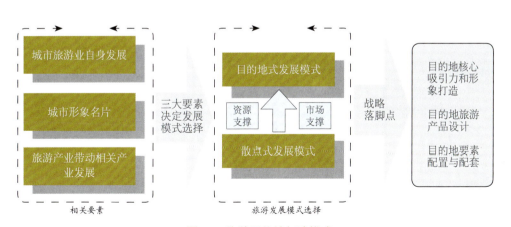

图6-2　旅游目的地打造模式

合市场需求的旅游产品，且旅游产品的策划应考虑落地性；第三，提升旅游业软硬件水平，围绕"食、住、行、游、购、娱"六要素，完善目的地要素配置与配套。

（二）泛旅游产业整合发展

作为引擎（主导）产业，旅游产业应充分发挥其主导作用，构建旅游产业集群，理顺相关关系，形成联动发展机制，在旅游业自身大力发展的同时带动相关产业发展。具体论述见第三章《泛旅游产业整合与产业集群化模式》。

（三）旅游导向的城镇建设

旅游导向的城镇建设主要从两方面来体现。一方面，旅游作为城镇化的新型动力，

将通过"旅游景点—旅游度假区—旅游特色村—旅游小城镇—旅游城市"的建设，推动城镇化的发展，提升城镇化水平；另一方面，旅游业的发展将大大促进城乡建设，成为"美丽中国"建设的重要力量，包括基础设施建设、城乡风貌改善、城市品牌形象塑造以及城市人文环境营造等方面（图6-3）。

（四）政府旅游运营策略

《旅游规划通则》没有提出明确的政府旅游运营策略，政府运作旅游业时不知从何入手，缺乏抓手。

为了使项目成功落地，区域旅游发展规划需要配套编制一个3~5年的政府运营计划。一般包括项目分期及项目运营方式，各期运营重点；旅游目的地建设行动计划，包括道路交通、集散中心、宾馆酒店、餐饮、旅行社、智慧旅游工程等；旅游投融资体系建设；旅游营销策略制定；政府旅游运营组织结构构建；旅游政策制定等。

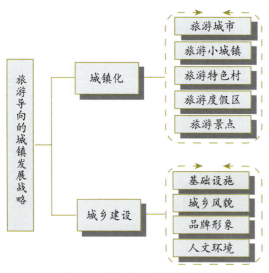

图6-3 旅游导向的城镇发展战略

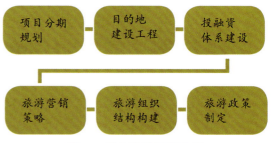

图6-4 政府旅游运营计划

第二节
城市旅游化提升与建设指南

一、多方共赢的运营模式

城市旅游化涉及政府、开发企业与当地居民的三方需求，在实施过程中，应全面采用市场化的运作模式，最大限度地实现资源的优化配置，发挥政府、企业、居民三方面的优势和资源，采取"政府引导，社会投资，居民参与"的运营模式，建立良性的互动机制，充分调动三方面的积极性（图6-5）。

（一）政府引导，实现城市运营

政府在资源整合、规划保护、招商引资、投资建设、营销、管理中，应处于主导地位，承担主力运营商的角色。以运营城市为着力点，政府不再是投资主体，而是在城市产业体系发展、完善的过程中，统一领导、统一规划、统一招商，发挥投资的引导和带动作用，其主要职责是规划、监管和引导，同时完善社会投资的服务体系，为社会投资营造公平竞争的环境。

在新型城镇化过程中，政府的统一执行力将得到充分发挥，政府主导统一搭建的平台将撬动和带动民间的投资力量、经营能力，使资金流涌入，开发经营者受益，政府也将在税收、就业、投资等方面获得社会、政治、经济效益。

（二）社会投资，理顺利益共生链

在政府的引导下，一般通过"主体运营商"或"多家坐庄、多家参与"的模式，培育社会投资主体，推进投资主体多元化。

"主体运营商"即引入一家大型专业投资商，相对垄断核心资源，进行总体目的地商业化运作，筑巢引凤，启动项目，把生地催熟，做出人气。开发企业在开发过程中成为产品管理者、资源管理者、营销管理者和服务管理者，充当一级运营商的角色，对其他投资企业进行招商，对更多的项目进行开发，发动广大中小投资人，最大限度地调动社会资金，形成三个层次全面推进的社会资金投入局面。

"多家坐庄、多家参与"，即"多家主体运营商/开发商+多家次级运营商/开发商"相结合的投资结构。主体运营商/开发商是开发运营的主体，负责核心项目的投资，他们主导核心区域开发的投资经营运作；次级运营商/开发商的参与是重点，应面向市场整合次级开发商进来共同推进项目的整体开发，以此避免市场垄断。

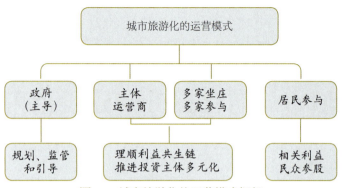

图6-5 城市旅游化的运营模式框架

（三）居民参与，奠定全面发展基础

在城市发展及城市旅游化的过程中，相关利益民众参股是核心，要全面兼顾居民利益，促进城乡统筹发展，确保在产业开发过程中实现社区居民利益最大化。

以广泛认同的商业规则和价值观念为行为准则，以整合资源、虚拟经营为目标，旅游开发企业应挖掘民间的经营潜质和投资力量，带动他们以小型投资者、加工业、服务业等多种形式参与进来，协同发展，进而在产业联盟、业态互动、彼此借力过程中赢取众多利益群体的支持。

二、城市旅游化运作方式

政府与企业作为主要开发主体，由于其机制与目标不同，运作的侧重点、方式也不相同。政府应在"引导、把控、基础配套与招商"四个方面发挥主导功能，而企业则应以市场为导向，注重项目的运作。

（一）政府运作"四个方面"

把握大局：发挥宏观把控作用，明确大格局、大思路，把握产业结构调整、人口调整、战略调整，制定城市总体规划、城市旅游规划、城市风貌规划，实现城市旅游化的提升、转型。

把控核心资源：对直接参与开发的核心资源及其开发结构进行管理与监控，避免资源破坏或开发不到位。

设施与服务：做好基础设施建设、公共服务提供、环境保护和社会保障，承担公共投资、服务与管理职能，做好前期配套工作，提升城市价值。

招商引资：制定优惠政策，鼓励旅游企业投资，以旅游产业发展带动区域经济发展，并制定相关行业标准，对他们的开发过程进行管理和监控。

（二）企业运作"四步走"

选定资源：选择具有区位价值、资源价值、升值潜力的土地资源、旅游资源，在区域协调、统一发展的基础上，以上位规划为依据，编制运营策划及概念性规划方案，获得资源的使用权。

确定思路：充分考虑市场需求，挖掘资源潜力，对接区域发展策略与政策，明确开发思路与步骤，明晰商业业态，创新开发新产品、新业态。

规划建设：作为区域运营商或开发商，多渠道融资，在总体规划基础上，进行详细规划、景观及建筑设计，减少投资风险，提高企业品牌。

投入运营：包括项目融资、与政府合作的系统营销、项目的销售、部分招商，以及人才队伍建设、日常经营管理等内容。

三、涉及内容梳理

城市旅游化包括使城市规模扩大和使城市质量提升。旅游产业及产品的策划、规划、设计是进行旅游引导休闲城镇化的必要内容。而对于非旅游城市，在旧城改造、古城保护、新城新区开发、城市风貌与城市品牌建设过程中，旅游也是一种具有突出特色的有效手段。

（一）城市旅游化总体提升策划

城市旅游化提升策划，既包含城市整体的运营策划，也包含对景区、开发区、休闲聚集区的开发或提升策划、产品策划及项目运作策划，主要用来解决主题定位、市场定位、游憩方式设计、收入模式、运作模式、开发分期等

问题。

（二）城市RBD及休闲街区规划设计

首先对城市休闲聚落进行深度策划，包括目标市场调研、产品及业态深度策划、开发运营策划，在此基础上进行总体规划和修建性详细规划，最后结合策划与规划，进行建筑、景观与游乐的创新设计，将规划方案落地。

（三）城市风貌提升策划与景观设计

意在明晰城市品牌，在充分调研现场的基础上，依据城市品牌目标定位，挖掘与系统整合文化资源，全面分析城市设计要素，提炼景观元素符号，创造性提出城市风貌的构建模型，形成风貌建设指引。

（四）环城游憩带规划设计

从区域发展角度，对环城游憩带进行总体定位、产品开发及核心景区规划、文化公园规划、景观设计、旅游地产规划设计，以及城乡统筹下的近郊乡村旅游规划设计等。

（五）城市重要景观节点设计

针对确定的重要风貌要素、重要景观节点，挖掘城市文化底蕴，表现城市历史、经济、社会特征，进行景观设计，突出城市风貌特征。

第三节
旅游小城镇提升与建设指南

　　小城镇，介于城乡之间，从狭义上讲，包括一些较小的城市（主要是县级市）、县城及建制镇。一般位于农村与城市之间，与农村经济有着紧密的联系，又与大中城市不可分割，是我国城镇协调化发展过程中的一种重要形态，是城乡统筹发展的关键。从国家层面上看，一直很重视小城镇的建设。国家的重要工作会议及文件中多次提到要搞好小城镇建设。

　　旅游小城镇，一般拥有较为丰富的自然与人文景观，能够提供相应的旅游服务，旅游产业在国民经济中占有一定的比重，是我国小城镇中的一种重要形式。党的十八大报告提出了新型城镇化之路，在这一背景下，对于政府和企业来说，旅游小城镇又该如何提升和开发呢？本节通过对规划层面和运营层面的解读，为政府和企业提供参考。

一、旅游小城镇的开发原则

（一）产城一体化原则

　　产业是城镇发展的基础，只有两者融合，才能促进城镇的健康持续发展。旅游小城镇的发展也要坚持产城一体化的原则，即利用旅游产业（或旅游产业与当地其他特色产业的结合）等主导产业的培育，形成人口集聚，推进土地开发、交通建设、基础设施完善，进而为旅游者及城镇居民配套银行、医疗、教育等社会公共服务设施，结合商业化服务，形成区域城镇化发展的整合。

（二）品牌化、特色化原则

　　在产业或人口的集聚程度、经济带动力及资本吸附力等方面，小城镇跟大城市相比都逊色很多。如何获得竞争优势呢？品牌化、特色化是其发展路径。相比一般的小城镇，旅游小城镇拥有独特的自然或文化资源，可运用一定的手法打造成为特色产品，形成本地的特色吸引力，通过营销或游客的口碑效应，向客源市场传递一种特定的旅游形象，并最终转化为城市形象。

二、旅游小城镇的开发思路

（一）旅游小城镇应走景区化发展之路

　　旅游小城镇的开发，在某种意义上，要具备景区的功能及配套。因此，从打造综合景区的角度来考虑，旅游小城镇必须进行：

1. 具有吸引力的旅游项目（景区/景点）设计

这是旅游小城镇发展的基础。吸引核设计应依据小城镇的特色资源或优势，例如温泉、冰雪等自然资源；三国文化、孔子文化等文化资源；当地的民俗风情、名人等社会资源；当地的特色产业资源；区位优势等。

2. 特色化的风貌景观打造

旅游小城镇比一般的小城镇更注重景观打造，且其景观要更具有"品牌文化及标识性"。即在确定整体定位的基础上，深挖当地文化特色及民俗风情，利用本土化的一些元素，结合当地的自然及气候条件，打造具有品牌代表性的风貌系统。包括自然山水、景观绿化等基础系统；建筑景观、公共空间及景观节点、街道景观等主体系统；城镇色彩、城镇量化等辅助系统。

3. 合理的导引系统及游线安排

旅游小城镇不仅面向当地居民，更多的是面向外来的游客。因此在城市标识的设计中，要考虑到旅游者的需求，为他们提供最大的便利。例如，将具有价值的一些核心景区串联起来，开发旅游风景道，并配套相应的服务设施。

（二）旅游小城镇应成为旅游集散中心

交通是旅游发展的命脉。旅游小城镇要根据游客规模和居民的交通需求，建设相应的机场、火车站、客运中心等设施，对外形成连接各主要旅游客源地的交通中心；对内要形成辐射各主要景区（点）的交通网络。

（三）旅游小城镇应积极发展休闲消费聚集区

以休闲体验为主的旅游消费，是我国近期旅游发展的重要方向。旅游小城镇也应紧跟这一趋势，大力发展餐饮、商业、娱乐、演艺等休闲业态，尤其是以夜景观光、夜间活动、夜晚休闲为核心的夜游项目，形成消费集聚区。一方面，增加游客消费，带来人气，促进城镇经济的发展；另一方面，也可延伸旅游产业链，形成以旅游为主导的产业集群，推动城镇化进程。

（四）旅游小城镇应完善旅游休闲导向下的服务

提供银行、商业、医疗等社会服务是城镇必备的功能。旅游小城镇不同于一般的城镇，其服务对象应指向城镇及旅游产业两个方面。在服务配套类型上，要考虑旅游咨询、旅游投诉、旅游监管等旅游需求；在服务配套规模上，要结合当地居民及旅游者的数量，合理设置。

（五）旅游小城镇应打造休闲度假居住

旅游小城镇中的土地开发是与旅游产业发展紧紧结合在一起的，旅游产业的价值决定了土地的价值。因此，建议开发商除开发当地居民的住宅地产外，还应利用旅游带来的人气，发展旅游接待和旅游度假地产。例如，接待方面的酒店、客栈、商务会议接待设施等；度假地产方面的养生养老地产、分时度假酒店、休闲居住（第二居所）、度假居住（第三居所）等。

三、旅游小城镇的开发要领

绿维创景认为，旅游小城镇的开发，就是要以旅游资源为依托、以旅游发展为特色，以城镇规划规范和旅游产业规划规范的双重要求为前提，以旅游产业作为产业支撑来主导城镇发展，以城镇建设配合旅游功能，实现产业发展与城镇建设的产城一体化系统整合。须采取城镇建设与旅游经济的整体经营、整体规划以及产权结合经营的模式，增加人口承载力，带动城市化水平，加快城乡统筹发展。

（一）泛旅游产业发展战略的制定，是基础

旅游产业是旅游小城镇发展的基础，是集聚人口、形成就业的关键。在城镇化体系架构下，应以泛旅游产业体系为构建重点，发挥传统旅游产业的联动作用，实现旅游产业与农业、工业、养生、运动或当地特色产业如玉石、陶瓷等的整合，形成泛旅游产业集群。并在此基础上，研究泛旅游产业之间的互动机制、进行旅游业态及要素规划并为政府及企业设计合理的运营模式，从而形成一整套产业发展规划，为旅游小城镇的建设奠定产业基础。

（二）特色旅游吸引核的设计，是要点

有旅游吸引核才会吸引游客，产生消费聚集，进而带动其他产业发展，没有吸引核，难以引导城镇化。

对于景区型小城镇，吸引核本身就在城镇内，可以直接城镇化；而对于休闲小城镇来说，景区不在城镇内，但可以形成休闲聚集中心，进而带动城镇化。

旅游吸引核的设计对小城镇建设来说至关重要，自然景观、文化遗存、休闲度假要素、滨海滨湖、温泉甚至博彩等均可作为旅游吸引核。

首先需要对资源进行全面梳理，进行本体价值与开发价值评价，选出既可产生市场需求又具有辨识度的资源作为核心吸引力构建的基础；进而围绕这一资源，进行产品设计、业态设计、游憩方式设计及功能布局，最终形成吸引游客前来的关键因素。

图6-6 旅游小城镇的开发要领

泛旅游产业发展战略主导区域经济社会总体发展战略

根据小城镇的不同资源及类型，打造独特的吸引核

策划具备旅游与城镇双重功能的重点项目

依据功能进行空间布局，由单一走向综合化

特有的景观风貌，休闲舒适的环境氛围

（三）具有小城镇和旅游双重功能的项目策划，是关键

小城镇，不仅要服务游客，更要为当地居民服务。因此，小城镇里的项目策划不同于单纯的景区，需要具备小城镇和旅游双重功能。例如，阳朔西街里的商业业态并非千篇一律的旅游工艺品、纪念品店铺，还有普通的服装店、箱包店，兼卖土特产和日常生活用品的小超市，为那些在阳朔长期居住的游客和本地人提供一个日常购物的环境。

（四）旅游小城镇的特定功能开发及其布局，是落地

产品及项目策划完成后，落地下来就是依据功能的空间布局。随着游客旅游需求的不断增多，旅游小城镇的功能布局也由单一化走向了综合化，往往具有观光、休闲、度假、游乐、夜间娱乐、居住、集散、养生、运动等多种功能。当然，不同资源类型主导下的小城镇功能也不尽相同。

（五）风貌规划，是特色

特色风貌是旅游小城镇的吸引力之一。它的营造不仅仅体现在城镇的建筑和景观风格上，城镇的历史文化、生活方式、风俗习惯等软环境，也是重要构成因素。旅游小城镇风貌的塑造是一个系统工程，两者缺一不可。建筑，主要集中在民居、客栈、酒店、商业建筑、景点建筑；景观，主要集中在商业街景观、滨河/水景观、道路景观、绿地景观、休闲广场景观；软环境，是对当地民俗风情、文化遗产、生活风俗等传承与保护的同时，从居民与游客的需求出发，提供完善的社会服务与制度保障。

四、旅游小城镇的运营

（一）政府运营角度

旅游小城镇不仅是旅游开发，还涉及城镇建设。其运作，不能像竞争性工业产业一样完全靠市场的力量进行，而需要政府出面，结合城市发展，进行产业培育，整合行政管理、公共工程、土地与资源、税费优惠、营销促进、招商引资、制度保障、户籍改革等，以商业化的理念，按照经济规律，结合长远发展目标，围绕综合效益最大化原则，开展经营运作，形成有效推进旅游小城镇发展的运作架构。

1. 以产业培育为重点

产业是小城镇建设的内在因素和主要内容。镇区人口、基础设施建设、镇区规模为小城镇的主要指标和考核"硬件"，而产业培育不仅为其"软件"，更为其灵魂。产业发展不起来，软件没有特色，则小城镇不但没有发展动力，也势必缺乏自身魅力。

对于旅游小城镇来说，旅游产业的培育应注重以下两点：第一，产业定位——依托资源优势和区位优势，将旅游业定位为第一主导产业，通过配备合理的产业链，和其他产业形成联动关系；第二，产业体系构建——形成以

旅游产业（或"旅游产业+特色产业"）为主导，以交通运输业、房地产业、食品加工业等产业为支持，旅游产业与文化产业、休闲农业、运动产业、休闲商业等相关产业互动整合发展的产业集群。

总体上以旅游产业为龙头，一方面在做强做大旅游业的基础上，充分利用泛旅游业极强的关联作用，带动并协调相关产业的发展；另一方面通过旅游的发展提升城市的硬件和软件水平，建立良好的投资发展环境以促进其他产业的发展，从而实现区域经济的全面发展。

2. 以公共工程建设为基础

公共工程是小城镇建设发展的基础，对区域整体发展作用显著。对于旅游引导的小城镇，在公共工程建设方面有其侧重点，主要体现在以下三个方面：第一，交通建设——可进入性，是旅游资源开发的基础，也是开发价值的最大影响元素。有无便利的交通，是社会投资商介入旅游项目的主要评价前提。因此，旅游小城镇要形成一个集散中心，为游客提供便利的对内对外交通。第二，城市风貌建设——旅游小城镇本身即为旅游吸引物，其风貌打造要实现本土化、特色化、品牌化，形成鲜明的城镇特征。建筑风貌方面，要运用本地的建筑风格、形态、材料、符号等，形成创意建筑的独特性；景观风貌方面，要在区域定位的指导下，通过标志性景观设计、城市家具设计、元素装饰、植物配置、绿道建设等景观工程，搭建城市景观识别系统。第三，休闲氛围

打造——小城镇旅游已进入了以休闲为主的阶段，休闲氛围的营造体现在两个方面：一是休闲业态的设置，例如特色餐饮、休闲商业、民俗演艺等；二是休闲设施的建设，例如活动广场、滨河休闲带、环城游憩带等。

3. 以公共营销为推动

营销是城镇建设和发展过程中的重要一环，是一个系统工程。政府在其中扮演着管理者、推动者的角色，主要体现在四个层面：第一，品牌及形象的定位及传播——旅游是一种预消费和异地消费产品，因此，品牌和形象对其作用要远远大于一般的消费品。政府应结合整个小城镇的旅游发展思路及方向，进行品牌塑造、包装、传播、管理，并进行包括视觉、理念和行为等识别系统在内的形象识别系统。第二，游线开发设计——需要进行跨地区的政府合作，根据游客的旅游习惯，设置合理的游线。第三，活动促销——从平面媒体、网络媒体、电视媒体、节事活动、公共活动等各方面，构建完善、有侧重的促销活动。第四，智慧营销——顺应科技发展及游客需求的新趋势，从旅游信息查询、促销活动提供等各方面实现营销的智慧化。

4. 以扶持政策为支撑

政府应为旅游小城镇的发展创建一个健康、宽松的政策环境：第一，产业政策——给予旅游产业及其相关产业以政策倾斜，使旅游业逐渐成长为小城镇的主导产业。第二，土地政策——在明晰产权和确立集中统一管理体制的基础上，进行科学的土地规划，正确处理小

城镇建设用地、旅游用地与保护耕地之间的矛盾杜绝打着旅游的幌子，进行房地产开发的现象。第三，金融及税收政策——融资方面，加大国家银行对小城镇建设贷款资金支持范围，并在土地开发成本、税收、投资回报等方面给予投资商以优惠的支持，实现投融资方式的灵活性、多样性。

（二）企业运营角度

只靠政府还不能盘活旅游小城镇的建设与发展，还应寻求一些有能力的投资商深入参与到城镇化建设中。从现实情况来看，主要有全面运营和版块运营两种模式。

1. 全面运营

一些大型的投资商，站在区域发展的高度，将城镇建设、城镇居民转型、农民搬迁、城镇发展、旅游产业等全面结合起来，形成产业发展、景区发展、城市发展相结合的产城一体化模式，构建企业投资、运作与项目开发的架构。在这一过程中，企业全面运营中小城镇，扮演着区域运营商的角色。

2. 版块运营

更多的投资商选择对旅游小城镇中的某一个版块来进行运营，这样相对来说风险较小。其中最能吸引企业进行投资的，集中在特色项目与旅游地产两方面。

特色项目是旅游小城镇发展的动力基础，包括观光景区、文化体验区、特色街区、民俗演艺等，可以集聚人气，形成消费，实现旅游收益。

旅游地产是旅游小城镇发展的支撑，包括度假酒店、度假别墅、养生养老地产、庄园等，可以平衡旅游的高投入，并进一步促进旅游的发展。

（三）城市居民与农村居民角度

旅游小城镇的开发建设对城市居民，农村居民转化为城市居民以及城乡统筹都有着重要的意义。

对于城市居民，基于城镇建设和产业发展，可以寻找到更多更好的就业机会、享受到更加完善的公共服务、分享城镇发展的利益分配。

对于农村居民，在城镇化过程中，通过搬迁或务工等方式进城，进行消费、旅游或其他创新业态的经营，实现职业转换，并进一步通过培训增加自身技能。

另外，在旅游的带动下，小城镇周边会形成一些休闲农业、休闲度假、郊野休闲公园等项目，有效提升了农业与城市之间的互动，将新型农村社区纳入了旅游小城镇架构中，发挥了"城市尾，农村头"的价值。

第四节
旅游综合体开发指南

综观近年来土地综合开发领域的形势，不难发现：旅游综合体已经成为当前政府机构引导区域开发、旅游集团进行旅游开发、地产企业创新地产开发的主流模式。这一趋势，在未来五年甚至更长一段时期内必将继续存在，这是中国旅游产业转型的方向、中国地产开发创新的方向和政府引导区域升级的方向。

其关键原因有二：其一是休闲时代的到来与经济能力的提高使得市场休闲需求模式从单一观光向多元休闲转变；其二是旅游休闲具有强大的地气提升、产业融合与区域带动作用，能够最终促进区域大发展。由此，为更好地顺应市场的需求、创造更大的综合效益，政府机构、旅游集团和地产企业，在区域土地综合开发项目上，都越来越多地指向了"旅游综合体"这一全新模式。

而由于旅游综合体的开发运作相对复杂，既不同于纯粹的旅游景区，也不同于传统的住宅地产，因此其规划咨询也有着自身的特殊性。本节从旅游综合体的实质出发，梳理出旅游综合体规划咨询的阶段与关键，为政府相关部门与开发企业提供参考。

一、旅游综合体发展模式的本质解读

要搞好旅游综合体的规划咨询，首先必须认清其本质。绿维创景从政府机构、旅游集团和地产企业三大角度，分别对旅游综合体模式的本质进行了解读。

（一）政府机构角度：旅游综合体是区域综合升级的引擎

从政府机构的角度来说，利用区域土地进行传统住宅开发或单一景区开发的模式不再受到欢迎，因其对区域发展的带动作用非常有限。而旅游综合体则不同，一个成功的旅游综合体，将对区域旅游产业转型、相关产业带动、居住水平升级、社会就业拉动、整体形象提升、文化影响突破、城乡统筹推进等诸多方面产生极大的综合作用。旅游综合体，实际上已成为带动区域综合升级的最好引擎之一。

（二）旅游集团角度：旅游综合体是旅游投资模式的新路

从旅游集团的角度来说，单一的旅游开

发一般都是长线回收结构。而在旅游综合体的构架下，旅游地产成为旅游开发的短线巨大效益，为旅游项目的持续长线健康发展提供了资金保障，最终获得了一种良性的升级版旅游投资模式——以地产为核心收益支撑的区域旅游综合开发模式，如华侨城、黄山元一大观等。

（三）地产企业角度：旅游综合体是地产创新开发的方向

从地产企业的角度来说，绝大多数企业在旅游综合体的构架下，依靠旅游开发，来催熟土地并促其升值，通过地产开发获取土地增值的巨大效益（部分企业通过项目操作形成对旅游经营的熟悉及相应的队伍或运营模式，实现向旅游领域拓展的目标），最终形成从"传统住宅开发商向旅游休闲地产开发商"的转变。其模式是以旅游为土地升值手段的区域地产综合开发模式，如恒大集团、万达集团等。

由此可见，不论旅游集团以地产为核心收益支撑的区域旅游综合开发模式，还是地产企业以旅游为土地升值手段的区域地产综合开发模式，其实质都是以旅游休闲为基础导向、以旅游地产为收益核心、以相关产业为配套发展的区域土地综合开发模式，它们最终都将发展成为带动区域综合升级的强大引擎。

二、旅游综合体规划咨询的综合梳理

根据阶段目标的不同，旅游综合体规划咨询工作一般包括两个阶段：

第一阶段，是以获取土地为核心目的的初步策划规划阶段，即"拿地阶段的规划咨询"。

第二阶段，是以开发运作为目标指向的深度策划规划阶段，即"开发阶段的规划咨询"。

两个阶段的具体特征、实质目标、对话对

图6-7 旅游综合体规划咨询的阶段特征及任务

象、关注重点各不相同，需要有针对性地编制规划咨询方案，才能够取得应有成效。

（一）拿地阶段的规划咨询

1. 阶段特征描述

土地作为项目开发的根本载体，能否获取土地是一切具体工作能否开展的决定性前提。从这个意义上说，拿地阶段是最为关键的一个环节，直接决定着一个项目能否持续操作。

此阶段有两个基本要求：一是开发企业自身要搞明白这个项目能不能做，该怎么做，如何获取更好的综合资源条件；二是开发企业要让政府弄清楚这个项目将会怎么做，如何更大程度地带动区域综合发展。

2. 阶段实质目标

此阶段的实质目标，是开发企业在自身搞明白项目能否做、怎么做的前提下，让政府最大力度地支持项目的开发，以获取最优的资源条件、土地条件与政策条件——土地利润空间最优化。因此，本阶段关注的重点应是土地总体规模、土地性质划分、土地开发强度。

3. 对话对象与阶段规划咨询重点

拿地阶段的规划咨询，以政府部门为对话对象。如何判断其需求、把握其脉搏，是关键所在，并且要通过一个思路清晰、概念鲜明、产品独特、布局合理、表现生动的规划咨询方案，打动政府，让其鼎力支持企业对项目进行综合开发。

这就需要企业邀请熟知旅游综合体开发规律的专业规划设计机构对项目进行策划规划

咨询，方案的核心关键是：在旅游综合体的框架下科学协调旅游产品、地产产品及配套项目的发展关系，最终使得土地综合开发的综合效益及其对区域发展带动的综合效果达到最优化——既要满足政府的需求，也要照顾企业的回报，还要关注百姓的利益，实现三方满意的目标，此即拿地阶段旅游综合体项目规划咨询的根本重点。

该阶段的规划咨询方案一般要包括两大层面：

第一个层面——开发策划：主要包括开发思路与定位策划、产业构架与产品策划、投资分期与运营策划三大部分，其核心是在研究区域发展态势与资源调查及市场调研的前提下，解决项目的开发思路、概念定位、产业定位、产品定位、运营建议问题。

第二个层面——概念性规划：主要包括规划构思、土地利用规划、总体布局、规划结构分析、功能区划、开发强度确定、技术经济指标整合等方面，其核心是围绕开发策划方案，对项目场地进行优化利用、解决项目总体布局与用地规模、路网及交通组织、重要节点效果与整体风貌表现等问题。

总结来说，处于拿地阶段的项目，在规划咨询的需求上，需要编制《开发策划及概念性规划》——既解决创意问题，又解决落地问题，是思路创意与初步落地相结合的综合性方案。很多时候，还需要通过三维动画演示片来对策划规划成果进行更直观、更形象的展现，以便在向政府进行方案汇报时提高效果。仅有创意的纯策划，或仅有落地的纯规划，都无法真正打动政府。

（二）开发阶段的规划咨询

1. 阶段特征描述

拿地阶段完成后，项目将进入真正的开发阶段。本阶段是真正考验企业开发运作能力的阶段，除去以炒地为目的的少量企业外，多数企业都将会面临这一实战性环节。尤其对于一个初次运作旅游综合体项目的企业来说，由于缺乏经验，此阶段借助外脑进行规划咨询显得更加重要。

此阶段有两个基本要求：其一是要搞明白项目整体运作的战略；其二是要弄清楚近期启动产品如何真正落地。所谓"长计划、短安排"，意义正在于此。

2. 阶段实质目标

此阶段的实质目标，是实现土地开发回报的最大化。即在清晰梳理项目整体商业模式与运作战略的前提下，有序打造符合市场需求的产品，最终通过旅游产品的经营、地产产品的销售、配套项目的建设以及三者的完美互动，实现土地综合开发效益的最大化。因此，本阶段的重点是：整体战略与定位研究、产品深度策划与落地布局、基于市场发展与土地升值的开发运营建议。

3. 对话对象与阶段规划重点

开发阶段的规划咨询，以市场为对话对象。目标市场的准确把握、核心产品的创意策划、投资运营的科学安排、经营手法的创新设计，是关键所在。只有形成一个市场明晰、产品落地、投资合理、经营创新的规划咨询方案，才能对项目的实际开发形成真正的科学指导作用。

客观而言，一般的旅游集团或地产企业，特别是初次介入旅游综合体项目开发的企业，都需要邀请专业的规划设计机构特别是熟知旅游综合体开发规律的机构，因时（态势）、因市（市场）、因地（地块）、因人（企业）制宜，共同来完成规划咨询方案的编制。方案的核心目标是：基于市场发展与土地增值的态势把握，合理进行旅游产品、地产产品与配套项目的创新设计、规划布局与开发安排，结合经营的创新，最终实现项目综合开发的最优收益。

该阶段的规划咨询任务一般包括三个层面：

第一个层面——开发运营深度策划：主要包括以"目标市场休闲需求把握"为目的的目标市场调研、以"产品打造与经营模式借鉴"为重点的相关案例研究、以"市场调研及案例研究结论"为基础的产品深度策划和以"指导具体产品经营运作"为导向的开发运营策划四大部分。

第二个层面——启动区修建性详细规划：其目的在于指导近期建设，依据产品的深度策划，结合场地现状与建设条件的综合研究，对用地布局、基础设施、景观系统、重点项目、交通游线、工程管线、竖向关系、环卫系统等进行详细规划。

第三个层面——启动区建筑、景观及游乐设计：结合策划与修建性详细规划，进行建筑、景观与游乐的创新设计，使策划与修建性规划的方案真正落地。

总结来说，到了开发阶段的项目，在规划咨询的需求上，需要编制《开发运营深度策划、启动区修建性详细规划与建筑、景观及游乐设计》——长线安排与短线建设相结合的落地性方案。

与拿地阶段的规划咨询不同，开发阶段的规划咨询是面向实际开发的深度方案，市场定位问题、产品吸引力问题、建筑景观设计创新问题、指标规模问题、投入产出问题、经营运作问题、营销推广问题，都是实打实的落地问题，需要规划设计机构对旅游综合体项目的开发规律与投资运作以及各项旅游休闲产品与休闲地产产品的运营手法有相当的把握能力，并且与开发企业充分协调互动，只有这样才能够拿出真正具有指导意义的科学方案。

三、旅游综合开发的政府运营模式

近年来，越来越多的成功实例证明，旅游引导的区域综合开发模式——以旅游休闲为引擎，实现区域产业聚集、区域土地升值与休闲地产开发，最终带动区域综合开发的发展模式，已经成为带动区域经济社会综合升级的有效模式。

对于各地政府来说，在旅游综合开发成为旅游投资主流的今天，正确认识、接受并运用这一模式于区域开发中，将是科学发展观与休闲时代背景下实现区域综合发展率先突破的重要战略选择。

那么，在旅游综合开发的过程中，政府扮演什么样的角色，应当如何来运作？绿维创景经过研究认为，首先要弄清楚在旅游综合开发的过程中，政府的角色定位问题。在市场运作非常成熟的大环境下，政府应当是旅游综合开发的引导者、控制者和监管者。由于具体的开发将通过市场力量由一家负有社会责任感并具有强大综合实力的企业来操盘，因此，政府作为引导者、控制者和监管者，需要通过规划、政策、公共工程、区域营销、招商、监管等工作的运作来推动区域开发。由此，政府运作旅游综合开发项目，关键要点如下：

（一）以规划方案的把控为前提

对于任何旅游综合开发项目来说，政府对于规划方案的把控是前提。政府从区域科学与持续发展的综合角度出发，着重从两方面对规划进行把控：其一是通过规划对区域生态环境、资源、耕地提出明确的保护要求；其二是通过规划对旅游综合开发项目的旅游休闲、特色产业、休闲地产的科学配比、开发强度与协调发展提出战略层面的明确方向。在规划层面确保旅游综合开发项目能够真正发挥区域引擎作用，带动区域形象与吸引力提升，有效促进区域泛旅游产业的发展升级，并在保护与优化区域生态及耕地等资源的前提下推进区域城乡统筹步伐，最终实现区域经济社会的突破发展。

（二）以相关政策的支持为重点

要充分认识到旅游综合开发项目对于区域经济社会综合发展的重大带动作用，认识到政策支持是旅游综合开发获得成功必不可少的一环。主要包括以下两个方面：

其一，从资源整合、土地流转、新农村建设、税收优惠及专项产业基金扶持等方面对旅游综合开发项目给予大力支持。其二，针对项目成立由主管领导挂帅，土地、规划、建设、发改、财政、旅游、交通、农业、林业、水利等相关部门负责人组成的领导小组，协调项目的相关工作。

（三）以公共工程的建设为核心

对于旅游综合开发项目，特别是旅游引导的区域综合开发，政府一个重要的工作核心就是利用政府财政或城市建设资金，通过城投公司运作，进行公共工程的建设。

公共工程的建设不是与开发企业争夺盈利性项目，而是通过非盈利性公共工程投资，创造企业投资盈利的条件，形成区域旅游综合开发的基础，配置要素平衡，突破薄弱环节，达到整体快速发展的效果。

政府公共工程主要包括基础设施建设工程，标识、信息咨询与游客中心等游客服务系统建设工程，公共景观与环境建设工程，社区教育与开发扶持工程等。当然，区域运营商也可以全面参与基础设施建设的BOT、TOT、BT参与一级土地开发等。

（四）以区域营销的推进为辅助

要吸引那些真正具备区域综合运营实力的开发企业，必须强化区域营销工作的推进。主要工作包括：第一，通过区域发展战略规划或区域营销规划的编制，梳理出区域的核心竞争力，形成凸显区域特色的品牌与形象口号及产业支撑体系，明确区域的发展潜力与潜在价值。第二，通过创新营销渠道与活动，实现区域营销的突破，提升区域的知名度与吸引力。

（五）以招商引资的落实为突破

招商引资的落实是政府运作旅游综合开发项目的关键环节，具体要点如下：

第一，强调项目包装。要通过编制项目概念性规划方案与招商材料，形成对项目的包装，吸引真正具备综合实力的投资商。

第二，创新招商方式。要通过对其他已经建成的旅游综合开发项目的考察了解相关企业，特别是对于在旅游综合开发领域已经具备成功经验的企业，要主动出击和接触，实现具体的对接落实。

第三，甄别意向企业。需要强调的是，对于意向开发企业既要开具优惠条件，更要提出旅游综合开发的明确要求，避免招来以旅游之名行地产之实的企业，导致无法真正推动区域综合发展的升级。

（六）以后续监管的持续为保障

旅游综合开发项目从建设伊始到成熟经

307

营再到真正发挥对区域旅游、特色产业、城镇化发展的综合带动作用，不是一蹴而就的，而是需经历一个长期的过程。那么，在这个过程中，政府必须有持续的监管保障。第一，是否真正按照既定规划与战略方向进行投资，而不是改变方向。第二，是否真正进行以旅游为引擎的区域综合开发，而不是单一开发。第三，是否真正从可持续发展的角度去考虑旅游经营、产业发展和城乡统筹的推进。

四、旅游综合开发的企业运营模式

一方面，旅游综合开发是大势所趋。政府对于区域综合发展的要求、市场休闲消费需求综合化的趋势及项目本身的开发条件决定了综合开发的大方向。

另一方面，旅游综合开发是一种极具潜力的成功模式。其一，对于旅游企业，地产收益为支撑；对于地产企业，旅游收益为持续。其二，除旅游、地产以外的特色产业的发展能够为企业带来产业链延伸的综合收益。其三，运作旅游综合开发项目，企业将实现从一般的项目开发商到区域运营商的转变，并获得区域综合运营带来的巨大区域升值效益。

（一）企业定位：四重身份

首先，要梳理企业的定位。绿维创景认为，进行旅游综合开发的企业，实际上包括四重身份。

第一，是旅游开发商。在未来的发展中，核心的工作之一是要进行旅游休闲项目的开发与经营。第二，是地产开发商。休闲地产是旅游综合开发项目的重要构成，开发企业的重要工作必然是地产开发。第三，是特色产业发展商。随着发展的深入，单靠地产为收益支撑的模式必然难以为继，政府必然要求企业考虑更科学、更持续特别是能够有效解决"三农"问题，促进第一、第二、第三产业融合发展的模式。这就决定了旅游综合开发项目中，除了旅游板块、地产板块以外，保护下来的生态区域与耕地区域，应当发展特色产业，如葡萄产业、花卉产业等。据此，开发企业自然成为特色产业发展商。第四，是区域运营商。以区域经济社会统筹发展为己任，把旅游开发、特色产业发展、城镇建设、社会统筹结合起来，在政府的管理下，以主投资商的身份，通过规划、二级招商、土地一级开发、泛旅游产业项目开发、市政公用建设开发、商业房地产开发、住宅和度假地产开发等，推动区域经济社会综合发展。这时，开发企业将成为承上（政府）启下（市场）的区域运营商。

（二）商业模式

1. **总体模式：土地一级开发为基础，"旅游休闲、特色产业、休闲地产"良性互动**

从总体模式上看，是土地一级开发（卖地）和土地二级开发（卖房、旅游经营、产业发展）相结合的模式。作为区域运营商，开发企业首先通过参与规划与土地一级开发，再通过项目的二次招商与土地经营，获得区域升值的初步收益。

然而，旅游综合开发项目最根本的模式，还是"旅游休闲、特色产业与休闲地产"三者良性互动，共同推动区域旅游、产业、城镇化的综合发展：

（1）旅游休闲的发展是引擎——实现旅游经营持续收益的根本。旅游休闲包括观光景区、运动游乐项目、度假酒店、休闲街区、文化演艺等，这是吸引消费者前来消费的根本，有利于促进土地从生地变熟地，促进区域升值，并带动相关产业的发展。

（2）休闲地产的发展是支撑——实现快速回报的核心支撑。旅游休闲的高投入、长回收必须依靠休闲地产的开发来平衡，这就需要适度的发展可销售且快速回报的休闲地产，但两者不是孤立的结构，而是互动的体系，旅游带来人气促进土地升值并完善配套，为休闲地产开发创造条件，休闲地产的发展在一定程度上又完善旅游综合开发项目的功能体系，实现目的地的形成。

（3）特色产业的发展是延伸——实现产业链延伸发展持续收益的保障。在未来的发展中，要考虑一个区域的科学可持续发展，特别是关照"三农"问题、城乡统筹问题，除了旅游与地产，还需要注重特色产业的发展，尤其是文化产业与特色农业的发展。以特色农业为例，利用严格保护的生态区域与耕地资源，通过科技化、规模化、休闲化等经营手段，实现传统农业从简单的种养殖经济向科技型休闲服务业经济转变。一方面，可实现区域产业的升级并带来持续收益；另一方面，也是比较重要的一点，可促进农民的持续就业与稳定收入，推动城乡的统筹发展。同时，特色产业作为一道亮丽的风景，也成为配套旅游休闲与休闲地产项目极具价值的田园风景。

2. 具体模式："三造三中心"

从具体模式上说，可以把旅游综合开发项目的构架分为三个中心：核心吸引中心、休闲聚集中心、延伸发展中心。旅游综合开发项目的商业模式，就是以区域综合开发运营的视角"三造三中心"。

（1）打造核心吸引中心——初步收益。这个核心，实际上就是旅游核心吸引物的打造问题，需要通过创新策划与设计，面向市场需求，整合自然、文化与社会资源，打造一个或若干个具有强大吸引力的项目。这是旅游综合开发项目必须突破的第一步。

（2）构造休闲聚集中心——扩大收益。通过核心吸引中心把休闲消费者吸引过来后，要通过度假酒店群、休闲街区、休闲广场、运动游乐项目、文化休闲设施、特色餐饮、主题表演留住消费者，从而扩大其消费，这是旅游板块能够获得持续收益的重要载体。

（3）创造延伸发展中心——延伸收益。通过前两大中心的发展，区域土地将会实现逐步升值，这就需要通过延伸发展中心的创造，来获得土地升值的效益与可持续发展，由此应该通过发展休闲地产、特色农业、文化创意产业、无污染加工业等产业来实现土地增值的落地与可持续发展的保障。

（三）运作流程

对于开发企业来说，在项目的运作流程上，一般包括拿地阶段、建设阶段、运营阶段三大步骤：

其一，拿地阶段：主要通过编制一个打动政府的开发策划与概念性规划方案，获取土地。其二，建设阶段：在拿地阶段完成的基础上，编制详细性规划报规，进行建筑设计、景观设计、游乐设计报建及具体工程设施。其三，运营阶段：主要包括系统营销、旅游休闲项目经营、休闲地产销售、特色产业发展、部分项目的招商合作以及人才队伍组建与日常经营管理工作。

五、结论：以"创意经典·落地运营"为标准提供规划咨询服务

综上所述，基于旅游综合体"以旅游休闲为基础导向、旅游地产为收益核心、相关产业配套发展的区域土地综合开发模式"的本质，通常需要进行两个阶段的规划咨询：拿地阶段的规划咨询、开发阶段的规划咨询。前者以打动政府为核心，后者以吸引市场为重点，各自需要解决的重点问题不尽相同。但不论哪个阶段，都体现了规划咨询的一个共性追求：既要有创意，还要能落地。

作为旅游综合体项目规划咨询的领跑者，绿维创景一直把"创意经典·落地运营"作为规划咨询的根本出发点与最高追求，力求

对旅游综合体的开发提供具有真正落地意义的指导方案。以下以旅游综合体为考量对象，对"创意经典"和"落地运营"的具体内涵做简要说明：

（一）创意经典

旅游综合体最常见的开发难点有二：一是普遍缺乏核心吸引物，二是同质化开发的挑战较为严重。因此，其开发首先要有创意，主要包括三个方面的创新突破：

1. 商业模式的创新

作为一种全新的土地综合开发模式，旅游综合体的开发，首先是商业模式的创新，这就需要对国内外旅游综合体的成功案例进行研究，深度研究其发展规律尤其是旅游、地产、配套板块的发展关系，并结合市场发展趋势，进行商业模式的创新。具体说来，就是要梳理好"资源结构与市场结构—产品结构—投入结构—产出结构"的创新配比关系。

2. 主题概念的创新

主题化是旅游综合体塑造核心竞争力的根本途径，主题化将成为旅游综合体从整体定位创新到具体产品包装创新的重要手段，包括主题游乐、主题景观、主题酒店、主题演艺、主题球场、主题街区（小镇）、主题地产等一系列主题化产品，具体产品的主题共同支撑着项目的整体概念，从而形成极大的个性与感召力。东部华侨城的八大主题度假酒店、两大主题球场、三大主题小镇等，都是这一创新的鲜明体现。主题的选择，来自地域文化的提炼，

也可以是外来主题的引入，关键在于要对区域市场形成巨大吸引。

3．产品策划与设计的创新

商业模式与主题概念的创新，要通过产品来体现，包括旅游产品、地产产品和配套项目的策划与设计创新。其一，要充分体现主题概念的意境；其二，要充分体现旅游休闲产品的特质，如海洋文化主题温泉、泳池别墅酒店等；其三，要以经营模式的创新来指导策划与设计的创新，如打造可先售后租的产权式酒店。

（二）落地运营

要让创意转换成效益，就需要实现落地运营的突破。主要包括三大方面：

1．经济落地

经济落地是落地运营的根本。简言之，就是要算得过账：旅游与地产互补，长短线结合，地产的短线获利要能覆盖旅游的长线投资并有较大盈余，且旅游项目能保持良性经营、长期获利，这就是经济的落地。

2．市场落地

市场落地包括两个方面：第一，打造出来的产品要有极强的市场吸引力，要有市场买项目的"账"，这是项目落地的重要衡量。第二，市场的落地，这需要项目在一段时期内引领高度、独一无二、不可复制，超越周边区域其他同类项目。

3．建设落地

建设落地也包括两个方面：一是策划与设计的产品要充分符合当地的气候特征与场地环境特点，要因地制宜地进行产品的打造。二是在资源利用与环境营造上，要有利于旅游与地产的融合，且旅游要能为地产造势并创造附加值。

第五节
旅游引导的新型农村社区开发指南

一、旅游引导的新型农村社区策划、规划与设计指南

（一）单纯新型农村社区的策划、规划与设计

1. 提升策划

新型农村社区已经基本成形，但因为产业基础转型，需要改变新型农村社区的空间结构及产业发展等，这种情况下就需要通过提升策划来解决收入模式、运作模式、产业引导模式、开发分期等问题。

2. 总体规划

新建设的新型农村社区，需要进行总体规划，包括规划原则、规划理论、空间规划、住宅规划设计、产业规划、旅游发展规划、管网规划、绿地规划、设施规划、保障规划等各个方面。其中空间规划、住宅规划、产业规划与旅游发展规划是体现新型农村社区特色的主要方面。

3. 风貌设计

新型农村社区在风貌建设上，需要有自己的独特性，一方面能够体现新农村的文化主题，另一方面能满足不同板块的功能，符合居民及游客的需求。

4. 景观设计

新型农村社区空间结构中重点轴线、文化广场、景观雕塑、文化小品的设计。

5. 房舍设计

新型农村社区中居住房型、商业房型（包括旅游商业、民俗客栈、居民区商业、城镇商业等）、公共配套设施的设计。

（二）包含新型农村社区的园区策划、规划与设计

主要是指包含新型农村社区的农业园区、工业园区、文化园区等的策划、规划与设计。注重新型农村社区与产业园区之间的互动关系，包括空间架构、功能分区、旅游产品策划、人员互动等。

1. 园区的策划、规划与设计

根据园区的产业条件进行策划、规划与设计，这些工作都要围绕着产业发展以及与新型农村之间的互动展开，关键要突破旅游产业对两者的带动及联系。

2. 新型农村社区的策划、规划与设计

具体思路同单纯新型农村社区。

二、新型农村社区开发运营指南

新型农村社区的开发运营，需要协调好政府、企业与居民三者之间的关系。一般新型农村社区的开发采取"政府+企业+居民"的模式进行运作，实现"政府主导、企业唱戏、农民参与、三方获益"的运营目标。

（一）政府层面

政府应当是旅游新型农村社区开发的主导者、控制者和管理者。在开发初期，政府应主要起到引导社会资金流向、引导农民价值取向和引导社会产业发展方向的作用；开发过程中，需要协调开发商、经营企业和居民之间的利益，保持稳定和谐。政府的作用重点体现在以下几个方面：

其一，要从资源整合、土地流转、税收优惠及专项产业基金扶持等方面对旅游新型农村社区开发项目给予大力支持。其二，针对项目成立由主管领导挂帅，土地、规划、建设、财政、旅游、交通、农业、林业、水利等相关部门负责人共同组成的领导小组，协调项目的相关工作。其三，投资建设基础设施与公共工程。政府需结合城市标准和景区标准建设基础配套设施和公共服务设施。这些公共工程既满足了居民的基本需要，同时能够满足游客需要，还能为企业投资创造条件。其四，做好招商引资。秉承市场化运营的理念，吸收社会资金。通过土地出让等方法，吸引资金，聚集资金，广泛邀请各地投资者参与到旅游新型农村社区

的建设中来。其五，加强管理与监管。在新型农村社区规划的审批、市政设施的管护、园林绿化的管理、公安交通的管制、工商管理的执行等方面制定科学的管理与监管制度。保证按照既定规划与战略方向进行投资。

（二）企业层面

新型农村社区的建设离不开企业的参与。企业的加入，特别是有一定经济与产业基础的企业，可以为社区的建设与发展增添新鲜的血液。企业参与新型农村社区建设可以带来三大好处：一是可以参与土地一级开发，为政府节约大量基础建设资金。二是可以参与社区居住区的建设，包括环境、景观、建筑等各方面，使社区建设更加专业。三是可以引进社区发展需要的产业（这就需要旅游企业、农业企业、工业企业等的参与），这也是最重要、最核心的一点。只有通过专业的企业化运营，才能使社区的产业发展不偏离市场轨迹，从而使政府、企业与居民的利益得到根本保障。

（三）居民层面

为保证尽快融入社区生活，并且能在社区中获得相应的谋生手段，居民可以通过各种方式参与到社区的建设和发展中。例如，居民可以通过股金、薪金、保障金、租金等多种渠道参与到产业发展中，以获得收入，也可以在政府、专业协会和经营公司的组织下学习专业技能，努力自助经营，成为社区中的产业工人、旅游服务人员、旅游企业家或者商人。

第六节
旅游地产开发指南

未来十年之内，随着中国汽车时代、郊区化时代与休闲时代浪潮席卷而至，运动、健康、养生、体验、休闲等因素将更加深入地渗透到度假区产品和服务之中，并构成主要的价值支撑和卖点。与休闲度假活动相伴而生并作为上述因素综合载体之一的旅游地产是景观、旅游与商业价值的良好结合点，是区域旅游向产业纵深发展、功能复合与品牌延伸的表现。它将成为休闲度假时代的竞争要素与旅游创新的关键因素之一，成为我国旅游产业和国民经济中不容忽视的领域，成为政府部门制定相关政策必须考虑的因素。

旅游地产不同于传统住宅及商业地产，它融合了商业、商务、度假、养老养生、住宿、休闲、购物等多种功能。开发的核心要素包括引擎资源、产品配套和客源导向三部分。引擎资源是旅游地产发展的基础，包括自然、人文景观、人造景观、休闲游乐项目、主题公园等。产品配套是旅游地产功能和赢利的载体，主要有酒店、别墅、公寓、酒庄、会所等产品。客源导向是旅游地产成功的关键，在于以

准确的客户定位、合理的客源导向，引导足够的客户，实现旅游地产的运营。

一、旅游地产的开发程序

旅游地产开发的主要程序有四个：

1. 投资决策分析

对待选地产开发项目及各种投资方案进行评价比较，依据项目的可行性和预期的社会经济效果进行取舍。投资决策分析类似可行性研究，是开发过程中最为重要的一环，包括市场分析和财务估价两部分。其中市场研究在投资决策分析中起着举足轻重的作用，关乎整个地产开发项目的成败。

2. 前期工作

在投资决策分析完成，即确定了具体的地产开发项目之后，就要开始着手准备前期工作了。包括研究地块的特性与范围；分析将要购买的地块用途及获益能力大小；获取土地使用权；征地、拆迁、安置、补偿；确定规划设计及建设方案；与规划管理部门协商，获得规

划许可；施工现场的"七通一平"；安排短期或长期信贷；寻找预租（售）顾客；详细估算开发成本和工程量；初步确定租金或售价水平等。上述这些都完成后，还需要对项目进行再次评估，因为这期间决定项目的经济特性有可能已经发生了改变。

3. 建设施工阶段

建设施工阶段要将开发过程中所涉及的所有原材料都放到一起进行。对一些小项目而言，一旦签署了承包合同，没有特殊情况就不能变动了。开发商在这个阶段要密切注意项目的进展情况，定期视察、监督，以达到预期效果。

4. 租售阶段

开发商为了筹集资金、分散投资风险、减轻借贷压力，在项目开始建设以前就通过预租、预售等方式落实入住客户，筹集项目开发资金。开发商回收资金的方式应根据开发项目的类型来选择，对于居住楼，通常以出售为主，商务、酒店、商业用房则常以出租经营为主。

二、旅游地产开发工作指南

开发旅游地产项目需要对旅游与休闲地产市场有独特的洞悉力、综合的分析力以及强劲的项目执行力。着眼未来长期发展，制定灵活有效的方案，涉及地产整体开发战略、项目策划、规划、土地一级招商、产品设计、开发管理、营销与招商、项目运营管理等多方面。

国内旅游地产开发尚处于起步阶段，成功的旅游地产开发在各阶段需要统筹各方资源，协助项目按照开发战略布局逐步推进。

1. 拿地阶段

旅游地产开发不同于城市地产，多数从土地一级开发阶段切入，没有具体的上位规划指导，需要做好区域战略规划，赢得政府、企业、民众三方满意。包括市场发展前景预测、城市进入战略及旅游发展策略、企业拿地策略及经济评价、多项目开发策略研究、项目开发操作模式研究、项目投融资方案及渠道综合考量、区域营销与土地推广策略、项目立项、项目可行性研究等。

2. 产品设计阶段

通过对本体项目市场研究与分析研判，借鉴大规模房地产项目发展战略定位研究、项目物业发展建议、项目启动策略研究、规划方案的市场评价等，跟进设计。

3. 规划跟进阶段

明确规划设计任务书、设计交底、概念设计修改方案建议、详细规划建议、建筑方案讨论、户型设计细节把控、单体设计审核。

4. 工程管理阶段

项目全过程管理：可行性研究、规划与设计、招标投标、施工、竣工交付等项目各过程的管理。

项目全过程造价控制：项目估算、设计概算、工程预算、中期支付、工程结算、投资效益评估及合同管理等全过程造价。

项目招投标：设计、施工、监理、集成服

务商、材料设备、政府采购等招标投标。

项目技术咨询：包括工程建造过程中的技术咨询。

5. 营销及招商阶段

包括项目市场定位优化及调整、营销执行策略制定、营销实施及推广方案、项目入市营销执行方案、项目价格策略及定价方案、销售组织框架及管理制度建立、销售现场管理及销售控制、方案实施指导与监督、合作单位工作协调及监控、销售诊断及方案调整等。

6. 项目开业筹备及运营阶段

即运营项目工作方案制作、团队组建、管理政策与制度编制、工作流程与服务标准设计、市场营销、营业用设备和物料预算及采购、年度经营计划和财务预算、开业典礼组织、开业运营及定期运营评估与提升。

第七章

旅游项目策划规划设计及开发运作

◎ 旅游项目开发是以项目完整运营的方案为基础的。因此，通过全案策划，形成包括旅游产品项目策划、旅游开发建造及投融资策划、旅游营销及经营管理策划三个方面内容，就可以全面把握项目开发的条件。

◎ 由于新时代旅游市场的发展、旅游产业的纵横延伸、泛旅游产业的出现等，绿维创景认为，只有超越《旅游规划通则》的限制和前期旅游规划的思维定式，实现产业、产品、城市化、落地等方面的突破，才有可能编制出符合当前产业使命的旅游发展规划，从而为旅游产业链条的有机联动提供动力机制。

第一节
旅游项目开发的全案策划

旅游项目开发是以项目完整运营方案为基础的。因此，通过全案策划，形成包括旅游产品项目策划、旅游开发建造及投融资策划、旅游营销及经营管理策划三个方面内容，就可以全面把握项目开发的条件。

一、旅游产品策划及游憩方式设计技术

旅游产品是指可以进行销售、经营运作的实体项目。也可以说，旅游产品就是指旅游项目。旅游产品策划，就是要策划出可以游憩、可以销售、可以经营、可以投资开发运作的项目结构。所以，旅游产品策划也可称为旅游项目设计。

游憩方式设计技术，是旅游项目设计的核心技术。游憩方式，按照通俗的说法就是旅游中的玩法，包括出游之后所有的游乐过程。其中，兴奋点的节奏与方式，景点内的观赏方式、休憩方式、游乐方式，目的地生活的游客参与，夜间活动的娱乐化，餐饮的特色化与风情化，住宿的主题化与娱乐安排等方面，使旅游作为一种生活方式，成为全程体验与游憩的

过程。

（一）游憩方式的概念

游憩（Recreation）指的是人类在闲暇时间从事的任何以愉悦身心为目的的活动，是一种令人感到自由愉悦、获得满足的体验，是现代社会人们放松精神和身体的一种休闲方式。游憩方式是人们闲暇时间的一种生活方式，包括在家的休闲娱乐活动、户外活动及外出旅游等。

本节所指的旅游游憩方式是人们在旅游中的一种生活方式。

旅游中游憩方式设计主要从旅游目的地、景区开发角度，对旅游者出游中涉及的各主要要素进行设计安排，使旅游者在旅游过程中获得最大满足，旅游目的地资源获得最佳利用，从而使旅游开发商、投资商获得最大收益。

旅游过程中的游憩活动包括十个方面，即食、住、行、游、娱、购、体、疗、学、悟。从游客行为活动的特征来看，观赏、娱乐、运动、疗养是最纯粹的游憩活动；修学、感悟是过程中的精神活动；运输、住宿、饮食、购物

既是满足基本生理需要的基础服务，又是旅途生活中可以形成兴奋点与愉悦性的游憩内容，人们在进行这些活动时往往带有享受和休闲的性质。

游憩方式设计，首先要对旅游目的地的核心产品，按照观赏、娱乐、运动、疗养、修学、感悟等不同类别，单独或综合交叉进行具体设计，包括景点观赏、文化品味、风情感受、游乐参与等；其次要设计运输、住宿、饮食、购物等基础服务，并尽力设置成具有特色、风情、文化及娱乐性的方式，体现处处都有旅途人生的异样特色；最后，还要进一步对全部游程进行合理化整合，形成全程结构的整体理念与效率优化。

（二）游憩方式设计的五大原则

1. 人本主义原则

即把"以人为本，遵循人体生理与心理的规律，满足人类审美、修学、交流、康体、休憩以及整个生活方式需求"作为第一要义的原则。在这样的理念下，游憩方式的设计就必须尊重人的本性、共性和特性，并在生理规律与需求、心理规律与需求、精神规律与需求三个层面上进行设计。

2. 审美凸显与独特吸引力原则

旅游，起源于审美的需求。旅游的早期产业形态，就是以景观观赏为核心的。随着旅游业的不断发展，广大旅游者对旅游欣赏、旅游审美的要求越来越高，旅游活动也逐渐从观光娱乐型向休闲体验型转化。而旅游是对自然美、艺术美、社会美的综合性审美实践活动。所以，从旅游资源审美和旅游者的需求出发，绿维创景认为艺术审美性原则是游憩方式设计的一个重要原则，是体现设计修养的关键。

旅游产品，必须具备足够的吸引力，才可能把游客从客源地吸引到目的地。由于我国旅游资源非常丰富，同类型资源处处存在，仅仅依靠资源本体的观赏独特性，绝大多数景区都不具备足够的吸引力。因此，如何依托资源，开发具有独特吸引力的产品，就成为旅游开发成功与否的前提。

游憩方式设计，必须遵循审美凸显的原则，从已有的资源中挖掘其特色性审美要素，并予以凸显；注入与资源协调的植物景观、园林景观、建筑景观和其他人文景观，形成全程审美的旅途生活。游憩方式设计，必须着眼于打造核心吸引力，并围绕核心吸引力整合资源，形成产品。

3. 情境化与体验化原则

游憩方式设计，应对观赏性资源、文化资源等进行情境化改造与设计，形成情境化的场景、情境戏剧化的环境。通过情境化设计，将自然与文化资源，转变为人性化的观赏过程，转变为具有吸引力、可使游客兴奋的产品。

体验，是旅途人生的核心，差异于城市工作和日常生活的体验感悟，是游客追求的最高境界。游程中的角色体验（新团队中的角色、参与目的地生活的角色、情境中的角色、戏剧化中的角色等）、人与自然的互动体验、征服或融入自然的体验、回归历史的时空体验、异域文化的体验等，可满足游客对旅途人生的全面需求。其中，趣味性是情境体验中的通俗要素，主要包括志趣、情趣、童趣、风趣、野趣等。因此，游憩方式设计中，要自始至终把握情境与体验的设计。

4. 产品化原则

游憩方式设计，目的是形成旅游产品。对于游客而言，整个出游过程是一个产品，但对于各个旅游项目开发商而言，开发范围内的景区或旅游区构成一个或几个产品。因此，游憩方式设计，必须把握好服务产品的构成模式与结构，即游憩过程可以由若干个独立运营的单元构成。每一个单元产品，都可以形成相对独立的经营基础，而单元之间又必须相互结合，构成旅游要素的完整配置。

5. 保护与开发协调的原则

旅游资源开发，特别需要把握风景资源保护、生态环境保护、文物保护、游客安全保护四方面的保护。

风景资源保护：不能以破坏风景资源为代价进行开发。因此，对观赏、游乐、基础设施的位置、体量、风格等的规划，必须以保护为前提，与资源相协调。

生态环境保护：任何开发，必须符合环境保护要求，不能引起整体生态环境不可逆转性的破坏。因此，对环境容量、污染治理、垃圾处理等，必须采取到位的措施。

文物保护：对文物资源，不限于已经列入全国或地方政府保护名单的所有历史或民俗文化性资源，都应该予以保护。

游客安全保护：在游憩方式设计中，必须充分考虑游客安全，包括旅途安全、游览安全、游乐安全、社会安全等几个方面。

天人合一的思想是中国古代哲学的特色之一，强调"天道"和"人道"，"自然"和"人为"的统一，是中国古人追求人与自然协调一致、和谐共存共生的思想境界。所以，在游憩方式设计的过程中，应通过游憩方式这样一个多面载体，使人的意念与自然景观达到某种默契、心神与尘世形成某种和谐，实现融景生情、情随景变、人景交融、浑然一体，从而渐渐升华到天人合一的至高境界。

（三）游憩方式设计的三大理念

1. 全程体验旅途生活

游客从一出门就开始对旅程充满期待，希望获得一种全新的感观体验，寻求生活方式的转换，因此旅游过程中涉及的各个环节，包括食、住、行、游、购、娱等都应该纳入游憩方式设计。同时，把旅游作为全新的生活方式进行设计，符合游客出游、寻求生活角色及生活方式转换的要求，可形成旅途人生的全新体验与激荡。

2. 情境戏剧化与体验化

在游憩方式设计中，要把观赏对象、景观环境、文化生活环境尽量进行情境化和戏剧化处理，构成特殊的审美意境，制造戏剧化冲突，产生兴奋与激情效果，让游客获得一种特殊享受。体验，是旅途人生的核心，差异于日常生活的体验感悟是游客所追求的。游程中角色体验，征服或融入自然的体验，回归历史的时空体验，异域文化的特色体验等，构成游客旅途人生的全面满足。

3. 旅游内容产品化

作为旅游开发商，游憩方式的设计需要把观赏、游乐、娱乐、餐饮、住宿、休闲运动、疗养修复等过程，变为可以实现的服务产品，从而实现有效的交易，达到市场消费的目的，谋求供需双方的双赢结果。当然在产品化过程中，必须协调好保护与开发的关系，包括对风景资源、生态环境、文物和游客安全等方面的保护，这样才能保证旅游目的地的可持续发展。

（四）游憩方式设计的程序

此程序是游憩方式设计的核心结构，是对设计过程进行指导的关键。其中，基础资源与开发条件分析是基础，市场需求分析是关键，情境与体验设计是核心，效果测评检验是保障。这四个步骤环环相扣、相互支撑、缺一不可。

1. 基础资源与开发条件分析

按照惯用的旅游资源三分法，旅游资源包括自然景观、人文景观和社会风情三大类。其中，自然景观包括各种地文景观、水域风光、生物景观、天象与气候景观；人文景观包括遗址遗迹和建筑设施；社会风情则是人类社会历史发展过程中所创造的一种精神和物质现象，包括各种人文活动。

在游憩方式的设计中，要对旅游资源进行分析评价，包括分类分级评价、开发价值评

价。只有在对旅游资源做出恰当、准确的评价之后，才可能在后面的市场需求分析中找到合适的定位和支撑点，从而设计出与旅游资源符合的旅游产品。对资源的挖掘，需从地脉、文脉、人脉三方面入手，进行理念的提升，与市场需求之间寻求对应。开发价值评价，则需充分考虑其可进入性、进入开发条件、观赏开发条件、接待开发条件等。

2. 市场需求分析

（1）掌握市场规律进行需求分析。市场需求分析主要建立在调查统计的基础之上，研究不同消费群体和需求数量。通过对项目区位市场辐射结构的确认，对细分市场进行深入研究。游憩方式带有很明显的经济特征，在设计过程中需充分研究五方面的问题：供需平衡性、产品替代性、产品周期性、游憩的间歇性、产品竞争性。

（2）旅游者心理行为分析。在进行项目设计时，对于市场需求的研究应更侧重于旅游者的出游动机及游憩心理，以达到实现项目使用价值的目的。马斯洛提出人类需求层次理论，说明人的需求是变化的、复杂的，游憩方式设计应以人的需求为核心，满足人们生理、安全、社交、尊重、自我实现的心理需求。

3. 情境与体验设计

情境与体验设计，就是在恰当的资源评价基础上，准确的市场定位后，对旅游资源以及相关要素进行的富有创意的技术设计。该技术要求以旅游者的体验经历为核心，使旅游者在旅游过程中产生强烈的审美体验。

情境设计是对观赏环境、游乐环境以及相关各环节的游憩氛围与过程，按审美场景的诱导模式进行的设计。体验设计分为两个方面：一是直接体验设计，是根据旅游者的直接感官（眼、耳、鼻、舌）来设计体验模型；二是功能体验设计，是以满足旅游者修学、感悟生命、感悟自然、追寻历史等不同功能需求为目的，根据旅游地资源禀赋，进行的情境与过程设计。

4. 效果测评检验

完成前三步工作后，并不意味着整个游憩方式设计工作已完成，还要有效果测评检验阶段。无论在设计图纸上设计出多好的游憩方式，都还是需要在旅游地实行效果测验，并通过这个测验和不断变化的旅游环境，设计出长期适合旅游地发展的游憩方式。

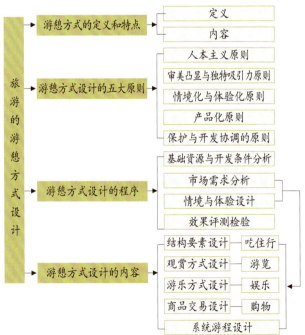

图7-1 旅游的游憩方式设计总流程图

（五）游憩方式设计的内容

1. 结构要素设计

（1）食。在有关吃法的设计中，应该按照特色化、精细化、品牌化来设计。特色化，即挖掘具有当地特色的食品，从食的方面体现文化的吸引力。精细化，是在不违背野生动物保护法和相关法规的前提下，尽可能多地采用更多的原料制作更多的食品种类。品牌化，即通过饮食的发展形成品牌菜肴、品牌宴席、品牌服务。同时，要把店内就食和客人购买结合起来，使旅游饮食成为目的地发展的重要推动力，也成为拉动旅游目的地经济文化全面发展的重要因素。餐饮设计由四方面构成：餐饮环境设计＋菜谱设计＋服务方式设计＋娱乐活动设计。餐饮类型包括餐饮一条街、农家乐（城郊餐饮农家乐、度假型农家乐）、户外烧烤、特色餐馆、宴会餐厅、主题餐饮等。餐饮方式包括"餐饮＋歌舞表演"、"餐饮＋康体活动"、"餐饮＋郊野娱乐"、"餐饮＋门票赠送"等。

（2）住。在住宿设计中，要在确定的规模上形成合理的档次结构和布局体系创新，进一步挖掘住宿文化体系，提升传统的住宿功能，在一定程度上达到住娱合一，使旅游者通过住宿享受到当地文化的独特韵味，甚至使这些独特的住宿体系成为旅游地的吸引物。例如，北京的四合院、湘西的吊脚楼、黔西南的石板寨、陕北的窑洞、东北的大炕、闽西的土楼等，都可以设计成集功能住宿和文化体验于一体的旅游载体，从而让旅游者获得独特的旅游体验。旅游的住宿类型主要有地方主题酒店、地方特色建筑酒店、家庭民居旅馆、户外野营、标准酒店、假日村与度假小屋、森林木屋等。

（3）行。从旅游交通的空间尺度大小来看，主要可以分为三大类：第一类是旅游客源地和旅游目的地之间的交通；第二类是旅游目的地与旅游景区的交通；第三类是旅游景区内的交通。

由于旅游客源地和旅游目的地的交通体系具有非旅游的属性，难以按旅游要求进行变动，所以，在旅游交通的设计中，应主要考虑旅游目的地与旅游景区内的交通，尤其是旅游景区的旅行通道(passage)。主要分类见表7-1。

表7-1　旅游交通的分类

类　型	交通方式
旅游目的地与客源地之间的交通	车、游船、飞机、旅游交通车、自驾车
旅游目的地/景区内的游览交通	索道（往返差价、多山道索道、分段索道）、骑马、电瓶车、游船、竹筏、小火车、滑竿、滑道、雪橇、观光电梯、索桥

2. 观赏方式设计——游览

游憩方式中"游"的设计主要有三个方面，即游览内容、游览线路和游览时间。通俗地说就是看什么，怎么看，看多久的问题。所以，观光方式的设计要让旅游者观赏尽可能优的景点，体验尽可能广的游览内容，拥有尽可能多的观赏时间。

具体来说，对于游览内容的设计，旅游者到旅游地，究竟有哪些值得观赏体验？绿维创景认为主要有两个方面：一是旅游景区，这是需要旅游者花一定的时间、金钱、体力以及其他物质条件去参与的，也是旅游地的核心观赏区。另外一个就是整个旅游地的观赏。其实，从旅游者踏上旅游目的地的那刻起，旅游者就是以一种好奇的、观赏的眼光去看待周围的一切，而这些都会给旅游者留下一定的旅游感知。所以，在游憩方式设计过程中，不光要对旅游景区进行游憩设计，还要对旅游目的地大环境中各种细微元素加以设计。

对于游览线路的设计，根据旅游者消费行为学，主要有闭合线路、组团线路、联点线路和单点线路四大类。要针对不同的经济发展水平、不同的旅游交通概况、不同的旅游景区、不同的旅游者，设计出相应的游览方式，从而创造出旅游者的深度体验。

无论从旅游目的地还是从旅游者的角度出发，只要旅游目的地有迷人的旅游景区、便捷的交通工具、完善的住宿设施，旅游者是愿意在旅游目的地停留足够时间的。游憩方式设计工作者的义务和责任就是让旅游者有更多的游览时间，在旅游目的地有更多的消费休闲。

3．游乐方式设计——娱乐、运动、游乐、游艺、参与性活动

娱乐的发展首先是民族化、地方化、民俗化。越是地方的，就越是流行的。旅游者到旅游地的娱乐体验，应当是具有当地民族特色的娱乐方式；而对于那些比较大众化的，在很大范围内流行的，他们反而兴趣不大。这就要求在游憩方式的设计过程中，一方面，充分发掘当地的特色文化和奇特的游乐方式，把丰富的文化内涵寓意在新奇的娱乐方式中，让旅游者享受到独特的游乐体验。另一方面，是要考虑设计集中性的娱乐场所和地方民族文化节。通过这种组团方式，既展示了旅游地的民族文化，又把各种具体的传统民间游乐方式表达出来，让旅游者增长知识的同时，得到一次全面、深刻的游乐体验。这就是游憩方式中"游乐"设计的至高境界。

具体的游乐类型及项目设计如下：

（1）按旅游者在旅游目的地的参与程度划分（表7-2）。

（2）按旅游者的游乐活动的空间尺度划分（表7-3）。

4．商品交易设计——购物

旅游商品是兼具物质和精神属性的产品，有着鲜明的民族、民间文化特色。精美的艺术制作，是旅游商品尤其是旅游工艺品能否走俏的关键因素。纪念性、观赏性、艺术性、趣味性、知识性、独创性是优秀旅游商品必备的要素，而每一要素都渗透着一定水平的文化含量。提高文化含量，是提高旅游商品经济效益的重要途径。因此旅游商品的设计一定要注重文化内涵，突出地方特色，有独特的创意，有良好的质量。片面追求低成本、高效益，粗制滥造，随意生产出一些游客不想要、不愿买的

表7-2 游乐类型及项目设计（1）

类型	各种设计项目
文化娱乐	影视、音乐、戏剧
游艺体育运动	滑雪、健身、高尔夫、游船、各种比赛
表演型	民俗风情、历史文化表演、体育竞技、动物表演
参观型	民俗、服饰、艺术展示
参与型	游乐园、机械设施

表7-3 游乐类型及项目设计（2）

类型		各种设计项目
都市娱乐型	文化休闲型	网吧、水吧、书吧、玩具吧、麻将厅、茶馆、陶吧、咖啡厅、工艺自助吧
	游乐刺激型	酒吧、夜总会、量贩式歌城、电子游戏厅、舞厅、激光靶场
	室内观赏型	电影厅、音乐厅、环幕电影、动感电影、水幕电影
郊区休闲型		郊区观光、登山、采摘、垂钓、露营、野炊
乡村度假型		农家乐（住农家屋、吃农家饭、学农家活、享农家乐）

东西，效果会适得其反。只要用心抓好开发，在规划设计上坚持高标准、高品位、高质量、多档次分类，并根据各类旅游者的文化、心理、消费需要进行针对性设计，旅游商品就可以取得丰厚的经济效益和良好的社会回报（表7-4）。

5. 系统游程设计

对全部游程的系统设计，包括路线选择、交通工具、景点及滞留时间、游乐安排、娱乐安排、购物安排、住宿、夜间娱乐、餐饮等。

（六）按资源分类的游憩方式设计（表7-5）

表7-4 旅游商品交易设计

购物因子	设计项目
购物方式	免费赠送、主动购买、强制购买、购物＋门票
购物空间	旅游纪念品店、国际名品店、特色专营店土特产店、工艺美术店、画店、成人玩具店、古董店、手工艺品店、旅游购物中心
购物类别	纪念品，土特产，工艺品，成人玩具和其他旅游纪念品

表7-5 按资源分类的游憩方式设计

游憩方式设计分类	设计内容	旅游资源特征	设计举例
观光类	自然风光类（包括名山、大河、江湖、瀑布、自然遗产和其他的自然风光等）；城市风光（包括独特城市建筑、现代都市风光、城市绿化带以及城市观光游憩带、CBD、RBD等）；名胜古迹观光	赏心悦目 心旷神怡	童话世界——九寨沟天山
文化类	文化遗产艺术馆（博物馆、艺术馆、美术馆、纪念馆）；民风民俗类（祭祖、民族风情）；历史类（历史人物和历史遗迹）；宗教类（寺庙佛塔、清真寺、教堂、舍利塔等）；文学类（文学名著文学大师居室、电影旅游等）；历史文化名城类古镇游（湘西凤凰、西塘等）	历史文化性	江南古镇周庄巴渝十佳古镇
商务类	商务游；政务游；购物游；奖励旅游	消费层次高 行程紧凑	北京商务游香港购物游
度假类	海滨度假；旅游山地度假；乡村度假；温泉（SPA）	环境幽雅 游玩档次高	农家乐
康体类	高尔夫，滑雪；球类（网球、保龄球、乒乓球等）；体育；观战赛车；户外（极限、滑翔、攀岩、远足、露营、溪降、登山、水上运动）	精彩 刺激	
教育类	修学旅游；校园旅游；教育旅游（中国教育旅游集团，包括生物、科普、农业、航空、爱国主义教育基地及冬令营、夏令营等）	知识性 趣味性	北大、清华一日游

续表

交通类	景区类的交通工具（环保车、索道、黄包车、电动车和观光车等）；豪华列车；自驾车；游艇；豪华游轮；直升机；飞船；小火车	旅游范围广流动性大	三峡旅游的"东方皇后"号；泰山索道
奇异类	探险旅游（极地探险）；狩猎旅游；野外素质拓展；地质旅游（地质公园、喀斯特地貌岩洞、石林等）；海洋旅游；沙漠旅游；摄影旅游；军事旅游	新鲜奇异刺激	青海都兰；国际狩猎场；路南石林
生态类	生态旅游；郊游；农村观光旅游（农家乐）；国家公园游（植物园、文化公园、一般公园等）；自然保护区（草原、湿地、森林公园等）	和谐恬静	
节事类	民族节日（藏历年、彝族火把节、傣族泼水节）；传统文化节（体育节、舞蹈节、音乐节）；地方特色节日；旅游交易展览会（大连国际服装节、青岛国际啤酒节等）；博览会（昆明世界园艺博览会）	商业聚焦公众吸引形象塑造	内蒙古那达慕大会；中国国际旅游交易会
养生类	沐浴疗养（森林浴、空气浴、泥浴、阳光浴、牛奶浴、荷浴、沙浴）；民族医药（藏药、蒙药）	强身舒心	
主题类	影视城；嘉年华；游乐场儿童乐园	人为塑造科技含量高	

二、旅游收入模式设计研究

从理论上说，旅游收入就是旅游景区所获得的旅游者异地消费的总和。旅游产业的收入，包括了游客出游以后的食、住、行、游、娱、购、体、疗等各个方面的收入，并且形成一条收入链。因此，旅游产业的总体收入，是一个综合概念，具体到某一个旅游项目，其收入一般只包含了游客出游过程中的一部分消费。

旅游项目的收入方式，是旅游投资商最重视的环节。若设计不出合理的收入方式，不能准确定位主要盈利点，就是盲目地投资。旅游产业的"收入模式"，就是指该产业中各种收入方式的分类与结构。研究收入模式，为进行旅游产品设计和旅游投资，提供了重要的技术工具。

旅游产业收入，可以从旅游收入总和、旅游收入链及旅游收入点的设置三个方面进行分析。

对于旅游项目而言，收入链越长、收入点越多，则收入总和越大。一次出游全部消费的总和，与出游距离、出游时间、旅游景区性质和旅游者类型四大要素相关。游憩方式对旅游收入有决定性影响。

对于旅游项目而言，重要的是旅游收入总和及收入结构，收入总额的最大化、收入结构的最优化，是旅游项目成功运营的基础。

绿维创景首先研究旅游产业的总体收入结构，再根据旅游项目投资的实际经验，分析旅游产业中的收入模式，为旅游运作，提供一些可借鉴的模式和经验。

（一）影响旅游产业收入的主要因素

1．旅游距离

规律：游客流在空间上随距离增加而衰减；旅行距离与旅游收入链长度、收入点设置和收入量呈正相关。

旅行距离与收入链的长度呈正相关，距离越长，所涉及的旅游产业要素就越多，旅游设计中的收入点就越多。所以长距离旅游者，特别是跨国旅游者对旅游目的地收入会产生很大影响。

因此，在旅游项目设计定位中，在资源与其他旅游产业配套要素允许的前提下，入境旅游者或长距离旅游者是目的地重要的潜在收入来源和重点营销对象。

第一，长距离旅游收入链长，带动效应大。第二，长距离旅行中，航空是重要的收入点，所以针对长距离旅游，机场是产业要素配置的重点。第三，短距离旅游收入链较短，特别是城郊旅游的收入链最短，对产业要素影响较小，对饭店收入影响最大，对餐馆有一定影响。第四，针对城郊旅游，重要的是度假休闲设施的设置，饭店和娱乐、游憩设施是收入链中的重点。

2．旅游时间

出游时间长短影响旅游目的地的产业要素安排。旅游者的停留时间会在很大程度上影响每个旅游点的收入量，特别是在餐饮、住宿方面。同时出游时间也会影响旅游者对交通工具的选择。

3．旅游景区性质

旅游景区性质对收入链中收入点设置和收入的大小有重要影响。综合型旅游目的地景区与游线景点型景区的收入点和收入量也是不同的。综合型旅游景区作为旅游目的地，可以满足旅游者食、住、行、游、娱、购的综合需求；门票收入不一定是景区收入的主要来源，景区更多通过提供住宿、餐饮、娱乐、购物、景区内交通等获得综合性收入。而作为游线景点型的景区，由于不是目的地，前后都有景点延伸，虽然一定程度上也有住宿、餐饮、购物等收入，但其主要收入来源还是门票和一定的娱乐项目。

旅游目的地型景区：收入链最长，旅游产业配套设施全，收入点多。

游线景点型景区：主要收入点为门票、住宿、娱乐、餐饮、购物等。

纯旅游景区：主要收入点为门票、游憩娱乐和部分餐饮、购物。

4．旅游者类型

旅游者类型对旅游收入链和收入量有主观影响，对于景区的收入点设计也有较大影响。下面以商务旅游者、会展旅游者、观光旅游者和度假休闲旅游者为主要类型分析（表7-6）。

针对大部分观光旅游者，门票上的支出会超过其他类型的支出，餐饮和住宿也是较大支出，而其他支出则很少。对于度假、休闲旅游者，住宿和餐饮则是其主要支出，同时配套的游憩设计也是景区收入的主要来源，而门票和其他收入比例则比较低。

表7-6 旅游者类型对旅游收入的影响

旅游者类型	收入链长度	价格敏感度	涉及旅游产业要素	目的地（景点）主要收入来源	备 注
商务旅游者	长	低	除满足自己餐饮需要，还有宴请、赠送礼品、商务娱乐、商务会谈、城市观光等需求	交通、住宿、餐饮、娱乐、会议设施、购物	受旅游目的地自然资源影响较小，对目的地基础设施要求较高
会展旅游者	较长	较低	会议、宴请、礼物、旅游观光等	交通、住宿、餐饮、娱乐、会议设施、购物	受旅游目的地自然资源影响较小，对目的地基础设施，特别是会展场所，要求较高
观光旅游者	短	较高	观光、餐饮、住宿、交通等	景区门票、住宿、交通	主要受目的地资源吸引
度假休闲旅游者	短	高	娱乐、餐饮、住宿、交通	娱乐、住宿、餐饮	受交通影响较大，大部分为自驾车游，选择地区多为省内或区域内

（二）游憩方式安排与收入点设计

在游憩方式设计中，将涉及全部过程的收费，除外部交通、住宿、一般餐饮外，与观赏游乐有关的内容都会有收入点安排。最主要的收费点，体现在门票、观赏过程与交通、参与性游乐、夜间娱乐、日常购物、游乐性购物、特色餐饮、特色住宿、康体消费、疗养消费十大类别中。

1. 门票

门票是旅游业最古老、最成熟、最大类的收入方式。已经发展出大门票、小门票、电子门票、名信片门票、赠送礼品门票、通票、联票、月票、年票等多种类型，并形成了高定价、低定价、折扣价、免票、赠票、买断价、捆绑票等多种经营手法。

2. 观赏过程与交通

观赏中的收费，与交通工具关系很大，例如，索道、直升飞机、水上飞机、观光环保汽车、观光小火车、越野车、三轮车、自行车、人力车、观光游轮、观光船、快艇、橡皮艇、竹筏、马、骆驼、马车、牛车、雪橇、滑道、滑竿等。每一种交通工具都是一个收入点。

3. 参与性游乐

参与性游乐是旅游中的第二大卖点，其收入方式很多，大体可分为设施型游乐、歌舞表演型游乐、竞赛型游乐、制作型游乐、采摘型游乐、寻宝型游乐、角色转换型游乐等。

设施型一般按设施使用收费，可以按时间、场次数等方式计算。

歌舞表演型一般按门票收费，有单独收门票、与进入景区的大门票一起收费两种，还可以与餐饮结合形成风情餐——歌舞宴、按茶位收费、吸引购物消费、集团包场收费、打赏式收费、合影收费、服装留影收费、联合表演收费等。

竞赛型一般需租用设施、缴纳场租、缴纳组织费等。

制作型指以本地特色技术或现代专有设施为依托，为游客个人专门制作纪念礼品，一般按礼品价值收费，例如肖像制作、木刻制作、泥人制作、特殊摄影影像、个人T恤衫等。

采摘型以农业旅游为主，按果蔬重量计价。

寻宝型以搜寻宝物为游乐方式，进行有奖激励活动，有时为促销活动，不收取费用；有时为收费项目，按人头收取组织费。

角色转换型为体验旅游的重要类型，一般需要游客进行角色扮演，费用包括服装道具租赁、组场费用、原材料购买、产品购买等。例如参加知青"插队乐"活动，将收取组织费、饭费、蔬果购买费等。

4. 夜间娱乐

夜间娱乐是旅游收入中附加值较高的类型，一般可安排特色歌舞宴、特色歌舞表演及联欢、接待中心的游憩中心城市化娱乐、酒店的康体娱乐四类结构。

特色歌舞宴为晚餐的一种高附加值产品，一般对民族民俗旅游项目比较适用，可以从下午五点半至八点半持续较长时间。

特色歌舞表演及联欢，为一般性晚餐后安排的专门旅游项目，可以是民族民俗表演，

也可以是任何有特色的表演，包括马戏、地方戏、杂技、斗兽、海外风情、音乐会、电影、篝火晚会、焰火晚会、灯会、游园会等。

游憩中心是旅游地的游客集散结构，与接待中心相辅相成；对于大中型城市而言，我们称游憩中心为"中央游憩区"；对旅游地接待中心而言，为接待游憩中心。游憩中心一般以旅游购物、特色餐饮、专业表演场、城市化娱乐（酒吧、夜总会、洗浴、康体等）为主，形成游客自由娱乐的环境。一般旅游目的地都依托于小镇或小城建立接待基地，在接待区内建立游憩中心，既可白天游览，又可夜间娱乐。

康体娱乐在一般城市酒店都有，而景区酒店有所不同，更多提供的是与地方特色结合的、使游客放松身体的活动。

5. 日常购物

日常购物主要指景区内部的购物点设置，以满足游客对水、面巾、零食、电池、雨披等日常用品及旅游必需品的需求。

6. 游乐性购物

游乐性购物是指以游乐及纪念为目的的专门购物。游乐性购物已经发展成为较大的营运内容，包括游程中零散型特色购物点、购物街、专业购物店三种类型。

零散型特色购物点是游程中的休息点和兴奋点，一般安排在休息节点，比如登山节点、码头、出门前、索道站、景区核心区观赏大点等地方。能否形成较好收入，在于是否有特色，这需要特色纪念品来支撑。

购物街一般在游憩中心、大型转车车站、

完成游览后出门至停车场的通道、大型停车场区内等地方。购物街的商业地产具有极大的升值潜力，开发商可据此获取商业地产收益或房租收益。

专业购物店是专业的旅游购物场所，由导游引导进入，是一种独特的商业模式。但由于经营者欺诈行为普遍，已经引起游客的较大反感。

7. 特色餐饮

特色餐饮将成为旅游中的主要餐饮方式。目前的旅游团餐质量低下，游客极不喜欢。特色餐饮是以民俗、民族、土特产、郊野化、农家化为特点的餐饮，有较深的地方烙印，是城郊休闲的主要利润来源之一，形成了农家乐等大规模发展。例如，歌舞宴将餐饮与夜间娱乐结合，成为游客津津乐道的节目；郊野餐饮有着巨大的市场，包括篝火晚餐、滨海大排档、野外烧烤、民族家庭餐等，是游客最难忘的项目。特色餐饮一般成本较低，但附加值高，并可与购物等联动。

8. 特色住宿

特色住宿是正常酒店住宿之外的主要补充方式，包括露营、农家住宿两类。

露营是夏季旅游中较受欢迎的旅游项目，包括各种类型的帐篷、小木屋、树屋、吊床、船屋、洞穴、水下等。露营与夜间游乐融为一体，具有极高的游憩价值。露营收入包括设施租赁、游乐、野餐等多项费用，可高可低。

农家、渔家、牧家住宿，是旅游中比较有特色的游憩项目，可以将夜间娱乐家庭化，是

非常好的参与性游憩方式。其收入包含住宿、餐饮、购物等多种内容。投资商可以投资装修、卫浴、床上用品等，进行统一管理，执行规范服务要求，提供土特产品供货等，实现分成收入。

9. 康体消费

康体消费主要指休闲性运动项目，包括高尔夫球、网球、羽毛球、保龄球、游泳、滑雪、滑草、山地自行车、射箭、野战、划船、骑马、拓展等各类型项目。康体项目一般为郊游休闲区或度假区等的主要收入来源，其收入方式比较明确。

10. 疗养消费

疗养消费以身心修复及病痛疗养为目标，是郊区休闲和度假中最具吸引力的内容，包括依托自然资源的疗养和人工设施服务的疗养两大类。

温泉—泥浴—盐浴—沙浴—皮肤治疗—人工洗浴—药浴—蒸汽浴—桑拿—按摩—SPA—美容—美发—美体—减肥，构成了一个全面的修复疗养产品链条，形成了天然疗养与人工疗养的结合。其收入方式极多，且收入水平因自然资源及服务的不同而差异极大。

生态氧吧—生态浴—雾浴—露天风浴—森林浴等，形成了生态疗养的大类别。这类产品的收入方式较难设计，往往在门票中体现，但可以通过产品的提升，运用人工服务，形成特色，获取收益。

药膳、食补等与餐饮结合的疗养项目，对游客有很大吸引力，其中中草药、野生动植

物、特殊矿物等，藏药、蒙药等，古方、民间偏方等都可以成为重要盈利点。

长寿村、道家养生等，是综合性疗养卖点。

（三）旅游收入要素结构

构成旅游产业的八大要素——行、游、住、食、购、娱、体、疗，也是构成旅游收入的要素。但对于旅游收入结构而言，八要素相互交织，形成了复杂的要素结构组合。下面，就八要素的收入点进行细分。

1. 行（交通）

（1）旅游目的地与客源地的交通方式

火车——一般客车、观光火车、观光小火车、古董火车；

游船——大型游轮、观光游船、画舫；

飞机——大型客机、直升机、水上飞机、小型飞机；

汽车——大巴、越野车、自驾车。

（2）旅游者在旅游目的地/景区内的游览交通设计

索道——箱式、椅式、吊缆式、轨道式、拖牵式等；

动物——骑马、骑驴、骑骆驼、骑象、马车、牛车、驴车、狗拉雪橇等；

机动车——电瓶车、小火车、越野车、观光大巴、摩托车等；

游船——小型休闲船、地方特色船、快艇、橡皮艇、木筏、竹筏、独木舟、赛艇、摩托艇等；

人力——滑竿、自行车、人力车、独轮车、三轮车、轿子等；

滑道——不锈钢、陶瓷、塑料等；

桥——观光大桥、斜拉桥、石桥、木桥、风雨桥（廊桥）、索桥、独木桥、钢丝索等；

垂直交通——观光电梯、升降平台、自动扶梯、人工吊篮、攀岩绳梯、云梯等；

跨越飞行——滑翔伞、索道、热气球、飞艇、直升机、水上飞机等。

2. 游（旅游者在旅游目的地的游览过程）

（1）门票收入方式设计

差价制：季节差价——淡季、旺季；群体差价——学生、教师、军人、老年人；团队差价——旅行社、企业；

一票制、联票制、多票制（园内园）；

门票附加赠送制：送全部或主要娱乐项目、送一餐、送一杯茶饮、送讲解、送保险费、送停车费；

有效结构：园内有效、当日有效、多日有效、按小时收费；

特殊门票：光盘、名信片、画册、照片、瓷片、木片、竹片、铜片等；

高价制与低价制：度假休闲产品和观光产品，形成了高观光产品门票价格和低度假休闲产品门票价格的格局。观光产品主要以门票收入为主，景区虽然也有餐饮和购物，但主要来源仍是门票，高门票形式为旅行社提供了更多折扣收入；休闲产品低门票，给游客直接让利，通过住宿、餐饮、娱乐、购物等方面的收益增加收入，以便在尽可能短的时间进入市场，增加市场份额，同时赢得营销宣传的实际效果。

（2）讲解伴游收费

收费讲解：级差讲解员制、普通耳机讲解、情境耳机讲解；

伴游收费：向导收费（包括结合交通工具的马帮、船夫等）、陪伴收费、保护收费等。

3. 住（旅游者在旅游目的地期间的住宿）

标准酒店：分星级收费、季节调整、团队折扣等；

主题酒店：以文化、游乐、康体、疗养等为主题的酒店，结合购物、表演、游乐、康体、疗养等形成综合消费；

家庭旅馆：民族、民俗、农家、牧家、渔家、小镇人家等；

户外野营：帐篷、吊床、树屋、船屋、小木屋等。

4. 食（旅游者在旅游目的地旅行期间的餐饮）

餐饮类型：美食一条街、农家乐（城郊餐饮农家乐、度假型农家乐）、大棚餐厅（北方）、户外烧烤、特色餐馆、主题餐馆、风情餐馆、宴会餐厅等；

餐饮方式：餐饮赠送其他内容——歌舞表演（歌舞宴）、康体活动（垂钓、桑拿、洗浴）、娱乐（棋牌、电子游戏、卡拉OK等）、门票（郊区苗圃、园林、陈列等）、停车费。

5. 娱（旅游者在旅游目的地的游览中的娱乐项目）

文化娱乐：影视、音乐、戏剧、多维数码全空间电影、动感电影、水幕电影、魔幻戏剧、音乐喷泉、灯会、光雕、激光表演及游戏、电子游戏、棋牌、郊野剧、情境剧、化妆舞会、联欢舞会等；

游艺体育运动：各种游乐设施、庙会、滑雪、高尔夫、游船、各种比赛等；

表演型娱乐：民俗风情歌舞演出、历史文化节目表演、体育竞技表演、动物表演等；

参与型娱乐：民族民俗生活参与、农家渔家牧家参与、复古生活参与、历险参与等。

6. 购（旅游者在旅游目的地购买的旅游商品）

类型：旅游纪念品、土特产、时尚采购、艺术珍藏购买等；

方式：免费赠送、主动购买、强制购买（购物+门票）、诱导购买（专业购物店）等。

7. 其他（旅游者在旅游目的地内的其他支出项目）

活动收入：会议、展览、婚庆等活动主办收入；

宗教收入：香火、祈福、卜卦、募捐等。

（四）收入模式分析

1. 传统观赏旅游收入模式

传统观赏旅游，一般为以门票为中心的收入结构，进一步发展，形成了"一票、二道、三餐、四购"的四入模型，注重门票、索道、景区内部餐饮、购物亭的安排与投入；城市公园及游乐园等注重游乐项目的收入。

在这种模式中，门票一般为高门槛，给旅行社较高折扣；索道因为投资大，因此收费较高；内部餐饮一般为管委会的食堂式餐厅、景区内农民的农家式餐厅及外来承包商的餐厅共存；购物亭非常简单，除卖地图、景区图书、光盘等公司生产的宣传品外，就是游览必需品（水、饼干等）、土特产品。这四类项目一般缺少深度服务，可以称之为"初级收入模式"。

2. 体验式观赏旅游收入模式

体验式的观赏，与简单的游走不同，对游客的游赏过程进行了深度设计，设置了情境结构，形成情境氛围，引导游客进入情境，并参与其中，与自然、当地居民、其他游客、文物环境、文化戏剧化节目等实现互动。

体验式观赏不仅需要在场景布置上进行投资，还需要与深度的服务相配合，因此，其成本高于传统模式。但体验式观赏的吸引力及收入同样高于传统模式。

在自然景观观赏中，武夷山的竹筏是体验式观赏的典型案例。武夷山"赤山碧水"，是色彩的王国和立体画卷，使用竹筏来观赏水和山，可以亲水、有民俗文化的氛围，加之管委会投入巨大的资金和专业力量创作的导游词，产生了极好的体验山水的效果。竹筏的收入，大大高于一般的游览，非常成功。

在文化景观中，浮梁古城是一个经典案例：通过导游、仪仗队、县官审案、瓷乐表演，把一个只有十间房屋的古县衙，变成了浸润于瓷茶文化及古代官文化氛围中的游乐天地。其收入，包括讲解、演出、服装租赁、照相、游客客串收费、书籍购买、瓷艺购物、茶叶购物、陶吧游乐等，十分可观。

3. 休闲旅游收入模式

休闲不同于观赏的地方在于，游客不是来寻找新奇特的景观或文化的，而是来放松身心的。休闲要求自然景观优美、文化氛围优雅，但不要求唯一性。因此，休闲的收入中门票降到了较低的比例，甚至免收。休闲的主要收入可以有多种模式，例如，以农家乐为代表的餐饮收入主导模式、以一般度假村为主导的综合收入模式、以运动项目为主导的收入模式等。

一般休闲项目，都包含食、住、玩三方面的收入构成。以食为主导的休闲投资较小，往往与购结合较好，出现了一般农家乐、大棚餐厅、桃花节、乡村美食街、公路美食街等。以住宿、会议为主导的休闲，一般进行综合游乐配套，比如保龄球、卡拉OK厅、垂钓、划船、游泳等。以温泉为主题的度假村，则结合休闲与度假，形成了较大的泡汤、按摩、美体美容、疗养的收入。以滑雪为主题的项目，则更多地集中了滑雪、玩雪、滑草、滑道等项目收入。以高尔夫为主题的项目，其收入模式较复杂，包括会费、会所、别墅、高球、学校等多种收入，反而高球运动的收入不能称为主收入。

4. 度假旅游收入模式

度假与休闲相比，游客市场有较大的差异。度假游客来自世界、全国或全省，区域较大，且在度假地滞留时间较长（三天以上）。休闲游客则一般为本地人，滞留时间较短，过夜或不过夜。

成为度假地，必须有独特的自然资源及气候资源；单一度假旅游，不是以观赏为主，而是以多样化的综合消费为主。在度假地的收入中，门票处于较低的地位，住宿、餐饮、娱乐、运动项目、游乐项目、购物等共同形成综合性结构，不可偏废其中任何一方。

5. 区域开发收入模式

旅游开发已经从项目开发进入区域开发阶段。很多投资商不是对单一项目投资，而是对区域旅游产业进行投资。

对于这些投资商，其收入结构与项目投资有很大区别：区域旅游投资是成片开发商，因此，其利益体现为核心项目收入与带动性收入的结构安排。核心项目收入是前期最重要的收入，但不一定是区域最大的收入。除景区收入外，区域开发商将享受土地升值收入、项目合作收入、房地产开发收入等。

6. 旅游地产收入模式

旅游地产拥有广阔的前景，其收入模式与旅游景区、住宅地产、商业地产都不一样。别墅销售是最直观的收入；产权酒店为产权销售与酒店经营双重收入；分时度假是通过时权销售酒店业务；旅游商业街区可以销售商铺，也可出租；中央游憩区开发可以销售商铺，出租商铺，经营娱乐项目。

旅游小城镇开发，是旅游地产的提升，包括公共设施建设开发、土地开发、旅游产业开发三重任务，其收入也从这三个产业中获取。

三、旅游资源开发与融资运作

旅游产业的发展，可以简单概括为以资源利用为前提、市场营销为支撑、资本投入为杠杆。我国对旅游资源开发的投入，一开始以政府为主，后来民间资本和资本市场的力量逐步加大，并正在逐渐成长为主导方向。因此，从资本的角度探讨旅游资源的资本形态与结构，以及在融资运作中的作用，已成为一个重要的课题。

（一）旅游资源的资本形态与构成

旅游资源，一般是指具有旅游吸引力的地理资源、文物建筑、历史文化、民俗风情等。可以将其划分为三大类，第一类是自然形成的地质地貌、山水景观、生物群落、植被环境等。第二类是历史上及当前建设并保留下来的地下、地上的各类建筑物、图画、器物等物化人文资源。第三类是历史上形成的文化、民俗风情、传说神话等精神及社会的内容。

旅游资源作为一种能够产生收益的基础资源，具有资本属性。因此，若从资源开发的意义上来分析，可以把开发对象作为原始资本来看待。旅游资源的资本形态，包括以下三个层次：

1. 旅游资源区土地资本

旅游资源区域的土地，具有资本的属性，为国有资产。土地的价值，因资源的吸引力及可开发性不同而不同。目前，尚无对旅游区土地进行评估的规范标准，对旅游资源区域内土地使用权价值的评估比较困难。因为该土地一般是与土地地质地貌及人文景观密切结合的。大多数政府在进行旅游资源开发时，一般不将已具有国家评级的风景区内核心资源区的土地使用权向开发企业转让。

2. 旅游自然资源及建筑等物化的人文资本（第一、第二类资源）

这是旅游资源的主体，具有自然物理特性和人文物化特性。这些资源的价值，对于旅游吸引力的构建具有核心作用。对这类资源，目前学术界正在探讨其评估问题。有人提出了市场比较法、收益还原法、成本法、假设开发法、长期趋势法等多种评估方法。旅游资源资产属于国有，当转让土地使用权时，相应的资源也就随之转移，因此，不存在脱离土地使用权的旅游资源权属。目前采用了旅游资源开发经营权的权属概念，即开发并享有开发后收益的权利。在土地使用权及旅游资源所有权不转移的前提条件下，出让旅游景区的旅游开发经营权已经成为现实。这样的操作尚缺乏足够的法律依据，其评估及开发权转让定价须加以规范。

3. 旅游历史文化资本

作为旅游资源，往往积淀了深厚的文化内涵，如民俗风情、神话传说、历史事件等。这些资源，是使旅游开发得以深化，并获得灵魂的基础。因此，就旅游开发而言，这些资源价值很大。但由于这部分资源完全具有精神性，或附着于人类生活之中，或蕴藏于历史记载，或附着于建筑、山水之间，无法进行测量，更

无法评估。但从开发角度看，这些资源具有资本性。其价值不完全属于国家，也不属于个人或集体，应属于全体创造文明的人民。

总结以上分析，绿维创景认为，旅游资源是由有形资产和无形资产构成的，土地及景观是有形资产，土地使用权、景观利用权是无形资产。从资本的角度看，旅游资源一旦作为被开发利用的对象，也就构成了资本的投入，其结构可区分为土地资本、景观资本、历史文化资本。其利用方式，则表现为土地使用权和旅游开发经营权。

（二）旅游资源的资本价值利用

1. 土地使用权的有限制使用

由于土地承载了景观，不可能按开发者的要求随意利用，更不能破坏，而只能在加强和提升景观效果的基础上通过规划的控制加以利用。因此，土地使用的价值，因限制而下降。一般来说，应区分出景观土地及周边商业用地，对于国家级的景观土地及景观本身作为国有资产，不出让土地使用权，仅出让景观经营权。而对周边支撑服务及商业开发用地，以有限制性的使用权方式出让，可以以资本形态体现为入股资本或拍卖转让收益。

2. 旅游资源开发经营权

旅游资源的开发权，不同于土地开发权和矿产开发权，是一种有限制条件的、商业性开发的权力。开发与规划权、规划审批权相互配合和制约，受制于相关法律法规和规划的要求。经营权是旅游资源开发中及开发后的收益

享有权，反映了景观资本、历史文化资本投入的价值。因此，以开发经营权为整体，作为政府对旅游区开发的资本入股或拍卖转让，是旅游资源开发的主要资本运作形式之一。

（三）旅游资源开发中的融资方式

旅游资源开发，应以一个市场化的企业作为主体，我们称之为开发商。开发商可以是国有企业，也可以是股份有限公司或民营企业，但应该是有限责任制的。开发主体至少应拥有资源的开发经营权（一般为50年），亦可拥有土地使用权，以及土地上除文物保护单位外的相关建筑物的所有权。开发商以自有资金投入企业，并拥有以上资产，由此形成了开发主体的资本构成。以此构成为依托，开发商可以从以下十个方面进行融资。

1. 银行信贷

银行信贷是开发商主要的融资渠道。对旅游资源开发，可以采用项目信贷的方式借款。项目信贷要求自有资本投入25%以上，可向银行贷75%。开发商可使用以下资产作为抵押或质押：土地使用权、相关建筑物的所有权、开发经营权、未来门票或其他收费权等。目前，银行尚无完善的对旅游资源开发进行贷款的金融工具，但已有企业尝试开发经营权、未来收费权等质押的办法，并取得了成功。

（1）商业银行：质押、抵押。

（2）政策银行：国家开发银行、农业发展银行及中国农业银行、中国银行及进出口银行、贴息贷款。

（3）卖方信贷：设备进口。

（4）担保公司。

（5）世界银行贷款。

（6）国家间支持性贷款。

2. 私募资本融资

开发商对自身的资本结构进行重组改制，设立股份有限公司，并以股份有限公司的主发起人身份，向社会定向招募投资人入股，共同作为发起人，形成资本融资。

开发商也可以先成立自己绝对控股的有限责任公司或股份有限公司，再向社会定向募股，以增资扩股的方式，引入资本金。

（1）战略投资人。

（2）搭车投资人。

（3）资产整合。

3. 整体项目融资

开发商在开发中，设立若干个项目，并制作单个项目的商业计划书，按照投资界的规范要求，准备招商材料。依据招商材料，开发商可以向境内外的社会资金进行招商，其中可以采用BOT等多种模式，也可以合成开发、合资开发、转让项目开发经营权等。

4. 政策支持性融资

充分利用国家鼓励政策，进行政策支持性的信贷融资，包括：

（1）旅游国债项目。

（2）扶贫基金支持。

（3）生态保护项目。

（4）文物保护项目。

（5）世界旅游组织规划支持。

（6）国家及省市旅游产业结构调整基金。

（7）农业项目。

（8）水利项目。

（9）文化项目。

5. 商业信用融资

若开发规划有足够吸引力，开发商有一定信用，开发中的工程建设，可以通过垫资方式进行。一般情况下，工程垫资可以达到30%~40%，若有相应的垫资融资的财务安排，垫资100%也具有可能性。

商业信用可以表现在很多方面，若开发能与开放游览同步进行，则可对旅游商品、广告宣传、道路建设、景观建设等多方面进行商业信用融资。

（1）垫资建设。

（2）代销商品。

（3）门票抵扣。

（4）预售预卖。

（5）时权融资。

6. 海外融资

海外融资方式非常多，包括一般债券、股票、高利风险债券、产业投资基金、信托贷款等。海外融资目前受到一些政策限制，但仍有很多办法可以开展。这需要一家海外投资银行作为承销商，全面进行安排和设计。

7. 信托投资

自《信托法》出台以来，信托投资公司已经拥有了很大的运作空间，并创造了一些新的金融工具。其中，以项目和专题方式发行信托投资凭证，引起了各方面的兴趣。

8. 国内上市融资

由于存在景区门票收入不能计入上市公司主营业务收入的限制，目前资源开发类旅游企业较难直接上市。但通过将收入转移到索道等交通工具，以及以宾馆、餐饮、纪念品等项目包装为基础的企业，仍可走上市的道路，也可以吸引上市公司作为配股、增发项目进行投资。

9. 租赁融资

（1）设备租赁。

（2）资产租赁。

（3）土地租赁。

（4）房屋租赁。

10. 产权融资

（1）产权酒店。

（2）商铺产权发售。

（3）项目公司拆细产权发售。

综上所述，旅游资源开发中的融资运作仍处于十分原始的阶段。创造金融工具是金融界应努力的方向，但旅游企业及相关旅游管理部门，也应组织多方专家合作，研究如何将旅游资源的价值进行资本化，予以量化评估，从而使资源可以作为资本，发挥其撬动融资的功效。

27 河南省王屋山风景区总体策划暨总体规划

王屋山国家级风景名胜区位于河南省济源市西部、太行山脉的南端，内含九大景区，总面积为272.47平方公里。近几年，在河南旅游大发展的推动下，王屋山景区得到了较快的发展，但还存在着一系列问题，亟需解决：

1. 基础设施需要完善。目前景区内部的交通，大部分还是山路，且以陆地交通为主；电信虽覆盖全部景区，但山中有多处地方没有信号；给排水工程还不能满足景区卫生规划的要求；旅游接待设施陈旧，卫生环境较差，档次不够，满足不了大众和中高端旅游者的需求。

2. 产品开发较为初级，需要提升。从产品结构来说，以粗放式观光产品为主，结构单一，而且现有景点散乱，没能够形成统一的整体，主题不清晰；从景区游览结构来说，游览及停留时间短，不能充分释放旅游收益；从产品游憩方式角度看，"有说头、没想头、没玩头"是景区产品目前最大的问题。对道教文化了解不深的游客，难以理解整个景区的旅游价值和道教文化内涵。另外，未能利用资源开发度假产品，度假产品匮乏。

3. 旅游运营状况有待改善。景区收入采用的是山岳文化景区惯用的模式，主要依靠门票、索道、道观承包收入，对旅游产业的带动力和居民经济带动力较弱；营销方式，总体上来看，营销成本支出较少，品牌营销欠缺。

在此背景之下，绿维创景承接了此次总体策划暨旅游总体规划工作，在对资源及市场做了详尽分析的基础上，对产品、游憩方式、营销方式及投融资运作等做了全案策划，以实现

表7-7 王屋山打造思路

名 称	说 明
核心资源	道文化、愚公文化、黄帝文化
基础资源	动植物资源、生态环境资源、山岳资源、水体资源等
打造重点	祈福朝拜游、文化体验游、山岳观光游、养生度假旅游、商务会议旅游
打造方向	(1)祈福文化旅游中要通过祈福设施以及祈福文化、节庆活打造，营造祈福氛围，加强游客的参与性和互动性。 (2)文化体验旅游主要是通过文化传说、人物故事、宗教寺庙等资源的改善提升以及体验性项目的增加，提高历史文化的参与性与体验性。 (3)山岳观光旅游主要是通过独特的山岳景观和最佳的观光视点、特色交通方式的打造，提高观光产品的体验价值。 (4)养生度假旅游是通过道教文化和药理知识、养生文化的结合，打造高品质的养生产品；通过度假地产、旅游小镇、游乐产品等打造，形成良好的度假休闲品质。 (5)商务会议旅游借助周边的市场优势以及良好的风景环境资源，打造中高端商务会议市场。

王屋山景区的提升。

一、资源及市场分析

经过几轮实地勘察及资源梳理，绿维创景认为王屋山景区以山岳幽谷为主体的山水风光独具特色，以道教文化为核心的人文资源博大精深，整体呈现出人文寓于山水画的独特魅力。在对未来开发价值进行评价分析、对河南等宏观旅游市场及专向市场进行分析的基础上，我们将本项目未来的旅游产品打造方向确定为：以山水旅游为载体，以休闲度假为延伸，以道教祈福养生为吸引核打造差异化产品，以强化未来市场的张力，打造中原地区独具魅力的文化型山水旅游目的地（表7-7）。

二、旅游产品策划

面对本项目内多个景区积聚、资源禀赋极

图7-2　王屋山功能分区图

高的现状，绿维创景借助旅游产业集聚区的打造手法，实施旅游聚集战略，打造以"天下第一洞天•中原养生福地"为定位的"景区"型文化旅游产业聚集区。结合王屋山景区的场地现状，本案整体上划分为"一心六板块"的功能结构。并在入口综合服务中心、山水休闲板块、道教文化旅游板块中，细分多个子分区。

（一）入口综合服务中心

图7-3　王屋山入口综合服务中心鸟瞰图

充分利用阳台宫及阳台宫前的大片岭地，延伸景区的旅游体验结构，构造覆盖红线范围155平方公里区域的游客集散与综合服务中心，主要满足游客集散、咨询以及旅游小镇、综合住宿与度假等主要功能（表7-8）。

表7-8　王屋山入口综合服务中心分区项目设置

分区名称	分区项目设置
入口集散组团	入口山门、入口停车场、游客服务中心、道境广场、丹凤朝阳
道家商务休闲组团	白云度假酒店、"论道王屋"国际会议中心、天坛养生度假村
农民新村组团	愚公新村、王屋山旅游小镇

（二）道教文化旅游板块

此板块是整个王屋山景区的核心，结合王屋山的道学渊源、天下第一洞天的道教底蕴，

以山岳背景与道教宫观为载体，以道教祈福与道文化体验为核心，运用情景化、动态化、体验化、博览化、风水游憩等多种手法重塑王屋山"天下第一洞天"意境（表7-9）。

（三）清虚民俗体验板块

本板块以清虚宫为核心，在浓郁的道教氛围中开展道教民俗旅游、乡村民俗旅游。将清虚宫村开发成为道教旅游纪念品生产基地，整合周边多个村庄，借力新农村建设，结合当地

图7-4 王屋山道教文化旅游板块鸟瞰图

表7-9 王屋山道教文化旅游板块分区项目设置

分区名称	分区项目设置
"愚公村—迎恩宫"组团	中华愚公村（愚公村改造、坐忘精舍）、迎恩宫、峡谷桃源、坐忘精舍、迎门旅游度假村
紫微宫组团	药王隧道、紫微宫、上善若水、长寿文化广场（银杏树、不老泉、药王殿、导引坛）、逍遥巷、王屋山地质博物馆
天坛顶组团	天坛神路、日精峰索道（王屋山索道）、天坛顶（轩辕殿、总仙宫、日精阁、月华亭、舍身崖、定心石、老君祠）、天坛顶索道
天路长廊组团	天路长廊、森林休憩平台、三官坪服务中心
王母洞组团	天路走廊、王母赐福（或王母神像）、王母仙宫、洞天福祉、玉簪宫、悟道山庄
王母峡组团	王母峡索道、王母峡步道、王母峡瀑布（白龙瀑布、黑龙瀑布）、红龛瀑布、溪谷度假山庄、娃娃鱼养殖基地

农民利益，吸引当地村民积极参与基础设施建设，整理现有村庄的建筑格局，发展乡村民俗旅游；同时依托清虚宫周边的农田资源开发支持王屋山旅游提升的休闲农业基地（表7-10）。

（四）药王养生度假板块

此区域是王屋山中高端游客的养生度假区。以药王为文化载体，结合现代养生旅游手法，迎合时尚的观光医疗旅游趋势和养生旅游趋势，挖掘药王的医疗、养生文化，开发以"养颜、养身、养老、养心"为目地的医疗养生度假产品。

药王养生度假板块主要以药王养生、避暑度假为主要卖点。在商业上考虑商业售卖与别墅租赁相结合的经营模式。在项目运营支撑上考虑引入中原乃至全国著名的中医医疗机构，从中医养生、美容养颜、养老度假三个角度形成对该区域养生度假产品的有效支撑（表7-11）。

（五）山水休闲板块

此区域是王屋山山水资源的富集区，并与九里沟景区以及南太行旅游公路相连通，是一个面向自驾车游客市场的运动与山水休闲体验区（表7-12）。

（六）生态涵养板块

在生态环境的打造上，第一，培育良好的生态涵养系统，启动对铁山河流域、王屋山水库等水源以及沿岸的环境的综合治理，通过植

表7-10　王屋山清虚民俗体验板块分区项目设置

分区名称	分区项目设置
清虚宫	清虚真人殿、三清殿、玉皇阁
清虚五福村	百艺街、清虚旅游纪念品基地
清虚创意农园	中草药种植园、特色园艺创意园、有机农产品培育园

表7-11　王屋山药王养生度假板块分区项目设置

分区名称	分区项目设置
药王康疗组团	药王祠、药王摄生堂、四季养生苑
倾城养颜组团	漱芳堂、塑颜美体中心、倾城度假山庄
松鹤养老组团	太极养生园、老君堂、松鹤延年苑

表7-12　王屋山山水休闲板块分区项目设置

分区名称	项目设置
大店河滨水休闲组团	竹海山村、冬凌山庄、果蔬营地、红豆杉村
十里河运动营地组团	休闲山吧、山林营地

树造林加强山区生态建设，以农田为主要内容加强浅山区的生态恢复，第二，建设可持续的生态环保体系，发展循环经济。

（七）仙境高端度假板块

利用其生态环境特色，结合道教文化的思想核心，打造为高端度假区域，实现景观、文化上的整体串联，同时作为整个景区度假旅游的延伸，为游客提供仙境般的度假感受。在对旅游道路进行建设的基础上，将生态山水环境与道家的柔静、心斋、坐忘等核心哲学思想进行结合，利用自然山谷风光以及南庄、东庄、

西庄的地形结构，结合道教文化，形成柔静、心斋、坐忘、梦蝶四大度假组团。

三、特色游憩方式设计

（一）特色游憩体验

表7-13 王屋山特色游憩方式设计

游憩方式	说　　明
愚公移山	以《愚公移山》这个寓言故事为题材，将王屋琴书的听觉艺术与皮影戏、布袋戏的视觉感受相结合，形成对愚公文化的创新体验方式
黄帝祭天	在入口区，不定期举办黄帝祭天的大型体验活动，感受历史上黄帝祭天的宏大气势与经典场景
道宫摸福	以"摸福"的互动方式，将寓意吉祥的风水结构，设置成满足游客心里祈福需求的祈福对象
学道修行	以"生活道"为主题，通过与道士共同进行早课、膳食、抚琴、对弈、辟谷、服气、练导引术、存想、坐忘等活动，形成"道"的感悟与体验
玉帝巡游	借鉴《马祖巡游》、《包公巡游》等巡游方式，强化人与神交流赐福的模式，策划玉帝巡游活动
清虚寻仙	以清虚真人为角色，以球幕与3D科技为手段，展现其通过王屋洞天、过三十六天，探寻大罗仙境和玉京天宫的传奇
王母赐福	依托大型王母娘娘乘坐凤辇降临人间的大型雕塑，开展的赐福活动。运用动态、互动的方式，融入喷雾、撒花等方式，营造王母娘娘在仙境中赐福的祈福体验
紫微祈福	突破传统的多殿式道教祈福体验，将王屋山的拱券建筑结构，与石窟艺术、声光电技术相结合，在一个大型建筑空间内，构筑全新的道教神仙祈福体验
悟道·王屋	以室内演艺的方式，借助声光电、LED、3D等高科技手法使王屋山道文化的代表性元素得以展现

（二）特色餐饮

表7-14 王屋山特色餐饮设计

特色餐饮	说　　明
王屋道膳	以道家饮食养生为理念，结合天坛养生会所、药王养生组团等餐饮设施，根据四季气候变化与人体脏腑的对应关系，精心设计每个季节食用的养生菜品
王屋药膳	以"药王"品牌，开发养生餐、美容养颜餐，倡导"秫饭一盂，杞菊数瓯，不调盐酪，美如甘露"的清淡饮食理念
济源特色小吃	位于入口区的王屋山旅游小镇以及景区内的部分餐饮店，提供济源特色小吃

（三）特色住宿

图7-5 王屋山特色住宿设计

（四）特色交通

龙车凤辇	⇒	以"龙车"、"凤辇"或"太极"为题材，对电瓶车进行系统文化包装
索　道	⇒	升级改造王屋山索道、建设天坛顶索道、王母峡索道
王母峡步道	⇒	通过设置栈道、吊桥等，构造峡谷风光、王母峡瀑布、红禽瀑布等景观的特色体验

图7-6　王屋山特色交通设计

（五）特色旅游商品

道教	既要丰富，又要凸显特色	◆众多神仙人物的瓷神像 ◆具有基础性文化意义的道教用具、道教音像制品、字画以及诗词作品等 ◆与道教祈福有关的许愿灯、许愿锁等 ◆与道教养生有关的养生茶色、道茶用具 ◆与寿、福文化有关的吉祥物及小饰品等
王屋山	以"王屋山"品牌为主题进行延伸开发与系统打造	◆天坛砚 ◆红叶纪念册 ◆银杏主题旅游商品 ◆雕刻 ◆王屋山珍 ◆……
愚公	以"愚公"品牌为主题开发系列旅游商品	◆愚公及其相关人物的玩偶、剪纸、皮影、泥塑 ◆愚公杂粮 ◆……
风水	结合风水文化体验项目的开发设计旅游商品	◆与风水文化相关的书籍、用品，如罗盘、风水吉祥物、辟邪物等
济源	济源的特产及民间工艺品	◆将济源的特产在王屋山售卖，作为旅游者赠送亲朋好友的佳品 ◆民间工艺品

图7-7　王屋山特色旅游商品设计

图7-8　王屋山LOGO设计方案

四、营销推广思路

（一）营销主题

天下第一洞天·中华养生福地——王屋山祈福与养生之旅。

（二）宣传口号

在形象定位的指导下，面向中原市场，以道教文化为核心，围绕山水、民俗特质，设计宣传口号：

口号1：天下第一洞天，中华养生福地

口号2：悟道王屋仙山，养生第一洞天

口号3：悟道王屋山

口号4：仙山悟道·洞天养生

口号5：悟道仙山·福生洞天

（三）LOGO设计

LOGO设计要将王屋山最核心文化主题——道教文化凸显出来。

（四）营销渠道

表7-15 王屋山营销渠道设计

营销渠道	说　明
分销	旅行社、大型企业、协作单位、协会组织等
网络营销	网站建设、搜索引擎收费推广、电子邮件营销、与各网站交换链接、网络社区营销、与携程合作、开展聊天室营销、网络广告等
媒介营销	省内：济邵高速以及济源市、焦作市、洛阳市、郑州市内的广告牌；《河南卫视》和《济源电视台》；大河报、河南日报、济源日报、郑州晚报、洛阳晚报等媒介 省外：中央电视台、旅游卫视、中国旅游报以及省级电视台；新华、搜狐、网易、新浪网、中国假日旅游网、携程网等
特定活动促销	旅游产品说明会；对主要城市的旅行代理商、预订中心、旅游网络进行免费旅游名额赠送活动；参加国际性、全国性以及区域性的旅游交易会；针对知名媒体记者、编辑、电视主持人等召开媒体新闻报道大赛，扩大宣传，加深印象
电信营销	建设基于中国移动通信手机平台的信息服务项目；开通全市旅游系统从业人员手机彩铃；利用手机短信促销
社区营销	与街道办事处、社区居委会紧密结合，通过展板、图片展览、讲座等方式传播旅游目的地信息
节庆/主题活动营销	王屋山红叶节、王屋山国际旅游登山节、王屋山道学文化研究会论文评选活动、"悟道王屋山"国际文化旅游节日等

第二节
旅游规划的创新与提升

一、旅游规划

旅游规划是一个热门词，在旅游产业带动城市经济发展的过程中，起到了非常重要的作用。

旅游规划，是一个地域综合体内旅游系统的发展目标和实现方式的整体部署过程。规划经相关政府审批后，会成为该区各类部门进行旅游开发、建设的法律依据。规划要求从系统的全局和整体出发，着眼于规划对象的综合整体优化，正确处理旅游系统的复杂结构，从发展和立体的视角来考虑和处理问题。因此，规划必然要站在高屋建瓴的角度统筹全局，为旅游提供指导性的方针。

规划是一套法定的规范程序，是对目的地或景区长期发展的综合平衡、战略指引与保护控制，从而使其实现有序发展的目标。规划是为旅游发展设计的一个框架，这个框架必须是长期的、稳定的、必要的。

旅游规划的基本任务是：通过确定发展目标，提高吸引力，综合平衡游历体系、支持体系和保障体系的关系，拓展旅游内容的广度与深度，优化旅游产品的结构，保护旅游赖以发展的生态环境，保证旅游地获得良好的效益并促进地方社会经济的发展。

二、中国旅游规划的发展历程

（一）初步萌芽阶段（1978~1988年）

旅游规划最早起源于20世纪30年代中期的英国、法国和爱尔兰等国。中国的旅游规划是随着旅游业的发展而成长的。改革开放以来，我国旅游业迅速发展，同时旅游规划也在全国各地逐渐兴起。这一时期的旅游规划工作主要是资源导向型，以资源性质决定旅游项目。这类规划往往注重挖掘自然、人文和社会风情中极具特色的资源，用以吸引更多游客。因此，旅游资源分类、评价和开发利用成为了其旅游规划的主体内容。这种模式是卖方市场条件下旅游规划工作的基本特征。

（二）探索研究阶段（1989~1998年）

1989~1998年，中国旅游业在实施"政府主导型战略"中开始由事业型向产业型转变，这一时段刺激了政府发展旅游业。尤其是在东南亚金融危机期间，旅游业被很多城市和地区提升到国民经济主导产业的高度。中国的旅游规划随着旅游市场逐渐由卖方转化为买方，不再局限于资源导向，开始进入了以市场需求为导向的产业化规划阶段。这一时期的旅游规划开始注重对旅游客源市场、游客需求及旅游目的地的可进入性等进行系统分析，地理学、信息学、历史学、心理学等更多相关学科开始全方位介入。在接近市场的城市区域建立人造旅游吸引物的成功，成为旅游市场需求变换的重要依据。旅游开始被作为一个经济产业加以系统化地规划。

（三）整合发展阶段（1999年至今）

亚洲金融风暴以后，亚洲发展中国家开始逐步深化改革，调整产业结构。旅游业的发展除了游客与收入"滞胀"外，还出现了人造旅游吸引物、主题公园、度假区等盲目克隆的负效应，人们对旅游业的投入持观望态度，学界对规划的失误开始反思，也开始寻求突破。

新世纪起，我国宏观经济走势趋强，中国旅游规划进入了一个新的发展阶段，国内旅游业呈现出"大产业、大旅游、大市场"的格局。由此，地方性旅游规划和旅游目的地规划的需求激增，旅游规划的规范化趋向明显。1999年3月29日国家旅游局颁布了《旅游发展规划管理暂行办法》，2000年11月22日颁布

了《旅游规划设计单位资质认定暂行办法》，2003年2月24日又颁布了作为国家标准的《旅游规划通则》等，进一步规范旅游规划的发展方向。《旅游规划通则》从2003年出台至今，为旅游策划规划和设计提供了很好的依据。但随着国家文化创意产业规划及城乡规划法的相继出台、"十二五"规划高峰的来临、旅游业作为国家战略产业的确定，旅游真正走向了构建泛旅游产业集群的新时代，传统旅游规划通则的局限性开始呈现[①]。

三、新时代下旅游发展需求

2012年，中国人均GDP已突破6000美元达到6100美元。在不断提升的消费能力的带动下，我国旅游正由观光游览向休闲度假过渡，迎来了一个新的时代。

国务院《关于加快旅游产业发展的意见》中把旅游产业定为战略性产业，国家旅游局强调它是支柱型产业。旅游产业不断延伸，并与其他产业融合、聚集，形成产业集群化发展趋势，其产业结构本身及产业结构模式发生了变化，由此形成了强大的产业带动作用。对于国家与区域经济发展、新型城镇化等都有着越来越重要的地位与价值。

2013年，国务院办公厅正式印发《国民旅游休闲纲要（2013~2020）》（以下简称《纲要》）。《纲要》站在旅游产业之上，从社会

---

① 董观志. 中国旅游规划发展历程探析【J】. 中国旅游报，2011-04-29.

经济综合发展的高度规范国家的休闲旅游体系，就推进国民旅游休闲基础设施建设、加强国民旅游休闲产品开发与活动组织提出明确要求。

现在的旅游规划，基本上以旅游经济发展战略为核心，是旅游的产业规划和旅游的产品规划。绿维创景认为，基于新时代下的一些需求变化，必须反思和总结旅游规划编制中的问题，提高战略层次，基于《关于加快旅游产业发展的意见》和《纲要》的要求，调整规划的结构和模式。

四、旅游规划在新时代下的局限性

旅游规划编制已经普及县，甚至乡镇。然而，越来越多的人提出，旅游规划不能指导产业的发展，于是不断地要求修编。然而，修编后仍解决不了招商引资、景区经营等实际问题。

其实，这是由两方面因素共同作用形成的结果。

（一）旅游规划的质量良莠不齐

旅游规划主要存在的问题：规划单位的资质及能力有限、顾忌成本、基础资料不详细等导致规划深度不足，定位不准等。旅游规划的重要性日益突出，从事旅游规划的单位也随之增多，市场竞争因而变得激烈，导致了旅游规划低价竞争的出现。县级规划普遍价格已经被压低至20万甚至更低，低价竞争导致产品的质量下降，规划的深度降低。规划单位因为顾忌各种成本，无力投入资金和人力进行市场调查，无暇与周边竞争区域进行差异化比较，无法投入足够的精力对产品进行策划及对其可行性进行细致评估。这就导致规划偏重于原则性的套话、空话，好比医生告诉病人你病了，身体不好，但是病人想要知道到底哪里有问题，该怎么治，却无从下手。因此，现在规划中虽然可能没有方向性的错误，但是也找不到指导性、操作性的内容。

（二）旅游规划指导理论的滞后性

旅游规划理论体系落后，不能很好地指导实际工作的开展。过去很长一段时间里，《旅游规划通则》在一定程度上规范着旅游规划的开展，并具有重要的指导作用。但旅游产业的转型与升级，要求旅游规划在"规范性"的基础上，要有很强的"创造性"和"可操作性"，而现行的《旅游规划通则》是在以观光为主的传统旅游产业架构下构建的，局限性非常大，难以适应这样的需求。主要体现在以下几个方面：

1. 对旅游产业的研究不清晰

旅游产业已被国家定位为战略性支柱产业，而战略性产业具有终端消费性强、引擎作用大、附加价值作用高、幸福指数需求强等特征。旅游规划需要通过多方整合及突破，充分实现上述特征。

2. 旅游与城市化之间的关联未体现

城市是旅游的一种载体，旅游是城市的一种功能。我国的发展已经迈进了城市化阶段，从超大城市到中小城市，再到小城镇，进一步到新型农村社区以及旅游综合体的旅游发展，都要考虑城市化的需求。旅游作为最有活力、联动作用极强的产业之一，必须纳入城市规划范围之内。但城市规划与旅游有什么关联，旅游小城镇以及村庄规划怎么与城市化衔接，在《旅游规划通则》中则完全没有体现。

3. 起不到应有的指导作用

加速发展旅游产业，已经成为很多地方政府经济工作的重点。为此，地方政府和旅游主管机构做了很多规划。政府运营计划中一般是：一年前期准备，两年初见成效，第三年大见成效，三到五年必须出大政绩。但目前很多规划无法为政府指导当期发展，更别说由现在导向未来的长远发展。

旅游开发是一种投资大、见效慢的工程。针对怎样使旅游企业在旅游投资上实现产业链延伸的综合收益，怎样实现从一般的项目开发商到区域运营商的转变，怎样能够获得区域综合运营带来的巨大区域升值效益等问题，《旅游规划通则》不能给予实质性的指导实践，不能从产业上、产品上、政府的整体发展与实际操作上详细体现，这样就会造成一种现象：规划规划，墙上挂挂。

五、新时代下旅游规划的架构

旅游规划分为旅游发展层面和区域发展层面。旅游发展规划是指区域的产业规划，区域产业规划是整个区域发展旅游产业方面的发展结构。区域发展层面包括目的地规划、旅游区域规划、旅游项目规划等，它是具体的、落地的、运营的投资实体。区域产业规划和旅游目的地规划可以相互结合，但旅游目的地是一个区域结构而不是一个项目结构，所以区域发展规划和旅游目的地规划是同一种规划的不同整合角度和模式。有些旅游区域可以做目的地，有些旅游区域不能做目的地。旅游规划形成区域产业规划、目的地规划、项目规划和旅游区规划这几个层次，由此形成的规划编制模式也是不同的。

六、新时代下旅游规划的新模式

由于新时代旅游市场的发展、旅游产业的纵横延伸、泛旅游产业的出现等，绿维创景认为，只有超越《旅游规划通则》的限制和前期旅游规划的思维定式，才有可能编制出符合当前产业使命的旅游发展规划，从而为旅游产业链条的有机联动提供动力机制。

旅游规划的作用、地位与编制方式需要创新与发展，需要根据时代的变化调整其结构和模式。基于当前形势，绿维创景一直在不断探索规划的创新模式，并提出新时代下的旅游规划编制，应该按照以下要求做。

（一）旅游产业的发展及突破

旅游产业的发展，要研究产业本身的内容、价值和产业结构问题。通过研究旅游产业本身，构建旅游产业链，形成产业的交叉融合、产业聚集、产业集成及产业集群化发展。通过对旅游产业结构由观光到休闲再到度假的升级以及支持产业、辅助产业和相关产业的研究，构造泛旅游产业聚集带动区域发展模式。因此，在旅游产业规划中，产业结构的理论不再局限于旅游产业本身，而是扩展到旅游产业与其他产业的关系。在泛旅游产业整合的架构下，从旅游产业的整合发展、聚集结构和集群化发展模式，去寻找产业发展的技术路线与模式。产业发展的基础发生变化，其工具也会发生变化，产业规划所要求的理论基础与框架也要随之发生变化。

（二）旅游产业带动区域综合发展

旅游产业带动的不仅仅是一个产业或者一个泛产业，而是整个区域的综合发展。

1. 带动区域经济发展

在区域经济发展中，分三个层次：第一，是旅游产业本身多样化，产业结构升级；第二，旅游带动其它产业，形成泛旅游产业整合和区域产业综合化发展；第三，产业集群化发展形成区域旅游目的地的系统整合，带动整个

区域经济的综合发展。

随着我国城市化的发展，旅游已成为提升城市化质量的重要因素，是城市化中具有产业、居住双重支持价值的要素，为其发展提供了产业支撑。中国的旅游开发，已经与区域发展和城镇化进程全面结合，并在产业上趋于融合，形成了旅游产业导向下泛旅游产业聚合的区域经济与城镇化综合开发模式，这实际上是旅游产业与城市规划之间互动形成的复合型结构。在旅游规划编制中必须要把旅游与城市化相结合，形成旅游与城市化之间的一整套模型。因此，在未来旅游规划中，需强调旅游与城市一体化发展，旅游与城市发展的融合。通过旅游发展，带动相关产业发展，形成泛旅游产业集群化发展模式，有利于提升目的地城市的形象及其知名度，加快城市的建设与城市化发展，同时城市为旅游发展提供重要载体。

2. 带动区域社会发展

（1）民生要素的规划应纳入旅游规划的内容。旅游区的规划是产品规划，旅游区域规划和目的地规划是产业规划，现有旅游规划中，产业规划、旅游产品规划的内容已经相对成形和完善，但对旅游休闲的民生要素规划还不够重视、不够到位。《纲要》中提出的国民旅游休闲物质基础，涵盖了教育、卫生、科技、文化、农林水、环保、公共交通等多个民生范畴。因此，国民旅游休闲新时代的旅游规划，不仅要研究区域的产业发展和产品布局，还应研究本地居民的民生要素规划；不仅要考虑游客的旅游休闲需求，还要考虑本地居民的

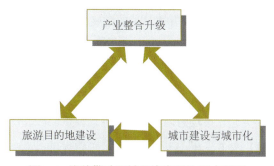

图7-9　旅游带动区域经济发展的三个层面

日常休闲需求。构建本地居民旅游休闲发展架构，将区域内居民的旅游休闲时间、旅游休闲环境、旅游休闲设施等民生要素进行整合，纳入区域旅游规划整体考虑。具体包括本地居民收入、本地居民旅游消费、本地居民带薪休假时间保障、本地居民休闲场所布局合理化、本地居民公共交通条件等。

（2）旅游规划应更专注社会发展。①休闲环境的保护。环境建设是休闲的基础，国民旅游休闲，不仅要有极佳的景观资源，还要求高品质的环境基础，包括气候、人文氛围、文化资源、生物资源等。因此，作为一种社会价值，对休闲环境的保护及由此形成的资源保护、文化保护等，是国民旅游休闲度假环境建设的重要组成部分。②休闲权利的保障。保障和扩大休假权是人类经济社会文化发展的必然趋势，对个人休闲时间的基础保障，在西方已经成为一种基本认知和社会习俗。我国的休闲理念一直缺失，而在《纲要》发布后，国民休闲时间和休闲权利的保障，将成为我国国民社会生活的一种基本准则，成为一种社会环境、社会习惯和社会认知。③管理机制的保障。国民旅游休闲的管理，不只是对旅游休闲产业的管理，更是一个社会管理过程，包括咨询、投诉、导引系统、交通系统等公共设施和公共环境及公共体系。国民旅游休闲管理是一种社会公共环境的基础，这种社会环境指：社会政策、社会公共政策和社会公共投资企业，包括政府投资、本地政府投资和国家投资等方方面面的投资。这需要形成公共投资的公共环境、

公共基础、公共管理，最终形成良性的社会管理机制。

综上，绿维创景认为，随着旅游从经济站位到经济与民生共同站位的转变，旅游规划也应随之从产业角度，调整到民生与公共政策的高度。这就要求我们转变传统的旅游规划理念，把旅游产业规划调整为国民休闲规划及经济带动型产业规划，在社会、经济统筹发展上整合思路与战略，大幅提升和增加民生规划与社会公共规划的内容，全面系统地把握国民休闲计划的民生价值与社会公共价值，从而实现旅游规划的转型提升。

（三）旅游规划与政府运营

旅游规划首先是面临政府需求，然后才有旅游运营框架与架构。旅游运营已经成为区域经济运营的重要方面，地方政府是区域旅游发展的主导机构、整体运营机构和行业管理机构。旅游的区域系统性与政府的规划统筹职能、旅游资源属性与政府的资源保护管理职能、旅游开发的外部性与政府公共工程投资职能、游客的跨区域流动性与政府的市场管理及营销职能，这四个方面相互对应，决定了政府可以也应该主导旅游产业的发展。

政府的旅游产业运作和目的地运作，是一种区域经济的商业化经营，是经营城市的一部分。这样的运作，不能像竞争性工业产业一样完全靠市场的力量进行，而需要整合行政管理、公共工程、土地与资源、税费优惠、营销促进、招商引资等，以商业化的理念，由政府

实施综合经营。商业化理念，就是政府实施整体综合经营的理念，按照经济规律，结合长远发展目标，围绕综合效益最大化，开展经营运作的理念。

由此，在旅游规划中，政府需要的是能够开展实际运作的系统方案。旅游规划应明确政府进行旅游产业及区域旅游目的地开发运营的理念，整合定位、功能布局、项目设计、游线安排、要素配置、公共工程、招商引资、营销促销、目的地及产业管理等，形成一个3~5年的政府计划，并且这个计划应包括政府怎么运营、什么是抓手、什么是亮点、怎样让方案落地等问题的解决方案。

（四）旅游规划与企业运营

任何一个具体的旅游项目都要落地到企业运营方案上，即企业的投融资、开发进程与旅游项目开发结合，形成旅游投资开发方案。然而传统旅游项目（以游客为服务对象，通过

服务获取收益的项目）的投入产出比已经越来越低，特别是在一流观光资源已经全部开发之后，旅游服务与旅游设施开发项目都是"高投资、低回报、长周期"类型的项目。怎样实现产业链延伸的综合收益及区域综合运营带来的区域升值效益，成为企业投资运营的重要内容。

在旅游规划方案中，要梳理企业的定位，根据不同身份确定其核心工作及企业运作的商业模式。特别是对于以旅游综合开发为内容的区域运营商，旅游规划应结合产业发展、城镇建设、社会统筹，在政府的管理下，指导他们以主投资商的身份，在城市和旅游规划、土地一级开发、泛旅游产业项目开发、市政公用建设开发、商业地产开发、住宅和度假商业开发六个领域发挥作用，实现企业自身的商业化良性运营，实现企业在区域综合开发中的系统整合，实现企业在区域运营上10~30年的良性现金流和持续增值效应，最终分阶段实现区域经济社会的大发展。

案例 28 安徽省太和县旅游发展规划

安徽省阜阳市太和县的旅游产业经过近几年的发展已有一定基础，但总体发展水平较低。面对县内及周边地区居民日益增加的出游需求，以及每年椿樱旅游节与华药会带来的市场机遇，当地旅游业显现出较大的产品缺位和

总量不足。目前全县的旅游开发由地方自发进行，缺乏整体考虑，亟须启动新形势下的旅游产业发展规划，以宏观统筹、整体布局的战略方针对全县旅游业开发进行部署和指导。绿维创景在这一背景下承接了这一规划任务。

"产品策划、招商策划、运营策划和营销策划"是关系到太和县旅游产业发展的核心因素。遵照现行《旅游规划通则》编制的发展规划对此虽有提及，但往往蜻蜓点水，缺乏专项的、深入的策划分析和具体可行的操作措施，无法指导实际操作。缺乏核心要素深入策划的规划只是一个躯壳，难以达到编制规划的预期效果。因此，需突破这一传传统模式，研究两大问题、整合两大层面的规划，具体内容如下：

一、研究两大问题

在太和县旅游产业整体水平还比较低，且面临安徽省旅游市场激烈竞争的情况下，太和县应该提出将旅游业作为支柱产业来发展，这能够充分体现政府决策部门的长远目光和非凡魄力，充分对接省政府要求把安徽由旅游大省向旅游强省发展的战略要求。

旅游业要作为太和县支柱产业，一方面应该深刻研究旅游产业本身如何发展；另一方面，要研究旅游产业如何带动其他产业发展，如何带动城市化开发。这是摆在本项目面前的重大课题。

（一）旅游产业本身如何发展

在目前旅游业作为重要产业的背景下，如何站在太和县整个产业战略发展的高度，站在皖北地区文化桥头堡的高度，去统筹旅游产业的战略目标、战略定位，以及具体的战略实施行动，构建旅游产业链，形成各产业协调互促的良好局面？

如何在激烈的市场竞争背景下，实现太和县旅游的差异化定位，避免区域恶性竞争？如何在太和县缺乏鲜明旅游形象的背景下，整合旅游资源，打造城市旅游品牌形象，形成核心吸引力，找到休闲旅游产业发展的核心突破口？

（二）旅游产业如何带动其他产业发展，如何带动城市化开发

旅游业该如何理顺与其他产业之间的关系，形成有效的协调互促发展机制，并通过自身的发展带动其他产业的发展，从而形成太和县整体区域经济的腾飞以及社会的进步？

旅游业如何通过产业要素的布局形成旅游目的地，如何推进旅游城市建设与太和县城市化发展？如何推进太和县休闲城市建设，旅游小城镇建设，休闲农业与乡村旅游开发，从而推进城市化进程，推进城乡统筹，解决三农问题？

二、整合两大层面的规划

绿维创景认为，《太和县旅游产业发展规划》绝不仅仅是一个单纯的旅游发展规划，而是一个在旅游产业发展规划的基础上，以旅游产业为核心和主导，并最终落实在旅游产业开发上的区域产业经济协调可持续发展规划。这里包括两个层面的内容。

第一是区域发展层面，应该结合产业发展、目的地建设、城乡统筹下的城市化建设等，即包括产业整合升级、旅游目的地建设和城市建设与城市化三个方面。

第二是旅游发展层面，应该有深度的策划，包括旅游产品策划、旅游营销策划和政府运营策划。

（一）区域发展层面

1. 产业整合升级

（1）产业定位

通过旅游的大力发展，将休闲旅游产业作为太和县的支柱产业，通过配备合理的产业链，和其他产业形成联动关系，从而带动整个区域经济的发展。

（2）旅游产业本身升级

在中国旅游产业升级的大趋势下，太和县应抓住时机，紧跟市场，顺势而行，积极推动旅游产业本身升级转型。

图7-10 旅游产业本身升级示意图

产品转型升级：通过观光升级、休闲延展、度假深化，促进太和县旅游产业升级，从根本上改变单一门票经济的收益模式。

产业规模升级：加大投资和营销力度，为旅游产业营造良好的发展环境，促进旅游产业规模升级。

主题产业聚集区：通过对场地资源的把握，确定各区块主题产业，且目的地各区块的主题旅游产业要实现差异化发展——同主题产业聚集在旅游区块内形成主题产业聚集区，同时各旅游区块应包括综合、完备的旅游产品体系。

（3）产业体系构建

①旅游产业集群

旅游业作为太和县的核心产业之一，其发展应与其他产业合理结合，最大可能地带动其他产业发展壮大，从而实现区域经济的全面振兴。同时，旅游产业链的构建也应和政府提出的统筹城乡、新农村建设、经济结构转型等一系列的重大经济政策相呼应，更好地贯彻落实科学发展观，更好地促进和谐社会的形成与发展。

按照国际和国内三次产业划分的标准，"旅游产业"并不是严格意义上的"产业"；而从旅游产业发展的实际情况看，实质上本次规划中的"旅游产业"或者说是"旅游及相关产业"属于"产业集成"的概念。

产业集成是指一组存在积极的纵向或横向联系的产业部门，或者说是各产业之间纵向或横向联系所形成的创新结合体，其实质是技术创新、产品创新和市场创新等方面的系统集成，由主导产业、相关产业与支持产业有机构成。一般说来，核心产业与支持产业部门之间的联系为纵向联系；核心产业与在技术或市场上有互补关系的产业部门之间的联系为横向联系。绿维创景参考国外社会产业理论，结合中国国情，将"旅游产业集群"定义为：以旅游为主导产业或核心产业，与旅游活动相关的上下游产业和横向相关产业组成的产业体系和产业群。旅游产业集群包括旅游主导产业、旅游相关产业和旅游支持产业三个方面。相关理论详见旅游运营网，www.lwcj.com。

从核心产业角度看，所有与旅游纵向联系的产业部门都可能被称为旅游支持产业；所有

与旅游横向联系有关的部门均可被称为旅游相关产业。在产业集成中，每一个产业部门都是资金与技术的来源，并构成众多其他产业部门的市场需求，形成特定的产业市场群。

结合太和县实际情况，旅游产业集群包括如下产业：

旅游主导产业：旅游观光业、旅游休闲业、旅游度假业。

旅游支持产业：生态农业、林业、畜牧业、渔业、交通运输业、食品加工业、建筑建材业、风电能源业、房地产业、遗产保护业。

旅游相关产业：文化娱乐业、商贸服务业、餐饮业、酒店业、会议会展业、体育运动业、医疗养生业、教育培训业、网络信息业、汽车业。

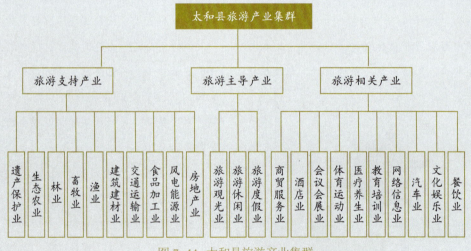

图 7-11 太和县旅游产业集群

②旅游产业集群模式

从旅游产业结构优化升级，旅游相关产业衍生发展和旅游支持产业延伸发展着手，异业联合，整合发展，推进旅游及相关产业

（旅游产业集群）"升级、联合+整合、多元化发展"，通过"产业集群模式"打造具有影响力的旅游目的地，实现太和县旅游产业及相关产业（旅游产业集群）的科学、健

康、可持续发展。

找到与旅游产业相关的且可以相互协调促进的其他产业只是第一步。摸清每一种产业与旅游产业的作用机制，并通过设计合理的产品和项目来使这种作用机制最大限度地发挥正面作用，避免负面影响，这才是旅游产业链打造的关键。而这一工作必须在对太和县资源和产业现状的详细调查和深入把握的基础上才能有效进行。

2. 旅游目的地建设

目的地的原始概念，是指游客旅游的目标地。但从旅游作为一个游憩及游憩接待系统的角度而言，目的地概念则包含了一种系统结构与系统工程的理念思路。仅仅有独特的旅游景区是不够的，还要求具备一个完整的游憩构成（2~5天的游憩内容及游程），有足够且合格的接待实施，方便的交通进入条件，以及满足多种需求的配套服务。因此，目的地是一个功能系统，必须进行系统整合，以便实现最优化的社会经济效益，形成系统功能的有效性与持续发展。

旅游目的地的系统整合，是一个系统工程。其中，目的地的核心吸引力，是市场的吸引核，也是系统的核心要素。围绕市场需求，形成完整游憩与接待的要素配置与配套，形成系统的功能构架。目的地系统，需要一个整合发展的过程，并且应该形成可以根据市场变化，进行自动修正的可持续发展的自组织系统。

太和县的旅游目的地系统建设，需从以下

几方面着手进行。

（1）目的地核心吸引力打造

目的地的形成，需要有独特的、强大的旅游吸引力。无论自然资源、人文资源，还是新的游乐景观创造，都应具备对游客需求的高程度满足，才可能成为旅游的目标。

（2）游憩方式设计与项目策划

旅游目的地之所以吸引游客不断到来，不仅仅因为吸引物本身的独特性，还必须形成能最大限度满足游客游憩需要的观赏、游乐、体验方式，即游憩方式设计。

（3）目的地要素配置与配套

旅游目的地的运作，需要围绕吸引核及游憩过程进行要素配置，形成旅游功能的完整组合，并通过空间结构的安排，形成功能布局。一般而言，按照"食、住、行、游、购、娱"六要素进行配置，也可以按游览项目与配套服务实施两个方面进行功能配置，结合空间结构，形成布局安排。

3. 休闲城市建设与城乡统筹下城市化发展

旅游城市建设：以旅游及相关产业聚集为

图7-12　旅游城市建设结构图

产业基础，构建旅游城市、旅游小城镇、城乡统筹下旅游引导的新型农村、景区（点）的四级城市结构，形成旅游城市建设构架。

城市化：通过旅游产业聚集，统筹城乡，带动城乡经济发展，从而推进城市化进程，实现城市运营的创新突破。

（二）旅游发展层面

前文已表明，太和县旅游本身的发展，要从其旅游产品策划、旅游营销策划和政府运营策划三个方面进行，也就是要进行旅游全案策划。

1. 旅游产品策划

在产业体系的构架下构建产品，形成完善的产品结构体系，主要包括现有景区的升级策划与包装、新景区或项目的打造、游憩方式的设计，以及对所有旅游产品的整合。以上必须在深入调查研究的基础上进行。

2. 旅游营销策划

太和县目前的旅游营销力度不足，仅是单一旅游产品的独立营销，没有形成整体旅游品牌形象。作为旅游目的地，市场对太和县的营销提出了更高的要求。首先，在旅游产品策划的基础上，应塑造可以体现太和县特色和内涵的旅游形象，并形成宣传推广口号。其次，对旅游地形象进行系统整合营销，逐步确立太和县在安徽乃至全国的旅游形象。最后，通过各种营销方法（如事件营销、细分市场营销、体验营销等），扩大太和县旅游的知名度，进一步拓展旅游市场。

3. 政府运营策划

旅游运营，已经成为区域经济运营的重要方面。地方政府是区域旅游发展的主导机构、整体运营机构和行业管理机构，旅游的区域系统性与政府的规划统筹职能、旅游资源属性与政府的资源保护管理职能、旅游开发的外部性与政府公共工程投资职能、游客的跨区域流动性与政府的市场管理及营销职能，这四个方面的相互对应，决定了政府可以也应该主导旅游产业的发展。对于旅游目的地而言，必须由政府主导运营。政府必须且能够承担旅游产业发展的规划、系统协调、资源管理、资源保护、公共工程投资、市场管理、营销促进的多样职责。

项目分期建设时序、投融资计划、运营部门组织结构、旅游营销的实施都属于政府运营管理的范畴。运营策划应科学系统地对运营管理涉及的各方面予以设计，为政府提供可行的行动计划，保障运营的合理有序，促进规划的落实，推进旅游产业和地域经济的发展。

第三节
旅游设计的创意之路

一、绿维创景的创意路线图

旅游建筑与景观设计，不仅要满足建筑的功能要求，还要达到以打造旅游吸引力为需求的独特艺术效果，其与一般建筑和景观设计的区别在于：一是服务功能的独特要求，二是吸引力建筑与景观创造。

绿维创景做旅游产品设计时，力求将创意策划最终落地到建筑与景观设计上。在这一领域，我们找到了更广泛的艺术化设计的规律和创意发挥的脉络，并将其运用于休闲商业建筑、标志性建筑、工业遗址、创意文化产业、大型公共建筑等的设计中。创新是设计价值提升的第一原则，这不仅适用于旅游开发，同样适用于其他领域。

经过几年来的探索，绿维创景将创意建筑与景观的设计总结为三要素、四特点和五领域。

（一）创意建筑与景观设计的三要素

创意建筑与景观设计需要突破一般设计的限制，从空间、材质和文化符号三方面，充分开发休闲性、本地化和民俗文化的价值。

1. 空间设计的创新

（1）空间设计的功能性。无论游客中心、集散中心、度假酒店、观景亭台楼阁，还是餐饮建筑，都涉及空间结构如何满足建筑功能并符合旅游特点的问题。由于游客流量大，且集中在高峰时间，这就形成了对旅游建筑空间的特殊要求：楼层高、空间大、人群容易集中和疏散。

（2）空间设计的休闲性。旅游具有休闲性，与此相关的建筑也要凸显这一特性：空间更通透、更通风，光照更充足，和自然更融洽，能充分互动且实现最大包容。在这种环境下，休憩座椅、摇摇椅、石桌石凳、遮阳伞，及一些遮阴树木的设置条件会更充分，从而与建筑之间形成互融互动的关系，实现建筑休闲性的提升。

（3）空间设计的多样化。餐饮、购物街区、购物柜台、土特产品销售点等休闲空间，特别是游客中心、洗手间等服务性建筑与环境的融合，对景区建设特别重要。它涉及容量大、需求量大、相对集中、环卫清洁等条件的提升，从而形成功能建筑上更符合景区和旅游

357

要求的空间特点及功能布局。

2. 材质利用

材质利用本土化。本土化是设计所有旅游建筑的第一原则，其优点在于：第一，价格优惠；第二，更能体现自然环境下自然材质的本土性和独特性；第三，更容易形成利用本地资源进行文化塑造的价值。

3. 文化符号

文化符号对旅游建筑具有特别重大的意义。旅游景区大多数是自然与文化相结合的，具有非常丰富的文化元素，比如历史文化、民俗文化、人物文化、专项文化、产业文化、民族文化等。所有这些元素都可以转化为旅游资源，我们称之为文化体验化、文化景观化。建筑就承载着这一重任，因此，如何有效地把文化价值通过建筑符号体现出来是重中之重。

我们的方法就是用大的文化理念构筑建筑物的创意和目标，通过文化符号化来实现细节。把文化融入建筑的空间结构、表皮肌理、建筑造型、互动结构的空间安排等各方面，从而形成文化建筑的特色。

（二）创意建筑与景观设计的四特点

从旅游角度来看，有一类建筑和景观属于景区型，即依托于自然景观和风景名胜资源所形成的。这类建筑和景观要融于自然、风景以及景区环境，这是作为旅游及风景名胜建筑设计的第一前提和要点。

我们往往把生态作为旅游的本底，四季不同色彩的植物景观、动物景观、山石景观、水景观，以及各种气候景观，都可以成为建筑景观的大背景。在这一背景下，创意建筑与景观设计需要考虑四个角度，并由此形成四大特点：

1. 从地上长出来——融于环境

与环境融洽，是创意建筑与景观设计的基本前提。融洽不仅包括绿色背景、土地颜色、岩石颜色、社区建筑、天空、水环境等大环境，还包括地势、天然植被基础、水与地势利用等小环境。

当建筑和景观与环境融为一体时，创新的人工作品，就好像是从地上长出来的一样，就是在那块土地，那么自然地形成了美丽而融合的建筑景观。

2. 那方的水土——就地取材

人们常说，一方水土，养一方人。这一方水土，包括其本土的岩石、沙土、泥土、树木等不同于别处的材质。这方水土的颜色、材料质感、使用方式、建造模式，都有其自身的特色。就地取材，凸显地貌、地势、地色、地质，可以形成创意建筑的独特性，完全区别于常规标准用材。同时，使用本地化材质也是与当地环境风貌相融洽的一种手法。

3. 仿生与覆土——人造自然

仿生即模仿自然环境的人造自然，是建筑与景观的创新表现形式之一。既包括模仿动物、植物等生物，也包括模仿地貌、岩壁、树丛、土丘、山石等。覆土建筑，就是把建筑与原生自然草地结合起来，模仿草坡形成的地层空间。

4. 那方的民俗

一方的人，就有一方的民俗。以民俗为依

托进行的建筑与景观特色打造，是最生动、最具文化内涵的。无论建筑外观的设计，还是景观意境的营造，如果能在材质、文化符号和空间形态方面，与当地的文化、民俗、自然、环境融为一体，共同形成那一方的人文气质，其独特性就立刻凸显出来了。

（三）创意建筑与景观设计的五领域

1. 从旅游发展和旅游产品设计的需求上看，创意建筑具有其独特的价值

我们之所以提出创意建筑，很重要的一个原因就在于，要通过这种独特建筑来构筑旅游产品的核心吸引力，打造旅游项目的吸引核，这已经成为绿维创景旅游设计的主要手法。实践证明，这种手法非常成功。最典型的例子就是淹城春秋乐园的落成与运营。整个春秋乐园以文化为依托，以游憩方式为指导，形成了创意建筑体、构筑物体和游乐设施等旅游吸引核，并成为旅游休闲的标志。

2. 创意建筑对休闲商业具有特别重要的支撑价值

休闲商业超越传统购物商业的方面就在于，前者把休闲环境和休闲时段的持续滞留以及消费作为主要业态特征和市场模式。这种市场模式，不仅在空间上，而且在功能上都要形成休闲项目来支撑，如休闲商业街区、休闲步行街区、大型商业综合体等。在环境、文化和休闲平台上要构筑大量的与自然、文化相融合的休闲环境及休闲模式，从而形成休闲商业街区和休闲商业综合体的发展架构。

3. LOFT模式下的创意建筑与景观设计，是创意产业发展的支撑

在某钢铁工业遗产改造项目上，绿维创景明确提出用创意产业的手法来打造，形成创意休闲聚集区的理念。在这种理念下我们设计了一批超越旅游和商业，并将创意产业、商业、旅游和休闲游乐集合在一起的创意建筑和创意型运作模式，形成了一种更复杂的综合结构。

4. 标志性建筑必须是创意建筑

大型标志性建筑及公共建筑的创意型外观，是城市的重要景观，也是城市吸引核及城市名片打造的重点。绿维创景在做这种项目时也正是贯彻了这一指导思想，在南昌大剧院、南昌群艺馆、盘龙城博物馆等项目里都大胆使用了一种被称为文化意象的手法，即具象文化与抽象文化相结合。这种手法对大型公共建筑的打造具有重要意义。

5. 低碳创意建筑与创意景观设计

现代人类的发展，把生态文明提高到前所未有的高度。低碳、生态理念，使创意走向有了新的技术结构。清洁能源、低耗能、循环水利用、低碳技术指向下的创意，形成了全新的时尚。

创意不仅仅是文化的创意，还包括技术的创意、建筑艺术的创意，是多层次创意的结合。因此，弘扬创意建筑，把握创意模式、创意手法，在空间关系、功能布局、材质利用、建筑技术等多个方面进行创新和创意整合，是绿维创景所追求的目标，也是我们不断总结和研究的重要方向。

二、构建体验经济时代的设计学体系

设计以改良、丰富、创造美好生活方式为最终目的，是一个从提出概念到完成概念的实施过程，是随着社会发展不断解决甚至引导人们生活需求的一门学问。

设计的门类很多，并且随着人们需求的增加和细分，不断涌现出来一些新类型。建筑设计、景观设计、视觉传达设计，乃至产品设计和用户界面设计，这些设计解决了人们不同层面的需求。然而，日益细分的设计门类在满足人们多元需求的同时，也忽略了人们需求的整体性要求。例如，在旅游区的设计中，建筑、景观、标识系统、游乐项目等对于游人而言，都是获取旅途人生特殊感受的各项要素。它们之间是相互关联、共同作用的，设计时必须将其作为一个统一的整体来处理。

在中国旅游产业进入以大众休闲为主导的产业结构升级的背景下，我们发现，这种升级特征与近年来国际社会提出的体验经济特征有着惊人的相似，一个整合的、能充分满足人们体验需求的设计学体系被提出，即旅游设计学。

（一）体验创造价值

1. 体验经济

美国《时代》周刊曾预言，2015年前后，发达国家将进入休闲时代，休闲产业在美国国民生产总值中将占据一半的份额，新技术和其他一些趋势可以使人类把生命中50%的时间用于休闲。目前，休闲业已是美国首位的经济活动。当产品日益丰富、服务日益完善、闲暇时间愈来愈长，人的"体验"类需求开始转变为现实需求，从而成为社会经济发展的新动力。传统的产业划分为：农业、工业、服务业。《体验经济》一书把人类经济发展历史分成了四个阶段：农业经济、工业经济、服务经济、体验经济，并按照吸收和参与的程度，将体验分为娱乐体验、教育体验、遁世体验和美学体验四大类，集合了感官体验、情感体验、精神体验、智慧体验等不同的体验类型[①]。体验经济的最大特征就是消费和生产的"个性化"，这使得人们将为满足这种个性化体验支付更高的价格，"体验"成为一种有价值的经济提供物。

从国内来看，黄金周的出现，满足了人们对体验自然与文化、休闲购物的需求，各种特色餐厅、农家乐、休闲购物中心、主题公园、山水游乐项目等纷纷出现；传统观光型景区也在适应这种潮流，纷纷进行休闲化产品的升级。体验经济已经渐露萌芽。

研究表明，体验经济具有非生产性、短周期性、交互性、不可替代性、深刻的烙印性、价值的高附加值等基本特征。从这些特征出发，绿维创景认为，旅游业已经成为最符合体验经济特性的行业。

2. 体验设计——全面满足人的体验需求

如何形成独特"体验"的商业模式？如何

---

① （美）B.约瑟夫.派恩 詹姆斯.H.吉尔摩著.夏业良,鲁炜等译。体验经济.北京：机械工业出版社，2002.

提供满足人们体验需求的产品？西方经济学家托夫勒在30年前做出"制造业—服务业—体验业"这种独特的产业演进划分。它背后的逻辑可以根据马斯洛的层级需求理论来理解：制造业满足的是一般的生存需要，服务业满足的是发展的需要，体验业满足的则是自我实现的需要。

　　什么是体验经济？我们不妨先看几个例子。一位以色列企业家开了一家咖啡店，名为"真假咖啡店"，店里没有任何真正的咖啡，但是穿戴整齐的侍者仍有模有样地装作为客人倒咖啡、送糕点，让消费者体验到咖啡厅交朋友、谈天的社交经验。而位于美国拉斯维加斯的论坛购物中心，铺陈着大理石地板，偶尔还有古罗马士兵行军穿过白色的罗马式列柱，让消费者以为重新回到了古罗马集市。体验经济，就是指有意识地以商品为载体，以服务为手段，使消费者融入其中的活动。体验经济通过激发人的各种潜在需求，全方位满足人的现实需求而获取经济回报。因此，体验设计必须深入研究人的需求。

（二）旅游设计以人的需求为本

1. 人的需求解读

　　（1）从需求层次论看人的需求—体验的根本在于人的自我实现，体验的创意与设计必须满足人的需求。1943年，人本主义心理学家马斯洛在《人的动机理论》一文中提出了

"需要层次论"（Hierachy of Human Needs Theory）。他认为人有五种基本需要，依次构成需要的层次：①生理需要。"在一切需要之中，生理需要是最优先的。"②安全需要。"如果生理需要相对满足了，就会出现一组新的我们可以概称为安全的需要。"储蓄、保险、稳定的职业等都意味着安全。③归属和爱的需要。"假如生理需要和安全需要都很好地满足了，就会产生爱、情感和归属的需要。"④尊重的需要。"社会上所有的人（病态者除外）都希望自己有稳定、牢固的地位，希望别人的高度评价，需要自尊自重或为他人所尊重。"⑤自我实现的需要。"指使人的潜在能力得以实现的趋势。这种趋势可以说成是希望自己越来越成为所期望的人物，完成与自己的能力相称的一切事情。"[①]我们注意到，马斯洛的需求层次论只阐述了人的基本需求，代表了人的常态需求，而从人类演化看，人的需求更加多面，随着人、自然、社会的继续和谐发展，这种需求必然呈现多样性。

　　（2）从人类演化看人的需求—以人为本。在史前的蒙昧社会，人类的生存条件十分恶劣，弱肉强食，人们追求的是即时的身心满足，所以史前的蒙昧社会属于物本主义社会。但人在社会发展过程中，由于自身力量的薄弱，必须依靠一种"神"的力量的庇护，才能确立其作为人的地位。因此，"神"在人们的社会生活中具有重要的作用，成为人们生活中

---

① A. H. Maslow. A Theory of Human Motivation[J]. Psychological Review, 1943(50卷第4期).

不可缺少的精神依托。人们对"神性"的膜拜和对"神权"的畏惧，使人类社会逐步由物本主义社会过渡到神本主义社会。但在经过漫长的神本主义社会的发展之后，人的力量得到了逐步壮大，人们对"神"的权威性日益产生了怀疑。与此同时，人的理性认识也得到了很大的提高，人们的思想逐渐发生了由"神本位"向"人本位"的转移，人们反抗与挣脱"神权"统治的愿望日益增强，人本主义思想的影响逐渐取代了神本主义的"天理"和"教条"，人本主义社会成为一种新的社会形态。这种人类演化的进程使人形成了物性需求、神性需求和人性需求三种不同层次的需求类型。

2. 从人的需求到旅游需求

与人的需求一样，我们同样可以把旅游需求分为三类——物性需求、神性需求和人性需求。

（1）**物性需求**。是旅游中所占分量最大的一块。它满足了人几乎所有的感官体验——视觉、听觉、嗅觉、味觉、触觉，动感体验与静谧体验等。

（2）**神性需求**。主要是宗教体验。宗教对人的吸引总是特别的，与宗教有关的文化古迹和建筑景观，对人的吸引也是独特的。

（3）**人性需求**。主要包含四个方面——情感体验（如蜜月、感伤、孤独、亲情、友情）、科学与智慧体验（如实习、田园生活、科考、智力游戏等）、运动体验（如体育、探险、极限挑战等）、商务体验（如拓展、合作、谈判、会务、展览等）。

以物性、神性、人性需求作为三大类别框架，继续细分，有多少需求，就会有多少游憩方式——而这正是旅游设计的核心问题。

（三）旅游设计学的创建基础

1. 旅游设计学与现有设计学理论的关系

（1）**建筑学**。建筑学是研究建筑物及其环境的学科，旨在总结人类建筑活动的经验，以指导建筑设计创作，构造某种体形环境等。建筑学的内容通常包括技术和艺术两个方面。国际建筑师协会在《华沙宣言》中把建筑学定义为："建筑学是创造人类生活环境的综合的艺术和科学。"在如今的建筑设计领域中，虽然后现代、新古典主义、高科技风格等纷纷涌现，材料、规范、技术手段日渐成熟，但是目前，技术达到了一定高度后再没有新的突破，导致同功能的建筑形式日益趋同化，甚至不同功能的建筑有时竟也神似。反映在城市中，无论多么创新的建筑都会淹没在庞大的水泥森林中，建筑的个性难以彰显，这显然不能满足人们在旅游中对建筑文化与风格的差异化需求。

（2）**景观设计学**。景观设计学是一个很广义的概念，于近年来国内刚刚兴起，逐渐形成的一门学科。与其相近的专业词语有"园艺"、"景观建筑"、"造园"等概念，但景观设计的范畴不仅包括了以上内容，还涵盖着更为广阔的内容，是一门综合性较高的设计艺术。俞孔坚这样定义："景观设计师是运用专业知识及技能，以景观的规划设计为职业的专业人员，他的终身目标是将建筑、城市和人的一切活动与生命的地球和谐相处。"景观设计把建筑、环境、生态等要素作为一个系统来协调处理，是一个理性的概念，同时不丢弃对美学的要求。其基本的表达是：强调土地设计，即通过对土地及一切人类户外空间的问题进行科学理性的分析，设计问题的解决方案和解决途径，并监理设计的实现。景观设计学是一门建立在广泛的自然科学和人文艺术科学基础上的应用学科。它与建筑学、城市规划、环境艺术等学科有着密切的联系。但在景观设计中，对人的需求特别是个性化的、心理上更深层次的需求都有所忽略，游憩方式的设计在景观设计中往往处于附属地位。

（3）艺术设计学。艺术设计学是基于美学原则的视觉设计，包含了环境艺术、视觉传达艺术，它更多地把美学中要求的协调、比例、均衡、韵律、重点、亮点作为设计成果的展现要素。艺术设计学提取了很多艺术创作要素，可以提升旅游景观美感、创造亮点景观，例如景区的对外形象系统、标识系统、特色景观、雕塑等。艺术设计学在旅游中的应用应该本着美感、亮点都服务于整个景区旅游系统的原则。

（4）设计心理学。设计心理学是专门研究在设计活动中，如何把握消费者心理、遵循消费行为规律、设计适销对路的产品，最终提升消费者满意度的一门学科。对于旅游区而言，游客就是消费者，研究游客对旅游产品、服务以及对这些产品和服务进行营销活动的反应，在旅游设计中十分重要。这些反应包括情感反应（指当人们读到、听到、想到、使用或处理某一旅游产品时，所产生的感触和感情）、认知反应（指对旅游产品和服务的信念、看法、态度和购买意图）、行为反应（包括购买决定及与消费相关的活动）。

（5）游憩方式设计。旅游过程中的游憩活动包括10个方面，即食、住、行、游、娱、购、体、疗、学、悟。从游客行为活动的特征来看，观赏、娱乐、运动、疗养是最纯粹的游憩活动；修学、感悟是过程中的精神活动；运输、住宿、饮食、购物既是满足基本生理需要的基础服务，又是旅途生活中可以形成兴奋点与愉悦性的游憩内容，人们在进行这些活动时往往带有休闲的性质。游憩方式设计，首先，要对旅游目的地的核心产品进行设计，按照观赏、娱乐、运动、疗养、修学、感悟等不同类别，单独或综合交叉地进行具体设计，包括景点观赏、文化品尝、风情感受、游乐参与等；其次，要设计运输、住宿、饮食、购物等基础服务，并尽力设置成具有特色、风情、文化及娱乐性的方式，体现处处都有旅途人生的异样特色；最后，对全部游程进行合理化整合，形成全程结构的整体理念与效率优化。

建筑设计、景观设计、艺术设计、设计心理学等传统的设计学理论在满足人的需求，处理好人与自然的和谐共生关系方面仍有很多不足，而且其专业研究的对象并不是针对旅游，所以难以解决旅游中的诸多设计问题，但它们在各自领域进行的深入研究，为旅游设计学提供了诸多可以借鉴的设计方法。其中，游憩方式设计作为以满足人的需求为主要目的的设计体系，已经成为旅游设计学的核心内容。

2. 旅游设计要平衡人的需求与自然、社会、人之间的关系

旅游设计学是适应体验经济时代的人本主义设计学体系，必须以处理好三大基本关系为前提。

（1）**人的需求与自然的发展要和谐统一**。在人和自然的关系上，要保持人类赖以生存的生态环境具有良性的循环能力，生态旅游、绿色旅游都是一种人与自然和谐发展的旅游开发形态。在旅游设计上，基于生态分析的设计成为基本要求，这些要求包括：对景区生态环境进行全面分析评价，形成生态适宜性评价体系；把握场地的独有空间关系，形成"场所精神"；通过旅游设计适应、恢复或重建场地生态关系。

（2）**人的需求与社会的发展要和谐统一**。在人和社会的关系上，一方面，旅游设计必须满足人的多元化、个性化需求；另一方面，这种满足必须以整个社会的和谐为基础，遵从社会的整体道德、法律约束。从国内来看，黄金周的出现，体现了政府鼓励旅游的发展，旅游既满足了人的体验需求，又带动了社会经济的发展。

（3）**人与人的和谐发展**。在人和人的关系上，要强调公正，不断实现人们之间的和谐发展，既要尊重贫困群体的基本需求、合法权益和独立人格，也要尊重精英群体的能力和贡

献。运用旅游的手段，发展乡村旅游、新型农村社区可以解决农村就业和农民收入的问题，对人与人之间的和谐发展意义重大。在旅游设计上，要通过有效的设计，既要满足人与人通过旅游实现交流的心理要求，又要注意对他人隐私、心理距离的尊重。

（四）旅游设计学体系的基本框架

1. 旅游设计学的提出

通过对现有设计学理论的分析，可发现并没有任何一门设计学科可以单独解决旅游设计中的所有问题，每门专业理论都只能解决旅游设计中一个层面的问题。这样，便需要一套统领性的、经过重新整合的、适合旅游设计的理论系统。

2. 游憩方式设计是旅游设计的核心

旅游是一种生活态度，也是一种生活方式，而游憩方式设计考虑的正是游客的生活态度，解决的是游客如何通过游憩获取生活感受的核心问题，因而在旅游设计中游憩方式设计成为设计的核心。

游憩方式设计涉及的内容极为宽泛，包括了食、住、行等旅游功能要素的设计，游览内容、游览线路和游览时间等观赏方式设计，娱乐、运动、游乐、游艺、体验性活动等游乐方式设计，旅游购物等商品交易方式设计。

3. 旅游设计要处理好三大关系

在以人为本的设计理念下，人与自然、人与社会、人与人的对立与和谐是旅游设计学研究的前提。因此，旅游休闲体验必须以自然生

态环境的良性循环为基础，以人类的普遍道德为底线，以法律为约束，以满足人与人交流和沟通为重要内容。

4. 旅游设计学的八大理念

（1）旅游设计是全感设计。旅游设计对人的感觉系统的满足应该是全方位的，视觉、听觉、嗅觉、味觉、触觉，缺一不可。美景与音乐，或是一顿美食，或是一缕清风，都会带给游客满足，甚至升华为精神的愉悦。

（2）旅游设计是空间设计。旅游设计是有明确主题的，对于场地独特空间属性的理解应该是确定的。山野、湖泊、大海、田园，不同的场地有着不同的场所意义。要使旅游过程有意义，就必须遵从场所精神，人们面对一个独特的旅游区，带来的感受是具有场地意义的。因此，旅游设计要显现场所精神，创造一个有意义的场所，使游人获得诗意的感受、个性的体验。

（3）旅游设计是关怀设计。旅游设计应该建立在人体工学、设计心理学基础上，体现出对游客，特别是特殊游客的关怀。如对残疾人、老人、妇女、儿童等有特殊要求的群体，设计上要注入更多的热情。

（4）旅游设计是快乐设计。旅游设计体现在物性上，抑或是人性、神性上，给人的感觉应该是快乐的。快乐体验是景区可持续发展的动力，游客到景区如果没有获得快乐，就不会再来。从物性需求看，快乐体验源于感官的刺激；从神性需求看，体验神圣、感受终极关怀等都可以带来快乐；从人性需求看，快乐

体验表现在获取关爱、获得知识、体验价值等方面。

（5）旅游设计是审美设计。设计都应该是尊重美学的，旅游设计更应该如此。例如，景区的标识系统设计，其主要构成要素是标志、标准字、标准色、象征图案、材料等视觉符号。设计的目的就是通过这些要素，形成最直接的视觉形象；结合这些基本设计在景区中的广泛应用，统一而充分地表达景区理念和内在特质，以求得广大游客的认同。

（6）旅游设计是生态设计。旅游设计必须以注重人与自然和谐发展为前提。在旅游设计时必须关注环境，因为旅游产品在整个生命周期，都以某种方式影响着环境。在旅游设计过程中，要给予环境与利润、功能、美学、形象等传统旅游价值相同的地位，形成生态设计理念。

（7）旅游设计是体验设计。旅游设计应该提供多方位的体验。体验设计的典型特征是：旅游是一个过程，游客消费是这一过程的"产品"。因为当过程结束的时候，游客记忆将长久保存对过程的"体验"。游客愿意为这类体验付费，因为它美好、难得、非我莫属、不可复制、不可转让、转瞬即逝，它的每一瞬间都是一个"唯一"。

（8）旅游设计是高附加值设计。旅游是近年来高速发展的一门产业，旅游设计以满足个性化、特定场所生活感受为目的。旅游设计的体验性使其产品往往具有唯一性，体现了较高的设计含量和体验价值，因而也具有极高的

附加值。

5. 旅游设计学的六大设计手法

（1）主题化。旅游设计必须服务于旅游项目的"主题"定位。在主题整合下，形成项目的独特吸引力，凸显"独特性卖点"，形成主题品牌。这样一种围绕主题展开旅游设计的方法和趋势，可被称为旅游设计主题化。

（2）生态化。旅游设计要求有高标准的生态和审美环境，这使得不符合生态和谐要求的设计无法得到认同。相反，以生态和谐为特点，形成绿色生态、环保节能效应，是旅游设计的基本要求。相应的生态设计技术，包括生态材质运用、低耗能技术应用、绿色植物环境、环保材料与技术等，这对于旅游设计特别重要，是旅游设计的生态化手法。

（3）本土化。旅游项目的本土化对旅游设计提出了极高的要求，如何使设计与原有景区环境相符，使设计遵从环境？本土化材料的运用、本土化植物的配置、本土化建筑风貌的打造等，这些构成了旅游设计的本土化设计手法。

（4）游乐化。旅游设计的"游乐化"是将景区中的功能型消费建筑和景观，融入游乐化的趣味，使其具备更强的吸引力，满足游客体验化、游乐化的需求。

（5）情境化。旅游设计情境化，就是让景区环境变成制造情境的手段，让景观环境成为游客体验过程中的道具和工具。迪士尼的童话世界就是依靠情境化景观打造出来的。在旅游设计中，要求用情境化的手法进行创新设计，旅游十要素"食、住、行、游、娱、购、体、疗、学、悟"的每个环节都要围绕主题定位展开，形成"情境"氛围，达到游客在情境之中体验和感悟的效果。通过情境化设计，可以将自然与文化资源转变为人性化的观赏过程，转变为具有吸引力、可使游客兴奋的旅游产品。

（6）动感化。"动感"是个现代时尚语汇，是在原本静态的项目中引入鲜活的、互动的、动态的主观感受，赋予生命活力、活泼健康的意味。"动感"不是运动本身，而是以人的感觉为主导的，是"运动的感觉"和"互动的感觉"。因此，引入"动感"，就成为对传统静态产品进行创新的一个有效的手段。以动感艺术为主题或主要造景手段形成的旅游设计，可称为"动感化"设计。

6. 旅游设计项目的主要类型

旅游设计以旅游区为主要设计场所，主要是对景区的重要节点进行的设计，这些节点包括山门及入口服务区、访客中心、集散广场、旅游商品购物中心、标志性建构筑物、游步道、休憩节点等。旅游设计还包括对一些主要的休闲旅游项目进行的设计，例如主题公园、度假酒店、休闲购物中心、商业步行街等。

（五）结论

旅游设计学是以满足体验经济时代人们的需求为目的，以协调处理人与自然、人与社会、人与人三大关系为前提，以游憩方式设计为核心，以吸收、整合现有设计理论为手段，以主题化、生态化、本土化、游乐化、情景化、动感化为设计手法形成的人本主义设计学体系。

三、旅游设计中的主题化设计思路探析

旅游主题化设计，简言之，就是为旅游场所、项目赋予指向性明确的主题，以游憩方式为核心展开设计的过程。在旅游项目中，游憩方式本身就是对游客产生吸引的核心内容，而旅游游憩方式主题化可以说是打开整个旅游区局面最重要的环节，是项目设置的基础。因此，进行旅游设计，必须先提炼出旅游区游憩方式、景观设计、项目设置所围绕的主题，以游憩方式的主题创新来增强项目的吸引力，以项目的完整来补充主题的表达，从而以一个以面带点、以点促面的形式来整体提升旅游区的核心吸引力。

（一）旅游设计主题化的必要性

主题从旅游区规划的空间布局上来说起到的是统领全局的作用，从游憩方式来说是一根联系各个具体单项设计的纽带，从旅游区的整体形象提升上来说，是不可或缺的关键因素。

1. 以一持万

一个旅游区的规划设计，首要的是完善其内部的功能空间组织，而功能空间的划分必须以游憩方式主题化的理念为主导进行实际操作，以保证空间划分的目的性明确。否则，空间的划分会简单而无序，大大削弱原有资源对游客的吸引力。

2. 穿针引线

单体项目的出彩是相对容易实现的，而项目组合设置若没有一个主题贯穿，极容易形成各自为政的局面，资源的重复浪费也随之出现，对于旅游区开发本身来说也是一种限制性很强的发展模式。所以，在项目的设置上，一个合理而统一的主题是必不可少的。采用主题化的设计理念不仅仅是整合单个项目的最佳途径，也是非自然流线形成的基础。

3. 画龙点睛

区域景观的同质性注定了若要从地域环境中突显出来，必须跳出自然资源的限制，从旅游设计的主题化方面来提升旅游区的整体形象。并非每个旅游区都能有九寨沟、黄山那样令人称奇道绝的自然景观。所以在旅游设计上就要从原始自然中提炼出精华的概念来表达，也就是我们所说的设计的主题化，并以此为核心吸引物再来重新排列自然资源的形象符号，反过来使主题的表达更为生动，起到画龙点睛的作用。

（二）旅游设计主题的提炼

旅游的类型细分来说有许多种，如生态休闲、游览观光、人文民俗体验等，但是就旅游区本身来说可以分为两大类：一是人文方面，一是自然方面。

1. 以人文资源为主的旅游区主题提炼

从以人文资源为主的旅游区中提炼出的主题是显性的，或者说有一定的传承性，在提炼的过程中有两种主要方式：

（1）若已有的人文主题能够概括整个旅游区的主题概念，则主题的提炼可直接进一步深化。

（2）若已拥有的人文主题没有深化的可能，则可以结合自然环境重新定位，将原有的定位缩小为其中的一个节点。

2. 以自然资源为主的旅游区主题提炼

以观景游览为主的旅游区在提炼游憩方式的主题方面可以有以下两种方式：

（1）因地制宜打造适合主题。考虑资源本身的倾向性或独特性，并分析这种倾向性和独特性是否适合延伸为整个旅游区的主题概念。例如河北省崇礼县，当地的地势起伏与阿尔卑斯山脉相似，拥有类似于欧洲的田园风光，所以整体上可以顺应这种欧式化倾向，将主题定位为一个充满欧洲田园情调的休闲度假避暑胜地。

（2）实景写生，虚景写意。把握自然资源表象的风格特征，作为引出其所包含的深一层含义的楔子，并将虚景所蕴含的意念作为旅游区的整体定位，提炼的过程也是一个由实到虚的过程。以吉林省桦甸市红石湖项目为例，该项目规划范围内有一条20公里的不冻河道，两岸有长达3个月观赏期的雾凇，而河岸本身的植被很有特色，四季色彩非常鲜明，所以在规划中提炼出"五彩画廊"的概念，所有的观光方式都围绕画廊的主题铺展开来。

（三）主题化的应用

1. 主题化在游憩方式设计上的创造性应用

游憩方式的主题化是体现主题化设计方法的核心。

游憩方式设计的目的，是提高旅游项目的参与性和互动性。对于以观光为主的旅游区来说，互动与参与的双方是游客与自然本身，项目可以不必设置太多，也不用设计得过于复杂，避免喧宾夺主；而对于自然景色一般的旅游区来说，景致只能是项目的背景材料，游客与旅游区要完成互动就需要具体项目这个媒介，主题化的表达必须依靠项目来实现，这样就对项目的选定、参与方式的设计、项目与自然的创造性结合提出了比较高的要求。

从主题内容的分类来说，有以下几种：

第一，当主题的设定跟人文民俗挂钩，则主题化的体现相对要形成竖向系统。例如，以时间轴的顺序来设置项目，游憩参与方式要尽可能与时代特征相结合，对自然环境作适当的改造，配合主题化的实现。

第二，当主题完全是从景致中抽象出来的，则以横向的分片来表现主题内容。例如，四季主题就可以春、夏、秋、冬来划分区域与项目范围，在整体设计上把握四季的标志性色彩和形态。

第三，若主题定位于特定的流派，则项目的主题化应用可以紧扣这种流派的起源或已经形成的某种固定形式的活动内容。例如，在西班牙式的街道上进行参与性较强的歌舞表演等。

2. 主题化在建筑物构筑物设计上的应用

主题化在建筑上的应用主要有以下几种形式：

第一种是将主题化的表达体现在建筑立面形式上。这种应用主要是为了契合观光游览式的旅游区的需要，建筑本身的功能被弱化，完全成为景观的一部分，成为游憩过程中的一个特色参照物。

第二种是将主题化的体现应用到功能之中，建筑的功能被强化，主要是在游憩方式上阐释主题，建筑是游憩方式的一种依托。

第三种是特别针对抽象主题化的设计思想来考虑的。当主题没有具体的形式或者文化符号，那建筑的主题化应用就主要以分区统一整体协调为基础，配合环境的变化进行设计。

3. 主题化在旅游景观设计上的应用

如果要用景观来表达一个旅游区景点的主题内涵，最直接的方式是按照字面的意思来组景。例如，牡丹亭可以在设计上简单地体现为一个遍植牡丹的古亭台，但如果深究其渊源，则可以引出杜丽娘的故事。那可能不再只有一个亭子几棵牡丹那么简单，而会是完整的庭院，有廊有阁，有人有物，也有凄美的爱情故事。所以，在景观设计中体现主题化思想也需要有所辨别和判断，有些需要层次地铺叙，有些需要直观地再现。

而景观设计的主题化是对项目主题化的深入，也是建筑主题化的补充。具体来说，出入口景观设计需要更表面和直观地表达主题，重要节点则要引入更深一些的层次，从内涵中寻找设计元素，其他节点或者标识则要具体理解其在旅游区中的定位了。

（四）结语

主题是一个旅游区游憩方式设计的主舵，

主题化的设计思路保证了整个游憩方式设计的航程是紧凑而有序的，主题化的设计思想必须创新地应用到建筑、景观设计的各个环节，统一之中要求变化，并把握主题化设计的精髓。主题的提炼与主题化的具体应用是我们研究的主要内容，也希望通过这样的研究能创新旅游区的规划设计理念，在更多的实践项目中得到论证。

四、旅游设计中的动感化设计思路探析

（一）动感现象和动感印象

社会发展如果只用一个字来概括的话，"快"字最贴切。经济的快速发展决定了人们的娱乐休闲活动中充满了动感的形式与内容——体育运动、音乐舞蹈、美术绘画等。运动已经成为一个时尚用语，运动中的人是健康、有活力、姿态优美的人，商场娱乐场所充斥的都是时下流行的动感快节奏R&B风格的音乐，广场街头不时会看到穿着宽松的Hip-Hop舞者，美术绘画雕塑中也有了更多的动感艺术形式，有表现力度的动势描绘型的雕塑，有在二维平面上表现矛盾空间的街头彩绘、表现线条的涂鸦，也有在三维的人体、车体上表现生动主题画面的人体彩绘、车绘等表现形式。日常生活中，萦绕在人们周围的从"动感地带"到"脉动"饮料，再到"动漫世界"。"动"成为突破"静态"事物的强力工具。特别是在创意型产业中，似乎一切都在"动起来"，一切都在向"动感"方向发展。

动感可以说已经成为我们可以看到和感觉到的一种发展现象了，无处不在。动态的事物会给人的感官心理带来冲击，留下挥之不去的印象。

（二）旅游设计中动感现象的成因

我们身边的一切动感现象都是社会经济、政治、文化发展的层级产物，虽只是从整个社会大现象的一个角度去表述，但是放在现在的旅游活动场所中，动感这一要素就显得尤为重要了。因为合理的动的要素总能给人以很大的吸引力并留下深刻的印象：极限运动场本身就是一处极富动感形态和活动的场所，动感的U形台、波形台，极限爱好者展现的极富技巧性和想象力的动作；民族风情园中少数民族的艳丽服饰、动感舞蹈；休闲广场中的抽象钢架雕塑……

社会经济的发展导致人们的需求类型发生演变，游乐方式日益发生变化，从单纯的好奇心理转向认知需求。现在，人们的需求更进一步已经发展到感知需求，这是如今信息扩张化、膨胀化、爆炸化的直接结果。坐在家里就可以洞察世界已经在很大程度上满足了人们的猎奇心理，众多的媒介已经满足了人们的认知心理，人们需要的是参与性的感知，进而形成参与和互动。如，有句老话——老虎的屁股摸不得，这体现了人们对老虎有了一定的认知，但是只停留在谈虎色变的层面上，越来越多的有关于老虎的信息满足了人们对这种动物的好奇层面的认知，人们了解到老虎除了有凶猛的一面外，也有聪明可爱、可以与人做朋友的一面。人们有了对老虎进一步感知的需求，于是

人们对于老虎的行为从远距离静态观赏发展到与虎互动——抚摸、拥抱、亲近，甚至与之游戏。同样地，这种感知需求导致人们对旅游区的游乐方式提出了超越单一静态观赏景观的要求，单纯的视觉感受早已满足不了人们的胃口，互动、参与、情境体验都是人们对于景观游乐场所动起来的要求。因此，在旅游区景观提升中引入"动感"，就成为对传统静态景观进行创新的一类有效手段。

（三）动感要素追寻

1. 动感的存在形式

动感因素是无时无处不在的。对于旅游设计而言，需要把握的是动感的存在形式和人的动感游憩方式，这对我们有积极的借鉴意义。

2. 古代寻找动感痕迹

古代的古琴、琵琶弹奏的乐曲充满律动感，壁画中所描绘的飞天形象更是体现了飞舞的感觉，古代的舞蹈、马术……由于年代久远，古代所展现给世人的动感总是透露出一种稳重，但仍然让我们从有限的视角窥探到了古人对动态形象事物的偏爱。古装题材的影视剧、旅游景点中的古装实景剧都在这些因素上有所展现。

3. 从民族寻找动感符号

提到民族就会想到少数民族艳丽飘动的服饰，众人伴着攒动的火焰跃动的篝火晚会，富有激情的桑巴舞，搭配非洲手鼓而响起富有磁性的土著黑人歌声。在生活中，各国各民族的人所展现出来的娱乐方式，是旅游人内心所无

限向往和想要去感受的。

4. 从视觉上看动感的要素

视觉感官是感受设计信息量的最主要途径。从视觉传达的角度来看，构成视觉信息的要素有几个方面——形态、色彩、布局、动态景观及景观互动，前三个方面是相对静态的，但同样蕴含了丰富和必要的景观要素。

形态针对景观构筑物而言，包含了外形、结构、色彩、材质。针对动感场所的要求，这些都可以承载足够的动感要素。海洋博物馆的外形可以是极富波动感的，现代音乐纪念馆的入口可以采用富有张力的钢架结构，动感雕塑群的色彩可以采用热情的红、跳动的黄、律动的蓝，CG（Computer Graphics）产业展览馆的内装可以由很多闪烁玻璃构成。

色彩是指整个景点的色彩倾向性，一般在有绿化的旅游区中，绿色是比重最大、分布最广的颜色。大面积的绿色会让人的视觉平稳，打破这种平稳的动态要素有几种方式，上述的改变形态是一种做法，还可以做成动物形态或者其他抽象形态，或大面积地做色彩层次——绿化树种、观形树种、有色灌木、多色花卉，这些都可以从颜色上让人感到动的气息。此外，大地景观的做法是抓住动感要素的有效手段，在大地上做动感形象总会让人印象深刻。

布局是指在可视点和可视角度范围内，由景观构筑物、植物、道路等围合成的动感布局，这种布局动而不乱。例如，动感游乐场让人从布局上就已经对场所的属性有了充分认识。

动态景观有两方面的含义，一是静态景观显露动势。景观形象本身并没有动，而是由于其形象的视觉呈现不稳定因素而给人的心理造成了动势感觉，例如动感雕塑、动感彩绘等；二是景观景象的动态。景观本身就会动，游乐景点中有很多这样的动态景观，常见的游乐设施时时在动，人在动态景观中扮演重要角色。例如舞台上的领舞者、舞台下的跟舞者、动感的舞台装饰就成为提升动感视觉的部分。

5. 从心理上看动感的节点

从视觉传达的角度来讲，动的感觉是一种在相对平稳的状态中存在或者正在产生的一个或多个、一种或多种凸起元素。同样，这种感觉上的凸起，在心理上的反应就是让人有突发的兴奋点——在旅游设计中，这些兴奋点便是游线中大小不一、内容各异的节点了。

面积较大的旅游区往往具备复合型构成的特点，因为其可以接纳不同需求层次的游客。面对这种设计，需要在考虑联系各个节点的前提下分别定位，针对不同层次游客的心理，形成不同的动感设计思路。第一种思路是不同的节点、不同的动感手法形成不同的动感主题；第二种思路是在一个节点中，不同的景观形象采用不同的动感形式，动感的节点是由旅游区的游线串联起来的。第一种思路叫作"线上找点"，选择适合的节点打造适合的动感主题，例如在一个动漫的基地中选择点，涂鸦乐园和野战营的动感主题是完全不同的。第二种思路叫作"点中抓点"，任何动感节点中都会有不同的动感形式，在一个节点中往往一个动感的形象和内容决定了这个节点的动感属性。例如，一个以举办篝火晚会为主的节点，篝火晚会便成了活动核心，那这个节点的动感属性就十分明确了。

（四）旅游区的动感化提升

相对应创造美好生活方式这一设计的核心问题，旅游区整体设计的核心问题是设计更好的游憩方式，与之呼应的是旅游区中项目设计和景观设计的思路和手法。而游憩方式设计和景观设计，在这一"动感"理念下，找到了突破方向："动感艺术游憩模式"与"动感艺术景观设计"冒了出来。我们希望能把握这一创新思维，为旅游创造出新的产品和景观，达到旅游区的动感化提升。

1. 自然环境的动感化提升

大自然为旅游区提供了很多富有自然动感的景象，农业观光区中的麦浪、滨海休闲区中的波涛，甚至风雨、闪电都可以作为旅游区进行动感化提升的基础。当然每个旅游区的资源优势不同，很多的自然环境仍然需要人为的做进一步动感化提升。例如，农林业观光区中，一望无际的农林业景观总会略显乏味，在这种资源基础上便可以运用大地景观艺术，在不破坏资源的前提下增加很多动感可看的因素。有的观形老树，四周打上投光灯，便可以其为背景搭建一个夜间休闲场所进行活动。对旅游区自然环境的动感化提升有两个前提需有效把握——充分论证自然环境的动感化提升有其需求和必要性，不破坏优势资源以达到旅游区的

可持续发展。

2. 人工构筑物、艺术品的动感化提升

针对旅游区中的人工构筑物、艺术品，绿维创景在动感化的实践中找到了有效的手段——动感艺术。动感艺术本身不是艺术的一种门类，而是一种表达动态感觉的手法，也是传统静态艺术进行动感化的一种方式，而在完成了动感化的提升后，构筑物和景观艺术品就成了一件动感艺术作品。

（1）静态艺术的动感设计。对静态艺术进行动感设计，是艺术中一直存在的现象和创意冲动。例如，让雕塑很"动感"，可以说是雕塑发展的主流方向之一。青岛的"五月的风"是一个典型，"捕捉动的瞬间"是其主要表现方法。"立体动感街画"是一个非常震撼的创新，其实质是用矛盾的空间表现动态，给人的视觉造成欲动的错觉。绿维创景在"动感艺术地带"中，使用了一批美国的图画，动态效果非常好。其最大的特点，是仅仅使用平面手法，创造出引人入胜的立体空间效果。

（2）在旅游景观中运用动感符号。"动感"化是观众主观上产生的效果，象征动感的符号起到很大的作用。整体的动感，可以用局部的活动化符号来带动。例如，在景观节点加一个风轮，设一个转子等；以用流水带动环境的动感效果；用背景的可动性，形成整体的动感。其中，风车、水车、转轮、转盘等，是形成动感最好的符号。声音、光效也是形成动感的代表符号。例如，在一个动感主题广场中，有目的性的光影的动感设计，配合Hip-Hop或

者R&B背景音乐，简单而极富吸引力。除了上述可见的符号外，科技在动感艺术中充当了无形的支柱。例如国际上有一种"三维空中动感成像"的技术，可以在空中形成一个三维运动的立体图像，比如一条游动的鱼。我们在某市"梦幻科技城"项目中设计了这一景观，希望能够成为梦幻科技的代表。

3. 游憩方式的动感化提升

动感化提升离不开人这一核心要素，表演者、观赏者、参与者，不同的人扮演了不同的动感角色。

（1）表演艺术的动感设计。戏剧、电影、马戏、杂技等传统的表演艺术、行为艺术，都是典型的动态艺术形式，但不是我们所讲的动感艺术。表演艺术的动感设计，不是强调艺术的动态形式，而是强调艺术中观众与表演者的互动，强调运动过程本身的体现，强调观众主观上参与运动的感受。戏剧、电影、马戏、杂技这类传统的表演艺术的发展正在与郊野化的趋势相融合，张艺谋的山水实景剧《印象·刘三姐》就是戏剧业动感艺术设计的经典代表。绿维创景在北京房山旅游节的策划中提出了"郊野剧"创意，就是在郊野之中开展戏剧化的演艺活动；以山水大地为舞台，使用实景道具，吸纳观众游客参与，把戏剧化的舞台搬到旅游区山水之中，同时把戏剧变成了共同参与的游乐。

（2）行为艺术与行为艺术化设计。行为艺术因为其良好的感官感受而具有很强的动感特质。人的行为也成为一种艺术表达手段，把

人的活动纳入了艺术，把过程纳入了艺术。而对于动感艺术而言，其他行为的艺术化，具有更大的商业使用价值。例如，绿维创景在"动感艺术地带"中，设计了人体雕塑，以真人扮演不同的角色，在公园内形成可以活动的雕塑，不断丰富鲜活的造型，使其成为一道道风景。另外一种在剧情中形成的参与人员的行为艺术化的效果也很理想。服务人员的服装、语言、动作的艺术化，是最有震撼力的运用。绿维创景曾经策划过一个"江湖"项目，是一个起义军的寨子。要求进入寨子之后，服务人员全部统一穿江湖装，使用"经典黑话"，游客每人一本"江湖手册"，使游客完全融入戏剧化场景中。

4. 动感游乐、动感艺术游憩

旅游项目中，动态本来是一种常态，旅游就是行走中体验美景的过程。最能表现动感的是游乐娱乐型项目。动感形态的游乐项目非常多，而且在不断地发展。无论机械、电子、民俗文化、街舞、马戏等，都深受游客欢迎。游乐场，是动感游乐的集中之地。动感游乐最强烈的效果，来自过山车的尖叫与狂欢的街舞。

以动感艺术为主题或主要造景手段而形成的游憩方式，称为"动感艺术游憩"。绿维创景提倡情境化、娱乐化、体验化的游憩方式设计，动感艺术是最具有表现力的方式。

动感艺术游憩可以分为观赏型、参与型、剧场型、游乐场型四种。立体动感街画、人体雕塑是观赏型；涂鸦、手工艺制作是参与型；《印象·刘三姐》、县衙审案是剧场型；街舞、狂欢

游行是游乐场型。综合运用不同类型的动感艺术游憩，创新设计游憩方式，可以为旅游项目提供独特的游憩乐趣和旅游吸引力。

（五）结语

"动感"在旅游设计中是继承传统，也是打破传统的理念和手段，不断发展的动感形式、动感艺术手法在现今旅游设计领域中的运用已经成为大势所趋。

随着旅游区品质提升的呼声不断增高，绿维创景在旅游区整体提升的实践中形成了"以动感理念设计动感游憩方式"这一核心思路，并将其创造性地运用到更多的项目案例中，完成了以桂林动漫基地为代表的动感化景点、万盛旅游目的地、秦岭北麓休闲度假城、黄果树民俗接待小镇、内蒙古固阳等项目的策划、规划、设计，为这些旅游区注入动感元素，已经取得阶段性的成功。我们致力于研究在传统的历史观光景区、民族风情的旅游区中如何结合环境和文化运用动感思维和手法，同时在现代观光休闲度假旅游区中如何创造新的、现代的动感形式体现景观亮点。相信这种理性的、创造性的"动感"会越来越多地在旅游项目中得到运用，会为更多的旅游区规划、提升设计提供借鉴。

五、旅游设计中的本土化设计思路探析

（一）什么是本土化设计

本：起源，根源，本源。土：本地的，本国的，地方的。本土化是密切结合当地现有资源，发挥地方特色，从而形成有别于其他地域性风格的过程。所谓本土化的旅游设计，就是要将本土化的元素融入设计之中，达到返璞归真的设计风格，开发本土化的游憩方式，创建本土化的建筑和景观环境。近年来，在音乐和美术方面民族的、本土的特色大行其道，人们普遍意识到民族和本土的独特吸引力。在旅游设计中，本土化设计以展现地域范围的特有魅力为基础，对地方历史文化进行深度发掘。

（二）旅游中的本土现象

近年来，以草原风情为特色的蒙古旅游持续走火，丽江和乌镇等以传统民居为特色的古镇文化游也热度不减，还有西北风情民俗游、西南少数民族地区的风情旅游等也在旅游市场中占据了重要地位。还原古朴的生活和娱乐方式、创建具有浓郁当地特色的游憩环境，在旅游业的发展中已得到越来越多人的认可。俗话说："靠山吃山，靠水吃水。"旅游开发就是要深度挖掘地方的山水资源与民俗文化特征，并加以继承与创新。旅游中趋于本土化的现象已经展露无疑。

（三）旅游区的本土化提升

1. 游憩方式的本土化

游憩方式的本土化主要是将游憩方式与当地民俗和生活习惯相结合，让游客亲身体验当地的生活方式。其中通过民俗和民间节日聚集人气，是旅游设计中常用的方式。很多少数

民族旅游区在游憩方式本土化方面开发得很到位，例如天下第一侗寨——车江。车江侗寨是全国侗族人口居住最密集的地区。在旅游设计中保留了完好的侗族生活场景，家家务农，户户纺纱。当客人进寨，侗寨人会行"拦路酒"礼。而当地美食侗家腌鱼也成为旅游区美食的典型代表。这样的设计方式，通过满足人的猎奇心理吸引了更多的游客，让他们体会到了当地的特有生活。另外，将当地特有的动物加入观赏和游乐行列，让游客和动物互动，可以活跃气氛，增加看点。例如内蒙古的草原风情，通过骑马、牧羊的方式让游客更多地与淳朴的生活方式接触。当然草原风情美食也吸引着中原和南方农耕地区游客。

在新疆鄯善项目中，绿维创景通过对未来游憩方式的设想来改建建筑外立面，达到视觉上的本土化效果。在材料的选择上，尽可能多地利用当地原有的土木材料，并且加入多种很有地方特色的建筑符号，例如楼顶花架、晾房等。在游憩方式上，通过让游客参观吐鲁番地区特有的葡萄干小晾房，体会葡萄干的制作过程。另外，体验由于当地夏季昼夜温差而形成的用于乘凉的花架和院落，也是将当地生活习惯融入旅游开发，形成的特色游憩方式。这种游憩方式，通过建筑形式的改造加以配合，将纳凉和夜间饮食娱乐相结合，推动了旅游副产业的发展。家家户户的楼顶花架都可以接待散客，这也是一种农家乐形式。绿维创景认为，蒲昌村的旅游开发不能仅仅以景点建设和娱乐活动的设置为主，也就是说不能仅仅建立一个

被动的被人参观和吸引人前来娱乐的项目。这是一个旧村落改造项目，要通过旅游引导的村风村貌提升，向游客呈现一种原生态的生存状态。同时，还要提高村民们的生活质量，拓展他们的增收渠道，让现代化的生活方式走进他们并成为日后生活的一部分，从而让这种原生态的状态得到延续和发展。

由此，我们专门设计了一条商业集市街。一边是各种的民间作坊：有金银匠铺、专门钉马掌的铁匠铺、小裁缝铺、百货小摊、手工艺铺等；一边是完全的生土建筑形式里面的小酒馆、小茶房、小书店、小照相馆、小网吧等。走进这条街，游客会发现自己到了一个遥远的西域小镇。这里的人们正悠闲而祥和地按照自己的方式生活着。游客可以作为旁观者欣赏这一切，也可以一头扎进某个小酒馆去近距离体会当地民风民情，还可以拐进一个小网吧把喜悦之情向遥远的朋友诉说。

近年来，民俗婚礼也逐步发展成旅游设计中的又一本土化亮点。摩梭人的走婚、苏州园林的仿古婚礼，甚至各地少数民族旅游区也都在打婚庆牌。气氛热闹的婚礼让游客拥有角色扮演的机会和亦真亦幻的想象空间。

2. 本土化风貌的打造

（1）本土化的建筑设计。建筑材料在不同地区有很大差异。例如，华南与江南的砖瓦建筑、西南的竹木建筑、西北的黄土建筑等。通过不同的建筑材料，设计师可以从质地上将建筑风格加以界定。而采用当地特产的石材或竹木材料可以从大背景上给人以强烈的视觉冲

击，为游憩情绪的展开做好铺垫。各地迥异的、由标志性建筑形式和符号构成的特色建筑，构成了旅游区的独特风景线。例如，上海的石库门、北京的四合院布局、江南的飞翘檐角、西南少数民族山区的吊角楼、杭州民居的一斗三升、鼓形石柱础等。甚至有一些专门以建筑为主要特色的旅游区，如云南丽江。通过几里长的碎石路连接起来的古老商街、二进式或三进式的院落、一些古土司政权的殿宇等，吸引着大量的游客。还有乌镇、诸葛村等，都是在保留原建筑风貌的基础上发展旅游的。

（2）本土化的景观设计。景观概念的范围很广泛，这里主要强调的是园林景观。园林景观的构成要素包括地形、水、植物和建筑（园林小品）。本土化的活的景观——园林植物和观赏动物，通过组成景观的基本元素体现地方特色。植物分布的地带性差异特别明显。例如，在华南地区的许多绿化常用树种在华东、华北地区只能季节性观赏，冬季需要越冬防寒保护，或是转移到室内栽培。地域性的气温、湿度和长短日照差异对于植物的观赏性影响巨大。在室外绿化中，更多地利用乡土树种，不仅可以节约成本，减少工程造价，而且在后期维护和景观持续时间方面都有良好效果。每个地方都有自己的历史和文化，通过小的装饰物件和室内陈设，可以让游客从细部发现和感知地方文化。在景观设计中，恰当地运用装饰

物，可以达到画龙点睛的效果。同样在装饰设计中，需要考虑材料的运用，包括手工艺制品的运用。例如，在都江堰人民广场的设计中，运用了大片的竹织品和石制品作为沿江街道的装饰物，将古蜀竹文化和石文化表达得淋漓尽致。

（四）结语

通过选择独具当地特色的建筑和景观材料，还原当地的建筑和景观风格，将游憩方式和生活习惯相结合，把本土化作为旅游设计的一大方向，可以让每个旅游区都有个性、有特色。具有鲜明本土风格的旅游设计，可以让地方文明通过旅游进行传播。希望这样的做法在以后的旅游设计实践中能够得到更多的有效印证。

六、旅游设计中的游乐化设计思路探析

游乐是旅游的重要内容，游客需要游乐，而旅游业是为人们奉献游乐的行业，需对旅游中的游乐化设计进行认真研究。游乐化，在旅游设计中主要表现为将旅游区中的功能型消费项目（食、住、行、游、购、娱、体、疗、学、悟的载体）融入游乐趣味，使该旅游区具备更强、更独特的吸引力。从游憩方式上讲，它主要表现为一种体验，注重游客的参与性，并让这种参与感受成为旅游区的亮点，从而区别于其他旅游区，成为该旅游区独特的吸

引力。

（一）旅游设计中的游乐化设计主要体现在三个方面

1. 游憩方式的游乐化设计

旅游项目是旅游区中最核心的吸引物，是一个制造不同体验的神奇载体。旅游就是去体验不同于日常的生活，并体验这种生活给心理需求带来的感受，欢快、刺激、恐怖、惊心动魄……所以，旅游设计中要把旅游项目、景观环境、配套设施尽量进行游乐化处理。所谓游乐，游是前提，乐是目的，而环境是载体，是游这个主体环境带给游客的感受。乐因游而生，触景生情，这个情便是游乐化设计的最终目标，是游客在食、住、行、游、购、娱、体、疗、学、悟等旅游参与过程中获得的独特感受。因而，在旅游区开发建设项目的设计中，前期要做一个非常严谨的工作，那就是从本地旅游资源出发深刻发掘游客的心理诉求，来这里旅游的人想要游什么？想要看什么？想要得到一种什么样的感受（情）才可能满足？并且在游过之后还可以帮助旅游区进行很好的宣传。因而，在项目的设置中要尽量满足游客追求新鲜环境、寻求生活角色转换、求异心理的要求，形成全新的感官体验与知识的收获。同时，还要深究其文脉，将本地历史文化融入其中。没有文化理念支撑的东西最终只是个空壳。

游憩方式的游乐化设计可以更深入一些，对应需求大概有以下两种表现：第一，以山水观光型景区为典型代表的自然类风景区、旅游区，已经从单纯的观光旅游发展到了山水休闲旅游，这必然需要增强其游乐性，例如山间游乐与水上漂流的结合。第二，以人文资源为基础的旅游区，也早已经跳出了单纯观看少数民族跳舞、试穿他们的民族服饰的层面，更多的是体验他们的民俗——这是一种典型的游乐化方式。

2. 功能性建筑与设施的游乐化设计

功能性建筑与设施落实在具体的细节上，主要是游客要亲身参与和直接接触的事物。功能性建筑与设施的游乐化是在旅游区中的功能型消费景观建筑中，融入游乐化的活动与趣味，使其具备更强的吸引力。例如，来度假酒店吃饭和住宿的游客，比起食物的口味和样式更在意消费的环境和氛围。环境设计较具有同类功能的场所是不是更吸引人的眼球，就餐者和来这里住宿的人是不是感觉比在其他同类场所更愉悦、更有趣味、更愿意停留等，成为评判度假酒店设计是否成功的标准。绿维创景在宁夏兰一山庄度假酒店的餐厅和总统套房的景观打造中融入了很强的游乐性，客人愿意付出普通消费1~2倍的价格来这里，使之成为当地的时尚消费场所，从而带动了当地的区域经济发展，也使投资者获得了最大化的收益。

再以碟屋为例，碟屋的外形结构像一个碗碟。从功能来看，一半像屋子，一半像船。碟屋有50平方米的生活空间，可供2~9人居住和生活。有多个房间，如小客厅、酒吧、迪斯科、娱乐室、卫生间和小客舱卧室。有上下半层的复式结构，环境十分清洁、雅致和舒适，就像一幢住宅、旅馆或别墅。碟屋可以设立于陆地，也可以漂浮在水面。无论在海滨、湖泊、河流、山林、荒地、沙漠甚至极地，碟屋群随时可以移来作为临时的度假公寓或探险营地。碟屋带给游客的是温馨、安逸、舒适和浪漫。相信这种类型的住宿要比水泥的酒店更具吸引力。此外，还有木屋和茅屋等。当然，不同地域的旅游区应根据其特点设计出具有本地特色的住宿环境。

3. 景观设计的游乐化设计

旅游区的景观游乐化设计是旅游区系统升级、满足休闲结构增长要求的主要手段，是给骨骼添血加肉的过程。不论策划者还是规划设计者都要把自己当作游客，从他们的切身体会出发，站在他们的角度去思考问题。可以从以下几点来考虑旅游区中的景观游乐化设计，即视觉、触觉、听觉、味觉、嗅觉，其中以视觉、触觉和听觉三点为重。

（1）视觉。视觉是一个旅游区带给游客最直观的感受，所以视觉也必然成为旅游区最基本的设计。所谓视觉，视即看，看的对象可以是自然可以是人文，可大亦可小。

一是要整体。看自然景观是对整个旅游区的总体要求，并不一定是山清水秀，也可以是苍茫大漠，也可以是皑皑雪原，自然资源和谐就好。从一般意义上来讲，自然景观主要是以量来震撼人心，自然景观一旦形成规模就会很漂亮。例如，云南省安宁市的金色螳川，就是以螳川河岸望不到边际的油菜花形成的景观，

其中缀以水车、农家乐等供游客嬉戏、休闲。花开时节，游客云集，无不惊叹于这个金黄的世界。

二是要注意细节。任何事物都是细节彰显品位，细节做到位，普通的设计也会很出彩。例如，北京的三里屯和王府井有一些小建筑，他们的形式和周边其他建筑并无二样，但是在细部的处理上非常到位：窗格的颜色、遮阳蓬的颜色与建筑颜色很协调，绿化隔离带与建筑衔接处的处理非常巧妙，用高一些的地被植物掩住建筑与地面之间不太美观的缝隙，看起来十分整齐，以及隔离带路沿石和招牌的设计都极其别出心裁。坐在车上沿线而过，这样的地方都会使人眼睛明亮、心情舒适。细节可以弥补主体的某些不足，从而达到视觉上的美感，这样就会使游客觉得这是精品。

（2）触觉。触觉可以分为肢体的触觉和心理的触觉，可引导游客进行深入体验和积极参与。例如，承德有一个棒槌山。当地流传下来的一句话说"摸摸棒槌山，能活一百三"。很多游客为了讨个吉利，争先恐后地去摸这个棒槌山。触觉加上一些文化的内涵，便使得这种触摸更能激发游客的兴奋感，这便属于心理触觉了。

（3）听觉。听觉，顾名思义是针对声音。旅游区设计中的声音设计主要包括背景音乐和表演性声音。背景音乐要结合景点主题，使游客心情愉悦，从而减轻旅途的疲劳；或者该音乐的目的是要引导游客沉浸于某个故事情景之中，所以音乐的选择、音量的大小、播放

时间的长短，都要根据具体情况来仔细研究。表演性音乐相对来说简单一些，例如某个森林景点叫"听涛"，但是这个时间恰恰没有风来，那么就需要循环地播放一些诸如风吹松林的声音，增强游客的感受。

（二）旅游游乐化设计中的四点方法

单调的生活方式、紧张的生活节奏使现代都市人对所处的环境感到乏味和麻木，总是在繁忙的现实中幻想着离开，过另一种生活。假期出游恰恰满足了人们的这种需求，所以在旅游设计中要满足人们的出走和求异心理。追求美与快乐是人的本能，它们在旅游中占有举足轻重的地位，故在旅游设计中也不可忽视这两个方面的打造。下面将从这四个方面来探讨一下如何实现旅游设计中的游乐化。

1. 满足游客的出走心理，主动变换场景

人若长时间在一个环境中以一成不变的节奏来生活，就总想换一种新的环境和生活方式来调节一下。游从这一角度满足了游客这种需求，所以在旅游区的建设和游憩方式的设计上，应该制造出不同的场景。设计师做设计时，总是在讲"深层次挖掘文化"，但文化是抽象的、无形的，怎么把这个抽象的东西挖出来，进而转变成游客可以体验的东西？那就需要具象化，通过不同场景的变换演绎，把人文和自然资源巧妙地结合起来，使游客通过不同的场景获得不同的感受和体验。一个旅游区可以制造出很多的不同，在设计中必须要从这些不同的场景和不同的主题中找出整个旅游区的相通之处，然后融会贯通，构成整个旅游区旅游要素的完整配置。

住是旅游十大要素之一，旅游活动离不开住宿，舒适的外出居住环境可以给游客带来锦上添花的乐趣。旅游业大发展带来旅店酒店业的空前繁荣，作为旅游配套服务设施的旅馆业举足轻重。随着旅游产业进入休闲时代，游客对于旅游各要素的要求愈加挑剔。现在外出旅游的人们不再像以往那么注重酒店的星级，而更加关注这个地方是否有趣。很多游客喜欢上了充满野趣的野外帐篷、森林木屋和充满民族风情的竹楼、蒙古包，甚至愿意体会一下东北的热炕头。这些场所形式各异，给人的感受各不同，或温馨浪漫，或新奇刺激，但有一个共同点即功能都很齐全，有些内部的豪华设备不亚于星级酒店甚至更高于星级酒店。由此可见，游客不想走到哪里都是千篇一律的住宿环境，而更需要一种不同于日常的特色居住体验，而这种体验是新奇的，是快乐的。

2. 研究游客的求异心理，创造时空轮回

游客出游的动机各异，但都有求异心理，都普遍追求新鲜感、个性化和差异化。因而，旅游区的开发建设必须依托资源，挖掘当地特色性的审美要素，运用时空轮回的手段，将不同时空、不同跨度和不同时间刻度的东西，整合融汇于一体；或者，将不同的场景分解到不同时空、不同跨度和不同时间刻度的时空中去，打造出极具核心吸引力的旅游产品，使游客在参与中进行自己的、唯一的，进而能留下值得回忆的感受。

科幻天地就是最好的代表，如杭州的"未来世界"、深圳的"未来时代"、武汉的"科技娱乐城"等，都以超大型的游乐设施，新、奇、特的科幻创意，使游客感受到高科技的力量。科幻娱乐已开始成为现代游乐园的一种时尚。用现代高新技术进行造景设计，更可以得到神奇的幻景效果。例如，激光造景的"神秘世界"，展现浩茫苍穹的"宇宙幻境"和用悬浮成像技术制成的海底街市，还有像"未来时代"所刻意造景的"未来树"，高20米，占地3000平方米，十分壮观。树上布满了各种体现未来这一科幻主题的娱乐单体，树下"星星河"里机动碰碰船形成动态的彩色长流。有的科幻乐园还仿真制造出北极光和火山爆发等自然界的奇异景观，使科幻乐园更具有令人震撼的感染力。这类以高新技术表现科技命题的科幻乐园被很多人看好，有着很好的市场发展前景。

此外，还有与高科技和现代化完全相反的手工作坊。例如各类艺吧，在这里人们可以亲身感受原始手工业带来的乐趣。

3. 满足游客的体验需求，注入快乐元素

体验是旅途人生的核心，是游客追求的最高境界。游程中角色体验、人与自然互动体验、征服或融入自然的体验、回归历史的时空体验、异域文化的体验等，构成游客对旅途人生的全面满足。其中，切身体验是最能提高游乐质量的途径。因而，在旅游区开发建设和游憩方式设计上，应对各类资源进行体验式改造与设计，形成可参与的场景，将自然与文化资源转化为参与对象，转变为具有吸引力、可使游客兴奋的产品。

"生态旅游，回归自然"是当今旅游市场的时尚。精明的开发商把生态旅游和休闲娱乐结合起来，创造出了别具一格的农庄游乐园，也就是所谓的"休闲农庄"。北京郊区、南京、四川、河南等地的休闲农庄都在如火如荼的进行中。都市人整天在灯红酒绿、觥筹交错中疲惫地度过休闲时光，因而十分向往自然，喜欢走向广宽的空间，到野外乡村的自然风光中休闲娱乐，而休闲农庄正是满足了都市人的这种心理要求。通过大胆的创意和独具匠心的设计，创造出了一片清新高雅的绿色空间，把阳光、山林、自然、健康带给人们，把休闲娱乐导入了一个崭新的方向。

休闲农庄有爽心悦目的田园风光。层层果林，块块绿地，农家田舍，湖光山色，给人以清新愉悦的感受。游客在农庄里可以领略城市人从未有过的农家生活，亲身参与体验习耕、采摘、制茶、捕捞、养殖、垂钓、采莲、插花等许多有趣的农事活动。吃农家茶饭，住木屋农舍，令游客耳目一新。除了有各种自然植物供游客观赏、丰富多彩的趣味农事活动供游客参与外，休闲农庄还设有许多让人玩不够的娱乐项目，和谐地融合在浓郁的农庄景色之中。田园风光和现代娱乐的结合，使农庄的休闲生活更加充满乐趣。

4. 满足游客的审美需求，体现艺术性

追求美是人的天性，设计源于对美的追求，旅游设计同样如此。旅游是人们对更美好事物的向往和对更美好生活方式的追求。而旅游的早期产业形态，就是以景观观赏为核心主题的。随着旅游业的不断发展，旅游者对旅游欣赏、旅游审美的要求越来越高，旅游活动也逐渐从观光娱乐型向休闲体验型转化，而旅游审美是对自然美、艺术美、社会美的综合性审美实践活动。所以，从旅游资源审美和旅游者的需求出发，旅游区开发建设必须体现艺术性。如果仅仅依靠资源本体的观赏独特性是不可能达到足够的吸引力的，必须通过艺术化的手段，在资源本体的观赏性特征基础上，进行艺术的加工与再创造，那样才具有较强的吸引力，才能满足游客的审美需求。

（三）结语

旅游区是进行旅游活动的场所。游乐化，因为其出发点是以人为本，又以游客快乐为追求目标，是一种有效满足人们旅游需求的设计手法，也是游憩方式的一种表现。国内很多旅游区通过这一设计手法增设游乐性项目完成了游憩方式游乐化的提升，并且受到游客的欢迎，相信游乐化设计的思路会继续发挥它的作用。

七、旅游设计中的生态化设计思路探析

随着"人与自然和谐共处"理念的一步步深入，景观生态化不仅成为旅游设计的五大独特趋势之一，甚至成为现代设计者应具备的职业道德和伦理规范，足见人们对"生态"的重

视程度。游憩方式的生态化设计是旅游区生态化的核心，也是提高旅游产品和品牌形象的一种手段，还是旅游产业系统升级的大势所趋。

（一）游憩方式的生态化

游憩方式的生态化是指通过相应的景观生态技术，包括生态材质运用、本土化植物配置、低耗能技术应用、绿色植物环境、环保材料与技术等，与旅游过程中的（食、住、行、游、娱、购、体、疗、学、悟等）游憩活动相结合，利用旅游目的地的各种资源，使旅游开发商、投资商获得最大收益的同时，又能使其对环境的破坏降到最小，实现旅游区的可持续发展。

（二）当前旅游区中的问题

目前，全国各地旅游都在利用自己的优势条件因地制宜地发展生态旅游形式。各级旅游度假区及综合性生态游乐园等如雨后春笋般大量涌现。虽然生态游憩项目在表面形式上显得丰富多彩，但实际上都在相互借鉴或参考国外，没有作系统的研究，所以不可避免地出现一连串问题：其一，对生态旅游的市场缺乏充分的调查和论证，市场定位不明确；其二，选址和规模的确定缺少依据，造成土地资源浪费和自然景观资源破坏；其三，项目缺少特色，受时髦、流行的市场影响，项目建设重复性很大，特别表现在人文景观项目上，各地一哄而上，造成直接竞争资金浪费和对环境的破坏；其四，设计、施工不够精致，设施雷同、缺乏

新意，对生态主题和内容挖掘肤浅，难以吸引游客。

（三）生态化旅游设计的方法、理念

1. 地方性

（1）尊重传统文化和乡土知识。不同地域有不同的文化和乡土情节，挖掘当地独特的文化和资源，利用其设计游憩项目，使其独特的魅力和气质表现得更加鲜明，做有文化内涵的生态化设计。

（2）充分整合旅游区的自然资源。将有特征的自然因素例如阳光、地形、水、风、土壤、植被及能量等结合在游憩方式的设计中，使其成为自然的衍生物，而不仅仅是消费项目，使游客在娱乐的同时能够真正地和大自然融为一体，做可以亲近自然的生态化设计。

（3）采用乡土材料。乡土材料不仅能反应当地的特色，而且能降低其管理和维护的成本，做节约的生态化设计。

2. 保护与节约自然资本

（1）保护资源与游憩方式结合。旅游区的生态系统是比较脆弱的，有些独特的景观元素一旦遭到破坏就很难再恢复，而景区也会因此失去生命力，因此游憩方式也担负着保护旅游区环境资源的使命。

（2）采用新技术维护生态系统平衡。新技术的采用往往可以数以倍计地减少能源和资源的消耗。

3. 让自然界成为游憩方式设计的向导

大自然是有自我设计能力的，而且大自然的设计比人为的设计更加丰富多彩，相得益彰。有时没必要去大动手笔，只需按照它的脉络略施粉黛。例如，可以利用当地植物的多样性去设置植物专类园；利用森林中的负氧离子设置森林氧吧等。

4. 显露自然，增强人与自然的联系

游憩方式的设计不仅仅能让人们感受到与自然的互动，而且还能让游客了解自然，把自然的一些体系显露出来，强调人与自然尚未被认识的联系，从而提高人们对生态环境的保护意识。

（四）生态化设计的依据和检验方法

1. 符合成功设计的特点

（1）活动和场地的对应关系得当——硬质项目和软性项目。在游憩项目中，有的活动项目有较严格的场地要求，活动和场地是一一对应的关系，这类项目可称为硬质项目；相反，有的活动项目可以随意安排组织，没有特定的场所，活动和场地是一对多的关系，这些活动被称为软性项目。

（2）层次性——集合项目、元素项目和单元项目层次合理。一般项目都具有一定的综合性，它由多个元素构成，可看作一个集合，被称为集合项目。例如，游乐园是个集合项目，它由饮食、游乐、交通甚至住宿等许多元素组成。集合项目具有层次性，在更大的项目中可成为子集合。本书中将游憩活动项目的最小单位定义为元素项目。把可以独立经营的项目称为单元项目，它可以是集合项目，也可以是元

素项目。通常，经营者从游客需要开发，经营多个元素为一个单元项目。

2. 资源依据

（1）自然景观。①气象气候——地方气象气候会影响项目设置，导致季节性地域性的产生。②地形地貌——多种类型的地质地形如：高峰、险峰、奇形山岩、火山（遗迹）、石林、洞穴、江河湖海、泉瀑、岛屿等提供观赏考察对象。不同的地形地貌，适合于不同的游乐活动。对于水体来说，可以发展水底世界、潜水、漂流、游泳、划船、滑水、水上器械游乐、沙滩运动……另外，洞穴、泉水、植被也为人类提供了多种多样的活动空间场所。

（2）人文景观。①名胜古迹——包括古建筑园林、古城墙、城堡、街道、桥、名人故居、碑……对名胜古迹主要以保护为主，并对其周围环境加以整理，增加相应辅助项目或相关项目如博物馆、文化村等。②观光农业和生产——旅游区内的一些农业、生产可开发成观光型旅游项目，使生产和观光结合起来。农业方面的如：园艺、果木栽培与采摘、禽肉类水产类动物养殖等；加工业方面如：旅游纪念品、工艺品作坊，酒类、食品、木材等加工制作，采矿、小五金制作等。③社会风情——社会风情、民俗风情是人类社会历史发展过程中所创造的一种精神和物质现象，是人类文化的一个重要组成部分。不同的地域拥有自身独特的文化，这些文化和当地的自然景观融合，形成各自独有的风格和个性。社会民俗风情主要表现在以下方面：节庆盛会、民族年节；民族歌舞；民间竞技娱乐；服饰、织物、工艺品；饮食文化、地方民居、民族村寨；民间文学、神话传说、宗教礼仪……

3. 市场依据

（1）掌握市场规律进行需求分析确定生态开发思路。市场需求是经济学中的概念，市场需求的分析主要建立在调查统计的基础之上，研究不同消费群体和需求数量。消费者年龄、工作、文化程度、地域等方面的不同，决定了不同的消费行为。游憩方式的开发带有很明显的经济特征，项目运作过程中不可避免地会受到经济规律的制约，因此认识经济规律应当作为项目设置的前提。

（2）消费心理行为分析确定生态项目。规划设计和经济学研究关心的问题有所不同，在进行项目设置时，对于市场需求的研究更侧重于游客的年龄和心理行为，以达到项目实现其使用价值的目的。项目设置应以人的需要为核心，满足人们生理、安全、社交、尊重、自我实现的心理需求。

4. 生态设计的检验因子

（1）设计的合理性——符合方针政策，资源利用合理有效，合乎游客或居民意愿。

（2）设计为人带来便利性——游线安排、运输能力、超负荷时的接待能力。

（3）舒适性——生态休闲氛围的营造，卫生、安全、服务良好。

（4）明确性——设施联系明确，标志、指示牌、导游系统完善。

（5）安全性——考虑结构、构造、雨水

污水排放、紧急避难场地、通道、防灾措施。

（6）延续性——追求设计美感的同时最大限度地维护生态系统的延续性。

八、旅游设计中的情境化设计思路探析

（一）情境化与情境体验

旅游活动中，情境化是一个互动的概念，包含了情境化和情境体验两方面。"情"是目的，游客在进行旅游活动体验风情的同时获得了特有的心情，这种心情可以是震撼、愉快、美妙、舒适、刺激……它和游憩方式的主题直接相关。"境"是旅游设计打造环境的主要课题，也是旅游活动的载体，人在活动后有了不一样的心情，体验心理得到了极大满足。旅游活动属于典型的体验经济活动，情境体验也是旅途人生的核心内容，区别于城市工作和日常生活情境的体验感悟，是游客追求的理想境界。

（二）情境化设计的要素

谢佐夫在《体验设计》中将其定义为：它是将消费者的参与融入设计中，是企业把服务作为"舞台"，产品作为"道具"，环境作为"布景"，使消费者在商业活动过程中感受到美好的体验过程。

旅游活动中情境化设计的三要素也不例外——舞台设计、道具设计、布景设计。舞台设计是情景化的主要线索，旅游的主要线索是其要提供给游客怎样的情境体验；道具设计是

围绕情境线索而设计的人们可以参与的活动设施，旅游活动必然要落实到空间；这也就产生了环境的布置问题，什么样的舞台就应该具备什么样的环境。

（三）情境化设计的类型

一次旅行会充斥着不同角度的情境体验。例如，游客去巴塞罗那，会希望对巴塞罗那有一个全面的了解，探索那里曾有着一段什么样的历史，有什么样的从历史上沿袭下来的传统；享受巴塞罗那的文化、艺术——置身于高迪、毕加索、米罗、达利等大师的艺术长廊中；满怀敬畏感地仰望城市的象征——圣家族大教堂；近距离地切身感受巴塞罗那城市市民的骄傲——去看一场"早已经不仅仅是一家俱乐部"的巴塞罗那的足球赛，完全把自己当成一个巴塞罗那市民来体验作为一个主场球迷的感受；体验一下传统的弗拉明戈吉他明快的伴奏，跳起动感的弗拉明戈舞蹈；参观巴塞罗那现在的风情艺术和参与新奇的街头表演活动，融入巴塞罗那的酒吧娱乐中。从古至今、从生活到休闲娱乐，融入对应的多种情境完成心情的多样转换。成功的情境化设计会让人的心情转换到一种美妙的状态，这种状态的关键词可能是特定情境中所感受到的快乐、幸福、惊奇、震撼、出乎意料……

旅游活动中情境体验设计的类型大致分为5种，即历史情境体验设计、异域风情情境体验设计、猎奇情境设计、剧情体验设计、空间属性体验设计。

1. 历史情境体验设计

某些项目场地内的资源跟著名典故有关，有历史名胜、文化古迹。历史情境体验设计对应的是在游客的内心世界里再现某一特定的历史情境。历史资源本身的厚重感会给人们带来一定的视觉和心理震撼，应该合理利用这种厚重感通过历史情节来展现知识性，拉近历史与人的距离，运用历史典故、民间传说来打造情节。例如，绿维创景利用一个农民起义的素材打造一个历史题材的情境，打造起义的军寨，结合古代军事练兵甚至历史事件再现等一系列环环相扣的情节，既让游客体验了情境，也展现了历史知识。

历史资源不失为打造情境的一个好素材，但是对应的情境化设计手法也应该更考究一些，特别是特色符号的运用，如音乐、舞蹈、服饰、建筑等，应该力争做到真实地再现，而不应发生明代的历史情境出现编钟乐和战国歌舞，又或者无论哪个朝代的建筑到处都是大红宫墙的情况。

2. 异域风情情境体验设计

进入21世纪，出国旅游发展迅速，同时对应的本土化旅游也受到欢迎，两种看似不同方向的旅游却有着同样的依据，这就是人们对于生活方式转换的向往以及想要体验旅游地原汁原味生活方式的需求。注重原汁原味，从感官上就应该进行严格区分。举个例子，现在各种各样欧式建筑充斥着人们的视野，但大多数人并不认为体验到了欧洲的情境，原因有两个：一是环境和氛围的缺失；二是人们看到的欧式建筑并非真正含义上的欧洲建筑，只是充斥着欧式建筑主要符号——罗马柱、穹隆顶的建筑物。除此之外，内外环境都不是原汁原味的欧洲感觉，旅游情境设计完成的应该是强调异域文化风情活动的环境打造，本土化的情境设计同样如此。

3. 猎奇情境设计

旅游是典型的通过空间、季节、生活内容转换来满足游客猎奇要求的有效方式，旅游设计应该全方位地满足人的感觉系统的要求，视觉、听觉、嗅觉、味觉、触觉，缺一不可。前所未见的景观、奇幻的音乐、新奇可口的饭菜、新颖奇特的活动、风格有特色但又十分舒适的住宿环境，都会带给游客满足，甚至升华为精神的愉悦。

科技、文化的发展带来的新鲜事物更多地满足了人们的好奇、寻求刺激的心理，但是大前提是不会改变的，即注重游客的可参与性，同时注入快乐元素。因为猎奇并不是以追求奇特为目的，最终的目的还是要追求快乐。

4. 剧情体验设计

很多人都曾幻想过自己是剧情中的人，冒险的角色、幸福的角色、成功的角色……一次旅游活动就是一段剧情，有时间，地点，人物，事件的开端、发展、高潮、结局，旅游设计也是一段有剧本的情境体验设计。剧情体验设计的目的，就是让每个人在旅游活动中都完全融入自己的角色，追寻一种没有压抑、完全释放的情感。

5. 空间属性体验设计

不同空间有不同空间情境的要求。例如，游客白天在旅游场所里体验到了新奇、刺激、感动，到了旅游地休息的场所，虽然这个情境也可以是新奇的，但这种新奇却不违背这个场所的根本属性——提供舒适的环境供游客休息。芬兰的罗瓦涅米被称为圣诞老人村，小镇的旅馆里的装修风格足以让每位到此住宿的游客感受到童话般的情境。旅馆的设计者和经营者认为这还不够，服务员每次在整理房间的时候都会在住客的枕头上"偷偷"地放一块好吃的糖果。这一细节也是最能抓住情境化设计特点的符号，在有明确的空间属性的基础上让游客仿佛感受到圣诞老人就在这里。

综上所述，情境化设计本身是一个过程。它随着科技发展和人们认识的不断提升会展现出多面性，这更利于情境化设计手法和成果的持续创新。

案例 29 创新打造中国传统文化的现代主题乐园
——江苏常州淹城春秋主题乐园策划规划与设计

中国是一个文化大国、历史古国，是唯一一个两千年以上持续文明传承到现在的文化强国。这些文化如何转化为现代人喜闻乐见的、拥有市场吸引力的、新型的游憩方式，从

图7-13 2010"花都水城·浪漫武进"旅游节开幕式暨淹城春秋乐园开园仪式现场

而构建出旅游、休闲、娱乐、游乐的产品，是中国旅游界一直在探索的课题。

常州淹城春秋乐园，即是绿维创景实现游憩模式设计突破，把最具差异的两类事物——中国传统文化与西方现代主题乐园结合在一起，形成的创新旅游产品。春秋乐园项目，是绿维创景创新的里程碑，同时我们认为，这个项目也是中国主题乐园产品开发的里程碑。本项目已于2010年4月29日开园运营，引起了社会各界的广泛关注。整个淹城旅游区的游客量，在春秋乐园的带动下实现了十几倍的增长。春秋乐园积聚的大量人气，也带动了周边商业街及地产的快速发展，实现了土地价值的提升，带动了当地经济和休闲产业的发展。

一、项目开发背景——淹城遗址价值亟须凸显

春秋淹城是世界上唯一的形制，成为我国目前保存最完好的古代春秋时期地面城池遗址，据考证已有2500年的历史。中国春秋淹城旅游区是以春秋淹城遗址为文化原点的综合性旅游区，也是武进区城市发展规划六大板块之一，还是其中较大的旅游发展板块。春秋淹城遗址作为国家重点文物保护单位，其开发与利用一直受到国家文物局与地方政府的高度重视。

早在2006年10月，我院林峰院长就带领相关团队前往淹城考察，与当时的管理部门淹城建设局进行了沟通，并针对这样一个具有重大历史价值的遗址的开发建设提出了建议方案。

淹城遗址是国家级文物保护单位，是带动淹城、武进甚至常州市旅游发展的重要引擎，但它的社会、经济及旅游价值却没有凸现出来。早在2006年建成的仿古商业街，虽然规模宏大，但人气不足，影响了商业的开展，淹城博物馆建筑体量宏大，馆藏文物丰富且档次较高，野生动物园曾在2007年"十一"期间吸引了6.5万名游客，但都因整个旅游区没有开发到位，这两个项目的作用都没有得到充分发挥。另外，从淹城的长远发展来看，常州市和武进区政府也希望淹城依托春秋遗址建成5A级旅游区，打造世界文化遗产和"文化遗产型"旅游目的地。在这一背景下，时隔一年后，2007年11月，淹城管理部门又找到了绿维创景，希望能够重新策划和规划淹城，从而解决这两个难题。

于是，2007年年底，受春秋淹城管委会委托，绿维创景又重新组织团队进入淹城考察，对淹城遗址公园与其周边土地共计275.5公顷旅游区进行了总体策划、总体规划与一期春秋文化体验区修建性详细规划，并于2008年6月通过《春秋淹城旅游区总体规划》评审。从2008年5月底至2008年12月底，历时6个月，依据修规的内容针对春秋文化体验区进行了主题公园的设计。淹城项目作为一个系统工程，汇集了40多位策划师、规划师、设计师，林峰院长作为总负责人全面统筹。

二、核心问题解读——缺乏具有核心吸引力的产品

在对项目所在地及周边同类别项目进行深入考察后，绿维创景对淹城旅游区的发展进行了诊断分析：淹城在地理区位、经济区位和旅游区位方面都具有非常明显的优势，拥有的资源独特罕见。然而，淹城遗址的地面遗存物较少，观赏较为不便，遗址出土的文物考古价值大，旅游价值却不高。

另外，这一区域已建成的入口广场、仿古文化商业街、淹城博物馆和野生动物园，缺乏整体统筹考虑，没有科学的空间结构和合理的功能分区。在核心旅游吸引力、旅游集散区没有形成的前提下，这些项目的作用都没有得到完全释放。

在这种情况下，怎样通过旅游的开发将文化转变成可触摸、可观赏、可消费的产品？怎样才能把淹城文化延伸出旅游价值来？靠什么来吸引游客，用什么内容来打造淹城旅游？怎样处理好遗产保护和旅游开发的矛盾？这都是策划淹城旅游首先要解决的问题。

图7-14 淹城三城三河格局

策划师：目前已开发的地产（文化商业街区）并不是很成功，最大的问题就是仿古街区内的建筑为汉魏建筑，和淹城作为国家重点文物保护单位的"春秋遗址"形象严重不符；另外，淹城的管理部门在商业业态上没有把好关，很多商家经营的是麻辣烫、小吃店等，与春秋文化毫无干系；最后，我们认为做旅游地产是讲究开发时序的，在核心旅游吸引力没有成型，旅游集散区还没成型成，生地没有炒成熟地的情况下，过早开发地产，土地的价值和商业街的功能当然无法实现，是本末倒置。因此，我们认为淹城发展的首要任务应该是聚集旅游人气，再去开发旅游商业地产。

三、核心策划思路——打造以春秋文化为主题的乐园

通过对类似景区的分析研究、项目组成员的探讨和头脑风暴，以及与淹城管委会的沟通，针对策划淹城要解决的核心问题，绿维创景从旅游区整体统筹考虑，形成了新的策划和规划构思，提出了"唤醒历史记忆，再现人文情景，弘扬传统文化，发展休闲经济"的开发思路，认为打造一个穿越时空的文化体验景区，将能迅速打开淹城发展的局面。

（一）立足小淹城，演绎大春秋

淹城本身文化历史遗存不多，当年古淹国留下来的可描述、可凸显、可发掘的故事并不多。虽然拍摄了一部关于淹城的历史剧，出版了几本关于淹城的书籍，但这些资料相对来说比较缥缈，没有形成比较有依据的内容。所以绿维创景提出，做淹城不能局限于淹城本身的文化，更不能局限于淹国本身的文化，这些对于广大中国人民和世界人民来说不够广泛，缺乏认知度和表现力。

淹城的旅游开发应立足于淹城遗址，深度挖掘春秋文化，构建自身核心竞争力和旅游吸引力，打造展示中国春秋文化的旅游聚集区。因此，依靠淹城全面系统地打造春秋文化，就成为策划的一个重点。

（二）空中看淹城，凸显淹城价值

淹城要想成为5A级旅游区，仅靠遗址公园是不够的。绿维创景认为，淹城作为春秋遗址最大的价值在于两个方面：一是三城三河的大尺度城市轮廓的形态遗存，这在我国乃至世界上都是独一无二的；二是发掘出来的春秋时期的古物遗存。但无论形态遗存还是古物遗存，直观性和可看性都不强，给人视觉上的震撼力不够，这就决定了其不能像兵马俑那样直接作为旅游吸引物来开发。经过研究，我们认为，淹城最大的震撼力在于，从空中鸟瞰时呈现的三城三河布局，形状酷似"眼睛"，就像镶嵌在常州大地上的一件艺术品，这是淹城最值得看的地方。所以，淹城必须从空中观赏才能看到有震撼力的大地艺术——"地眼"，空中看淹城是凸显淹城价值的重点。

（三）春秋文化活化，促进遗产保护

文化是旅游的灵魂，也是旅游目的地持续发展的支撑。文化的保护不能是传统意义上的"死"保护，必须使其活化并为世人所了解，才能更好的保护。每一个时代都有自己特殊的饮食、文学、娱乐、服饰等文化，我们希望将这些文化都聚集在一起，转变成旅游产品，而主题乐园就是一种很好的聚集模式。淹城旅游区因物质遗存的欠缺，并不具备采用文化遗产类（博物馆）展示和观光模式的客观条件；但与其他文化景区相比，春秋文化是其核心竞争力，也是统领整个片区的核心脉络。园区内的所有观光景点、游乐场所、服务中心和小品景观都要紧紧围绕这一主题来打造。

因此，我们最终决定在遗址区外围的缓冲

区，以淹城为依托，在深入挖掘本底文化的基础上，打造一个以春秋文化为主题的春秋文化体验园——春秋乐园。这一思路得到了武进区委区政府的认可和支持。

四、如何打造春秋乐园——产品与游憩方式的创新

为将本项目打造成为中国首家以春秋文化为表现内容的主题公园，绿维创景按照"系统展现春秋历史，深度体验春秋文化，在游乐与娱乐中获取教益"三大原则，一方面，梳理有价值的春秋文化，将其转化为可触摸、可感受、可体验的旅游产品；另一方面，运用互动体验、游乐娱乐、演艺等手法，创新观赏、娱乐及体验模式。遵循"内虚外实，有效保护，文化延伸，产品配套；谜城形象，文化体验，休闲环境"的创新技术路线，打造中国传统古文化与现代娱乐游乐相结合的创新旅游产品。

（一）入口服务区——走进春秋

入口服务区是景区第一印象区，是游客到达

景区的第一站，也是整个设计过程中"起"的部分。由于淹城旅游区是以春秋文化为品牌的文化型旅游目的地，同时在该区域的东面、北面已经有了大量的建设项目，所以这一区域既要有完善的游客接待服务功能，又要在设计上具有唯一性、原创性、不可复制性等特点，充分体现文化旅游区的特点与亮点。

基于对周边环境的了解以及对春秋文化的深度挖掘，绿维创景在入口服务区的设计上，以"室外博物馆"为设计理念，从独特的布展方式、典型的春秋文化、强烈的视觉形象三个方面进行统筹，进而烘托出文化预热的氛围，对游客形成强烈的吸引力。在设计元素上，避免用具象的、写实的仿制文物；在空间组织上，打破常规，从限定的空间内设计适度的空间层次，丰富游客的感官与视角，从而形成一条独特的"展现"线索，引导游客进入旅游区。

图7-15 入口服务区总平面图

图7-16 入口服务区全景效果图

1．南广场（九鼎广场）和龙之翼

南广场位于延政西路北侧，是游客进入春秋乐园景区的通道起始点。首先从功能上要具备流畅顺利的交通组织，其次必须设计具备强烈视觉冲击力的引导性标志景观。基于以上两点，我们创意设计了九鼎广场和标志性景观柱——龙之翼。

龙之翼位于春秋乐园入口区的最前沿，是景区的起点，作为进入性标志，其设计必须高挑、明显，且能展示春秋文化，并带有常州本地特色。常州被称为龙城，设计师希望通过这一元素的运用，表达对整个景区展翅高飞、开业后业绩红红火火的美好祝愿。所以就有了龙之翼——龙城大地上腾飞的翅膀这一创意。龙之翼本身采用立柱式的形式，脚底采用云纹通过方形的立柱托起巨大的翅膀，柱体上加入了春秋文化元素，凸显景区主题，从另一个角度看似是三只巨大的火炬。

图7-17 南广场（九鼎广场）位置图及平面图

图7-18 龙之翼方案效果图

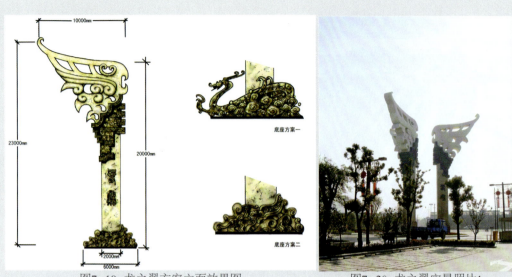

图7-19 龙之翼方案立面效果图   图7-20 龙之翼实景照片1

图7-21 龙之翼实景照片2

设计师：龙之翼作为入口区的标志性景观，其设计要求必须高挑、明显，并带有常州本地文化，更重要的是展示春秋文化。设计之初大家对这个项目都带有很大的激情，非常希望在迪士尼和欢乐谷盛行的同时，带着我们对春秋文化的理解和现代休闲度假的判断来做好这个主题乐园。常州被称为龙城，我希望景区开业后可以像巨龙一样展翅高飞，所以就有了"龙之翼"的创意。

2. 景观大道

景观大道起于南入口标志物（龙之翼），止于春秋园大门前集散广场，长度约400米，属于入口服务区一个环节，也是第一印象区的一部分，功能上主要是进出景区及停车场的通道。若说景区大门为一期入口服务区的焦点和进入景区的第一亮点，那此道路就可以看作是进入焦点和景区的"红地毯"。

景观大道设有车行道、人行道以及景观绿化，为"打破"道路的生硬、单调感，避免视觉枯燥和劳累感，我们采用纹饰绿篱、微地形景观、设施小品情景化、道路铺装、种植古朴化等处理手法，在保证道路和设施功能的前提下，添置了文化景观，设置了停留节点，设计了具有春秋主题特色的基础设施和环艺小品等。

另外，无构筑物设计和部分可移动的设施小品也控制了成本并提高了操作性。

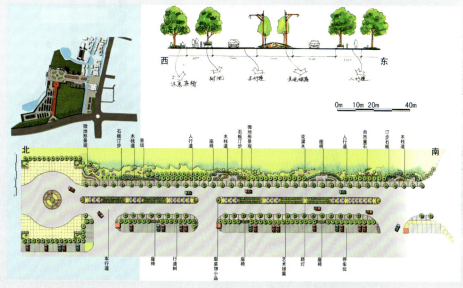

图7-22　景观大道平面图、立面图

图7-23　道路节点设计效果图

兵器箱艺术花箱

青铜器 艺术果皮箱

磨砂玻璃书架艺术景观灯

陶瓷艺花体

建筑艺术景观灯

书简艺术座椅

建筑艺术景墙

建筑艺术花架

图7-24 广场小品意向

设计师：景观大道——起于龙之翼，止于青铜艺术大门，是入口服务区的重要交通要道。我们在此项目的设计上花费了很多心血，大到为这条路命名，小到道路上的一砖一瓦，都体现出了其在细节上的精致。在大家的积极配合和大力协助下，我们在有限时间内完成了较满意的设计图纸绘制，展示了良好的制作能力。

3. 集散广场

走过景观大道，就到了景区入口大门前的集散广场。其面积约为15000平方米，是游客主要集散场所，也是景区举行大型文艺表演、集会的场所，所以集散广场在某种意义上是旅游区对外的一个重要展示平台。我们采用具有浓郁春秋特色的纹样图案设计成模纹式绿篱，有层次地对广场的空间进行了划分，形成了具有导向性的空间，让游客能够方便地进入景区、游客服务中心、野生动物园等，并在广场四周形成四个相对独立小空间，用来展示体现春秋人文历史的小品景观，也让游客在驻留集散广场时感受到浓郁的春秋文化氛围。在竖向上，以春秋时期的立柱为原型，并切合整体设计风格进行了演绎和变形，设置了少许景观柱，使其成为景区大门设计的延续与过渡。

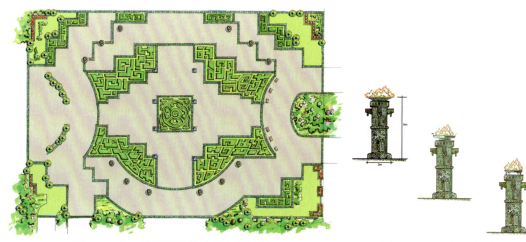

图7-25 入口服务区集散广场初期效果 　　　　图7-26 广场景观柱效果

图7-27 广场小品意向

4. 景区大门

穿过广场，就会被一座造型别致的建筑深深吸引，那就是春秋乐园的青铜艺术大门。这座艺术大门长88米、高23米、宽11米，巍峨壮观、古朴典雅，中央装饰着青铜饕餮神兽，东西两边的主题雕塑着力表现春秋时期的两大特征：战火纷飞的列国争雄和百家争鸣的文化繁荣。无论造型的艺术美感，还是体量的恢宏气势，都堪称全国旅游景区第一门。

绿维创景当时是将其作为入口服务区中最重要的部分，也是旅游区对外的重要名片来设计的。我们首先确定它不是春秋文物的静态展示，也不是一个大型的以春秋为元素的项目展示，而是春秋历史的浓缩及体现。如何理顺大门与周边环境的关系？如何使大门的表现内容、建筑景观风格与春秋乐园的主题相符合？

鉴于整个园区内有大量的以春秋文物、历史典故等为素材的活动项目，同时大门东北角的淹城博物馆里也陈列了大量的能充分讲述春秋及淹城历史的文物资料，我们决定不采用简单的文物放大展示这种常规做法，而是强调其艺术性和作品性。

文化是春秋乐园的特色和生命，也是艺术性的重要体现。春秋历史文化的内涵可概括提炼为以下两点：群雄争霸背景下战火纷飞的军事历史与大一统文化背景下百家争鸣的文化历史。我们将这两大内涵作为主要表现主题分列大门两边，中间是从青铜器中提炼的纹样变换成的瑞兽兽头形象。诸子百家的思想争鸣，战火纷飞的战争特色，城墙上战旗招展，春秋版图群雄割据，一文一武，一左一右，形成强大的冲击力及独特的标志性。

总设计师：大门这个项目是整个园区的起点，也是亮点之一。我们在满足多种使用功能的基础上强调了项目的艺术性和作品性，将刀币、盾牌、饕餮纹、旗帜、版图等多种最具代表性的春秋元素融在一起，使整个大门的设计极具内容性。诸子百家的思想争鸣，战火纷飞的战争特色，城墙上战旗招展，春秋版图群雄割据，一文一武，一左一右，使春秋乐园的大门设计从一开始就彰显出卓越不凡的气质。

我们很早就确定了大门要表现春秋时期战争和文化两大主题的思路，但具体的设计过程中却并非一帆风顺，尤其是怎样表现"文化"主题。元素的内容、位置以及呈现方式经过多次修改后，才形成了如今的方案。

淹城管委会在委托我们做这个大门设计的同时，还委托了外面两三家单位同时在做。设计完成后，淹城管委会请了六七个相关方面的专家，来对三家的方案进行评审，我们的方案得到了专家的高度评价，被认为在艺术性和思想性上高出其他方案很多，而且使整个乐园从刚入园就显示了独特性。

虽然整个设计过程很是曲折，方案做了三四十个，图画了上百张，但我们一直对自己的方案特别有信心。因为，我们充分考虑了这个作品的艺术性、文化性和功能性。

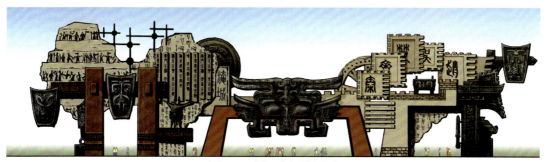

图7-28　景区大门效果图

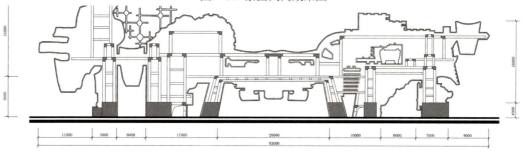

图7-29　景区大门结构图

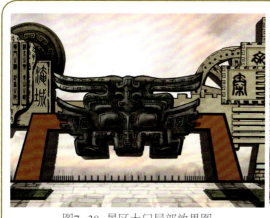

图7-30　景区大门局部效果图

图7-31　景区大门局部实景图

图7-32　景区大门实景照片1

图7-33　景区大门实景照片2

397

5. 游客中心

游客服务中心位于集散广场的东北角，景区大门的东侧，景区步行道路以北地段。游客可以从东、南向两个不同的方向到达此处。北侧预留为演艺中心地块，东侧预留为演艺中心的出入口。

在功能上，这一建筑包括了游客中心和办公楼两个功能区，靠近广场部分为游客接待中心，东侧为办公部分，两者设置了不同的出入口，既相互分隔又紧密联系。游客接待中心设置了专供团体接待与散客休息的开敞空间，所

有的服务空间都围绕其布置，贵宾接待中心则临近办公楼一侧。办公区按照需要设置了经济合理的会议和办公空间；变配电室位于办公区东侧，空间上紧临办公区，便于维修。

在建筑风格上，游客中心力求与周围的建筑取得协调一致，考虑到设计区域所具有的浓重历史文化氛围，我们运用了纹样、器物等春秋典型的符号，将其转化为外部装饰，同时采用解构重组、象征等设计手法表现，对大门的风格进行了适当的延续，具有强烈的文化艺术氛围。

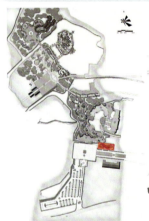

图7-34 游客中心位置图

图7-35 游客中心与周边环境关系图

图7-36 游客中心效果图

图7-37　游客中心体量关系图

图7-38　游客中心南立面效果图

图7-39　东立面效果图

图7-40　西立面效果图

图7-41　游客中心实景图片（部分）

图7-42 游客中心实景照片（全景）

总设计师：游客中心是个具有功能性的建筑群，首先要与周围的环境相融合，我们仔细研究了周边已有的仿古建筑，决定在现有基础上加进入城墙、镂空等设计语言；还把整个屋顶的房檐加大、加宽，使黑白对比更强烈，建筑的风格更明显。我们还加大了整个建筑的进深，使其更具雄浑的美感。在整个设计和建造过程中，我们都尽量考虑得周全，这样才能力保设计的完整性。

6. 生态停车场

生态停车场位于景观大道的西侧，占地3万多平方米，根据国家相关规范以及5A级景区停车场标准，春秋淹城旅游区一期地面停车场工程设计为生态停车场。本设计以通畅、便捷为原则，共设置有大巴车车位50个，小车车位462个。在旅游区高峰时段，可以考虑部分集散中心作为临时停车位。

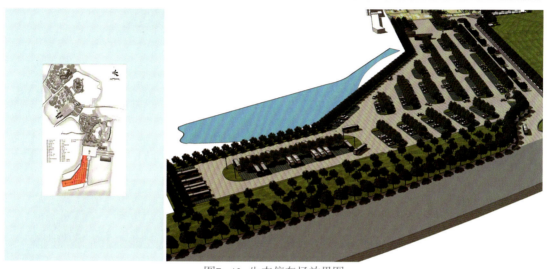

图7-43　生态停车场效果图

（二）静态展示区——感悟春秋

1. 诸子百家

穿过气势雄浑的青铜艺术大门后，就来到一处满溢百世旷古气息的文化写意区——百家春秋。春秋战国，是一个思想和学术上百家争鸣的时期，诸子百家的学说言论是这一时期留给后人的宝贵财富，至今都在深深地影响着世人的观念。百家春秋以这一中华古文化为基调，通过多种表现手法诠释了诸子百家中最有人气、最能够吸引游客、最能够与游客实现交流的流派。游客刚进入园区时对春秋文化一无所知，我们也希望通过"诸子百家园"这样一个静态的景观观光，让游客初步了解春秋文化，从而为进入游乐区更好地体验春秋文化做好铺垫。

在展示方式的设计上，我们一直考虑要用一种有分量的、永恒的载体来体现这些大家的思想精华，于是，气势宏伟的"石窟"表现形式就成为首选。利用石窟的自然之美、精神互通、意境深远，结合壁画、彩塑、石刻、石雕、建筑、彩画等造型艺术，来表达诸子百家中的各位圣贤及其思想。其蕴藏的美对游客的视觉乃至心灵，可产生强烈冲击和震撼，也可大大提升本区域的旅游价值。另外，在空间布局上，我们希望当游客游览诸子百家园的时候，感受到的不是一个单一通道，而是有一些层次上的变化，时而在一个幽深的峡谷中行走，时而在一个宽阔的广场上休憩。所以在设计中，有些地方会设置结点和广场，有些地方则是峡谷通道，利用空间视野的变化来满足游客的心理需求。

图7-44 诸子百家中间方案效果图—儒家、道家、墨家、杂家、纵横家、法家

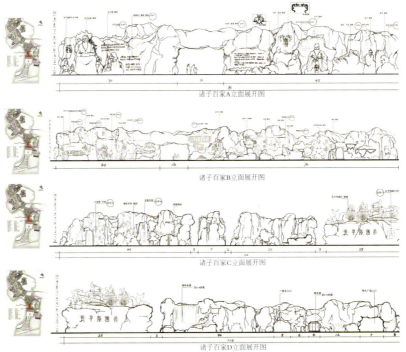

图7-45 诸子百家立面展开图

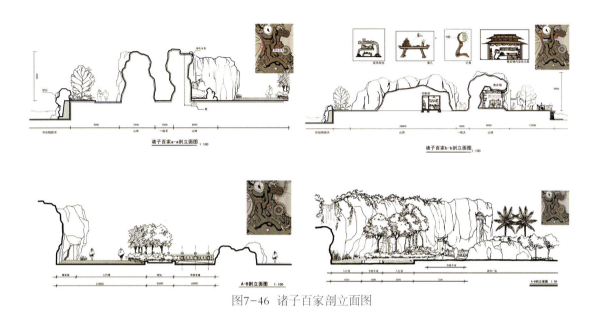

图7-46　诸子百家剖立面图

以下实景为夏岩集团根据绿维创景的方案调整后施工建造的，特此说明

图7-47　春秋版图广场实景照片

图7-48　儒家实景照片

图7-49　阴阳家实景照片

图7-50 兵家实景照片

图7-51 法家实景照片

图7-52 名家实景照片

图7-53 道家实景照片　　　　　　　　图7-54 杂家实景照片

　　总设计师：最后落地的设计跟我们原来的设计是有一些差距的，主要是表达方式上的区别，内涵和思想还是遵循了原来的思路。我们采用石窟艺术墙的方式，将诸子百家中的12大家的雕刻从园区入门后开始依次向内推进，形成了一个极具视觉震撼力的景观效果。而在实际的设计中，由于成本、功能或是空间上的考虑，将12大家分区域来表现。每一个区域采用一些雕塑、石窟或是广场的形式，形成一个个小的旅游分区。我们不能说哪一个设计更好，因为它们的思想是一致的，只不过是在空间位置上有所转换。

　　2. 孔子学堂

　　孔子学堂位于诸子百家东北侧，共一层，层高5米。建筑设计采用木质结构，墙体采用木板和毛石材质，屋面采用毛草，色彩均采用材质原色，古朴典雅的特质，与春秋时期材质和色彩相吻合，风格与园区内建筑、景观协调一致。

　　在孔子学堂的内部设计中，我们不仅用静态的雕塑来呈现孔子讲学的情境，还采用了仿真机器人，"孔子"与四位弟子端坐于此。游客可以在这里与"孔子"直接进行对话和互动交流，提出问题"孔子"将一一作答，让游客仿佛穿越三千年的时光，与这位千古圣人零距离亲密交流。

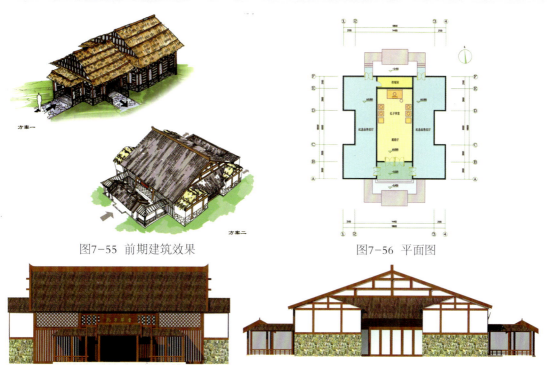

图7-55 前期建筑效果　　　　图7-56 平面图

图7-57 立面图

图7-58 孔子学堂效果图

图7-59 孔子学堂内部实景

3. 丽人春秋

春秋时期涌现了许多为后世津津乐道的女人,她们或喜或悲或神化的传奇故事,千百年来广为流传,在民间具有极强的影响力和感染力。

我们用这些富有传奇色彩的故事作为本项目的主题思路,让游客对春秋时期的丽人文化有深入的了解和认识。丽人春秋将继续沿用诸子百家"山体"的设计形式,用雕刻绘画的形式在山体中展现这些富有传奇色彩的春秋丽人的故事场景,使游客在欣赏的同时能感受到动人的故事。在造景上,山体、沙滩、水景以及水中的倒影相映成趣,和谐共生,形成一幅美丽的画面。

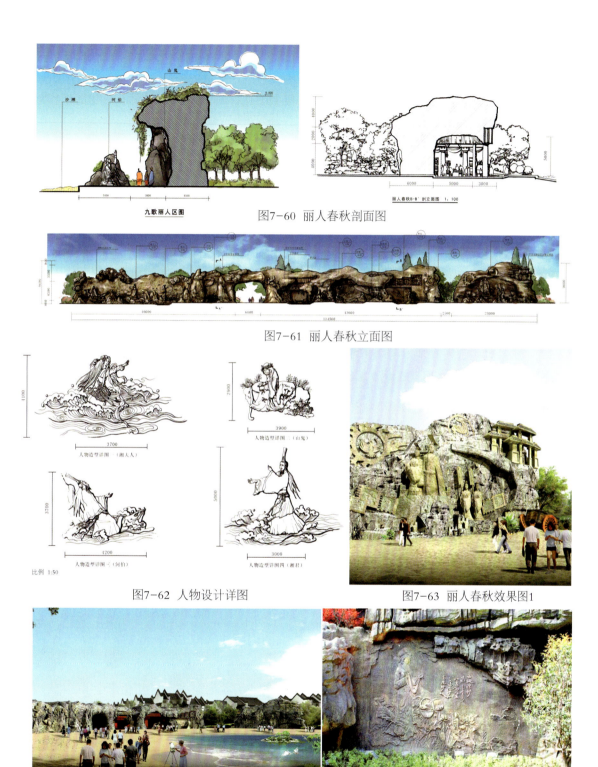

九歌丽人区图

图7-60 丽人春秋剖面图

图7-61 丽人春秋立面图

图7-62 人物设计详图

图7-63 丽人春秋效果图1

图7-64 丽人春秋效果图2

图7-65 丽人春秋实景照——西施浣纱

（三）游乐体验区——征战春秋

受过春秋文化熏陶，穿过一条仿古商街后，春秋乐园里最富动感和最具活力的区域就呈现在了游客面前。不同于诸子百家园、孔子学堂等静态观赏，"空中看淹城"、"歌舞升平"、"烽火连天"、"伍子胥过昭关"等春秋文化意境下的互动演艺和体验游乐项目，为广大游客和旅游界献上了一席华丽的文化旅游盛宴，让他们在游戏中亲身体验春秋时期的战争实景。

1. 空中看淹城

"三城三河"的城池结构是淹城最具价值和震撼力的历史遗存，对于这种大地景观必须借助制高点才能感受到。关键是这个观景平台设计成什么样的形式，才能符合整个园区的主题？

经过再三思索与讨论，我们选择了采用大型观览设备——大摇臂的方式，来打造和创新"空中看淹城"体验项目。它有三个优点：一是成本可以控制；二是这个装置可以自由移动，不用时可以放下来，不会对区域的景观和布局产生干扰，还能达到登高望远的目的；三是便于春秋文化的包装。

其设计分为设备本身和基座两部分。设备本身长55米，可一次性容纳110人，设计上考虑到其特殊性，只是局部做了青铜的纹饰和造型。基座部分采用了孙武点将台的典故，以六边形为土建基础造型，中间基座部分是点将台的中心，正好也是设备亭子的部分，两侧用古城墙装饰，正面有两个兽头立于城楼之上，使得主体建筑更加突出、更显威严。

图7-66 空中看淹城前期方案手绘效果图

图7-67　空中看淹城最终方案效果图

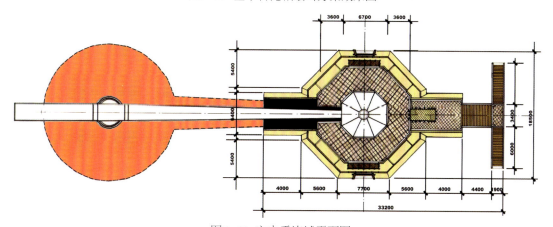

图7-68　空中看淹城平面图

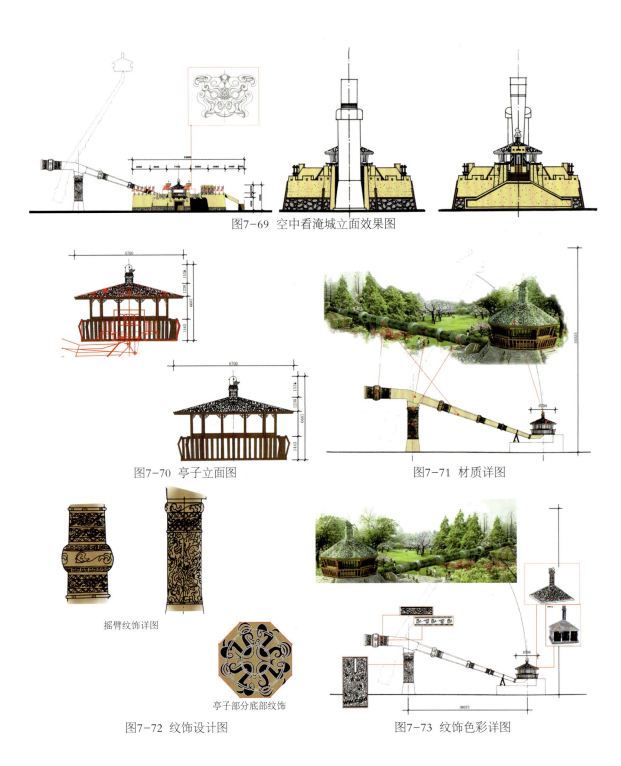

图7-69 空中看淹城立面效果图

图7-70 亭子立面图

图7-71 材质详图

摇臂纹饰详图

亭子部分底部纹饰

图7-72 纹饰设计图

图7-73 纹饰色彩详图

图7-74 空中看淹城实景照片

设计师：首次设计游乐设备，对我来说是个挑战。根据设备本身的设施技术要求，经过多次实地考察和与制造厂商交流，我们依据春秋的文化定位，以"孙武点将台"的历史典故对大型空中观览设备进行包装设计。就这样，在多轮论证讨论后，国内第一台拥有自主知识产权的空中观览飞行岛——"孙武点将台"诞生了。

2. 歌舞升平

旋转木马在大家心目中是一个爱情追逐的游戏，浪漫唯美且具有高人气。春秋文化给人印象更多的是战争、思想教育等内容，爱情故事少之又少，而旋转木马轻松、欢快的游乐方式又注定它不适合战争等主题。但我们仍从春秋与爱情两条线路上获得了灵感，任何时代的任何人，无论贵族还是百姓，都向往欢乐，春秋时期自然也有宫廷宴会、莺歌燕舞、歌舞升平、帝王百姓齐欢乐等场景。于是我们将传统的旋转木马外形以中式建筑语言加以变形，把装饰物换成有中国特色的喜庆物品（如红灯笼），色彩以中国红为主色调，勾勒金线，突出华丽。当夜幕降临，音乐响起，充满东方色彩的旋转木马转起，在游客的轻声笑语中，一片歌舞升平的气氛，主题完美呈现。

图7-75 歌舞升平平面图

图7-76 歌舞升平顶视图

图7-77 歌舞升平立面图

图7-78　一层万花筒详图

图7-79　歌舞升平顶部详图

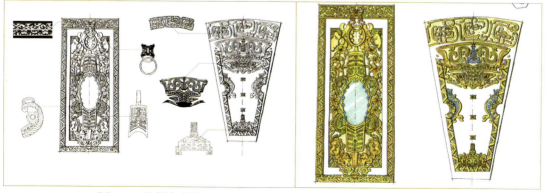

图7-80　纹样参考图　　　　　图7-81　中心柱与天花包装图

415

图7-82 歌舞升平效果图

设计师：这是一个旋转木马游乐项目，令人激动的是我们的设计改变了人们对西化的旋转木马的印象，东方的文化与形式也能够与此游乐完美结合，体现浪漫的氛围。在整个春秋乐园的设计中，大家对春秋的第一印象多以战争、思想为主，很头痛

图7-83　歌舞升平实景照片

什么元素既可以表达旋转木马的浪漫，又能与春秋文化结合。其实乱世之时人更需求和平的情感线，于是我们选取了莺歌燕舞、歌舞升平、帝王百姓齐欢乐的大气场景，并把这种场景转换为主题，包装元素也大量地选择中国宫廷元素。主色彩以中国红为主，为风雨春秋的历史画卷中带来一丝温柔，一点浪漫……初步概念草图一拿出，就受到了甲方高度认可和设备制造方的高度评价，顺利进入深化设计阶段，整个过程非常顺利。在与众多设计单位的PK中，进一步肯定了我们在主题创作上的优势。

3. 烽火连天

波浪翻滚也是我们挑选出来的比较受大众欢迎的游乐项目，其惊险刺激的翻滚和旋转最适合与春秋文化中的另一重要内容——烽火硝烟、群雄争霸的战争场面相结合。这给予了设计师灵感，以激烈宏大的战争场景作为主题，运用多种战争装饰素材，把波浪翻滚的两个臂柱包装成城楼哨岗，摆放各种造型的攻防武士，并在周围环境中加入战争元素装饰小品，如烽火柱、擂鼓、残破马车、攻城兵器，形成一个完整的战争场景主题区。这样经过包装设计的游乐设备不仅形成了园区的核心景观，也使游客享受到独特的游乐体验。

图7-84 烽火连天平面图

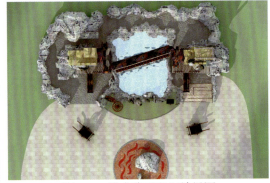

图7-85 烽火连天顶视效果图

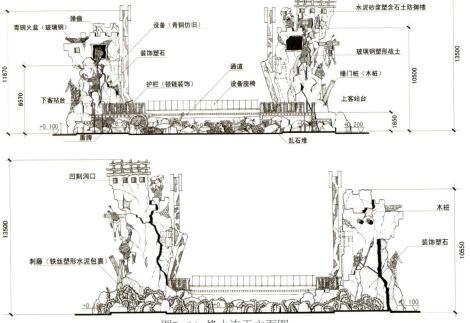

图7-86 烽火连天立面图

图7-88 烽火连天效果图

图7-87 烽火连天立面效果图　　　　　　　图7-89 烽火连天实景照片

　　林峰院长：烽火连天本是一个很好的体验古代战场的游乐项目，但在项目实施中，没能很好地运用文化包装，使项目失去了灵魂，我对此深表遗憾。除此之外，园区中其他暴露出现代设备的大型机械游乐项目，也都与古文化体验意境相差较远，项目落地中存在一些不尽人意的地方，希望今后能再对其进行包装。

图7-90 伍子胥过昭关平面图

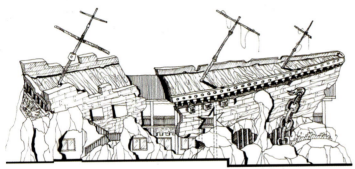

图7-91 伍子胥过昭关站台设计方案

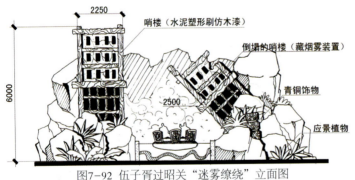

图7-92 伍子胥过昭关"迷雾缭绕"立面图

图7-93 伍子胥过昭关"遭遇埋伏"立面图

4. 伍子胥过昭关

这是一个峡谷漂流游乐项目，设计重点是如何将该游乐进行包装设计，融入春秋文化。由于设备体量较大，并属于轨道类，此种游戏方式非常适合以故事手法进行主题创作。

翻阅了大量的春秋历史资料后，我们发现伍子胥过昭关的历史典故可以很好地与这个项目结合，伍子胥在逃亡的路上遇到的磨难可以转化为漂流项目上的一些关卡和机关，使整个项目变得刺激惊险。于是，设计师以伍子胥过关的情节作为创作灵感，在本身单调的设备环境中加入溶洞、城门、异木、巨石景观，使游客的视觉感受不再单调，而最精彩的是在节点中设置了突然机关、水炮、火炮、声光电技术，使游客的体验感得到满足。本无生命可言的游乐设备与春秋典故相结合，一方面能够增加游乐项目的文化内涵；另一方面也能够使游客通过游乐的方式更深地体验春秋文化，就像是自己遨游在那个战火纷飞的年代。

图7-94 伍子胥过昭关效果图

图7-95 伍子胥过昭关实景照片

（四）餐饮娱乐区——品味春秋

1. 传奇淹城——4D影院

四维电影为180环幕立体动感数码电影，是高科技的体现，它所呈现的立体影像是最新、最刺激、最逼真的，带给观众的是全新、全方位的视觉、听觉、触觉、嗅觉效果与娱乐享受。绿维创景设置这一项目，目的是让游客更加深刻地感受淹城的传奇故事。

本项目处于几大建筑体的视觉中心焦点，不适宜张扬，也不适宜大体量的建筑，应以"自然为本"，像植物一样，从环境中顺沿而出。所以我们利用自然山体，顺势而为，设计一个穹顶造型。外围若隐若现的古文字石刻，让整座山有了深刻的内涵。山体里为四维影院，在四维影院入口和通道处做部分假山石、甲骨文、金文和篆书的场景，让游客观看电影前先享受一趟文化之旅。

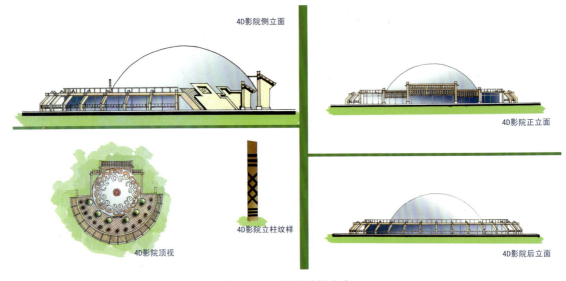

图7-96　4D影院前期方案

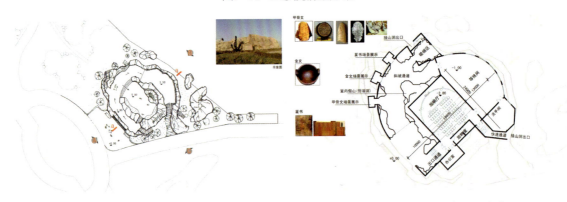

图7-97　4D影院总平面图　　　　　　图7-98　4D影院室内平面方案

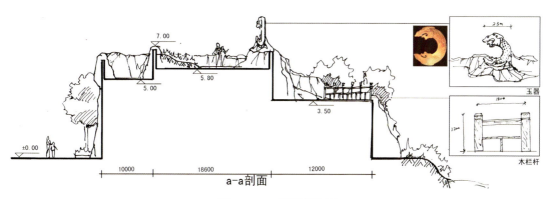

图7-99　4D影院剖面图

A面图

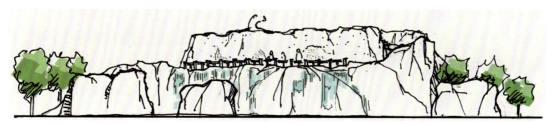

B面图

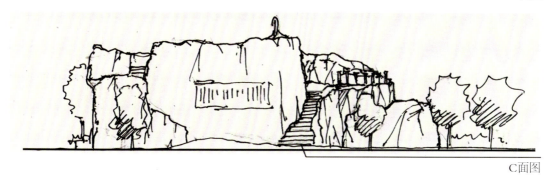

C面图

图7-100　4D影院立面图

图7-101 室内游线图

图7-102 4D影院效果图

图7-103 4D影院实景照片

2. 春秋九坊

　　春秋九坊是春秋乐园的餐饮区，这里主要解决游客休息、餐饮的需求。其间有各种春秋的古作坊，游客可以体验春秋时期人们劳作时的过程环境。春秋九坊沿水而建，采用古代春秋时期建筑的形式和材质，加以亲水的步台，为游客展示一个春秋文化意境下的古江南水街和一个具有春秋味道的古代市井。

图7-104　春秋九坊平面图

图7-105　春秋九坊立面图

图7-106　春秋九坊鸟瞰图

图7-107　春秋九坊效果图

图7-108 春秋九坊实景照片

3. 吴王宫

吴王宫位于淹城博物馆西面，原为凌乱的水系边缘，绿化覆盖率较大，但毫无秩序，经过反复推敲决定将此处设为户外演出用地。被水环抱的环境和雄伟的博物馆背景，为大型户外演出活动提供了很好的视觉效果。这个项目定位于户外大型演出场所，以春秋文化题材的故事为演出内容。背景博物馆体量较大，舞台

造型的设计如何与博物馆在视觉上融为一体是本项目的一大难点。我们通过现场考察分析，在博物馆后方搭建梯形台阶并延伸到博物馆边缘，使其造型犹如一个宏大的王宫，并结合春秋文化命名为"吴王宫"。一个2500年前的宫殿被影射到了这里，为湖对面的游客营造一种海市蜃楼般的梦幻。另外，延伸搭建的阶梯建筑因其对称的造型也能满足多人的户外演出活动。

图7-109 吴王宫效果图

图7-110 吴王宫实景照片

设计师：　"烟雨春秋"作为春秋乐园里最大型的户外演艺项目，甲方与我院都给予了高度重视。设计中我们根据春秋的战争、人文、艺术提出了三大表演内容：展示残酷战争的金戈铁马；展示人文复兴的万家灯火；展示江南情调的江南春雨。另外充分利用了灯光、火焰、升降台等形式，力求全方位地展示春秋元素的集大成。后来设计师又充分利用现有的博物馆为背景，为舞台找到了一个载体，命名为吴王宫！我们的方案为甲方提供了很多有价值的参考，有效地推动了项目进度。为了打造园区内感官体验最强的游览项目，在项目实施中，甲方还委托了北京奥运会开幕式灯光设计团队，以更高含量的科技手段来表现演出内容，就这样，一台梦幻的"烟雨春秋"主题水影秀诞生了！

（五）其他设计

1. 装置艺术雕塑

装置艺术雕塑是本项目中对雕塑艺术的一种创新模式，它不同于一般的静态雕塑，是一种以表象气势、场景为主要目的的雕塑群，它不在乎个体雕塑的精美与生动，表现的是群体雕塑的场景表达，这种雕塑艺术表现形式在学术界有很高的地位，但在主题公园里还是首次出现。绿维创景采用源自春秋时期的成语故事作为雕塑的主题，用装置艺术来表达其内容，例如"滥竽充数"、"高山流水"、"一鼓作气"等，不仅在形式上很新颖，并且能与游客形成很好的互动。让他们可以成为雕塑组中的任意角色畅游在其中，尽情感悟成语故事中的深刻寓意。

图7-111 "一鼓作气"效果图

图7-112 "高山流水"效果图

图7-113 "滥竽充数"效果图

图7-114 "滥竽充数"实景照片

2. 其他小品设计（售卖屋、座椅、灯具等）

图7-115　售卖亭效果图1

图7-116　售卖亭效果图2

图7-117　休息座椅效果图

图7-118　灯具效果图

五、中国文化主题公园的传奇——淹城春秋乐园

作为中国首个春秋文化主题的梦幻乐园，淹城春秋乐园自2010年五一开园后，就引起了社会各界的高度关注：人民网、新华网、《南通日报》、《扬子晚报》等多方媒体争相报道，多家电视台竞相走进淹城录制节目，CCTV-4《国宝档案》特别制作淹城专题，来"淹城探秘"、CCTV财经频道《财经下午茶》、旅游卫视《文明中华行》及央视少儿频道《异想天开》等栏目将录制现场搬到淹城，《财经下午茶》主持人沈竹及嘉宾还将"栏目是在国宝上话国宝"的美誉送给了淹城；数十名中外领导人及社会名人曾先后参观春秋乐园，都对淹城给予了很高的评价。另外，春秋淹城旅游区作为展示传统文化的窗口，也吸引了2010年中国春秋淹城民俗文化博览会、十一最炫民俗风情节、第十届中国民间文艺山花奖开幕式等各式活动在此举办，游客量节节攀升。据悉，春秋乐园还未开园前，整个旅游区的年接待量只有十几万人次，开园后的首个春节期间，在春秋乐园的带动下，淹城旅游区的游客量就达到了20.12万人次，2011年全年游客量高达280万人次，2012年的十一黄金周达到了35.6万人次，实现了十几倍的增长。春秋乐园积聚的大量人气，也带动了周围商业街及地产的快速发展，将生地炒成熟地，最终实现了土地价值的提升，带动了当地经济和休闲产业的发展。

穿越百家春秋，寻梦千年淹城。淹城春秋乐园以其独特的文化内涵、巧妙的文化对接、完美的古今嫁接，得到了社会各界的赞誉：2010年，春秋乐园的设计得到了专家的高度评价，荣获"2010年首届中国休闲创新奖·主题公园创新奖"；2010年9月，春秋淹城旅游区荣膺4A级景区，真正实现了"明清看北京，隋唐看西安，春秋看淹城"的目标。目前，春秋淹城旅游区正朝着"国家级文化产业示范园区、国家5A级旅游景区、中国春秋文化集中展示区"的目标迈进，我们由衷祝愿春秋淹城的未来更加璀璨夺目。

图7-119 周年庆·首届传统文化节开幕式现场

图7-120　春秋乐园游客如织

图7-121　媒体争相报道

三位一体，共创主题乐园典范

项目策划、规划、设计总负责人北京绿维创景规划设计院院长　林峰

淹城这个项目，是我院接过的历时较长、难度较大、任务较重的项目之一，也是我们花费了很多心血的一个项目。在接这个项目之前，我们对春秋时期的文化、文化旅游开发、大遗址开发以及国家5A级景区提升做了很多深入的研究，形成了比如《遗址开发模式研究》、《5A级景区创建实施规划研究》等研究成果。从2007年年底开始，我们的策划和规划团队多次深入淹城进行考察、汇报，与甲方进行积极的交流和沟通，并于2008年6月通过了《春秋盐城旅游区总体规划》评审，同时形成了《春秋淹城旅游区总体策划》和《春秋文化体验区修建性详细规划》初稿成果，之后又对春秋文化体验区即春秋乐园进行了修规调整和设计。2008年底总设计师谢邦林带队前往淹城驻地办公，对春秋乐园进行深化设计。将近20

人的团队，在淹城驻场工作历经6个多月，跟甲方进行了无数次的思想碰撞和方案探讨，最终形成了一期方案设计、二期方案设计及施工图成果等。用设计师们的话说就是他们整天淹没在成堆的草稿里，连做梦都在画图。可喜的是我们的努力没有白费，绝大部分的方案设计都转化为最终的建成成果。尤其是景区大门的设计，在跟数家专门从事主题公园设计的公司的方案比对中，我们的设计脱颖而出。创新的设计思路、浓厚的文化底蕴、与乐园主题的高度贴近得到了常州市武进区领导的大力赞赏。

总结淹城项目，我觉得最重要的一点就是经济师、策划师、规划师、景观设计师、游乐设计师和建筑师们的共同协作和相互交流。他们的思路和想法肯定会有分歧，但这正是创新思路形成的基础。我们就是经过了各方无数次的磨合和争论，相互取长补短后，才完成了如此艰巨的任务。作为规划设计院的领导，我很感谢我的团队，也以他们为荣！设计方案的形成过程是艰难的，也是令人难以忘怀的，与甲方的零距离沟通使我们能够最快最清晰地了解他们的需求和意见，双方的探讨也都给对方提供了设计灵感，由此而结下的友情也是我们的宝贵财富。很感谢甲方对我们的大力支持和配合，也希望我们共同创造的春秋乐园能够成为国内甚至世界上主题文化乐园的典范！

各方评说

江苏省领导　李全林

淹城的创新实践非常宝贵。能够在文化产业转换升级的过程中，将春秋文化与最新科技融合在一起，用游乐化的方式传播中华文明，值得借鉴。

常州市委常委、武进区委书记　沈瑞卿

春秋乐园融历史文化和现代技术为一体，以"小淹城、大春秋"为主题，彰显春秋时期的优秀文化，带给游客穿越时空的历史回放、百家争鸣的文化盛典、百花齐放的艺术享受。

淹城旅游区管委会书记　王才中

古淹城遗址为我们打造春秋乐园提供了主题，也带来了很多挑战，那就是遗址保护与旅游开发之间的协调。这次我们在这个问题上有所突破：首先要把祖先留下来的遗址保护好，这是根本，是可持续发展的动力。另外，如果只是保护而不去诠释、挖掘，就很难被普通老百姓所了解。所以应该用好这个平台诠释我们博大精深的春秋文化。遗址保护与主题公园建设是相辅相成的，遗址的保护能够推动主题公园的发展，主题公园的发展对遗址进一步发挥作用、传承深厚的文化底蕴，是很有必要的。这里，我要特别感谢绿维创景规划设计院，他们从策划到规划，再到设计，把春秋文化转化为现代旅游产品，进行了大量创新。

《人民日报》

中国文化与旅游结合的典范之作。

等待着一本书的问世就像是期盼着一个新生命的降临，是一种紧张和愉悦交织的复杂感情。这次推出的《旅游引导的新型城镇化》这本书，主体研发与写作用了一年，但里边的很多理念和案例却是积累了八年之久。这是对北京绿维创景规划设计院创立八年来坚持业务研究工作的一个整合。整合完成后，我发觉，这本书实际上完成了对"中国旅游经济模式"的系统总结。

绿维创景自2005年成立以来，一直有一个习惯，就是重视研发、勤于研发。我们一直推崇通过研发，形成工具，指导实践，并最终在实践中使理论得到完善。经过多年积累，绿维创景已经跳出旅游产业本身，在研究旅游产业与其他产业互动化、集群化发展的同时，不断探索旅游与城镇化之间的关系以及运作架构，形成了方方面面、多种多样的研发成果，推出了很多创新手法与模式，并在实践中得到了检验及修正。正是这些成果中的某些部分，构成了本书相对完整的架构。

2010年，我们开始研究旅游引导下的城镇化发展模式，当时新型城镇化的提法还未出现，城镇化也不像现在这么受关注。2012年年初，新型城镇化的课题引起广泛关注，广东、湖南等省开始实践推进；2012年年底，在党的十八大精神指导下，绿维创景发布了《旅游产业集群化及旅游引导的新型城镇化研究报告》，受到社会各界的广泛关注。我也因此受到了各方邀请，在贵阳、上海、张家口、广州、杭州等全国各地展开了演讲和学术报告。在这一过程中，我有幸与很多专家、官员和投资商进行了沟通和交流，也深深感觉到，旅游引导的新型城镇化不仅是对于旅游产业，实际上对于城市规划体系、城市规划理论以及相关法律法规和政策等，都提出了挑战。

比如，对于产城一体化的旅游城镇，其人口概念区别于传统的城市居住人口及流动人口的概念，包括旅游观光人口、休闲人口、度假人口、养疗人口、养老人口等。人们的居住行为、滞留时间、消费行为等都非常复杂，如何将他们纳入城市规划的人口范畴？旅游产业配套如何与城市配套结合，形成旅游城镇的产业配套城镇化及城镇配套产业化？如何设置、设置多大体量，才能满足当地居民及外来休闲度假人口的需求？从人口的概念，到人口数据，到用地指标，到功能配置与布局，再到配套的合理性与前瞻性，这是跨产业与城镇规划的整合问题。现有的旅游规划与城镇规划规范，都无法满足这样的创新要求。而旅游引导的新型城镇化，又形成了旅游综合体这类既不是城镇，又不是产业园区，也不是简单社区，也不是新型农村社区的创新模式。类似的产城一体化架构在中国大量涌现，它们虽不在城镇建设规划区内，却承担着一定的社区功能。如何将它们纳入城镇体系结构？如何进行城镇化管理？

靠少数人的力量很难推动如此庞大的课题研究，也不利于创新思维的形成。绿维创景的全院研发模式及各个专业员工的广泛参与，不仅激发出了不同的火花，更是形成了公司长期持续积累的基石。借此次图书出版之际，我要对绿维创景全体员工表达谢意，是他们的努力成就了本书的完成！

本书除相对完整的构架分析外，还对我们这些年自己执行的大量案例进行了总结。这些案例实际上形成于不同的项目组，是各专业、各方向人员共同努力的成果。在此，我要真诚地谢谢这些项目的甲方，这些成果是我们与甲方共同创造的，是他们的开发运营实践，让这本书不仅仅是绿维创景的理论研究成果，更是实践项目的总结。在此，我要感谢他们支持我们在本书中运用这些成果！

感谢中国旅游出版社的李志庄社长、付蓉总编辑助理、张斌总监、张珊珊及其他工作人员的辛勤付出，谢谢你们为本书出版所做的每一份努力！

本书是对旅游经济、旅游地产及新型城镇化整合研究的初步总结，还有更多、更深、更有价值的问题等待我们去研究。希望旅游业界、地产业界、政府领导及其他读者朋友们，参与到这个共同研究与共享的过程中来，在中国新型城镇化过程中共享智慧、共同发展！

林峰

二〇一三年五月十八日

435